Avant-propos

L'inspection du travail, le ministère du travail (quel que soit son intitulé), tiennent une place particulière dans les relations sociales.

Au fil du temps, des rapports de force, des choix gouvernementaux, leur influence a été plus favorable aux salariés ou aux intérêts du patronat.

En choisissant comme titre de son livre « Mon métier n'était pas neutre », Bruno Guérard incite à une réflexion sur le droit du travail, son contenu, les conditions de sa formation et de son effectivité.

Ce livre donne à découvrir bien des aspects de cette institution, de ce métier.

Il s'appuie sur un engagement sans faille au service du progrès social, un souci pugnace de mettre à disposition des salariés les acquis législatifs et réglementaires du Code du travail, des conventions collectives et statuts, pour un maximum d'efficacité du rapport de force à construire, face aux remises en cause patronales.

Puisant dans le concret du quotidien, cette expérience fait surgir et participe des enjeux actuels du droit du travail et des instances administratives en charge de participer à sa mise en œuvre.

En parcourant ce livre, on se demande pourquoi on parle si peu de cette profession et on se rend compte très vite que cela tient à la manière dont est traitée l'information sociale dans notre pays.

Dès qu'il se passe quelque chose en France ou dans le monde, télés, radios, journaux, font appel à des experts. Mais si l'on parle de patrons voyous, d'un accident du travail, d'un conflit du travail, il est bien rare que l'on demande son avis à un inspecteur du travail, et ce n'est malheureusement pas pour laisser la place aux salariés ou aux syndicats.

Au fil du récit des expériences vécues, on comprend bien que les inspecteurs et contrôleurs du travail ne sont pas de simples grains de sable plus ou moins gênants en fonction de leur tempérament ou de leur engagement personnel. C'est l'institution qui est essentielle, pour que les acquis des luttes qui sont passés dans le droit soient respectés même dans les périodes où le rapport des forces n'est pas au meilleur niveau et, en tout cas, tant que le droit n'a pas été réformé. Il n'est pas inutile de rappeler à ce propos qu'il n'est pas indifférent que ce droit soit du domaine législatif ou réglementaire et c'est bien un des grands enjeux de la recodification du Code du travail en cours et de la réforme de l'inspection du travail qui s'en suivrait inévitablement.

En nous parlant de ses interventions sur le terrain, Bruno Guérard nous fait découvrir « les bons crus » du droit du travail, les millésimes prestigieux, 1936,1945,1968. On découvre que la qualité et la conservation dépendent du terroir social et aussi du climat politique du moment.

Il nous parle aussi de son engagement syndical et des évolutions du syndicalisme dans sa profession. C'est particulièrement intéressant, parce que lorsque le mouvement syndical a un syndiqué sous la main dans ces catégories, il a un peu tendance à le prendre pour conseiller technique. Son récit nous montre que la profession suit les mêmes réflexions sur les évolutions du syndicalisme que les autres catégories de salariés.

Quand on a les mains dans le cambouis, on se dit parfois qu'on n'a pas trop le temps de lire les mémoires d'un ancien, quel que soit le respect qu'on lui porte. Il me semble que ce livre est un livre actuel, utile au combat d'aujourd'hui, qu'il aide à la compréhension de la stratégie choisie par les tenants du libéralisme pour imposer les reculs sociaux.

Pour avoir côtoyé Bruno Guérard dans le département du Rhône, dans ses diverses activités syndicales mais également dans son engagement politique, je retrouve dans les pages de ce livre la marque de l'homme désintéressé, mettant sans retenue ses compétences au service du monde du travail.

Si l'institution est importante, les hommes qui la font vivre sont déterminants.

Bernard Vivant
Secrétaire général de l'Union départementale Cgt du Rhône de 1981 à 1992
Secrétaire confédéral de la Cgt de 1992 à 1995

Préface

Bruno Guérard m'a fait le redoutable honneur d'écrire la préface de ses mémoires, bien que je n'ai aucune qualité particulière pour le faire, si ce n'est d'avoir été, comme lui, inspecteur du travail à la direction départementale du travail du Rhône de 1973 à 1985 et d'avoir participé à la vie professionnelle et syndicale intense de cette période.

Ayant déjà fait avec lui en ces temps lointains un long bout de chemin, j'ai finalement accepté de l'accompagner à nouveau au travers de cette préface car c'est avec un grand plaisir et surtout un grand intérêt que j'ai lu ces mémoires qui m'ont rappelé tant de choses, m'ont ramené non sans une certaine nostalgie des années en arrière, des années qui étaient des années d'espoir et de lutte.

Ces mémoires sont un vaste panorama sur un quart de siècle de vie des services de l'inspection du travail et des services de l'emploi. Elles couvrent notamment cette période charnière des années 70 et 80 qui a vu l'émergence effective, sinon l'irruption, de l'inspection du travail dans la vie des entreprises après une longue époque de non-intervention, de passivité, de « neutralité » plus que bienveillante envers le patronat, pour tout dire de « stagnation ». Au cours de ces années, nombre d'inspecteurs et inspectrices, contrôleurs et contrôleuses du travail, issus le plus souvent de la nouvelle génération récemment entrée dans les services, ont vécu intensément pour ne pas dire passionnément l'exercice de leurs fonctions avec la volonté de faire appliquer effectivement la réglementation du travail dans les entreprises. Ils étaient portés par l'espoir d'une transformation profonde de la société qui verrait tout naturellement un renforcement des droits des salariés mais aussi des compétences de l'inspection du travail, par l'espoir en la force qui naîtrait d'un ministère du Travail de progrès social appuyant et soutenant l'action de ses services d'inspection au lieu d'en contenir l'élan.

L'auteur ne se contente pas de relater des faits, des évènements, les interventions qu'il a menées, les décisions importantes qu'il a prises ou les péripéties qu'il a traversées, ce qui en soit suffirait à faire de ces mémoires d'inspecteur du travail un document inestimable – tant ce type de document est rare[1] - mais avec toute la force de ses convictions, il les replace constamment dans leur contexte économique et sociopolitique et leur perspective historique, il

[1] La mode est plutôt à la publication des mémoires des juges d'instruction ou des « grands » mis en examens dans des affaires très médiatisées. Qui s'intéresse aujourd'hui à l'inspection du travail ?!! Le meurtre de deux inspecteurs du travail lors d'un contrôle, par un employeur irascible, n'a occupé que quelques secondes des journaux télévisés et a été traité comme un vulgaire fait divers sans intérêt.

s'efforce d'en montrer les enjeux et d'ouvrir une réflexion sur le sens de ses actions, de celles de l'inspection du travail et de leur incidence sociale.

Ces mémoires intéresseront en premier lieu, sans nul doute, toutes celles et ceux qui ont travaillé dans les services du ministère du Travail au cours des trois ou quatre dernières décennies : leur lecture fera resurgir en eux de vieux souvenirs, l'écho de vieilles mais toujours actuelles batailles mais aussi une atmosphère, un contexte, des impressions passées même si leur vécu a été différent, même s'ils ne partagent pas la vision de l'auteur.

En second lieu elles devraient intéresser aussi les représentants du personnel, syndicalistes, simples salariés, tous ceux qui ont sollicité l'intervention de l'inspection du travail durant cette période ou qui en ont été les interlocuteurs et qui ont peut être beaucoup attendu d'elle. Ils comprendront mieux sans doute les difficultés que rencontraient les agents de ce service.

Elles ne laisseront sans doute pas non plus indifférents les milieux patronaux... qui souhaiteraient vraisemblablement lire une autre écriture de ces quarante années de relations professionnelles et de conflits sociaux.

Mais au-delà, elles devraient intéresser toutes celles et ceux qui s'intéressent à l'histoire sociale ou à l'Histoire tout court, toutes celles et ceux qui cherchent à comprendre les évolutions qui nous ont amenés à la situation actuelle.

Les tenants de la « pensée unique », eux, n'y trouveront certainement pas matière à alimenter la panoplie du « prêt à penser ».

On objectera peut être qu'elles décrivent un contexte spécifique très local, centré sur Lyon et sa proche région. Or Lyon n'était pas une anomalie : les mêmes mouvements, les mêmes tendances, les mêmes oppositions, la même volonté de faire appliquer le droit du travail sont apparus à la même époque à des degrés divers dans les services de l'inspection sur l'ensemble de la France. Ce qui se passait sur la région lyonnaise n'était pas atypique.

Simplement ce mouvement a-t-il été plus fort, plus accentué sur Lyon - comme dans d'autres grandes villes ou dans la région parisienne - du fait de l'effectif important de la direction départementale du travail, même s'il était nettement insuffisant et sous dimensionné au tissu industriel du département, mais surtout de la forte concentration chez les inspecteurs et contrôleurs du travail de personnalités qui sans être nécessairement « encartées » politiquement s'inséraient dans la mouvance des différents courants de la gauche : pour schématiser abruptement, côte à côte, des hommes et femmes plutôt jeunes marqués par mai 1968 (souvent syndiqués à la CFDT qui se donne volontiers à l'époque une image révolutionnaire ou en tout cas autogestionnaire) et des agents plus anciens, syndiqués plutôt à la CGT, ayant défendu dans les difficiles décennies 50 et 60 des idées républicaines de progrès et l'idée d'une inspection du travail au service des travailleurs.

Sans vraiment fusionner, ces deux courants vont voguer de concert et créer une dynamique exceptionnelle, influençant l'ensemble des agents de contrôle et la vie du service, et cela alors qu'une ancienne génération part à la retraite ou est montée dans la hiérarchie.

L'auteur a été une personnalité marquante de ce mouvement qu'il a impulsé par son infatigable dynamisme et son activité débordante. Il s'est inscrit dans la lignée de ce que certains ont pu appeler « l'école lyonnaise » de l'inspection du travail, c'est à dire une tradition d'audace sociale et d'indépendance marquée dans l'exercice de ses missions et le sens de ses décisions, notamment par rapport à certaines positions du pouvoir politique ou préfectoral ; mais ladite « école » n'a jamais vraiment eu conscience d'en être une, n'en était d'ailleurs pas une[2] à mon sens et de ce fait ne pouvait pas se considérer et ne s'est jamais considérée comme un modèle ou une « avant-garde ».

Celles et ceux qui ont participé à ces courants n'avaient pas tous, tant s'en faut, les mêmes engagements politiques et la même visée de leurs actions que ceux qui sont décrits dans ces mémoires : ils avaient simplement la volonté d'appliquer effectivement le droit du travail par essence protecteur du salarié et de rétablir dans la mesure des quelques pouvoirs que la loi leur accordait un juste équilibre à son profit.

Il faut dire que, dans les années 70, les services revenaient de loin : j'avais été stupéfait, en démarrant en section, de constater que des inspecteurs et contrôleurs du travail tournaient « à vide » et que même si leur chiffre de visites était quantitativement élevé, le résultat concret de leur passage semblait n'être en définitive que la mise à jour de leur fiche d'entreprise en matière d'effectifs et de statistiques, suivie de la signature du registre d'inspection du travail pour justifier de leur passage. Mais dans nombre d'établissements, ils semblaient être passés à côté, ou pour le moins ne pas s'être préoccupés, de manquements importants que constataient leurs successeurs tels que des mauvaises conditions d'hygiène et de sécurité, des fiches de paye non conformes, des salaires inférieurs aux conventions collectives, des dépassements d'horaires de travail, des heures

---

[2] Et qui précisément n'a peut être pas suffisamment investi dans les interventions de formation interne des agents des services pour diffuser son expérience et ses pratiques.

supplémentaires non payées, de l'absence de représentation du personnel et bien d'autres choses encore. En définitive, à quoi servait leur « couverture du terrain » exemplaire et quelle image donnaient-ils de l'inspection du travail ?

Bruno Guérard fait partie de cette nouvelle génération qui arrive dans les services après 1968, de cette génération des « shérifs en 2 CV » comme les a appelés un article remarqué du magazine « L'expansion» en 1974, décrivant ces fonctionnaires intervenant tout seuls dans les entreprises avec leur petite voiture bas de gamme, la très modeste rémunération de début versée par la République ne leur permettant de prétendre à des voitures de même standing que les cadres ou PDG qu'ils allaient rencontrer. Exposés parfois, si ce n'est souvent, à l'hostilité voire à l'agressivité du patron ou de son encadrement, tentant, au delà des présentations et discours convenus, d'apprécier la réalité sociale concrète de l'entreprise et de ne pas passer à côté des situations les plus caractérisées d'infraction, ils avaient pour seuls outils leur code, leur stylo et leur carnet afin d'assurer le respect de la Loi.

Qu'est ce qui animait ces « shérifs en 2 CV » ?
À des degrés divers selon les uns ou les autres, plusieurs idées ou attitudes fortes :

* l'idée que le droit du travail est un droit protecteur des travailleurs, une conquête sociale, un droit qui, pour ne pas rester lettre morte, doit s'appliquer effectivement et complètement dans les entreprises,

* l'idée que la mission de contrôle est le noyau central de l'inspection du travail. En situation dominante dans la relation de travail, l'employeur ne doit pas se dérober à ses obligations et ce n'est pas parce qu'il procure des emplois qu'il ne doit pas répondre pénalement des infractions, même s'il est le cas échéant une notabilité. L'inspection du travail pour être crédible, ne peut se contenter de réitérer à chaque visite dans l'entreprise les mêmes observations formelles mais doit utiliser la plénitude de ses pouvoirs et notamment celui de constater les infractions et de dresser procès-verbal. L'idée véhiculée par la hiérarchie selon laquelle « le PV est un constat d'échec » est à ranger au placard : il ne sert à rien de perdre son temps à persuader un employeur qui ne veut pas l'être,

* l'idée que le droit du travail est une progression constante, qu'il ne peut que se développer encore, en accordant toujours plus de droits aux travailleurs et corrélativement plus d'obligations aux employeurs. Ce discours était d'ailleurs

tenu aux employeurs, lors des passages en entreprise, sans provoquer chez eux de surprise particulière[3],

* l'idée que les institutions représentatives du personnel et les organisations syndicales, sont une nécessité dans les entreprises, qu'elles doivent être soutenues et développées en attendant que les évolutions politiques leur accordent de plus grandes prérogatives dans l'entreprise ; l'idée qu'elles sont aussi un relais indispensable de l'inspection du travail pour connaître la situation et le climat réel d'une entreprise et que les contacts avec elles sur des objectifs communs sont indispensables,

* si nécessaire, l'intervention dans un domaine des relations du travail considéré comme relevant de la seule compétence de l'employeur, le pouvoir de licencier et le pouvoir disciplinaire :

- alors que la position administrative officieuse et non écrite était de dire que l'ordonnance de 1945 sur le contrôle de l'emploi - pourtant non abrogée - était tombée en désuétude, était-il redonné vie dans le Rhône à ces dispositions législatives et réglementaires, notamment en matière de licenciements collectifs, et ce bien avant la loi de 1975 plus restrictive sur les pouvoirs de l'administration : ce contrôle ne devait pas rester purement formel et une bonne part de cette nouvelle génération considérait que l'inspection du travail devait examiner attentivement le bien fondé des motifs avancés pour justifier un licenciement économique,
- en matière de litiges individuels, plutôt que d'opposer à la réclamation du salarié une fin de non-recevoir au motif qu'elle relevait de la compétence prud'homale, intervenait-t-on directement et avec détermination auprès de l'employeur pour demander des explications, vérifier le bien fondé de sa position ou sa conformité au droit, et si tel n'était pas le cas pour demander que la décision prise soit reconsidérée. Une lettre était ensuite adressée à l'entreprise et une copie envoyée au salarié pour l'informer du contenu exact de l'intervention, copie qu'il produisait fréquemment devant le conseil des prud'hommes[4],

* beaucoup de ces inspecteurs et contrôleurs militaient plus ou moins activement dans les syndicats des services, prolongeant ainsi leur engagement professionnel en espérant obtenir, outre une amélioration de leur situation, une plus grande efficacité de l'inspection.

Ainsi, au-delà des divergences ou rivalités syndicales ou politiques, s'était formé à Lyon un groupe ou plutôt un ensemble d'agents de contrôle très solidaires

---

[3] Les choses ont dû beaucoup changer aujourd'hui et alors que de réformes en réformes les droits sociaux diminuent, j'imagine la difficulté des inspecteurs et contrôleurs à développer une argumentation lors des visites.

[4] Pratique qui fut ensuite proscrite par circulaire ministérielle…

professionnellement, échangeant problèmes et pratiques, soutenant globalement les mêmes orientations, expérimentant des modes d'intervention, résolument conviviaux et frondeurs, fortement unis face à la hiérarchie ; ce fut une source d'émulation collective, transformant les rapports à l'intérieur des services.

S'il y a eu un « pot de la victoire » dans les services de Lyon après le10 mai 1981, malheureusement les désillusions à la hauteur des espérances mises dans l'arrivée de la Gauche au pouvoir sont venues très vite et je ne partage pas entièrement l'analyse de ces mémoires sur la période 81-86. Dès la 1ère circulaire de Jean Auroux, nouveau ministre du Travail, un vent frais est passé sur les ardeurs : on sentait bien que l'on cherchait à ménager la chèvre et le choux. Ainsi les premières ordonnances sur le travail temporaire et sur le contrat à durée déterminée ou sur la durée du travail affichaient pour objectif de réglementer plus fermement ces domaines mais ont, dans les faits, jeté certaines bases de la précarisation et de la déréglementation[5].

Un peu plus tard, les lois Auroux n'ont, à mon sens et malgré les effets d'annonce ou les justifications a posteriori, guère institué de droits nouveaux des travailleurs : elles ont surtout intégré et confirmé des avancées jurisprudentielles qui étaient déjà dans le droit positif ou s'apprêtaient à y entrer à court terme. La mise en œuvre du droit d'expression des travailleurs a fait long feu et la réforme du règlement intérieur[6] et du droit disciplinaire qui n'a guère révolutionné la vie des entreprises a surtout été l'occasion pour Jean Auroux de rappeler la nécessité de l' « unicité du pouvoir de direction ».

S'il y eut un renouvellement sensible au ministère du Travail, notamment par l'arrivée dans les échelons hiérarchiques de directeurs départementaux plus jeunes qui contribuèrent à réduire la tension et le fossé séparant l'ancienne et la

---

[5] En prévoyant par exemple l'interdiction de recourir à une nouvelle mission d'interim avant une durée correspondant au tiers de la durée de la précédente mission, ce qui en réalité légalisait la pratique des missions successives pour un même salarié temporaire, sous réserve d'une « bonne » gestion de la durée de ces missions, toutes les permutations d'un poste à l'autre ou pour motif différent étant possible chez l'utilisateur de nombreux intérimaires.
Ainsi encore, en prévoyant cette magnifique règle démocratique selon laquelle un accord dérogatoire signé par un syndicat minoritaire dans l'entreprise, ne pouvait être contré que par le ou les syndicats réunissant plus de 50 % des salariés… inscrits aux élections professionnelles, mécanisme hypocrite qui a été largement utilisé par la suite.

[6] Qui consacrait une bataille menée depuis plus de dix ans par de nombreux inspecteurs et contrôleurs dans les entreprises et consistant à faire retirer des règlements intérieurs les clauses les plus attentatoires aux libertés et à la dignité des salariés. C'est peut être un des rares domaines où le travail effectué dans les sections d'inspection ait été soutenu ensuite par le ministère du Travail. On peut se demander aujourd'hui, avec le recul du temps, si l'intense énergie et l'énorme travail consacré à éplucher les règlements intérieurs – dont la loi exigeait le renouvellement et la mise à jour dans la plupart des entreprises – au-delà de son aspect symbolique en valait bien la peine sur le plan pratique, puisqu'en définitive rien n'était fondamentalement modifié dans le pouvoir disciplinaire et que les tribunaux avaient déjà commencé à lui imposer quelques limites par rapport aux libertés et aux principes généraux du droit.

nouvelle génération, on s'aperçut très vite que de nombreux représentants de l'ancienne génération qui s'étaient évertués à freiner l'ardeur de la nouvelle avaient toujours la confiance et l'oreille du ministère. On s'aperçut également que certains des comportements et des attitudes les plus critiquables du passé étaient maintenus notamment les attitudes discriminatoires en matière de promotion ou même de mutation envers les inspecteurs considérés comme les plus engagés ou les plus exigeants : tel directeur départemental ne se livrait-il pas à des confidences sur les appartenances politiques ou syndicales de ces agents devant les représentants locaux du patronat ? N'affirmait-il pas à qui voulait bien l'entendre - sauf aux intéressés eux-mêmes- qu'il ne voulait pas de « CGT connection » dans son équipe de direction ? L'auteur de ces mémoires est un exemple criant de ceux qui ont été victimes de cet esprit discriminatoire ancré dans certaines mœurs hiérarchiques auquel la méfiance ministérielle laissait libre cours.

Par ailleurs le développement très important des mesures d'emploi et de formation professionnelle accompagnant la crise économique entraîna la promotion des inspecteurs entrés dans les années 1970 sur des postes d'animation et de coordination de ces mesures. Ceci permit de les déconnecter des réalités sociales du terrain, déconnection qui se conjugua pour beaucoup avec un recentrage de leurs idées parallèlement à l'abandon des objectifs de transformation sociale par les sociaux démocrates.

Nombre de ceux qui restèrent en section continuèrent à assurer leur mission fondamentale au service de l'application du Code du travail sans rencontrer dans bien des domaines le soutien qu'ils auraient pu espérer d'un ministère du Travail de gauche. Je pense - sans que cela exhaustif - à des domaines comme la non discrimination salariale entre les hommes et les femmes, la lutte contre la généralisation de l'embauche des salariés en contrat d'intérim ou celle de la fausse sous-traitance, la discrimination syndicale ou le contrôle des licenciements économiques.

Jamais sur ces points, des campagnes prioritaires n'ont été menées par le ministère du Travail. Les quelques arrêts de principe intervenus l'ont été souvent à partir d'initiatives individuelles. Parmi d'autres dégradations de l'état du droit du travail, il n'est donc pas surprenant aujourd'hui que non seulement le principe selon lequel « le contrat à durée indéterminée est la règle » ne soit plus qu'un vœux pieux et que toute embauche passe nécessairement par une société d'intérim, que depuis plus de vingt ans les rapports se succèdent pour constater les écarts de salaires entre les hommes et les femmes, que le nombre de syndiqués soit de plus en plus bas. Certes toutes ces évolutions proviennent fondamentalement d'une vague de fond économique et politique, mais elles ont été aidées par une certaine inertie des ministres du Travail, malgré la volonté ou la détermination d'une partie de leurs inspecteurs et contrôleurs.

C'est l'intérêt de ce livre de montrer ce qu'aurait pu être ou ce que pourrait être une réelle politique du ministère du Travail au service de l'application effective du droit du travail et donc de la protection des travailleurs.

Au terme de cette lecture, dira-t-on peut-être, que ces inspecteurs et contrôleurs ne sont pas restés neutres et ont outrepassé leurs fonctions. Ce serait oublier que leur mission consistait et consiste toujours à faire appliquer la législation du travail qui n'est pas une législation neutre : elle est le fruit de combats opiniâtres, d'avancées sociales et politiques, elle tend à corriger le déséquilibre intrinsèque des parties au contrat de travail. La République ne leur demandait pas de rester neutres, elle leur demandait et leur demande toujours d'assurer l'application de la Loi, de cette loi protectrice ; cet objectif ne peut être efficacement atteint par une « neutralité », forcément passive, car elle renvoie dos à dos le salarié et l'employeur en cas de problèmes, laissant le premier démuni face à la puissance du second : il nécessite que les agents de l'inspection du travail s'engagent dans l'action avec constance et détermination pour faire vivre la législation du travail et au besoin l'imposer ; c'est ce qu'ont fait beaucoup d'entre eux dans ces années-là et c'est ce que d'autres continuent à faire de la même façon, aujourd'hui, dans un contexte bien plus difficile. Ils n'ont fait et ne font en définitive que leur travail mais ce travail ne peut pas être « neutre ».

N'oublions pas qu'« entre le faible et le fort c'est la liberté qui opprime et c'est la loi qui libère. » (Lacordaire) : c'est cette loi libératrice qu'à en charge l'inspection du travail.

Là me parait être le fil conducteur de ces mémoires.

Raymond Pezzatti
Inspecteur du travail de 1972 à 1985
et qui en porte la marque indélébile.

Avertissement

Entreprenant d'écrire une page de l'histoire de l'inspection et du ministère du Travail, les évènements que j'évoque font référence à un grand nombre de personnes. Je souhaite faire honneur à tous ceux qui ont participé à cette histoire. Mais l'histoire sociale n'étant pas une histoire paisible, ces évènements ont été souvent interprétés de façon conflictuelle. Deux versions de ce texte ont été rédigées. Dans l'une aujourd'hui diffusée, l'identité de nombreuses personnes a été occultée. L'autre, intégrale, sera peut-être soigneusement conservée le temps nécessaire à une publication complète et sereine. Tant pis pour ceux qui dans ces évènements n'ont pas été tendres avec leur prochain. D'ailleurs, la vérité finit toujours par ressurgir, même si l'on a tout fait pour l'étouffer.

Cités ou non, que tous ceux dont j'évoque le souvenir sachent que je souhaite honorer leur participation à ces étapes d'un grand siècle social et de l'humble histoire quotidienne du travail. Amis, collègues, usagers des services du travail des deux bords, camarades, j'espère que vous trouverez du plaisir à voir rappeler un petit bout de ce passé. J'aurais souvent souhaité en dire plus sur votre entreprise et votre travail. Même si je l'ai fait en d'autres lieux, je n'ai pas entrepris d'être ici votre écrivain public. Je veux rédiger une fresque générale à partir d'un point de vue. Jusque parmi les inspecteurs et contrôleurs du travail il existe un grand nombre de conceptions du métier. Si l'un ou l'autre est d'accord avec moi sur quelque point, je m'en réjouis. Si au contraire vous avez une opinion différente, écrivez la et confrontons nos travaux.

Si une neutralité est en question ici, c'est uniquement celle de la République dans le débat social et face à l'inégalité des parties au contrat de travail. Par ailleurs, cette génération d'inspecteurs issue des années 68 est suivantes est trop attachée à l'ouverture de l'éventail des opinions et des tolérances pour avoir jamais fait pression envers un usager et quiconque, y compris dans le service, en faveur d'une opinion politique, religieuse ou syndicale.

Ch.1 Pourquoi témoigner ?

À moins qu'on ne découvre un jour quelque manuscrit, aucun inspecteur du travail n'a encore rédigé son autobiographie professionnelle. Habitués de l'écriture administrative impersonnelle, ils hésitent devant un travail où domine la première personne. Ici ou là, quelques-uns expriment le désir de rédiger quelque chose. Beaucoup ont la perception de l'importance de ce qu'ils ont vécu. Mais parvenus à la retraite, bien peu se mettent à l'œuvre. Il faut du temps, des soins méticuleux. Une fois le contact perdu avec les dossiers, il est difficile d'écrire et encore plus d'arriver au bout du travail. Gens modestes, les inspecteurs du travail ne disposent pas de « nègres ». Pierre Hamp[7], l'inspecteur ayant le plus écrit, n'a jamais raconté sa vie professionnelle. Après un parcours atypique assez court, il préfère finalement le roman pour partager son expérience, comme plusieurs autres collègues[8].

L'expérience d'un inspecteur tient plus à ce qu'il voit qu'à ce qu'il fait. Le procès-verbal doit être sec et strict. Pas de littérature ! Ce que l'on voit et fait dans le service est exagérément corseté par l'obligation de réserve. Celle-ci est comme une dérive acquise de caractère, un enfermement collectif dans le silence. L'histoire sociale et ces évènements observés de si près, parfois si fouillés, s'enfouissent dans l'oubli, au grand préjudice des générations futures.

Enfin, ces évènements ont souvent justifié des relations conflictuelles et passionnelles. Il paraît inconvenant de les faire revivre. Ne heurterait-on pas les protagonistes et des victimes ? Le temps de l'autobiographie semblerait exiger un délai. Acteur pris dans les mailles du récit, l'inspecteur ne vit pas assez longtemps pour dépassionner ses mémoires. Et parfois, le recul insuffisant, prive d'intérêt ce qu'il aimerait dire : telle action, telle audace hier exemplaires, sont devenues banales. Telle évidence ne l'est plus. Le contexte a changé. Les messages que l'on a compris sont peut-être devenus incompréhensibles, objets de rejet ou de saturation.

Si j'entreprends cependant d'écrire, des raisons de circonstances m'y poussent et non des souvenirs plus extraordinaires. J'ai achevé cette carrière au Comité d'histoire des administrations du travail, tentant de convaincre mes anciens collègues de donner libre cours à leur envie de laisser une trace écrite. Il est élémentaire que je me l'impose à mon tour. Au sein d'une administration soumise à des sollicitations incessantes et multiples, il faut savoir perdre du temps pour prendre du recul et revenir sur une expérience sociale ayant un sens. Chercher et conserver ce sens est utile pour la société dans son ensemble. Il est urgent de mettre en forme une culture professionnelle. En un temps où la fragilité

[7] Henri Bourrillon, inspecteur de 1909 à 1923, Pierre Hamp, pour ses activités littéraires.

[8] Par exemple, René Visticot, nom de plume René Marc-Rosèle, *Quand chargent les béliers*, 1973. Gérard Filoche fait exception, ayant écrit quelques pages au sein d'une autobiographie axée sur sa vie militante, *68-98, histoire sans fin*, Flammarion, 1998 et surtout, *Carnets d'un inspecteur du travail*, éditions Ramsay, 2004.

et la complexité des systèmes juridiques et des administrations sont grandes, la mise en lieu sûr de leurs traces doit permettre de comprendre le poids des institutions et des régulations sociales, leur capacité à fonctionner pour l'intérêt des salariés et des citoyens, leur aptitude à résister dans la durée.

Les fonctionnaires, les acteurs sociaux, les historiens, les juristes, d'une façon générale les citoyens, ont besoin d'un éclairage sur la façon dont l'État et l'administration ont fonctionné et fonctionnent encore. L'enseignement, la presse, le monde du droit, sont à l'origine d'un dévoilement par bribes. Au-delà du droit positif, il est nécessaire de déchiffrer l'évolution et la trame de millions de décisions administratives, de centaines de circulaires, de règlements et de lois, de milliers de statistiques produites de façon continue par l'administration. Des tonnes de cartons d'archives sont à dépouiller. Mais rien ne remplace l'utilité de fils conducteurs offerts par des récits autobiographiques. Ils apportent leurs visions partielles mais avec une certaine durée, chacun cherchant la satisfaction d'une continuité dans le travail de mémoire. Trente ans et plus de vie professionnelle c'est un tiers de siècle. C'est déjà donner un fil d'Ariane dans le labyrinthe. La subjectivité ne veut pas se substituer à l'objectivité des travaux scientifiques mais elle souhaite ajouter son mot. Le récit vécu peut suggérer un sens.

D'autres raisons m'incitent à entreprendre ce travail. Malgré ses limites et la faible effectivité des progrès réalisés, ce XXe siècle est par excellence un siècle social. Mais aujourd'hui, trop de forces, trop de courants multiplient les zones d'occultation et d'érosion d'un état de droit si durement conquis, si chèrement payé. Un véritable révisionnisme rampant, doublé de négationnisme détruit peu à peu ce siècle social : les notions et les mots forgés pendant des décennies en faveur du progrès du droit du travail et du droit social sont réutilisés par les auteurs de cette destruction pour inverser le sens de l'histoire sociale, pour désorienter les salariés et l'opinion cherchant leur voie dans la crise que nous traversons. La génération des années 68 et suivantes, témoin des meilleures avancées du siècle social, est détentrice d'un devoir de fidélité. Trop de déceptions dans la suite des évènements lui imposent de résister aux mécanismes jouant contre le système social. Chassée de la conduite des affaires, pour des raisons d'âge, il ne lui reste plus que le droit d'écrire et de constituer des archives.

Les inspecteurs du travail sont au premier rang de ce front du souvenir. En activité, ils se sont battu, parfois avec acharnement, pour rester présents face aux tentatives de réduction des conquêtes sociales. La seule arme qui reste à ces témoins professionnellement privilégiés, est de rappeler combien l'époque qu'ils ont vécue est une charnière et un apogée à plus d'un titre. Le monde libéral est resté maître du terrain politique et médiatique. Il continue bien évidemment à dominer le monde des entreprises et du commerce. Moins que jamais, il n'admet les empiètements d'un monde socialisé et d'un monde militant. Sous la conduite, notamment des forteresses libérales anglo-saxonnes solidement installées des deux côtés de l'Atlantique, il bloque et brise méticuleusement toutes les constructions de ces inspecteurs, notamment lorsqu'il est en mesure de prendre le dessus sur les méthodes de service public et de droit social d'Europe continentale.

En plus de ces offensives imposant un retour en arrière aux dimensions géopolitiques, nous assistons à une crise de la conscience sociale[9]. L'incompréhension et l'oubli envahissent le plus grand nombre, au sein de la société française et des sociétés d'Europe occidentale. Le droit positif social des générations antérieures n'est plus reçu. Écrire, faire travailler sa mémoire est une nécessité pour répondre à ce brouillage. Mais il faut également analyser, diagnostiquer, comprendre tant ces retours de l'histoire que cette amnésie et ce refus de comprendre qui s'instaurent. Nombreux sont ceux qui souffrent aujourd'hui de façon presque névrotique de l'absence d'écoute relative à leur passé. Ces carences confinent à l'étouffement de la pensée et des combats humains ayant soulevé les foules, les rues, les barricades, les halls d'ateliers et les chantiers. Les inspecteurs du travail ont une place particulière dans cet effort de souvenir et de résistance culturelle. Même s'ils ont bien peu influé et apporté un réel contre feu, ils ont été en position d'observer les résistances, les réussites, mais aussi les attentes insatisfaites, les destructions de sites industriels et de collectivités de travail, le mépris essuyé par les salariés, l'absence de politiques du travail et du social, les démissions économiques. Ils doivent à ces milliers de travailleurs visités autant qu'à eux-mêmes cette réponse tardive du souvenir.

Ayant passé deux ou trois années, au Comité d'histoire, à comprendre et faire ressurgir la savoureuse et héroïque expérience des premières années de l'inspection française, je suis convaincu du parallélisme à faire avec la période plus récente que nous avons vécue, des années 1968 à 1990[10]. Mon point de vue est entaché de parti pris, mais je n'ai aucune fausse honte à les qualifier de « secondes vingt glorieuses » de l'inspection française. Le siècle dans lequel elles se situent étant achevé, elles ont basculé dans l'histoire. Il serait dommage qu'elles laissent encore moins de traces que la génération précédente des années 1936 à 1960, pour laquelle bien peu de témoignages directs subsistent.

---

[9] Qui va de pair avec la déréliction de la conscience ouvrière, de ce que l'on a appelé la conscience de classe, mais aussi avec des naïvetés croissantes relatives aux consciences des autres classes sociales, aristocratie, bourgeoisie, monde rural, qui avaient servi de trame à une certaine lecture de la réalité, à l'intérieur de la conscience nationale.

[10] On peut faire un parallèle mais il faut noter une différence entre la génération de la Belle Époque et celle des « Vingt glorieuses » de 1968 à 1986 : Elles ont toutes deux quelque chose à dire de l'évolution de la société et de leur expérience militante auprès du mouvement ouvrier. Mais une loi impose à la première de rédiger chaque année un volumineux rapport sur ces évolutions et cette expérience. Certains de ces rapports atteignent cent cinquante pages. Quatorze mille pages de rapports rédigés par les premiers divisionnaires constituent de la très bonne littérature et un rayon entier dans la bibliothèque du ministère du Travail. Non astreinte par la loi à ce travail officiel d'enquête, la génération des secondes vingt glorieuses ne laissera de traces que par les autobiographies qu'elle voudra bien écrire.

Cette période des années 1960-1990 doit d'autant moins tomber dans l'oubli qu'elle est le témoin de trois apogées simultanés[11]. L'inspection du travail connaît un renouveau dans ses recrutements, une extension de ses missions, un renouvellement de ses pratiques, au moment même où les classes ouvrières des sociétés d'Europe occidentale les plus favorisées[12] vivent des situations exceptionnelles, tant sur le plan numérique que sur le plan de la croissance de leur niveau de vie et des conquêtes juridiques et sociales qu'elles engrangent. Ces sommets s'effondrent malheureusement subitement ou se transforment radicalement au moment où la dynamique conquérante d'une classe sociale aboutit à une mue du salariat devenu le statut à peu près général au sein de la société, et où le système économique s'enfonce dans la crise. Des analystes s'autorisent à parler désormais de la disparition de ces classes ouvrières.

Au moment précis de cet apogée ouvrier et salarial des années 1960-1980, un certain type de droit du travail, en France, mais également les homologues en Allemagne, dans les pays nordiques, en Espagne, connaissent un développement sans précédent, assimilable aussi à un apogée d'une certaine forme de droit. Compte tenu des systèmes de droit public et de droit pénal en vigueur en France, cette période faste fournit à l'inspection du travail le terreau d'un réel épanouissement. Nul ne sait si le siècle suivant offrira les mêmes bases pour autant d'heures de gloires soit pour les « mouvements ouvriers » ou leurs successeurs salariaux soit pour les systèmes d'inspection du travail. Les inconnues des transformations induites par la mondialisation et l'européanisation des économies et des systèmes de normes perturbent toute prévision.

Quelles que soient les formes qu'adopteront les nouveaux systèmes de droit du travail, il faut imaginer qu'une reconstruction suivra cette phase de destruction. Il reste que l'inspection du travail que nous avons connue correspond, d'une certaine manière, avec les attentes d'un mouvement social dopé par les évènements de 1968 et celles d'un milieu salarial en expansion, tiré par une classe ouvrière ayant gardé sa combativité. Cette correspondance d'une institution avec un mouvement lui apportant un supplément de sens n'est pas que dans l'imaginaire collectif d'un corps de fonctionnaires et de ses « clients » les plus assidus. Elle a un impact sur le réel.

Enfin cette génération d'inspecteurs et d'inspectrices, recrutée dans les années 1968 à 1980, souhaite faire vivre une certaine conception militante de la fonction, à un degré encore jamais vu jusqu'alors[13]. C'est accomplir une dernière étape de cette volonté que d'en laisser une description écrite[14]. Dans ces années,

---

[11] Je ne veux nullement dire par là qu'il n'y aura pas d'autres apogées du mouvement social, ni qu'il n'y en a pas eu d'autres auparavant.

[12] Essentiellement dans huit à dix pays (Grande Bretagne, Allemagne fédérale, France, Pays-Bas, Belgique, Espagne, Italie, Suède et Norvège)

[13] Tout au moins une partie non négligeable de ses membres.

[14] Si la réflexion sur la capacité de mobilisation idéologique, les représentations collectives, le subconscient des volontés professionnelles, les conceptions de l'administration, gagne à être effectuée par des observateurs

tout en soulevant discussions et controverses, cette conception particulière du service connaît une propension surprenante à se propager dans l'ensemble du corps. Elle n'est pas facile à présenter, aujourd'hui encore. Même avec du recul, ceux qui l'ont défendue sont les premiers à devoir encore s'expliquer à son sujet. Ils ne l'ont pas suffisamment explicitée sur-le-champ. Cette vision militante ne s'exprimait qu'à huis clos dans les enceintes syndicales.

Aujourd'hui, la vision militante des nouvelles générations ne se traduit plus dans les mêmes termes, voisinant avec le militantisme citoyen des années 2000. De même la conception militante des premières générations de 1893 est profondément différente de celle qui a été la nôtre. À la Belle Époque, les inspecteurs ne sont pas des militants du mouvement ouvrier mais de la République laïque et sociale. Dans les années 60, c'est en se tenant au coude à coude avec le mouvement ouvrier que les inspecteurs espèrent parvenir à influencer la sphère du droit et du service public.

Malgré cela, mon témoignage ne prétend pas s'appuyer sur une histoire exemplaire. Si j'avais voulu présenter ce que j'ai vu faire de mieux, pour notre époque, en terme de pratique de l'inspection, j'aurais dû décrire l'activité de l'un de mes collègues, R. Pezzatti, arrivé en même temps que moi dans les effectifs de la direction du Rhône et parti vers d'autres fonctions, plusieurs années avant moi. Dans le choix de ses actions, dans la rédaction de ses décisions, il était plus précis, d'une qualité juridique bien supérieure. Comme d'autres, en différentes occasions, il a pris des décisions ou fait des constatations plus difficiles et audacieuses, avec des formulations plus pertinentes que les miennes. Malgré mes protestations auprès du directeur départemental délégué d'alors, ses chronos d'inspecteurs sont partis dans une benne à ordure. C'est ainsi que les actes administratifs les plus parfaits sont souvent réduits en pâte à papier de recyclage. Il serait évidemment souhaitable que certains grands chantiers de notre histoire pratique soient conservés, ainsi que ses plus belles pages. Mais ce qui importe le plus c'est la trace générale du service, avec ses bons moments et ses routines plus anodines.

Si j'ose donc présenter ces souvenirs c'est pour avoir accompli une carrière très moyenne, d'une longueur considérée par beaucoup comme un signe de médiocrité, et m'ayant conduit à faire un grand nombre d'expériences assez communes. C'est notre activité collective et non mon activité personnelle qui a un caractère historique. D'une façon générale nous n'avons pas fait des choses extraordinaires. Nous avons cherché à faire honnêtement et correctement notre travail. Nous ne voulons pas particulièrement donner des leçons, ayant trop vu

---

extérieurs, il est irremplaçable qu'elle s'exprime aussi par la relecture des acteurs eux-mêmes. Un bon exemple de travail émanant d'un observateur extérieur est le mémoire réalisé en maîtrise d'histoire par Ludovic Lucot, premier lauréat du prix Pierre Lamy, étudiant de l'Université Blaise Pascal, Clermont II, 2000 : *La direction départementale du travail et de la main-d'œuvre du Puy-de-Dôme entre 1945 et 1975.*

nos inspecteurs généraux se jugeant fondés à le faire, même déconnectés des réalités auxquelles nous étions affrontés. Nous avons seulement correspondu à notre époque, portés par la vague sociale. Ensuite, les expériences d'inspecteurs ne peuvent être copiées, résultant, au jour le jour, de circonstances qui surviennent différemment selon les lieux et encore davantage selon les années.

Par ailleurs, dans cette époque aujourd'hui révolue, tout ce qui a pu être bâti comme théorie du métier, malgré une importante dimension collective, comporte d'importantes lignes de fractures et des divergences souvent exacerbées. Chacun a pu y faire des apports en fonction des affectations et de ses trouvailles. Avec un individualisme lié aux modalités d'exercice de la fonction, n'y a-t-il pas souvent presque autant de conceptions de l'inspection que d'inspecteurs ? Dans une fonction facilitant les investissements militants, les conceptions sont au moins influencées par le pluralisme des canaux syndicaux, sans que ceux-ci fassent obstacle à la multitude des positions personnelles et aux clivages de générations. Il s'en dégage toutefois une certaine impression commune, empruntant beaucoup au passé ou se dessinant par opposition à des images transmises par la génération antérieure. Un travail autobiographique se doit d'essayer d'en dévoiler quelques méandres.

Dans le débat d'idées régnant dans un corps de fonctionnaires à fort degré d'investissement personnel et idéologique, il est naturel d'être porté à penser que sa propre vision de la fonction est la seule bonne. Dans un contexte de pluralisme inévitable, en adopter une conduit de fait à porter des jugements de valeur sur les autres. Chacun voit la vérité où il se trouve, d'autant plus que le métier se diversifie et que les façons de l'exercer varient beaucoup selon les étapes de carrière, mais aussi selon le type de département et d'agglomération. Même si, dans les faits, nous n'avons pas des différences de pratique si importantes, nous vivons avec des images fortes au sujet de ce que nous devons ou croyons être. Nos considérations militantes du métier nous rendent donc souvent plus intolérants que ne le justifient nos différences réelles. Toutes nos différences, nos vérités, nos affrontements et nos positions tranchées forment tout de même un monde administratif commun et une culture, avec un capital de préoccupations, des réactions analogiques, des outils constitués en commun. La génération qui s'en va espère que l'analyse qu'elle en fait intéressera celles qui restent.

Pour achever ces commentaires sur les raisons qui me poussent à écrire, je veux insister sur un dernier point sensible. Ma génération vit très mal une rupture. Elle a un besoin d'inventaire. Elle a traversé au moins deux périodes formant un contraste exceptionnel : les Trente glorieuses de la France industrielle[15]. Comme je viens de l'indiquer, c'est le moment de l'apogée du siècle social. Puis cette génération plonge dans la crise trentenaire de fin de siècle. Finalement cette

[15] Pour ce qui me concerne, c'est le temps de l'enfance, de l'adolescence, des études et de mes cinq ou six premières années de vie professionnelle.

génération est traumatisée, déçue, désemparée par la mémoire de trop d'expériences douloureuses. Peu nombreux sont ceux qui achèvent la traversée de cette seconde étape en ayant gardé leur optimisme et leur foi de soixante-huitards. Nous avons des plaies vives à cicatriser, beaucoup de choses à nous expliquer à nous-mêmes.

La perception des dérives de l'histoire est encore plus vive au sein d'un corps tel que celui de l'inspection du travail. Pour les inspecteurs, c'est non seulement une partie du cadre de vie qui se brise ou en est menacé, mais les élans, les motivations professionnelles, la conscience d'avoir réussi dans le travail. Les dérives cyniques et désabusées ne manquent pas. Comme pour de nombreux militants de la cause sociale, la démarche autobiographique peut avoir une fonction thérapeutique. Une population victime d'effondrements économiques, sociaux et politiques a besoin aussi d'une telle thérapie. Pourrait-elle la trouver dans des interrogations et analyses d'inspecteurs revenant sur cet âge de fer ?

Je ne présente donc qu'un point de vue. Je m'efforce de le justifier. D'autres pourraient le faire de façon encore plus virulente ou dramatique. D'autres encore pourraient présenter une analyse inverse de la surprenante involution de l'histoire que nous affrontons. Il m'est impossible d'évoquer certaines pages du passé ni certaines conceptions sans présenter une opinion et prononcer un certain nombre de jugements tout à fait personnels. D'autres points de vue entrent en conflit avec ce que je vais écrire. Contrairement à certaines inclinations de pensée selon lesquelles toutes les positions se valent et doivent être admises, finalement nécessaires pour « faire un monde », je refuse de considérer les vues adverses comme ayant une valeur égale aux miennes. J'estime donc avoir raison sur de nombreux points que je vais défendre. Mais en préalable, je précise que ceux qui ne sont pas d'accord ne sont pas a priori des gens de mauvaise foi. Ils croient souvent avec autant de force à ce qu'ils estiment être le vrai, même si, de mon point de vue, leur position est désastreuse ou entraîne des conséquences catastrophiques. L'histoire jugera. Il n'y a rien qui ne finisse par apparaître au grand jour et par devoir être mis à sa place.

Mais si je considère a priori que beaucoup de ceux qui ne pensent pas comme moi, ne sont pas de mauvaise foi, cela ne veut pas dire qu'il ne faut pas combattre certaines évolutions historiques désastreuses. Il me semble nécessaire de s'interroger sur le bilan de cette époque et sur la question fondamentale de savoir s'il aurait été possible de faire autrement, tant est grande la masse de déceptions et de désillusions accumulées. L'histoire économique et sociale que nous connaissons aurait-elle pu être inversée ?

Ce désir d'inventaire et de bilan se conjugue avec la nécessité de dégager des responsabilités. Si profondément déçue et trompée au cours de cette longue crise, cette génération est peu portée à accepter ce qu'on voudrait lui faire supporter, comme une issue naturelle et inévitable. Des dirigeants et de hauts personnages ayant navigué entre les plus hauts postes des administrations et des grandes entreprises ont pris des responsabilités. Que des hommes politiques de droite conçoivent et mènent des politiques de droite lorsqu'ils ont les cartes en main, cela ne surprend personne. Ils font ce qu'ils se sont toujours promis de faire. Mais que pendant la moitié de cette période de crise, des hommes de gauche aient mené longuement et patiemment une politique de démantèlement d'une partie de l'ordre public et du système social est dur à accepter pour notre génération. Le procès est à faire.

Il est relativement supportable de se rappeler comment mai 68 s'est conclu. C'est-à-dire assez mal, sur le plan politique. Mais que 1981 ait conduit au point où l'on en est, voilà qui surprend beaucoup plus. Qu'au plus haut niveau de l'État, des personnages historiques ayant porté très haut nos espoirs avant d'assumer de façon aussi médiocre et désastreuse le défi confié par notre génération, cela reste la grande interrogation à laquelle nous peinons à répondre en réglant les comptes de notre propre histoire. La politique conduite, les orientations économiques et sociales adoptées ont considérablement contribué à provoquer l'effondrement du pays, de la démocratie, du mouvement ouvrier et des forces de la gauche communiste. Nos capacités d'actions réformatrices, à nous les inspecteurs du travail, engagés dans des conceptions militantes, ont été annihilées par les dommages collatéraux de cette politique. L'efficacité de notre action en a été réduite, nos carrières bloquées, pour faire place à des gens plus opportunistes acceptant de faire le dos rond devant le cours déstabilisateur et réducteur des politiques sociales. Nous avons dû nous épuiser physiquement et parfois psychiquement dans des actions de résistance permanente. Les auteurs de cette politique au plus haut niveau, alors que le cours de la mondialisation et de l'européanisation « bas de gamme » n'était pas encore devenu aussi irrémédiable, représentent ces rares cas dont je ne sais pas si je dois dire qu'ils étaient de bonne foi, si ce n'est en considérant que nous n'avions pas la même définition de la bonne foi. Politiciens calculateurs, ils n'ont pas su calculer le niveau des désastres résultant de leurs projets personnels et des conditions qu'ils ont acceptées pour les réaliser.

Autre exemple de procès à engager devant l'histoire, nous avons lutté dans ce ministère pour faire progresser l'application d'un droit du travail rédigé en faveur du salariat. Nous avons trouvé dans ces années-là une hiérarchie d'une grande faiblesse et d'une profonde inertie devant les exigences d'un système législatif régalien tel que le connaissait la France depuis la Seconde guerre mondiale. Mais après une attente longue et douloureuse, nous n'avons été débarrassés de cette hiérarchie[16], que pour tomber dans les mains d'un système de carriérisme qui n'a pas été meilleur[17]. Ce carriérisme, sommaire avec la

---

[16] Du seul fait du renouvellement naturel des générations.

[17] Sans aller trop loin dans les particularismes du devenir des anciens élèves de l'ENA, il suffit de rappeler que dans le processus d'invasion progressif des ministères auquel ils ont procédé, les ministères sociaux ne sont d'abord pas touchés pendant de nombreuses années. Jusqu'à la promotion de Martine Aubry et le milieu des

génération nous précédant, devient ensuite scientifiquement organisé et tentaculaire. Le carriérisme des échelons intermédiaires est surmultiplié tant sur le territoire qu'aux échelons de l'administration centrale et des cabinets. Nos chefs vivent comme des apatrides, naviguant de mutation en mutation, dans un processus de migration incessante, abandonnant tous les deux ans des services qu'ils ont l'ambition, à tour de rôle, de chambouler de fond en comble, pour marquer leur passage. Ces désordres sont appliqués sans pitié à des services rendus exsangues dans un monde libéral ou toute bouche de fonctionnaire en plus à nourrir est une bouche de trop. À la désorganisation durable due aux politiques libérales se sont ainsi superposées une animation incohérente et un état de profond malaise, résultant de la politique sociale-démocrate soucieuse de ses effets d'annonce et non de l'effectivité de ses politiques.

Je ne pense pas non plus que les inspecteurs anciens instituteurs qui ont été nos premiers chefs ou les nouveaux carriéristes qui les remplacent ont été ou sont de mauvaise foi. Aujourd'hui comme hier, ils répondent aux impératifs hiérarchiques. Ce qu'on peut leur reprocher c'est de leur avoir répondu sans beaucoup d'audace et avec insuffisamment de courage. Ils se plient à toutes sortes d'injonctions et de sollicitations alors qu'ils ont en main un certain nombre d'armes de résistance. C'est parce que le goût du pouvoir et de la carrière exercent périodiquement des pressions supérieures aux enjeux du service public.

Faut-il cependant jeter la pierre à cette immense machine qu'est l'administration. Elle ne brille pas mais elle marche cependant. Pour assurer le service public, elle demeure une machine plus fiable que l'entreprise privée. Grâce à elle et à ses statuts, suffisamment de gens assurent en son sein suffisamment de continuité pour la République et ses services. Dans leur grande majorité, les carriéristes eux-mêmes trouvent suffisamment de temps pour faire tourner la machine. Ambitions et travail acharné, temps de travail non compté, vont souvent ensemble. Mais à la marge, il manque souvent un petit plus de résistance, de courage, de fermeté. Ces humbles vertus simplement républicaines, non encore révolutionnaires, sont susceptibles de mettre en péril une étape de carrière, à l'occasion.

En raison de petites faiblesses additionnées, on est passé ainsi à côté des possibilités d'une grande époque. Affrontant ou appliquant les politiques, naviguant entre leurs effets déstructurant pour le salariat, le mouvement ouvrier et l'électorat populaire, ces inspecteurs militants des années 68 et suivantes pouvaient-ils faire plus ? Se sont-ils contentés de rester des fonctionnaires aux profils moyens, laissant la hiérarchie les cantonner, parfois dans des placards, en tout cas dans des échelons seconds, créés pour satisfaire à bon compte leur esprit

---

années 1970, leur appétit pour des vocations sociales est limité. Il y a peu d'énarques au ministère du Travail. L'administration centrale est dirigée par une poignée de membres du Conseil d'État formés avant la création de l'ENA, par des gens ayant fait une carrière interne en Centrale et par les bénéficiaires de promotions ultimes du corps de l'inspection du travail.

revendicatif. Ne nous privons pas de poser des questions et de tenter quelques jugements.

Citoyens de carrières moyennes et des grands espoirs militants, nous avons cependant vécu dans un espace et dans un temps de liberté de pensée et de parole. En payant parfois un prix élevé, ils nous ont permis de dire ce que nous pensions. Grâce au principe d'indépendance[18] sorti de l'oubli, ils nous ont permis aussi de faire le plus souvent ce qu'il nous semblait juste de faire, pour nous conformer à ce que nous pensions être notre mission. Entreprendre de rédiger des souvenirs concernant cette période est une dernière façon d'user de cette liberté.

[18] Depuis trente ans, les inspecteurs de toutes les générations, celle des années 68 et les suivantes mènent une bataille incessante pour empêcher que l'on étouffe les effets de la convention 81 de l'Organisation internationale du travail. Approuvée le 19 juin 1947, elle définit l'indépendance des inspecteurs du travail.

Ch.2 Des recrutements atypiques ordinaires

Le 2 novembre 1965, au fond du couloir d'un vieil appartement du cours Lafayette transformé en bureau[19], j'attends l'entrevue d'accueil accordée par André Camy, directeur départemental du travail et de l'emploi du Rhône. Il poursuit une carrière qu'il achèvera comme inspecteur général. J'ai vingt-cinq ans. Sélectionnés sur dossier, nous sommes deux, Pierre Ducottet et moi, reçus tour à tour. Six ans plus tard, nous nous retrouverons dans la même promotion d'inspecteurs. Ce matin là, nous acceptons un emploi de contractuel sur vacance de contrôleur du travail.

Cette forme de recrutement pour un emploi public déroge au principe de l'égalité d'accès assurée par la voie du concours, mais elle est alors très utilisée. Ces emplois précaires sont un cadre courant de préparation aux fonctions de l'administration du travail. Une fois dans l'emploi, les chances de succès aux divers concours sont pratiquement acquises à 90%.

À cette époque, l'inspection du travail sort d'une phase de blocage des recrutements succédant aux grands concours de la guerre et de la Libération. Malgré l'importance des tâches nouvelles, les effectifs d'inspecteurs stagnent depuis 1945. De 1956 à 1960, de premiers concours restreints sont ouverts pour cinq à dix recrutements chaque année[20]. Ces premières ouvertures ne remettent pas les services en capacité de répondre aux exigences nouvelles des missions d'inspection ni au développement des questions d'emploi résultant de la création du Fonds national de l'emploi en décembre 1963. En 1965, on prend conscience de la nécessité de redimensionner les services. Des embauches provisoires préparent l'opération et anticipent sur les ouvertures de concours.

L'ère de stagnation symbolisée par Paul Bacon[21], s'achève à peine. Annonçant un prochain dégel de l'évolution du système social, les ministres gaullistes Gilbert Grandval, Jean-Marcel Jeanneney et Maurice Schumann[22] commencent par renouveler les forces humaines nécessaires aux administrations du travail, tout en réfléchissant à la réorganisation des services. Dans l'attente de recrutements définitifs, le budget a donc saupoudré une série de postes « sur vacances d'emploi » d'inspecteurs et de contrôleurs auprès de directeurs régionaux et départementaux devant lancer des expériences pour préparer une réforme des services de main-d'œuvre. L'année de mon arrivée, Lyon bénéficie

---

[19] La direction départementale, toute l'inspection du travail du département et l'inspection divisionnaire sont alors installées dans deux appartements de ces immeubles datant des années 1890, au premier étage.

[20] 93 recrutements en 1938, 33 en 1942, 27 en 1943, 10 en 1945, 66 en 1946, aucun recrutement de 1947 à 1954, 7 en 1955, 8 en 1956, 5 en 1957, aucun en 1958, 2 en 1959, 11 en 1961, 6 en 1962, 4 en 1963. Ce n'est que de 1964 à 1967 que les promotions s'élèvent à 16 ou 17 inspecteurs. En 1968 on atteint 24 recrutements.

[21] Paul Bacon, ancien militant syndicaliste, dirigeant de la CFTC du département du Nord, passé à la politique, quinze fois ministre du Travail du 7 juillet 1950 au 15 mai 1962.

[22] Grandval est ministre du 16 mai 1962 au 8 janvier 1966, Jeanneney de cette date au 31 mai 1968, Schumann de juin 1968 au 20 juin 1969.

ainsi de sept postes de contractuels, deux pour des titulaires d'une licence universitaire, le reste pour des titulaires du baccalauréat. Entrant dans les services à l'automne 1965, nous sommes ainsi une petite équipe encore peu féminisée, une seule fille et cinq garçons[23]. Tout en travaillant, nous devons évidemment préparer le concours accessible à nos niveaux d'études respectifs et régulariser notre situation administrative. Aucun concours de contrôleur n'étant organisé en 1966, ce n'est que début 1968, au bout de deux ans, que j'accède au statut de contrôleur stagiaire.

Pendant ce temps passé comme contractuels, des collègues nous épaulent, nous faisant découvrir la façon dont il faut se présenter à l'écrit et à l'oral en ayant les meilleures chances d'être admis. Cela ne nous enlève pas pour autant la crainte de ces épreuves, attendues comme une étape très difficile. Des fascicules polycopiés, rédigés par quelque directeur départemental antérieur, contiennent tout ce qu'il faut savoir sur l'origine et l'organisation du ministère ou sur des chapitres du droit du travail peu enseignés à l'Université : l'emploi, les aides à la formation professionnelle, et surtout l'hygiène et la sécurité. Cette partie du programme est une vaste compilation d'une foule de questions sur l'organisation sanitaire des lieux de travail, la protection des machines. Des maladies professionnelles nous apparaissent tout à fait ésotériques : le charbon professionnel, le saturnisme, l'hydrargyrisme… Aucun candidat du concours externe n'est évidemment préparé à ces matières par l'Université.

Les anciens nous permettent également de repérer les vingt à vingt-cinq sujets d'actualité sociale couvrant la presque totalité des questions susceptibles d'être posées dans les épreuves de culture générale tant à l'écrit qu'au « grand jury » de l'oral. Elles sont la clé de la réussite. Il est conseillé de préparer des fiches résumant nos réponses à l'aide des Liaisons sociales[24], la bible culturelle de tout agent du service, du contrôleur au plus haut gradé du jury du concours. Elles sont à notre disposition. Sans en avoir conscience, nous sommes donc totalement armés pour régulariser dans de bonnes conditions cette entrée dans la fonction publique labellisée par un concours. Cette institution est sauve, fleuron d'une administration égalitaire. Les « corps » sont ainsi protégés de toute déclassification dans la hiérarchie de la fonction publique et dans la société.

Les Contractuels sur vacance d'emploi d'inspecteur suivent la même préparation avec davantage d'intensité et une ardeur bien moindre au travail productif. Ne recevant qu'occasionnellement du travail, ils nous regardent même de haut. Ils se consacrent presque entièrement à leurs préparations de concours et passent ceux-ci plus rapidement, en trois à six mois. Un travail plus précis et

---

[23] Il y a ainsi Bernard Lust, Claude Tixier, Pierre Ducottet, Monique Lacroix dont je ne sais pas ce qu'elle est devenue après le concours et une affectation à Dijon. Un autre garçon ne s'intéresse pas à la fonction. L'administration rompt finalement son contrat après six mois d'une présence très épisodique.

[24] Cette revue diffuse une collection de « Documents », résumés très utiles sur l'état d'un certain nombre de sujets d'actualité.

accaparant est confié, au contraire, aux contractuels sur vacance d'emploi de contrôleur, s'ils veulent bien l'accomplir avec conscience professionnelle. Mais l'ardeur à la tâche n'est pas également partagée. Pour certains le grade de contrôleur n'est qu'un pallier pour accéder aux fonctions d'inspecteur. Venant d'une filière de formation atypique ne me laissant pas l'espoir d'un emploi plus élevé pendant quelques années, je vis dans l'instant. Je me fais à la perspective d'être d'abord contrôleur du travail, le temps qu'il faudra.

Cela signifie, pour le plus grand nombre, exercer des « fonctions de main-d'œuvre ». Elles offrent l'occasion de contacts humains, dans un service consacré à des gens en difficulté, les chômeurs. Cependant, divers interlocuteurs au sein du service m'expliquent que tous les garçons entrant dans le service peuvent penser à des perspectives supérieures. S'ils sont de constitution normale, s'ils travaillent suffisamment, s'ils se font muter dans une section d'inspection et passent les concours, ils finissent un jour par devenir inspecteur. Pour les filles, les perspectives sont moins évidentes. Même tardivement, elles peinent encore à devenir inspectrices. Durant ces années 60 et 70, la direction du Rhône fournit de bons exemples de promotions tardives au choix. Les contrôleurs les plus nombreux, que les circonstances confinent dans les services de main-d'œuvre, n'en bénéficient pas cependant, bien qu'ils aient souvent rempli des fonctions du cadre A.

Ce retour sur les conditions de mon entrée dans l'administration du travail m'amène aux circonstances grâce auxquelles j'ai la chance d'intégrer l'équipe de contractuels de ces services qui n'ont encore pour moi ni nom ni visage. En m'informant que des postes sont offerts à des jeunes comme moi, à la recherche d'un premier emploi, le bureau de chômage du département doit assumer toute la responsabilité de m'avoir plongé dans une voie professionnelle aussi particulière. Je n'entre pas à la direction du travail par vocation. Je sors d'une vocation autrement prenante, sans avoir le goût de replonger aussitôt dans une autre.

J'interromps des études de théologie devenues psychologiquement une impasse. Je profite, en septembre et octobre, d'un emploi temporaire pour étudiant, à la compagnie des autobus de la ville. Pour la bonne règle, je m'inscris au bureau de main-d'œuvre et je cherche du travail sans autre conseil d'orientation qu'un test d'une journée effectué dans un cabinet de psychologie. Grâce à une petite annonce de presse, je me présente pour un recrutement de visiteur médical. Petit-fils et fils de représentants en textile, fonction très commune dans la ville, j'imagine suivre un atavisme familial pour la représentation commerciale.

Je dois à Jean Guérini, le responsable du bureau des employés du service de main-d'œuvre de Lyon, d'avoir provoqué ma candidature. Tandis qu'il me reçoit pour me donner quelques explications, je le revois manipulant devant moi la fiche d'offre d'emploi concernant l'équipe de contractuels recherchés par la direction départementale. Il est ensuite notre formateur parmi plusieurs, notre équipe étant rattachée par une organisation assez compliquée à plusieurs inspecteurs de section et à plusieurs bureaux du service de main-d'œuvre. Dès cette époque, et par la suite, j'ai beaucoup admiré les qualités humaines de Jean Guérini, l'un des responsables de longue date du bureau « des employés ». Il sait écouter les personnes, analyser ce qu'elles ont au plus profond d'elles-mêmes, pressentir des secrets de leur histoire personnelle, deviner que pour de multiples raisons elles peuvent correspondre à telle ou telle offre d'emploi. Il sait aussi tout particulièrement évaluer la capacité qu'elles auront à répondre avec courage et ténacité aux futures difficultés du poste de travail qu'il leur offre, une condition d'adéquation essentielle dans une société où l'emploi est toujours en dernier ressort une compétition et une épreuve. Dans les services, nous dépendons aussi d'Edmée Robert, une femme d'une grande autorité, chef du bureau de placement des ouvriers, assurant le plus fréquemment la conduite de notre équipe lorsque le travail se déroule au sein des bureaux de main-d'œuvre.

Dans l'esprit d'André Camy et de son équipe, l'objectif de ce recrutement de l'automne 65 est d'expérimenter une méthode de rénovation des services de main-d'œuvre, jugés vétustes. Tout en violant allègrement les règles fondamentales de la fonction publique, André Camy et André Chambonnet me semblent avoir défini et mis en œuvre une véritable politique de recrutement adaptée à l'évolution des services extérieurs du travail. Ils ont placé dans leur cible de recrutement des personnalités techniciennes, titulaires de diplômes de l'enseignement technique, capables de répondre tout aussi bien à des fonctions de contrôleurs du travail en section d'inspection que de prospecteurs placiers en service de main-d'œuvre. De façon délibérée, comme nombre de leurs homologues, ils ont accueilli également cette génération de jeunes sortant des séminaires en crise, susceptibles de s'engager avec efficacité dans les questions sociales. Dans l'équipe ainsi composée à l'automne 65, nous étions deux sur cinq à répondre à cette définition, nous retrouvant, sans l'avoir prévu, le même 2 novembre au matin, à la porte du directeur départemental. À la faveur de la crise qui sévit alors pendant plusieurs décennies dans les ordres, nombreux sont ceux qui se présentent soit aux recrutements d'inspecteurs soit à ceux de prospecteurs placiers de l'ANPE[25].

Sans que j'en aie conscience, en cet automne 1965, deux autres facteurs ont peut être également joué en faveur de ma convocation par les services de main-d'œuvre, faisant qu'une information relative à ma recherche d'emploi ait pu y circuler d'heureuse façon. Une assistante sociale d'entreprise, en bonne relation

---

[25] Lors de mon arrivée au Centre de formation des inspecteurs du travail et de la main-d'œuvre, nous sommes cinq sur une promotion de vingt-quatre, l'un venant du protestantisme, les autres du catholicisme. Je suis le seul à provenir d'une longue préparation interne. Les quatre autres ont bénéficié du système de rattrapage et de réorientation constitué par l'ISST, l'Institut des sciences sociales du travail de Paris. En un temps court, cet institut accorde alors le privilège d'une équivalence avec la licence permettant l'accès aux concours de catégorie A.

avec son inspecteur du travail, lequel n'était autre qu'A. Chambonnet avait été contactée par ma famille abondamment fournie en gens de ce métier. Enfin, j'avais glissé dans mon dossier une pièce attestant de ma qualité d'ancien pupille de la nation. Mais je n'ai bien évidemment jamais su quel rapport ces deux éléments ont eu avec la sélection de Jean Guérini et d'André Camy. Pris de vitesse, et sans connaître tous les préalables, je me retrouve, au travail, sans un jour de chômage, recruté pour un nouveau monde inconnu, dans un pays qui ne connaît encore que deux cent mille chômeurs inscrits. Je n'ai pas eu le temps de relancer aucune des pistes ouvertes dans ma recherche d'emploi. C'est ainsi qu'un jeune homme de bonne famille ignorant à peu près tout de la condition ouvrière et de son histoire se retrouve dans un service extérieur du ministère du travail, avec l'impression d'être poussé par le hasard et d'avoir peu contribué à ce choix et à cette décision.

Ch.3 Études tardives

À l'automne 65, j'ai déjà accompli cinq années d'études supérieures sans passer aucune épreuve accordant une équivalence. Je n'attends pas un jour pour m'inscrire en première année de droit ainsi qu'aux cours du soir de l'Institut de droit du travail et de la sécurité sociale de Lyon. Je suis censé effectuer des études universitaires à plein temps tout en occupant un emploi à plein temps. J'échoue évidemment la première année de la licence[26]. Mon emploi du temps consiste à naviguer en vélo sur cinq sites dispersés dans Lyon, trois pour mon travail et deux pour mes études. Au travail, mon secteur de prospection couvre les 7e et 8e arrondissements. Nous préparons les tournées dans les bureaux de l'inspection du travail, cours Lafayette, et nous ramenons les offres d'emploi aux services de main-d'œuvre, quai Augagneur. Il nous arrive aussi de passer des semaines au placement des demandeurs d'emploi sur ce dernier site.

Je suis quelques cours dans les amphithéâtres du campus de la Doua à l'extrémité de Villeurbanne et je reviens tous les soirs à l'Institut du droit du travail, sur les quais du Rhône dans le 7e arrondissement. J'ai plutôt volé cette licence[27]. Je ne lis à peu près aucun livre sur les matières enseignées. Je participe aux travaux dirigés obligatoires et, chaque année, je ne suis les cours que d'une ou deux matières. À partir des petites vacances de février dont disposent les élèves ayant l'âge normal pour faire des études, je photocopie les cours pris par l'un d'entre eux. Je trouve pour cela, le petit dernier d'une famille d'ingénieurs ayant donné quelques grands noms à l'industrie lyonnaise. Il sait prendre des notes suffisamment développées et fiables. De février à juin, je plonge dans un bachotage intense, m'efforçant d'apprendre tout ce que les professeurs peuvent demander à l'examen. Je dois faire beaucoup d'impasses. C'est ainsi qu'en droit pénal, j'ai un trou dommageable pour un futur inspecteur du travail. Lors d'un partiel de droit international, je dois inventer quinze lignes, pour ne pas rendre une copie blanche, utilisant quelques bribes lues dans un article du « Monde ».

Grâce aux évènements de mai 1968, je peux franchir le seuil de la seconde année, le plus redoutable. Cette année-là, tout se déroule comme une année ordinaire à la faculté de droit de Lyon. Les cours se poursuivent, malgré les évènements, jusqu'à la veille des premières épreuves écrites de fin d'année. Au milieu des manifestations et de l'agitation générale, les étudiants en droit de Lyon vont tirer les dividendes de leur studieuse conduite, en partant tranquilles en vacances, alors que de l'autre côté de la rue, « les lettres » occupent leur fac. Mon ami et camarade, spécialiste de la prise de notes, fait partie du petit nombre d'étudiants ayant cessé de suivre les cours et participant aux discussions de l'autre côté de la rue. La nuit précédant les examens, ils font le nécessaire pour que « le

[26] Elle s'obtient alors en quatre ans, correspondant au niveau de la maîtrise actuelle.
[27] Bien qu'ayant obtenu la mention assez bien aux examens, chaque année.

droit » soit lui aussi occupé et les examens reportés. Ils sont, comme moi, dans l'impossibilité de passer un examen avant l'été. Je ne participe pas aux discussions étudiantes, mais je « fais 68 » à l'inspection. Mes capacités d'assumer des études sont suspendues, non du fait d'une suractivité nouvelle, mais par mon appartenance à une collectivité de travail brutalement plongée dans des interrogations existentielles. Je bénéficie donc « in extremis », d'un temps doublé pour travailler mes cours photocopiés jusqu'à l'automne. Je n'oserais dire que la façon dont les professeurs ont fait passer les examens avec le souci de dégager une année d'étudiants encombrants n'a pas été pour quelque chose dans mon aptitude à franchir ce seuil plus sélectif que les autres.

Pour le « contrôleur sur vacance d'emploi » que je suis, ces improvisations constantes et ces rattrapages approximatifs sont compensés par la motivation et la proximité que me donnent les services de main-d'œuvre, puis l'inspection, avec certaines questions figurant au programme. Un cours de droit commercial sur les faillites a plus d'intérêt si l'on suit une fermeture d'entreprise entraînant des licenciements. Involontairement, je bénéficie aussi d'une maturité rendant plus précieux le temps consacré à l'étude et j'ai acquis dans mes précédentes études un certain entraînement à tirer partie des cours. Je garde cependant un souvenir plein d'admiration pour ces amphis remplis de quatre à cinq cents étudiants plus jeunes. Après les premiers jours, les rangs se vident et je fais aussi partie des déserteurs.

C'est donc sans mérite que j'ai su voler honorablement une licence dans un temps court. Je le dois à mai 1968, à une certaine ténacité et surtout à la compréhension de mes chefs. J'ai l'autorisation de m'absenter une ou deux demi-journées par semaine. Mais ils admettent des écarts importants sur les horaires, pourvu que je tienne mon « rendement » parmi mes collègues de main-d'œuvre, et plus tard, de section d'inspection. De 7 heures à 8 heures 30 du matin, je plonge chez moi dans mes cours. De 9 heures à 17 heures, j'entre dans les entreprises ou je suis dans les services. Ce n'est qu'au dernier trimestre de la quatrième et dernière année que le directeur départemental appelle mon inspecteur pour lui parler du fléchissement de mon chiffre de visites. L'examen final a lieu quelques jours plus tard. Ce directeur a conscience du retour que le service peut attendre de ces études, et ne m'en a jamais fait directement le reproche.

De novembre 1965 à janvier 1972, ces années sont une période intense de formation. J'ai une grande aspiration à acquérir un bagage professionnel autant qu'universitaire. Avec le recul, je me demande comment j'ai pu tenir le rythme, travaillant beaucoup le soir et le dimanche. Les deux premières années, mes soirées sont prises quatre jours par semaine à l'Institut de droit du travail et de la sécurité sociale. Ne circulant qu'à bicyclette, il faut beaucoup courir pour étudier le matin, visiter les entreprises, accrocher quelques cours. Une fois affecté en section d'inspection, mes tournées me conduisent en outre dans les cantons éloignés de Tarare, Thizy et Cours, constituant le principal de mon activité. Ces trajets sont rendus possibles par l'acquisition d'une première Renault « 4L ».

Dix années d'études supérieures conduisant de la philosophie au droit passent finalement très vite. Études, travail, mariage, premier enfant, tout se mêle. J'achève ces études à trente ans passés, alors que mon fils aîné entre en maternelle. Malgré beaucoup de flou, les matières étudiées dévoilent leur intérêt, par leur contiguïté avec les questions relatives au travail. Au Centre de formation des inspecteurs du travail, à la différence de certains de mes collègues de promotion, fraîchement sortis de leurs études supérieures, je sens, une continuité entre l'Université et le Centre. Après des années fébriles au cours desquelles je souffre de mon peu de disponibilité, le Centre est pour moi une année sabbatique permettant enfin un véritable travail intellectuel. C'est un cadeau exceptionnel de l'administration, assurant de surcroît la continuité du salaire et même son amélioration immédiate dès l'entrée au Centre. Par ailleurs, deux expériences professionnelles dans les services de main-d'œuvre et en section d'inspection, font que l'ensemble des questions enseignées m'apparaissent d'emblée utiles.

De ces études, je retiens d'abord le tronc commun des deux premières années, orientant soit vers le droit soit vers les sciences économiques. Les bases d'économie m'ont beaucoup servi, ayant appartenu à la génération qui déterre le contrôle des licenciements économiques proscrit par les années 50. J'ai un souvenir assez léger des premiers cours ardus de droit civil, socle originel d'un droit du travail devant s'en extraire. Les souvenirs sont au contraire ardents et chaleureux pour un cours de droit public, enseigné par M. Guillen : il développe toute l'histoire des nationalisations et de la riche gamme des services publics dans le droit français d'alors. Tout autant que les bases d'économie dominées par les conceptions keynésiennes, ce cours reste un fondement essentiel d'une vision militante de l'organisation de la société, irriguant les activités professionnelles, politiques et syndicales. J'ai enfin un souvenir inoubliable du petit cours d'histoire des institutions traitant, durant une année entière, des cinq années cruciales de la Révolution française, 1789-1794, ayant changé la face du monde. Ce ne sont peut-être que des connaissances de culture générale, quelques-unes de plus, après les milliers d'heures passées sur les langues anciennes, la philosophie et son histoire, l'exégèse et la théologie. Même dans ces années surchargées, je trouve du plaisir à m'offrir cet approfondissement gratuit, prélevé sur les heures de travail, dans une zone indéfinie entre l'utile et l'inutile, entre l'autorisé, le toléré et l'absence clandestine. Je le rattrape ensuite par une course plus effrénée, roulant plus vite, rédigeant plus vite ou n'importe où sur les genoux, récupérant et contractant le temps à tout instant.

D'une façon générale la culture que je retire de la faculté de droit de Lyon est des plus ouvertes. Cette fac, réputée fortement ancrée à droite, dispose d'un contrepoids interne d'ouverture avec la section de droit public. En ces années 1965-1971, la réflexion économique est exclusivement Keynésienne. Le service public a la cote. Le droit du travail s'ouvre largement vers les aspirations ouvrières. Les nationalisations sont tout ce qu'il y a de plus normal et représentent l'avenir avec le service public. Le monde avance vers un socialisme démocratique apprivoisant le jacobinisme planificateur à la française. Quelques années plus tard[28], je suis très surpris d'apprendre que tous ces principes sont renversés et balayés dans l'univers intellectuel fabriqué pour nos successeurs sur les bancs d'université. Tout ce qu'on nous a appris, même dans le cadre d'un capitalisme assez traditionnel et de sa bonne économie keynésienne, est détruit. De nouveaux penseurs, de nouveaux économistes et celui qu'une campagne médiatique bien faite a qualifié de meilleur économiste de France, Raymond Barre, en fait le plus mauvais, et l'alibi des destructions de la fin du XXe siècle, imposent désormais leurs principes de bas de laine à courte vue, n'ayant rien compris à la modernité[29]. Les préoccupations micro-économiques dominent apparemment à tout jamais les équilibres de la macro-économie.

En droit du travail, à cette époque, on suit les cours du vieux Professeur Brun, continuant à présenter, dans une version fort traditionnelle les fondements de ce droit, puis, ceux du Professeur Pélissier, ouvrant des horizons alors nouveaux sur la liberté syndicale et le droit de représentation des salariés. Entre 1965 et 1971, c'est le bon temps des principes généraux agrémentés d'un petit nombre d'arrêts fondamentaux commençant à ébranler un droit du travail encore très respectueux des prérogatives patronales et profondément préoccupé par sa sujétion originelle au droit civil.

Au Centre de formation des inspecteurs du travail et de la main-d'œuvre, les horizons se précisent. Pierre Bois, inspecteur général, s'efforce de trôner au centre des cours fondamentaux. C'est une évidence admise au sein du ministère. Il tient à imprégner de ses positions savamment balancées le cerveau de toute recrue pénétrant dans le corps de l'inspection. Il est suivi de M. Blaise, un ancien inspecteur passé dans le privé à des fonctions de conseil au patronat. Cette génération de nouveaux inspecteurs dont les consciences ont vécu, au moins grâce aux ondes de la radio et au petit écran, au feu des barricades de 68, écoute ces orateurs du camp adverse avec toute la réserve et la méfiance qu'elle peut opposer à la tradition « propatronale ». Elle exerce notamment ses critiques sur les vérités professionnelles prétendument éternelles diffusées par Pierre Bois : les deux premiers des dix commandements sont le rôle médian de l'inspection dans les

---

[28] Lorsque à son tour, mon fils suit des cours d'économie, en faculté de sciences économiques.

[29] Dans leur théorie, tout ce qui est budget public, agrégat national, social et public est pensé comme de dimension limitée, sans la notion qu'ils sont inscrits dans des circuits pouvant les faire varier positivement en fonction de la marche de l'économie. Ces budgets publics et sociaux ne sont pas pensés dans des circuits monétaires, mais considérés comme des bas de laine de grand-mère qu'il ne faut surtout pas attaquer et vider. Par contre, ils ont un acte de foi sans limite dans les bienfaits de la concurrence et des circuits privés qui s'auto-alimentent à l'infini et sont des valeurs d'ajustement universel, même s'ils font crever l'économie publique et sociale. L'inflation monétaire et financière privée est la vertu suprême. Ils lui laissent libre cours sans préoccupation de maîtrise macro-économique. Les multiples actes micro-économiques de la sphère commerciale privée sont censés régler miraculeusement la production et la circulation des biens, des services sociaux et de la monnaie.

conflits, refusant de prendre position entre les parties et la neutralité à l'égard des questions syndicales.

À l'opposé de ces conceptions, René Person, directeur départemental n'ayant jamais pu exercer des fonctions de directeur, est le témoin majeur de l'ostracisme anticommuniste au sein du ministère. Mais il est surtout un bon pédagogue de la théorie de l'ordre public en hygiène et sécurité et dans les conceptions de prévention. Les fonctions d'ordre public de l'inspection culminent dans le procès-verbal, lequel n'est pas un « constat d'échec ». À l'occasion du centenaire de l'inspection du travail, je peux l'interviewer, peu avant son décès. Je découvre alors qu'il nous transmet un message qu'il a lui-même découvert avec difficulté. Jeune inspecteur, il l'ignorait et le formule plus tard, durant le temps de ses responsabilités au bureau chargé de l'hygiène et de la sécurité au sein de la direction générale du travail. Il a dû ressusciter cette conception au sein de générations d'inspecteurs mettant en œuvre de tout autres pratiques.

Enfin nous sommes quelques-uns uns à boire comme du petit lait les cours techniques de prévention de MM. Lefebvre et Brégevin. Le premier assure le cours sur les mesures de sécurité dans le bâtiment et les travaux publics. Comme un prophète inspiré, il expose ses souvenirs de la Commission mixte ayant rédigé le décret du 8 janvier 1965, la bible de la prévention sur les chantiers. Le second[30] est le spécialiste de la très difficile sécurité des appareils de levage. De réputation internationale, instruit par de nombreuses expertises, il anime ses interventions d'une abondance d'anecdotes, de cas d'accidents et de performances technologiques tous plus fantastiques les uns que les autres. L'un et l'autre sont par ailleurs les piliers du service d'hygiène et sécurité animé par René Person.

Le Centre de formation de Montparnasse est l'une des étapes ayant conduit à la création de l'Institut national de formation d'aujourd'hui, avant le départ pour Montrouge puis Marcy-l'étoile. Une année entière, nous sommes confinés dans trois ou quatre salles en sous-sol. Sur un côté, elles donnent sur une pelouse garnissant le fond d'une cour cernée par les immenses barres de la gare Montparnasse. Avant les fêtes de fin d'année une oie élevée par un restaurant voisin, règne sur cette pelouse. La surveillance de ses promenades nous occupe pendant certains cours plus arides, à moins que des caricaturistes, inspecteurs stagiaires de leur état principal, expriment leurs talents dans des portraits circulant discrètement sur les tables. Dans cette ambiance bonhomme, les intercours donnent libre cours à la faconde et à la jovialité de Roxan Capmartin, le secrétaire du centre. En un instant, le niveau sonore de ce sous-sol s'élève de plusieurs crans. Cette année d'acclimatation à l'administration au caractère assez bon

[30] M. Brégevin est l'un des exemples du bricolage du ministère n'arrivant pas à rémunérer les experts dont il a besoin. Au ministère, il ne touche que des vacations ridicules tout en étant au principal, un ingénieur du centre national de l'OPPBTP, l'organisme paritaire de prévention du bâtiment. Pendant toute sa carrière, le principal intérêt qu'il retire des prestations à peu près gratuites qu'il assure pour l'administration, est de pouvoir accrocher sur son revers de veston la qualité d'expert au ministère du Travail.

enfant correspond bien à l'autorité discrète d'Yves Delamotte, un homme associant par son profil de carrière, la haute administration et le sanctuaire de l'enseignement des technologies qu'est le CNAM[31]. Il sait respecter la fonction d'inspection dans ses mythes fondateurs et intégrer avec compréhension les évolutions de la société et du monde du travail, au lendemain de 68.

Ce climat décontracté n'est démenti qu'au terme de l'année, durant les quelques heures au cours desquelles les postes d'affectation sont distribués. Le centre est marqué du sceau de 68, non pas tant dans ses méthodes d'enseignement que dans son style d'autorité et d'administration participative[32]. Si les promotions le souhaitent, ce qui ne manque pas, elles sont laissées libres de s'organiser pour régler cette distribution d'un commun accord. Dans notre promotion 71[33], en cette fin d'année, un seul manifeste clairement son refus d'une distribution amiable et demande l'application du choix dans l'ordre du classement en fonction des notes. Comme il en a de bonnes, il est invité à choisir son poste et à quitter la salle. Enfermé comme en conclave, la promotion définit ensuite les critères et les compromis nécessaires, en conciliant au mieux les demandes du plus grand nombre. Lors de cette répartition, je dois à l'un des collègues d'être resté à cinquante kilomètres de ma famille durant cette première affectation. En se positionnant sur une autre ville, il m'a laissé un poste à Saint-Étienne. C'est ainsi que des pratiques autogestionnaires inspirées de 68 ont assoupli les rigueurs de la mobilité de la fonction publique.

À cette époque, le stage en entreprise n'est pas encore introduit dans le cursus de formation. Quelques visites d'entreprises de Paris ou sa banlieue complètent certains cours. C'est l'occasion de présenter des outillages performants en avance sur ce que chacun pourra voir en province, mais aussi de nous acclimater au discours patronal, sous la conduite de directeurs des ressources humaines heureux de prendre en main une visite d'inspecteurs. Le spectacle de l'atelier des presses de Billancourt où Renault fabrique les carrosseries des 4 CV, reste un souvenir inoubliable, ainsi que l'île Seguin, avec son spectaculaire pont d'accès, monument de l'histoire ouvrière. Nous sommes aussi invités à admirer les rotatives du journal France soir et l'atelier de montage des presses Bliss. Ces

---

[31] Conservatoire national des arts et métiers.

[32] Une tentative d'instaurer des méthodes participatives d'enseignement est faite à l'automne 68 mais ne dure qu'un trimestre, jusqu'au départ de la promotion ayant essuyé les feux du mouvement de mai.

[33] Elle est composée de vingt-six stagiaires, dont une seule fille qui passe dans l'enseignement. Après son mariage avec l'un des membres de la promotion, réussissant sans difficultés un concours de l'Éducation nationale. Nous sommes huit admis au concours interne, quinze au concours externe, plus trois chefs de centre promus au choix. Compte tenu des éléments retrouvés pour le trentième anniversaire de la promotion, neuf sont licenciés en droit, trois sont titulaires d'autres licences, notamment de lettres. Pour le reste, deux ont obtenu ou cherché à obtenir un ou deux certificats universitaires, l'un est titulaire d'une capacité en droit. Deux ont le baccalauréat, un le CAP de monteur.

En fin de carrière, trente années plus tard, les survivants sont vingt et un. Deux sont décédés dans le grade d'inspecteur. Les développements de carrière sont les suivants : quinze parviennent au grade de directeur dont deux ont effectivement exercé des fonctions de directeur régional. Six terminent la carrière, directeurs adjoints, trois, inspecteurs (dont les deux décédés prématurément). Un est entré dans la magistrature administrative.

machines sont alors considérées comme des modèles de la protection de ces types d'outillages particulièrement dangereux.

Au cours de l'année, deux stages permettent de découvrir la réalité concrète du travail qui nous attend, au cas où nous ne l'aurions pas connu comme contractuels ou contrôleurs. Le premier me conduit à Nancy. Il me permet d'accompagner le jeune inspecteur P..., futur directeur régional de réputation sulfureuse dans le corps[34]. À l'occasion de la visite d'une usine de métallurgie, je suis invité à sa suite à goûter les plaisirs d'un repas patronal, objet d'une réprobation absolue pour la jeune génération. Malgré la brièveté du stage, je suis rapidement au fait des difficultés relationnelles pouvant se développer dans le service. J'observe en effet qu'il ne communique avec son chef hiérarchique direct que par écrit, celui-ci se trouvant de l'autre coté d'une porte donnant sur un bureau contigu, une autre pièce d'un appartement ancien de la ville. Ces comportements sont alors compatibles avec une ascension rapide et complète dans la hiérarchie. Je ramène également de ce stage un sujet de mémoire sur la négociation collective en Lorraine alors traité de façon très intellectuelle. Il en sort un document de quatre-vingt pages, parfaitement illisible, ayant spécialement fatigué l'une des deux secrétaires du centre, celle d'Yves Delamotte, chargée de la frappe de tous les travaux des stagiaires.

Mon deuxième stage m'envoie à Châlons-sur-Saône auprès de l'inspecteur Jean Vincent, futur inspecteur général et d'Yvonne Leclair directrice de Saône-et-Loire. Auprès de ces fonctionnaires de valeur, mon stage aurait dû être profitable. Il aurait même pu m'introduire à une brillante carrière si je n'avais pas utilisé les derniers jours de vacances pour l'ascension de la dent du Géant, à Chamonix. Insuffisamment couvert, sous un vent violent à quatre mille mètres d'altitude, j'attrape un point de congestion et je rejoins le stage en fièvre. Au bout de quelques jours, je dois rentrer chez moi en m'attirant une mauvaise note de stage. Ce stage aurait pu me faire sentir l'opportunité d'une intégration dans le moule idéologique du corps. Jean Vincent était un inspecteur compétent et attentif à la considération que doit inspirer l'inspection. Le souvenir le plus précis que je garde de lui est sa façon de vérifier, à ses risques et périls, si des installations électriques accessibles ne sont pas dangereuses, en les testant avec un petit tournevis, sorti de sa veste. En principe isolant, une petite lampe signalait les courants éventuels.

À condition d'être un peu réceptif et d'avoir déjà quelques mois d'expérience dans les services - c'était le cas d'un grand nombre - cette année au Centre de formation donnait alors un bon bagage professionnel. Elle offrait d'approfondir une série de sujets dont les prémisses avaient été découvertes en tâtonnant « sur le tas » dans les petites entreprises. Au sortir du centre, la voie est

[34] L'un de ses affrontements avec un inspecteur lui permet d'administrer une claque restée célèbre, à l'origine d'un mouvement de grève nationale.

simple et unique. Tout le monde va en section d'inspection. La fusion avec les services de l'agriculture et des transports n'a pas encore eu lieu. Il ne reste plus qu'à oser pousser les portes des entreprises importantes, le domaine réservé des inspecteurs. Ce n'est pas simple pour celui ou celle qui sort directement de l'Université, parfois à vingt-trois ou vingt-quatre ans, en cas de dispense de service militaire.

Après deux ou trois années de contrôleur, ce contexte de l'application « sportive » du droit, propre à l'inspection du travail, devient moins effrayant. La difficulté vient de la nécessité de pénétrer en milieu hostile, de façon impromptue, sans avertir. Elle vient aussi de ce qu'il faut mobiliser en un instant et sur les lieux, des connaissances juridiques et techniques précises. Ce caractère technique et touffu des réglementations est alors cependant beaucoup moins prononcé qu'aujourd'hui. Contrôleur du travail, je commence avec un Dalloz de l'année 1968 de 268 pages codifiées, additionnées de 776 pages non codifiées. L'inflation juridique est cependant déjà lancée. En 1972, quatre ans plus tard, nous avons en poche un Dalloz de 353 pages codifiées.

Mais en appliquant une cinquantaine d'articles de deux à dix lignes, un nouvel inspecteur sait qu'il peut s'en sortir sans faire mauvaise figure dans la majorité des situations. Par la suite, avec les avancées de la jurisprudence, la multiplication des retouches législatives et réglementaires, le champ juridique d'évolution d'un inspecteur du travail connaît un développement énorme en volume et en complexité. Certains articles connaissent trois, sept, voire dix reprises successives. Il devient difficile de poursuivre la mise à jour de ses connaissances sur l'ensemble du droit du travail. Jeune contrôleur des années 1968-1970, je me l'impose comme les anciennes générations. Celles-ci actualisaient leurs connaissances dans le détail, aussi bien pour la réglementation du travail que pour les questions d'emploi et de formation professionnelle.

Après une ou deux décennies d'exercice du métier, il est devenu inévitable de décrocher d'une compétence généralisée et approfondie. Pour un grand nombre de sujets, il faut simplement savoir où l'on peut retrouver les informations nécessaires si l'on change d'affectation. Nous avons été des inspecteurs et des inspectrices d'une certaine étape du droit du travail. Le bagage que nous avons reçu est resté valable une trentaine d'années. Il ne serait plus adapté à l'exercice du métier tel qu'il s'est transformé à partir des années 1990[35].

[35] Pour l'actualiser, nous avons bénéficié d'une formation permanente largement offerte et diversifiée. Pour citer quelques stages suivis : droit des sociétés, faillites et comptabilité ; formation au nouveau plan comptable ; les représentants du personnel et la loi du 28 octobre 1982 ; le contrôle des règlements intérieurs ; formation à la négociation collective ; la réglementation sur les machines nouvelles ; formation à l'animation de groupe et formation de formateurs ; climatisation, ventilation et règles d'aération ; droit du travail droit vivant ; droit du travail dans les pays européens ; sous-traitance et marchandage ; traitement de texte avec le logiciel Word ; entreprises en difficultés ; traitement des recours administratifs ; normalisation européenne des machines ; toxicologie et maladies professionnelles ; dispositifs de commandes électriques, pneumatiques et hydrauliques ; formation aux fonctions d'encadrement pour le grade d'adjoint.

Ch.4 Retour sur les secrets du hasard

Les origines d'une génération forment une question historique. Comment se fait-il qu'il y ait une collusion entre l'ouverture d'une problématique historique et des individus qui s'inscrivent dans cette problématique ? Chaque individu s'efforce de comprendre comment il a bénéficié des avantages de son époque et en a éventuellement subi les désagréments. Par la recherche de ses origines, il s'efforce de découvrir qu'il s'est construit tout seul ou au contraire qu'il est le résultat d'un rapport entre une origine, dans un clan familial et son inscription dans le processus de constitution de cette génération. Quelles sont les raisons qui font qu'il y ait en quelque sorte un principe de faveur et de chance, pour des individus, d'appartenir à la logique de leur génération ?

Même en parvenant dans une carrière par suite de circonstances fortuites, on peut rechercher ensuite des connivences et des motivations profondes. D'autres ont désiré, plusieurs années durant, passer le concours de l'inspection du travail. Certains ont tenté plusieurs concours puis ont opté pour celui-là, faisant un véritable choix de carrière. Je n'ai pas choisi. Je suis entré par hasard. C'est devenu une chance. Mais à bien regarder, cette chance était portée par un certain milieu social. On est allé me chercher par ce que je correspondais à une image qu'on se faisait des sujets aptes à la fonction. C'était une question de profil, même si ce terme n'avait pas encore la fortune qu'il a connue depuis.

J'ai accepté plus que choisi. À partir de là, tout s'est enchaîné. Avec le recul de plusieurs décennies, j'ai bien profité de l'offre. J'ai entériné le choix fait par d'autres et par un système. C'est donc en trois étapes que j'entre dans la fonction publique d'État et le corps de l'inspection. Arrivé comme contractuel des services extérieurs en 1965, je réussis le concours externe de contrôleur du travail à l'automne 1967. Je débute mon stage début février 1968. L'entrée au centre de formation des inspecteurs m'est accordée par le concours interne de décembre 1970. Répondant aux conditions d'inscription de l'externe et de l'interne, je choisis l'interne, la voie la plus facile. D'ailleurs, cette année-là, les cursus des candidats des deux voies sont assez proches. À l'exception d'un seul, tous les internes sont de jeunes contrôleurs sans grande ancienneté. Les années de contrôleur ne sont pour eux qu'un court tremplin. De leur côté, peu d'externes sortent directement de la faculté sans être passés quelques mois dans le service.

Deux épreuves de ces concours situent cette époque. L'une d'elle témoigne du climat de ce ministère, au milieu des années 60. C'est au concours de contrôleur, devant le grand jury de l'oral. Je tire la question rêvée pour un ancien séminariste : la doctrine sociale de l'Église[36]. Dans les petits billets tirés par les

[36] En 1967, avec le concile Vatican II achevé deux ans auparavant, il s'agit d'un concept vieilli, voire dépassé. On préfère la notion d'engagement dans le monde, ne prévoyant plus que l'Église y introduise une doctrine spécifique. Les membres du jury ne sont pas forcément au courant de ces derniers développements de la

candidats, le jury a mis certainement plusieurs questions tournant autour du sujet. Je le vois à la mine déconfite d'autres candidats sortant de l'entretien désarçonnés par la question. Pour moi, posée au grand oral, elle ne pouvait que faciliter une admission en très bon rang.

À ce niveau, ce n'est cependant pas un hasard. Depuis au moins le milieu du siècle, une fraction minoritaire de l'espace culturel et politique que sont les chrétiens sociaux est implantée au ministère. Par ailleurs, les tenants d'une laïcité républicaine pure et dure, de tout temps majoritaires dans l'encadrement, savent flirter avec cette minorité. À son égard, ils nuancent d'une touche de charité condescendante et de paternalisme, un radicalisme agnostique trouvant dans la question sociale un prolongement de la laïcité.

Une autre épreuve du concours d'inspecteur situe de façon caricaturale le caractère technique de ces concours des années 1960 à 1970. Accèdent désormais à l'inspection des étudiants non préparés aux disciplines scientifiques, n'ayant fait que des études secondaires littéraires puis au supérieur, des études en sciences sociales et juridiques. Mais les terribles épreuves de physique, de chimie et de biologie figurent toujours à l'oral. N'ayant plus que de vagues souvenirs de ces matières du lycée, ils doivent retrouver un manuel de première ou de terminale pour chacune d'entre elles, et, dans un temps très court, reprendre contact avec quelques notions et formules, sans bien savoir ce qu'ils en auront retenu le jour de l'épreuve. Le conseil est d'apprendre au moins une formule de chaque matière, pour la débiter, en cas de panne complète. N'échappant pas à la règle, je tire une question de chimie profondément inconnue. J'essaye quelques considérations générales sur le sujet. Le jury, constatant très vite mon ignorance, me pose la question espérée : « quelle est la question de chimie sur laquelle vous savez quelque chose ? » Comme beaucoup d'autres, j'ai sorti ma formule, échappant à la note éliminatoire.

Les « grands sujets » de l'écrit et de l'oral sont des épreuves aux conséquences beaucoup plus lourdes. Il faut se mettre dans la peau des fonctionnaires qui nous interrogent avec leurs préoccupations tout autres que celles de professeurs d'université. Les contractuels du service sont avantagés par rapport aux candidats n'ayant connu que la faculté. Au lieu de réagir avec des sujets théoriques favoris des professeurs, il faut se demander ce que le ministère et les membres de sa hiérarchie pensent de l'actualité sociale et de ses grands problèmes, tout en affichant une apparente indépendance d'esprit et de propos : que doit-on penser pour être un fonctionnaire « moyen » et « universellement » utilisable dans un ministère, des négociations conventionnelles, des revalorisations du SMIC, de la protection de la santé au travail ? En outre, il faut paraître briller dans la façon d'exprimer ces idées, tout en débitant la position la

---

théologie. L'important pour eux est un certain effet d'affichage et d'ouverture, à la fois entre eux et face aux candidats. Ceux-ci doivent surtout montrer qu'ils ne sont pas désarçonnés par des questions surprenantes.

plus commune. L'un des passages obligés pour acquérir ce vernis est la lecture du Monde et son article quotidien du bas de la première page. Je n'ai acheté et lu cette bible du fonctionnaire s'efforçant d'appartenir à l'établissement administratif français de la fin du Xxe siècle qu'en raison de la préparation de ces concours. Je l'ai abandonné dès la sortie du Centre de formation, me plongeant alors dans la lecture de L'Humanité. Tout candidat aux concours des ministères successifs du travail et de l'emploi doit savoir que le journal Le Monde et « Les liaisons sociales » sont le passage obligé pour un fonctionnaire de la République aspirant à des fonctions d'encadrement.

Cette étape des concours impose aux aspirants à la fonction publique un autre aléa d'une bien plus grande importance, susceptible de changer beaucoup de choses dans la vie d'un jeune fonctionnaire. Réussir apporte le risque d'une nomination plus ou moins lointaine, risque réduit en fonction du rang et de la situation familiale. Quelques jours avant l'écrit, le concours de contrôleur m'impose donc de précipiter une cérémonie de mariage à la mairie. Mais il faut bien vivre. Entre l'écrit et l'oral, le voyage de noces, événement en principe unique, est l'occasion de fermer les livres quelques jours. Nous partons tout de même à l'extrême sud de l'Espagne, à la faveur d'une dévaluation des pesetas, mais en téléphonant régulièrement, afin de parer à toute éventualité et pouvoir rentrer au plus vite. Finalement toutes ces précautions s'avèrent inutiles. Le concours de 67 est assorti d'une liste impressionnante de postes créés dont plusieurs dans le département du Rhône. Nommé à Lyon, j'ai une nouvelle fois beaucoup de chances, échappant aux difficultés de la mobilité de la fonction publique.

Au-delà des jeux du hasard et des adaptations personnelles, il m'arrive de repenser aux évolutions accomplies pour accéder à cette fonction « gagne pain », puis à un métier motivant devenant une mission sociale au sein de laquelle beaucoup se découvrent finalement une passion. Je suis issu d'un clan n'ayant jamais produit de fonctionnaires ni d'enseignants de l'enseignement public. Par quelles étapes un fils de la petite bourgeoisie locale devient donc un fonctionnaire d'État, attaché à ce statut encore jamais rencontré autour de lui ? À tout propos, dans les conversations, dans les moindres réunions familiales, les fonctionnaires sont caricaturés, gens peu travailleurs, absorbant honteusement et tranquillement les énergies des activités commerciales et industrielles. Gens inefficaces et improductifs, ils empêchent le commerçant, l'artisan, le petit industriel de réussir une vie libre et active. D'ailleurs, après mon entrée dans cet horrible monde, blagues et traits d'ironie ne cessent. Lorsqu'on les répète en ma présence, la seule réserve, est qu'ils sont censés ne pas me concerner mais viser seulement tous les autres fonctionnaires. De même dans la haute bourgeoisie, la haine et le mépris des fonctionnaires est un lieu commun sauf que l'on ne craint pas de caser un fils dans la haute administration, pourvu qu'il soit préfet ou au moins directeur d'un grand service local. Dans ces univers, il suffit que l'on ait un fils dans un ministère pour que ce rejeton soit le seul membre travailleur de la fonction publique, la seule personne dynamique comprenant le pays utile.

Ce monde industrieux a l'ambition de monter dans la hiérarchie sociale. Les garçons qui tirent vers le haut l'avenir du clan s'efforcent d'achever leur cursus scolaire dans une école d'ingénieur. Les plus doués rêvent d'entrer à l'École centrale et d'occuper un poste important dans la métallurgie. Pour les moins travailleurs, à Lyon vieille ville textile, il est encore possible d'entrer dans cette branche. Un diplôme d'ingénieur des métiers du textile est un moindre mal. Mais cette activité qui a alimenté plusieurs générations de ma famille, régresse sérieusement dans les degrés de l'honorabilité et surtout dans les volumes de l'emploi. Pour les filles, les clichés sont plus limités. Avant le mariage, les plus douées s'orientent vers des fonctions d'assistantes sociales ou d'infirmières. Les autres sont destinées au secrétariat et aux écritures. Dans ce panorama, je suis hors norme. Pendant sept années de secondaire, ce garçon n'a fait que des études de lettres classiques, beaucoup de latin et de grec, ainsi que de la musique. Devenir un responsable de production ou un commercial doit lui être impossible.

Je cumule même les raisons d'inemployabilité : ces études littéraires auxquelles s'ajoutent plusieurs années perdues à tenter d'entrer dans les ordres. Compte tenu de l'idée que l'on s'en fait, le choix de la fonction publique paraît une bonne solution. À défaut de devenir curé, qu'il devienne fonctionnaire ! Avec un peu de réflexion, ce passage se réalisant par les services de la main-d'œuvre a une logique. Il voulait cuisiner les consciences. Il saura bien sonder les chômeurs et mettre à nu leur volonté réelle de travailler dans les fonctions auxquelles le système économique les destine. Cette logique n'aurait-elle pas été repérée aussi par les responsables de l'administration ?

Avec de tels prérequis, l'accès aux fonctions d'une administration républicaine recèle d'importantes contradictions potentielles. Le temps permet de trouver des réponses. J'ai en partie appartenu à un monde du passé, vieux de cinq à quinze siècles. Au séminaire, arpentant des couloirs silencieux, on vit les longues journées d'un mode de vie quasi monastique. Avec la clôture récente de Vatican II, une partie de ces milieux d'origine chrétienne sortent de façon explosive d'un moule jusqu'alors très stable. Les années écoulées depuis montrent que certaines portes s'ouvrent brusquement avant de se refermer presque aussitôt. Dans l'espace entrouvert, comment se fait l'intégration de cette génération des années 68 dans le monde de la République laïque avec ses compétitions et ses affrontements spécifiques ?

Entré inconsciemment dans ce ministère par des liens involontaires avec le catholicisme social classique[37], je raccorde ensuite ce point d'origine avec la

---

[37] Toute ma culture théorique se résume à la participation à une session des Chroniques sociales de France. Animées par Joseph Folliet, c'est l'une des pages de cette culture catholique sociale locale. Mais alors je n'en retiens aucune perspective justifiant un engagement bénévole ou un horizon professionnel conduisant par exemple à l'inspection du travail ou au syndicalisme. Un autre souvenir longtemps enfoui et occulté est celui

conception de la fonction publique que je découvre, en poussant à l'extrême un défi légué par une expérience essentielle d'adolescence, mon entrée inespérée au Lycée, en classe de seconde. Je sors d'une école privée qu'une mère veuve et pieuse décide de ne plus payer en quémandant des réductions charitables. Elle m'accorde ainsi l'immense chance d'un saut dans le monde de la liberté le plus fantastique que je pouvais imaginer. L'année scolaire 1955-56, au lycée Ampère est un moment exceptionnel de confrontation. Le grand large dilate les personnalités et les envies militantes naissantes plus que les pédagogies protégées d'un collège réservé aux enfants de bonne famille. Aux premiers jours d'octobre, avec M. Darcueil, le premier cours de français de seconde ressemble plus à une matinée d'école élémentaire du parti communiste qu'aux cours d'un lycée de centre ville. En introduction à la lecture de Rabelais et du Don Juan de Molière, la théorie des bases et des superstructures, les rudiments du matérialisme, de la dialectique historique nous sont succinctement présentés pour mieux comprendre, au long de l'année, les fondements de la littérature française. Ce lycée conduit ainsi, sans détours, à placer la rationalité, l'humanisme et la laïcité au centre des convictions premières.

Par ailleurs, dans le même temps, un aumônier progressiste ayant sa classe dans les locaux mêmes, Albert Chassagneux, fait découvrir aux volontaires les pages encore interdite de publication de Teilhard de Chardin[38]. Il ouvre les curiosités religieuses vers l'univers laïque, les sciences, les aspirations universelles de l'homme. La période est propice. Jusque dans la cour du lycée, les tensions sont vives. Les évènements de Budapest surviennent six mois après le premier cours de marxisme. L'ouverture de l'aumônier a tout de même des limites. Le marxisme est la seule doctrine hors des frontières de l'admissible. Afin de bien montrer ces frontières, il trouve dans cette classe de seconde une petite équipe de garçons aux aspirations militantes, ayant des parents appartenant à l'âge d'or de l'action catholique. Nous voilà cinq ou six en délégation chez le proviseur pour dénoncer le professeur marxiste et demander son renvoi. Au même moment, dans les rues de Lyon, les affrontements étudiants répondent aux chars de Budapest. Notre professeur de français étant devenu le représentant de Moscou, la cour du lycée sert de décor pour un petit feu de cahiers, devant la porte de notre classe. Dans ces années 50, ce climat n'est pas pour déplaire, à des lycéens. Ils y goûtent un avant-goût de la poudre retrouvée plus tard dans le conflit social. En attendant de mieux voir où sont les vrais affrontements, et les vrais problèmes d'égalité sociale rendus illisibles par un milieu familial conservateur, j'émerge à la difficile problématique de la liberté d'opinion.

---

d'un stage de six mois, accompli dans une paroisse ouvrière de Lyon au retour du service militaire. J'y entends pour la première fois des militants d'action catholique ouvrière et un prêtre du Prado parler de façon concrète d'un conflit du travail en cours dans un établissement de Vénissieux, que j'ai d'ailleurs à inspecter vingt-cinq ans plus tard. En ces années les promotions d'inspecteurs n'ont pas la chance d'effectuer un stage ouvrier.

[38] Alors diffusées sous forme de polycopiés confidentiels.

Poursuivant le cours d'une rapide maturation lycéenne, j'intègre ensuite l'une des leçons essentielles du professeur de philosophie de terminale, normalien, émule d'Alain et de Platon : on ne pense clairement la réalité qu'en se projetant par la pensée aux extrêmes. Les contradictions de la réalité sont nécessairement dialectiques. En observant plus tard les spectacles donnés sur la scène de l'inspection, je vais effectivement extrapoler et confronter les extrêmes, les révolutions, la laïcité et les traditions d'un christianisme revu sous l'angle des libérations. Ces contradictions rebondissent d'ailleurs dès les lendemains du bac. Au sortir de la philosophie du lycée, j'en garde tant de pistes à creuser[39] que je passe mes années de séminaire à avancer la liste d'ouvrages donnés à lire au lycée. C'est une très mauvaise méthode pour découvrir saint Thomas ou saint Augustin sous l'autorité de sulpiciens. Je demeure, en quelque sorte, un militant du monde laïc au sein des candidats aux ordres, avec une contradiction nouvelle, celle d'un clerc transportant en son for intérieur de confuses tendances anticléricales. Ce n'est pas chose rare dans les vagues agitant alors l'Église catholique de France. Depuis la condamnation des prêtres ouvriers de 1954 et les censures atteignant tant de théologiens nationaux, il est normal d'être engagé et contestataire.

Ces premières expériences sont un atout imprévisible pour faciliter mon intégration dans une administration à la pointe de la gestion des tensions sociales. Autres contradictions que l'entrée dans la fonction publique me conduit à surmonter, autres carences originelles à compenser, mon éducation est marquée par une absence totale de contact avec le monde des machines et des ateliers. Dans le cocon dont je suis issu, il est important de savoir se servir de ses mains, mais d'une façon remontant à une époque antérieure à la révolution industrielle. Dans ces grandes maisons et ces jardins de la fin du XIXe siècle où l'on habite encore, on plante, on taille, on récolte, on court après les essaims échappés d'un rucher. Mais on ignore ce qu'est un tour, une fraiseuse, une presse... sauf quelques hommes plongés dans l'industrie et qui n'en soufflent mot, de retour au domicile. Sur ces collines lyonnaises, il y a une exception pour le textile. Mais il se trouve que je n'ai encore jamais pénétré dans un atelier de tissage. J'ai entendu de très prêt le bruit des métiers à tisser. Des immeubles abritant des appartements de canuts où l'on tisse depuis deux siècles dominent la maison paternelle. Je n'en ai entendu que le bruit. Je n'ai encore jamais parlé à un canut. Ce qui se passe derrière le mur du jardin où j'ai tourné en vélo sous leurs grandes fenêtres sonores est un monde étranger. La ségrégation sociale a élevé des murs encore plus hauts que ceux qui entourent les jardins de cette Croix-Rousse aux deux visages. Par suite, il m'est arrivé d'imaginer, à regret, que j'aurais pu aller en classe avec ces

[39] Ce professeur de terminale, fait également découvrir à ses élèves les questions de Sartre sur l'être et l'existence et les réponses de la phénoménologie de Bachelard.

garçons des montées d'escalier odorantes[40] menant à leurs appartements ateliers ou comme certains enfants Est-allemands, recevoir une formation technologique aux machines de la métallurgie en même temps qu'une bonne formation littéraire. Mais, bien que descendant de canuts, issu d'une famille ayant donné plusieurs générations de techniciens et de commerciaux au tissage et à l'ennoblissement des textiles, toute mon expérience sociale bute sur une ségrégation sévère. Mon expérience industrielle se limite au bureau d'entrée de l'usine de velours d'un oncle.

À l'origine, mes horizons techniques sont donc nuls. Ils n'empêchent un imaginaire valorisant les producteurs de biens matériels. Des sentiments étouffés de dépendance et d'admiration se cachent dans l'inconscient de cette petite bourgeoisie commerçante et industrieuse. La vie de tous les jours autorise une certaine condescendance à l'égard des travailleurs manuels, mêlée à l'habitude de les faire ardemment travailler, mais rien de plus. La situation devient cependant explosive à la faveur de la mode sociale, enclenchée dès les années 30, développée dans les années 50, exacerbée dans les années 60. Je réagis en regardant le monde industriel avec une admiration et une attention inversement proportionnelle à mon ignorance. Au terme du parcours, l'investissement dans la gestion de ce monde à travers les fonctions d'inspection va se révéler d'autant plus frustrant avec la crise du dernier quart de siècle conduisant à détruire ces outils industriels.

Il est donc paradoxal d'entrer par hasard à l'inspection du travail, convoqué par le bureau de chômage à cette fin. Mais ce n'est pas irrémédiable. Il est aussi paradoxal de refouler toute idée de vocation particulière en passant deux concours d'accès à ce corps particulièrement mobilisateur, et de rechercher tardivement les raisons d'une motivation à la mesure de cette profession. Les occasions de rencontres avec des militants y contribuent. Un vide se comble. Une relecture de l'histoire de ces clans de vieille tradition lyonnaise apporte des réponses. Ils sont affrontés depuis longtemps aux idéaux de liberté, de progrès. Leurs tentatives de réponses à « la question sociale » se répètent depuis de nombreuses années.

Il se trouve que le mien croise depuis longtemps les obscures résistances d'une ville ouvrière et des fonds religieux urbains s'ouvrant épisodiquement à la modernité. Une logique générale profondément conservatrice est traversée par des moments exceptionnels de sensibilité aux idées nouvelles. Ces épisodes sont généralement vite refermés par un retour aux traditions mais ils font germer des contradictions qu'il faudra bien résoudre un jour. Le dernier ainsi redécouvert est pour la famille d'avoir été prise parmi les victimes de la barbarie nazie, sans avoir

[40] Jusque dans les années 80 les vieux immeubles de la Croix-Rousse ont, à chaque étage, des WC sans gaine d'aération dont les petites fenêtres s'ouvrent sur les paliers des escaliers. Des écoulements le plus souvent nauséabonds descendent dans des tuyauteries très accessibles le long des couloirs d'entrée.

été ni juive ni communiste, et sans avoir su en prendre la dimension historique[41]. Ayant vécu ces évènements comme des épisodes incompréhensibles, sans aucun lien avec les associations de résistants, le souvenir en est devenu un poids obscur au lieu d'être vu comme une participation à un épisode important d'une histoire nationale. Une série d'épisodes de cette nature s'étalent ainsi au long des soubresauts républicains et sociaux émaillant l'histoire de la ville depuis deux siècles[42]. Voilà un contexte porteur pour un jeune fonctionnaire cherchant un support à ses motivations.

Dans l'ébullition de la fin des Trente glorieuses et les lendemains de 68, la matrice conservatrice du catholicisme social n'est insurmontable qu'en apparence. Cette histoire devient une contradiction à assumer. Transfert, compensation, glissement insensible d'une vocation à une autre ? Il suffit de chercher et de trouver. Beaucoup d'inspecteurs de cette génération ont ainsi découvert des mobiles et des vocations. J'ai perçu aussi ce plaisir et croisé la volonté d'affronter un passé dont il faut se distancer tout en en prolongeant les contradictions et les défis. Ce métier et ce ministère sont un terrain de choix pour tarauder les consciences en cette direction.

Au fond, il faut avoir un défi personnel à relever. Le métier d'inspecteur en comporte plusieurs. Celui par exemple de se sentir bien dans une peau de « vache »[43] à l'égard de la classe patronale, vingt années de suite. Certains atavismes peuvent aider. Celui par exemple d'être fils de VRP, trouvant un contexte d'ascension sociale à prendre sa voiture chaque matin, pour tirer des sonnettes, franchir les barrières d'entrée et les bureaux de garde. Mais avec une grande différence, avec une carte professionnelle revêtue du tampon de la Marianne assise, celle de se sentir investi d'une qualité de gendarme. L'atavisme d'un fils d'assistante sociale n'apporte-t-il pas aussi des satisfactions à dépasser

[41] Début 42, mon Père revenant d'un voyage commercial dans la zone Nord se fait prendre par la gestapo, dans un train, sur la ligne de démarcation, avec un tract dans la poche. Il écope de deux mois de prison d'un tribunal français. Il en revient après avoir subi des conditions de détentions telles qu'il meurt quelques mois plus tard. Ces faits bien modestes sont ensuite reconnus comme faits de résistance. Peu de temps après un oncle jésuite chargé d'un sanatorium sur le plateau d'Hauteville dans l'Ain, est dénoncé pour avoir soigné des résistants. Il est emprisonné au fort Montluc et envoyé au camp de Neuengamme près de Hambourg. Il n'en revient pas, n'ayant pas résisté à des travaux de docker.

[42] Le plus original d'entre eux est l'histoire d'un petit curé des bords de Saône, oncle lointain, ayant eu l'audace de se faire élire en mars 1789 à la Constituante par ses pairs. Porté par le mouvement avec le bas clergé, il opte pour la fusion avec le Tiers état, enclenchant ainsi le processus de la grande Révolution. La nuit du quatre août, il vote la déclaration des droits de l'homme. Ses idées libérales s'embrouillent ensuite avec la Constitution civile du clergé. Ayant suivi un évêque en exil, il revient à Lyon dans les valises de Fech, l'oncle de Napoléon. Il est heureux de finir dans l'oubli, obscur chanoine de cathédrale, au temps de la réaction monarchiste. En 1848, l'idée d'allier la restauration religieuse et les libertés de la Révolution est reprise par un proche du clan, Frédéric Ozanam. Enthousiasmé par la question sociale, il se présente aux électeurs lyonnais aux législatives de 1849. Il est largement battu tandis que le pays s'enfonce dans le Second empire et les beaux jours du capitalisme triomphant. Ces souvenirs sont soigneusement transmis sans en tirer aucune perspective révolutionnaire. Mais ils peuvent exciter les jeunes imaginations.

[43] Méchanceté qu'il faut reconnaître toute relative. C'est une indication de tendance. Les inspecteurs ne relèvent que quelques dix à vingt procès-verbaux par an, dans le meilleur des cas alors que dans le même temps, ils observent des milliers d'infractions.

l'assistance à des populations en difficultés, en cherchant à remédier aux causes. L'inspecteur s'appuie sur la loi et la répression pénale pour une protection à la source, redressant l'inégalité durable au sein du contrat de travail.

Tout en n'ayant jamais vraiment appartenu à ce monde des victimes, j'ai eu la chance de le rencontrer de prêt et de pousser plus loin les défis de libération, entrevus obscurément jusque-là, dans le mouvement chrétien progressiste. L'inspection du travail offre précisément de côtoyer et d'observer des mondes totalement étrangers et contradictoires. Bien que vivant dans les mêmes lieux, dans les mêmes usines, en conflit ouvert et permanent, ils tirent les uns des autres substance et subsistance. De même christianisme et marxisme, se faufilant à l'aise dans les couloirs de l'inspection, sont ces extrêmes si étrangers obligeant à faire le grand écart si l'on veut approcher l'un et l'autre. Ce sont des extrêmes s'alimentant réciproquement, en tension l'un contre l'autre. Ce sont deux cultures et deux langues étrangères, sur un champ où ils tiennent à être tous deux présents. Où mieux qu'à l'inspection observer ce phénomène ?

Le choix de tenter une alliance impossible ne se fonde pas au départ sur une rationalité. On agit et on réagit. On s'oppose à une éducation et aux limites des traditions reçues, mais on ne perçoit pas que l'on s'y réfère beaucoup. Cet intérêt progressif pour le salariat et le monde ouvrier, au point de prendre fait et cause pour ses proscrits et une idéologie réprouvée, cette passion professionnelle pour un métier en affrontement constant avec le monde industriel et celui des commerçants besogneux, est un aboutissement et un dépassement d'une histoire constituée par les faillites et les crises à répétition du libéralisme au XIXe et au XXe siècle. Ces phases de récession s'achèvent toujours par un redémarrage des affaires. Mais on entrevoit la fin d'un monde. Il faut passer à un autre, plus socialisé, mieux charpenté autour de grandes entreprises, d'immenses services publics et de grandes administrations planificatrices.

Dans mes premières années de contrôleur du travail, lorsque je monte chaque semaine, dans les bourgs textiles de Tarare, Thizy et Cours, ce retournement n'est évidemment pas encore mûri. Il se profile lorsque je vois de plus près des entreprises s'effondrer en série dans les licenciements économiques. Simultanément, je découvre la fascination des grandes entreprises, de leur vaste monde ouvrier, de leurs ateliers immenses, des grands chantiers des ZUP[44]. J'aime sentir l'odeur de l'huile de machine, des traitements thermiques, du béton fraîchement coulé. Jeunes inspecteurs des années 70, nous croyons avoir la chance de correspondre avec cette socialisation croissante de la grande entreprise, de la classe ouvrière, de la question sociale, du droit du travail. En ajoutant les paramètres de l'activité professionnelle et ceux de l'espérance militante, nous nous attachons avec ardeur à ces défis.

---

[44] Zones à urbaniser en priorité.

Enfin dernière observation faite plus tard. Notre génération née en pleine guerre mondiale vit son enfance, son adolescence et ses premières années professionnelles en bénéficiant des Trente Glorieuses, dans toute leur ampleur. Ensuite arrive 68 et son potentiel de libération au moins intellectuelle. On croit que c'est l'explosion déterminante d'un monde stable finissant. On croit pouvoir en conserver les acquis tout en les joignant à de nouvelles perspectives d'innovation apparemment sans limites. L'ancien monde maintenait une immense différence entre un monde populaire n'ayant pas accédé à la société de consommation et une bourgeoisie disposant de tout et servie par le reste de la société. Il maintenait aussi des frontières entre les idées conservatrices et les idées progressistes. Un nouveau monde de classe moyenne, apparaît aux idées affranchies, n'ayant pas connu les privations[45]. D'un monde stable mais fracturé et partagé en deux moitiés, il semble qu'on puisse passer à un monde en croissance et en libération continue : décolonisations, libérations nationales, fin des dictatures ayant survécu au second conflit mondial ou à la guerre froide. Toutes les contradictions sont surmontables, du fait de 1968 et du fait des mouvements de libération des années 50-70[46]

Ce nouveau monde ne chante pas encore mais le promet. C'est le système éducatif en pleine expansion avec le collège pour tous, la Sécurité sociale généralisée à toute personne présente sur le territoire, couvrant tous les risques, les allocations familiales, les retraites de meilleur niveau avec les complémentaires pour tous, le vivre, le loisir, la culture pour toutes les classes sociales. Le droit du travail, avec sa dynamique aspirant à faire l'inventaire de tous les problèmes de la vie au travail, apparaît comme un noyau central de cet immense rêve, de même que les fonctions d'inspecteur, s'élargissant au domaine économique autant qu'à tous les problèmes d'organisation de l'entreprise. C'est une pierre angulaire qui doit être la gardienne du temple. Voilà le contexte de l'inspection du travail militante que nous cherchons alors à construire, et qui correspond bien à nos défis personnels, à nos appétits de contradictions, même si, aux yeux de certains, cela comportait le risque de perdre son âme dans le syndicalisme ouvrier et dans le marxisme, effrayant les hiérarchies professionnelles et nos mères et grands-mères.

Dans l'inconfort éventuel de ces tensions, l'inspection elle-même ne vient pas d'un monde instable. Elle offre des points solides permettant de supporter l'aventure. Sa légitimité dans le traitement des problèmes industriels est admise et son action attendue, même si l'on se plaint parfois de ses exigences. Comme à la Belle Époque, les inspecteurs de 1970 appliquent toujours le décret de 1913. Ils entrouvrent les créneaux nouveaux de 45 et ceux de l'après 68. Mais c'est une

---

[45] Même s'il fallait compter et si l'on nous apprenait à ne pas laisser traîner des miettes sur la table, au motif que pendant la guerre on n'avait pas mangé à sa fin et que beaucoup, dans le monde, en manquaient encore.

[46] L'effondrement des empires coloniaux et l'apparition de quelques cent états nouveaux sur les deux continents africains et asiatiques.

continuité. Ils sont les inspecteurs « type 1892, modifié 45 et modifié encore 68 ». Dans les entreprises, nombre de bâtiments et d'ateliers datent encore de cette Belle Époque ou des reconstructions de l'immédiat après-guerre. Il n'y a pas encore eu de cassure fondamentale dans la courbe du progrès. Les cassures des guerres sont des cassures cicatrisées, cycliques, conjoncturelles, ne remettant apparemment pas en cause le sens de l'histoire. Nous devons seulement assurer la maintenance d'une passerelle entre deux époques et entre deux mondes composant la société. C'est une fonction idéologique fondamentale. Il faut avant tout éviter une rupture idéologique et économique, une rupture de l'équilibre institutionnel assurant le fonctionnement du système libéral et faisant vivre le pacte républicain. Il faut panser en permanence les cicatrices de la fracture d'un pays divisé en deux mais devant coexister[47].

[47] Après la grande cassure des années 1990, il n'en est plus de même. C'est le moment du paroxysme de la crise trentenaire survenue à partir de 1974. Je retiens cette date, parce que c'est en juin 1974 que j'ai vu fondre comme un vautour sur mon bureau d'inspecteur le processus de crise avec le grand déballage des demandes de chômage partiel qui se transforment ensuite en des vagues de plus en plus sévères de licenciements collectifs. Je ne suis pas le témoin de son paroxysme dans l'entreprise, n'étant plus alors en charge d'une section d'inspection. Mon récit s'achève en 2002. Je n'ai plus rien de nouveau à dire après 1990, parce qu'après cette date, je joue des prolongements dans une COTOREP et au Comité d'histoire.

Ch.5 Le service public de la main-d'œuvre

À l'automne 1965, cinq contractuels sur vacance d'emploi de contrôleur sont donc recrutés pour tenter une expérience de rénovation des services de main-d'œuvre du Rhône. Ils doivent pouvoir prendre du temps pour faire de la prospection des offres d'emploi. Les agents en place dans les divers services ne le peuvent, obligés de rester à recevoir les demandeurs d'emploi du lundi matin au vendredi soir. Grâce à des prospections très anciennes ou à de nombreux contacts téléphoniques entretenus avec les services de personnel, ils se sont fabriqué des carnets d'entreprises. Mais leurs déplacements se sont fait rares et ont cessé. La nouvelle équipe doit aussi donner une image rajeunie et dynamique d'un service public de l'emploi allant au contact, visitant si possible les ateliers, prenant par écrit des descriptions précises des postes de travail et des profils souhaités par les employeurs. En période de plein emploi et de pénurie de main-d'œuvre qualifiée, il faut améliorer l'adéquation entre les personnes adressées et les souhaits des employeurs, leur dire « nous avons mieux compris vos demandes d'embauche. Nous allons chercher ce qu'il vous faut. »

Dans l'esprit de certains hauts responsables du ministère cette expérience doit permettre de tester dans quelques départements, ce qui peut être fait pour rénover la mission de placement et son image de marque auprès du public. À leur niveau, on commence à penser à une Agence nationale pour l'emploi. C'est l'époque où un jeune secrétaire d'État nommé Jacques Chirac fait ses premières armes à l'emploi[48], sous l'autorité du ministre Jean-Marcel Jeanneney. L'expérience doit être concluante. Ou bien d'autres raisons viennent confirmer ces projets. Moins de deux années plus tard, l'ANPE est créée.

Le pays ne recense que deux cent mille chômeurs. Les Trente glorieuses ont encore une petite dizaine d'années à influencer le marché du travail. Le petit nombre des chômeurs et leur habituel manque de qualification ne facilite pas les efforts tendant à envoyer aux employeurs les salariés correspondant à leurs vœux. Un climat assez pessimiste règne certains jours dans les bureaux de main-d'œuvre, à la limite du mépris de soi-même, se conjuguant par conséquent avec un mépris affiché des demandeurs d'emploi.

Sur le plan matériel et à tous les niveaux de l'institution un grand coup de peinture s'impose. Les services sont dispersés dans divers quartiers de la ville : le service des employés de maison et de l'hôtellerie est dans la Presqu'île, vers la place des Terreaux. Aux Brotteaux, derrière le chemin de fer, en haut d'un grand escalier en pierre, est relégué le service des migrants, réalisant les cartes de travail ainsi que le placement de ces travailleurs. Dans une impasse, au pied de la Croix-Rousse, se tient la commission de ce que l'on appelle encore les infirmes et le service d'orientation professionnelle. Le centre départemental du service de main-

48 D'avril 1967 au 31 mai 1968.

d'œuvre est un vieux bâtiment d'allure coloniale. De grands balcons bordés d'une colonnade en fonte servent de couloirs d'accès aux bureaux des étages. C'est « le quai »[49]. Le bâtiment loge le service de placement des ouvriers et celui des employés. « Les ouvriers », installés au rez-de-chaussée, disposent d'une longue salle dont une extrémité est coupée par une cloison de deux mètres de haut, en bois et vitres dépolies. La salle est chauffée par un gros poêle à charbon. Sous la conduite active et énergique d'Edmée Robert[50], les prospecteurs placiers dont les fonctions correspondent donc surtout à la deuxième partie de leur appellation, sont alignés sur trois rangées devant de petits bureaux en bois avec une chaise pour faire asseoir les demandeurs, à un mètre du placier suivant.

C'est donc dans cette unique et grande salle que doivent passer en théorie[51] la totalité des travailleurs manuels du département. Même à voix basse, quand le bruit ambiant ne force pas à élever la voix, les demandeurs étalent leur vie privée et professionnelle en public, devant des oreilles et sous des regards moralisateurs, avides d'épisodes à sensation. Parfois des voix montent, du côté du placier, mais aussi de celui du chômeur, pour faire savoir que c'est la dernière chance offerte ou pour protester de son bon droit. Lorsque l'on termine son entrevue, on crie parfois « au suivant », sans se lever de sa chaise, à moins que dans le but de refouler quelque semi-clochard indésirable un placier ne se déplace vers la porte s'ouvrant dans la cloison pour dire à quelqu'un : « aujourd'hui on n'a rien pour toi, » et faire entrer celui qui attend, après lui. Derrière cette cloison et d'une même masse d'air, la salle forme une zone d'attente d'une certaine dimension, meublée de quelques bancs. Certains s'en servent parfois pour faire la sieste. Un placier cultivant la réputation de « grande gueule », M. Coelho, se charge régulièrement d'aller chasser les dormeurs.

La cloison est percée d'une seconde porte équipée d'un guichet. Deux fois par semaine, une employée s'installe sur une estrade et fait les pointages justifiant du droit aux allocations versées alors directement par les services. Ces jours de pointage, il y a autant d'animation dans la salle que dehors sur le marché. Les placiers sont aussi sur les dents. Beaucoup de chômeurs de longue durée en profitent pour jeter un œil sur les nouvelles offres.

Malheureusement pour le service, une partie importante des embauches se passe sur le quai, sans lui. Des employeurs, appartenant surtout à la branche du bâtiment, ont l'habitude de venir, de bon matin, lui prendre les chômeurs avant qu'ils aient eu le temps de constituer leur file d'attente et d'être reçus. Cette pratique contribue également à la constitution de ces officines en train de devenir les sociétés d'intérim, en contradiction avec l'interdiction du marchandage.

---

[49] Le quai Victor Augagneur, à deux pas de la préfecture, lieu par ailleurs réputé pour son marché de primeurs.
[50] Embauchée comme auxiliaire, elle réussit, 78e sur deux cent quarante, le concours de contrôleurs adjoints du 31 janvier 1953. En 1965, elle est chef de centre.
[51] Les bureaux de main-d'œuvre ont en principe le monopole du placement.

La conclusion des agents du service est que « les meilleurs », ou « les bons », exactement, les demandeurs d'emploi normaux, ne passent pas par eux pour trouver du travail. Il « nous » reste les gens à problèmes, marqués souvent et selon les cas par les malheurs de la vie, des qualifications insuffisantes, des instabilités chroniques, sans parler des buveurs, des indécis, des gens durablement marqués par les échecs. Du côté des offres d'emploi aussi, celles qui attirent trouvent l'essentiel de leur public ailleurs, dans les tiroirs patronaux des candidatures spontanées. Les employeurs « nous » laissent les « moutons à cinq pattes », les missions courtes, sales et pénibles, les embauches pour les ateliers encadrés par des caractériels, les postes pour lesquels il faut constamment recruter faute de stabiliser le personnel.

En un temps de pénurie de main-d'œuvre, les employeurs « normaux » se débrouillent pour se constituer seuls des viviers de candidats déjà formés. Ils débauchent chez des confrères, puisent parmi les recommandations personnelles, les enfants du personnel. Pour les personnes spécialisées et les niveaux élevés, les établissements d'enseignement technique, les grandes écoles ont tous un secrétariat recueillant les offres d'emploi à l'intention des élèves allant sortir ou des anciens. Les professeurs introduits dans les entreprises sont de véritables services saisonniers de placement.

Cependant, souvent à cours de personnel, les entreprises les plus importantes ou quelques employeurs aux opinions libérales, s'organisent pour faire appel à un certain quota provenant des services de main-d'œuvre. Dans la masse de leurs embauches régulières, ils maintiennent ainsi de bonnes relations avec les pouvoirs publics dont il leur arrive de dépendre par ailleurs, pour des marchés publics ou diverses autorisations. Il y a aussi des phénomènes de rotation permanente surtout parmi le personnel travaillant à la chaîne et les catégories des manœuvres et des OS[52]. Les services ont ainsi un volant d'adresses à peu près toujours prêtes à recevoir « ceux qui ont vraiment besoin de travailler. » Un document de formation, un « manuel de placement », dactylographié et diffusé dans le service, dont je ne suis pas arrivé à savoir la provenance exacte, justifie et explique ces tristes considérations que je viens de résumer sur le service public de placement[53]. On se demanderait volontiers aujourd'hui si une plume syndicale n'est pas à l'origine de ce texte plutôt qu'un responsable hiérarchique.

---

[52] Ouvriers spécialisés, se définissant seulement par une adaptation à un poste et rendus normalement efficaces en trois semaines.

[53] Page XIX, LE PROBLEME DU PLACEMENT. § IV. LES LIMITES DANS LESQUELLES S'EXERCE LE PLACEMENT PUBLIC

Le placement public ne peut s'exercer de façon rationnelle et efficace, si les services auxquels il est confié n'ont pas connaissance de tous les postes de travail inoccupés.

Le législateur avait décidé que seraient déclarés les emplois vacants. Le patronat ne s'est pas incliné devant cette décision, et c'est « sa volonté qui a été faite. »

Il en résulte que les services prévisés sont surtout appelés à intervenir quand l'embauchage direct s'est avéré impossible, soit que la main-d'œuvre recherchée n'ait pu être découverte, soit que les conditions de travail aient été jugées inacceptables par les salariés pressentis.

Notre jeune équipe, basée dans un petit bureau ressemblant à un couloir, avec ses quatre mètres de long et ses deux mètres cinquante de large, est censée redresser cette atmosphère, alors que la situation objective, relevant bien davantage de la conjoncture économique générale commence à s'ouvrir et à s'inverser. Elle doit s'appuyer sur des prospections téléphoniques permanentes et sur des tournées d'entreprises organisées en concertation avec les inspecteurs du travail. Chaque jeune prospecteur prend l'attache de deux inspecteurs l'introduisant et le guidant dans deux arrondissements de Lyon et s'il dispose d'une motorisation, dans une ville de banlieue. Je suis sous la protection des inspecteurs Muret et Ducrot, mais seul le premier est « assez causant ». On me recommande de m'adresser essentiellement à lui pour rayonner sur les 7e et 8e arrondissements.

Une fois arrivés devant un chef du personnel[54], nous expliquons que les services de main-d'œuvre ont changé ou en cas de réticence, qu'ils vont le faire. Il y a désormais un « bureau central des offres », avec une permanence téléphonique établissant des fiches modernisées et informatisées, susceptibles d'être transmises à un dispositif de compensation régional, en cas d'insatisfaction sur le département. Si l'employeur donne une offre, nous remplissons nous-mêmes ces fiches et les rapportons au bureau central des offres, comme des VRP[55] ramenant des commandes. À la fin de chaque mois, nous les comptabilisons, fiers d'additionner vingt, cinquante ou cent offres. Nous tentons si possible de ramener des offres multiples. Ainsi, le chef du personnel d'une grande entreprise de montage d'appareils électriques, sous-traitante pour l'automobile, M. C… des établissements P…, ne craignant pas de se présenter comme un ancien du service, du temps du régime de Vichy, me dit un jour sur un ton provocateur : « il me faut de la femme, j'ai besoin de cent femmes. C'est un besoin permanent. J'ai une chaîne de montage. » Il y a effectivement quatre cents personnes alignées dans un même atelier, presque exclusivement des femmes, connaissant un important turn-over. En plus de la répétitivité et de la rapidité effrayantes des gestes, elles doivent obtenir une autorisation pour aller aux toilettes sans arrêter la chaîne. Il ne leur faut aucune qualification, seulement de la dextérité. Nous devons remplir la

---

Ces quelques remarques font apparaître assez nettement les limites dans lesquelles, en maints endroits, s'effectuent les opérations de placement, la tâche du placier pouvant être, le plus souvent, regardée comme la conséquence d'une folle gageure : trouver l'introuvable, faire admettre l'inadmissible, tandis que les emplois intéressants sont aisément pourvus d'occupants par les soins des chefs d'entreprise, notamment en temps de crise économique, c'est-à-dire lorsque les travailleurs proposent leurs services partout, à tout instant, et que leurs noms forment, dans les établissements, de longues listes……

Au surplus, est-il possible de concevoir à ce sujet une opinion plus autorisée que celle qui était émise en ces termes ?

« Le personnel préposé au placement doit se pénétrer de l'idée que l'efficacité de son action ne se mesure pas seulement au nombre des placements effectués, mais à la qualité de ces placements. Sans doute, son rôle est-il souvent fort ingrat lorsque, seuls, les demandeurs d'emploi les moins aptes viennent s'adresser à lui, mais il n'en a que plus de mérite. » (Circulaire du 15.5.1949)

[54] Expression utilisée avant que ne se généralise le terme plus honorable de directeur des ressources humaines.

[55] Voyageurs, représentants, placiers des entreprises commerciales.

fiche sans oublier de noter le salaire, les primes éventuelles, les horaires, les coordonnées de la personne qui reçoit... Ce travail n'a rien de très savant et ressemble en tous points à l'organisation d'un service commercial, à l'exception de la rémunération à la commission. Au retour au service du placement, ces offres très importantes nous occasionnent le plus souvent une réception narquoise. Le placier nous jette : « je savais tout cela depuis longtemps. Ce sont des offres qui ne servent à rien. » Il est évident que ces nouveaux venus ne vont pas révolutionner le monde !

Une fois passés dans l'entreprise, nous devons périodiquement relancer la liaison, au téléphone, pendant des demi-journées entières. Ou bien, nous faisons des campagnes de prospection téléphonique pour des emplois déterminés et des sorties d'écoles, en nous appuyant sur les envois annuels de statistiques associés à la déclaration d'emploi des handicapés. Elles nous permettent de connaître les emplois des entreprises. C'est un véritable détournement de ces statistiques. Ces contacts profitent surtout aux demandeurs d'emploi ordinaires et très peu aux handicapés.

Pour ces visites, notre standing est très éloigné de celui des VRP. Avec un traitement mensuel de sept cent cinquante francs, je mets chaque mois trois cents francs de côté pour acheter ma première 4 CV Renault, version société, sans aucun accessoire[56]. Par tous les temps, j'effectue mes tournées en vélo. Afin de ne pas me faire repérer avec ce véhicule de misère, je le cache à distance de la grande porte de l'entreprise. Après une averse ou par grand froid, je suis heureux que l'on me fasse attendre avant d'être reçu. Je peux ainsi me sécher, me réchauffer, être un peu plus présentable. Nous devrions craindre de trop ressembler aux chômeurs que nous devons annoncer. Mais nous ne faisons pas attention à notre misère relative. Nous sommes gonflés à bloc par notre mission d'amélioration de l'image du service.

Avec mes trajets cyclistes, je fais plus de quarante kilomètres par jour. Je dévore aux repas et mes plis de pantalons sont toujours dans un état désastreux. Le dédommagement des frais de déplacement s'effectue sur la base du tarif des autobus et sur justificatif. Pour présenter des cartes tamponnées par un receveur à chaque trajet, je longe de nuit les caniveaux en revenant à la maison, ramassant les cartes jetées par des voyageurs. Après avoir vérifié qu'elles ont servi à des trajets de semaine, je les lave et les fais sécher sur le poêle avant de les présenter à la comptable.

Malgré ces images peu favorables, les services de main-d'œuvre parviennent à donner des chances à beaucoup, aux demandeurs d'emploi modestes, sans réseau de connaissances mais travailleurs. C'est parce qu'ils présentent des visages de petits fonctionnaires discrets, cachés, sans lustre,

---

[56] Elle vaut six cent mille francs, soit un rapport à peu près équivalent à celui existant actuellement entre le traitement d'un contrôleur débutant et le prix du plus petit modèle de voiture. De dois en emprunter la moitié que je rembourse les années suivantes.

envoyant leur monde avec de vilaines petites cartes jaunes de présentation. Ils savent sonder les épuisements ou les courages obscurs de la classe ouvrière ou du petit monde des employés en expansion, des enfants de toutes les couches de la société prenant l'ascenseur social. Ce service public accompli ainsi sa tâche avec constance et résignation pendant vingt-deux ans[57]. Puis se fait jour l'idée d'une agence présentant des équipes d'allure un tout petit peu plus avenantes dans des locaux rénovés.

Mais pendant les vingt premières années de l'ANPE, la différence est très réduite. On fait appel à de nouvelles recrues, endossant le profil des cadres, plutôt que celui du petit encadrement d'atelier. Ces nouveaux agents des services de l'emploi ont fait quelques années d'études supérieures. Ou bien, n'en ayant pas fait, ils sont sélectionnés par de nouveaux dirigeants dans des réseaux de relations triées. Des augmentations de traitement de quelques centaines de francs, ne changent guère le statut du prospecteur placier continuant à assurer l'essentiel du travail. C'est surtout un changement de langage. Les méthodes d'encadrement et des tentatives d'incitation à la productivité se succèdent avec de nouveaux discours.

Avant comme après la création de l'Agence, ce service public travaille non sans difficulté à cette mission fondamentale consistant à donner des chances à tout individu sur le problème crucial du gagne-pain et de la construction de l'identité professionnelle, si possible dans un statut stable correspondant aux différentes phases de la vie. Avec l'effet de masse[58], le monopole aidant, il place tout de même beaucoup de gens. Des jeunes notamment, n'ayant pas bénéficié des filières et des réseaux normaux, obtiennent grâce à lui, d'être présentés à des emplois leur permettant ensuite de progresser en qualification et en rémunération.

Périodiquement, nous intervenons dans des recrutements collectifs auxquels nous savons répondre pour des premiers postes à offrir à de jeunes titulaires du Baccalauréat ou d'un niveau équivalent, à la Caisse d'épargne notamment ou dans certains établissements tertiaires. D'autres, aux profils d'ouvriers non qualifiés, n'ayant pas su profiter pour diverses raisons des premières chances fournies par l'enseignement technique, parviennent à réintégrer les circuits de professionnalisation. De grandes entreprises de l'agglomération acceptent de jouer le jeu de nos sélections, glissant quelques-uns uns de nos candidats dans leurs dix ou vingt recrutements annuels, au milieu des jeunes normalement cueillis à la sortie des écoles techniques cotées et bien pensantes.

Ce sont aussi les années où se créent des organismes de formation permettant à certaines personnes d'accéder au statut cadre à la faveur d'un licenciement et d'un passage par le chômage. À chaque entrée de stage, le service dispose d'un certain nombre de places pour ses candidats, compte tenu des

---

[57] De 1945 à 1967.
[58] En raison du nombre des agents et du nombre des personnes venant au moins voir les offres qui y sont reçues.

financements apportés par le Fonds national pour l'emploi. Pour trouver les personnes ayant les meilleures chances, il fouille ses fichiers, convoque et fait défiler des séries de demandeurs, détectant les plus motivés. Il faut parfois batailler dur pour convaincre certains ayant atteint de profonds niveaux de désespoir, de la nécessité de saisir cette chance inattendue.

Au milieu de beaucoup d'activités routinières, les agents peu considérés, prennent souvent l'habitude de regarder leur travail de façon sceptique ou ironique. Le travail est toujours à recommencer, souvent sans résultat apparent. Mais ils ont de temps en temps la récompense d'un demandeur d'emploi venant remercier. Tel ou tel donne un coup de fil pour faire savoir qu'il a achevé son essai et espère se stabiliser dans le poste. À force de conseils et de persuasion, les agents font parfois de véritables miracles, sortant certains de dépressions ou de profonds découragements. C'est peut être ce que la circulaire appelle une « efficacité des placements en qualité ». Ils offrent une répartition des chances autres que celle qui aurait résulté du jeu normal des relations et des influences. Certains ne l'auraient jamais obtenue d'une société les éliminant a priori à travers des compétitions, des barrières et des stratifications sociales et idéologiques défavorables. Le service de main-d'œuvre redresse aussi des échecs scolaires et ceux résultant d'un système de sélection socioprofessionnelle, d'examens et de concours pénalisant alors le plus grand nombre.

La principale interrogation concernant l'efficacité réelle du service résulte de la difficulté de saisir le suivi de l'action, de façon fiable et systématique. Les statistiques mesurent assez bien le marché du travail, les flux d'offres et de demandes à dates périodiques. Mais la statistique des placements réalisés est toujours douteuse. Il est toujours difficile de repérer la valeur des contrats de travail passés suite aux mises en contact. S'agit-il de placements courts, voire pour quelques jours, avant un échec ou une rupture ? Le salarié accroche-t-il un contrat à durée déterminée ou un vrai contrat durable ? Cette carence des statistiques perdure encore aujourd'hui. On n'a jamais aucune maîtrise des résultats du placement. Si l'on veut savoir quelque chose, on doit se contenter de déclarations. Critère décisif, on appelle les entreprises pour savoir s'il faut toujours envoyer du monde. Mais la personne retenue est-elle envoyée par le service. On a aussi des informations venant des demandeurs : on voit qu'une partie importante des gens ayant fait appel au service, et précédemment inscrits comme demandeurs secourus, ne paraissent plus dans les bureaux. On en déduit qu'ils ont trouvé leur affaire sans pouvoir en conclure avec certitude que les actes positifs de placement du service en sont à l'origine.

La hiérarchie est toujours obligée de se fonder sur les informations provenant du placier prospecteur ayant de grands intérêts à les optimiser, pour l'opinion qu'on se fait de lui, lui-même devant se contenter de déclarations glanées au téléphone. Personne ne peut faire plus. Il faudrait de véritables inspections et un pouvoir contraignant sur les opérateurs du marché du travail, ce que le service public ni aucune institution ne veut mettre en place. On préfère rester dans le flou de la liberté du marché et un scepticisme très injuste à l'égard du service public.

L'écoute, le souci de rendre les sélections un peu plus égalitaires, le refus de prendre en considération les situations de privilège est perceptible dans le climat général du service. Mais il est parfois plus visible auprès de certains talents. C'est en particulier le souvenir laissé par Jean Guérini au service des employés, assisté de Mesdames Berthaud et Duplat. Il arrive parfois à ces piliers de la maison de rappeler aux nouveaux, que pendant les dures années de guerre on jetait derrière les placards les dossiers de certaines personnes appelées à partir en Allemagne. Une certaine bonhomie d'engagement républicain ou tout simplement un certain humanisme, porte encore ces comportements, les justifications s'appuyant aussi à la cause des défavorisés, organisés au sein de ce que l'on appelle un syndicalisme de classe. Le chef « du quai », aussi, Robert Devilliers, assisté d'une personne très discrète, Denise Médard, célèbre pour vivre en vie commune avec lui, cependant qu'on l'appelle « Mademoiselle »[59], sont deux personnalités très fines derrière une certaine gouaille laïque, toujours attentives au respect des gens et de leurs « droits ». Leur forte solidarité, leur amitié nouée au sein de réseaux anciens, notamment pendant la guerre et à la Libération, se trouvent alors en bonne concordance avec les trois devises, inscrites aux frontons des édifices publics[60], constituant la citoyenneté, la liberté, l'égalité et la fraternité.

Grâce aux stages « au placement » organisés pour notre équipe, je prends mon tour au rez-de-chaussée pour recevoir les ouvriers orientés vers les métiers les plus divers de la métallurgie, du bois, des travaux publics.... Les anciens du service manifestent la plus grande inquiétude à nous voir mettre les mains dans leurs fichiers d'offres. Ils craignent que nous leur fassions perdre une confiance chèrement acquise auprès des employeurs. Nous risquons d'envoyer des sujets dont la mauvaise réputation retomberait sur le service. Dans nos tentatives encore inexpérimentées, il y a en effet une double difficulté. Il faut connaître des milieux professionnels très divers avec des systèmes hétérogènes de reconnaissance des valeurs. Il faut aussi apprécier en quelques minutes la valeur souterraine d'une foule de personnalités inconnues et sentir la confiance que l'on peut leur accorder lorsqu'elles franchissent les grilles des entreprises. Il ne faut pas s'en tenir à de rapides promesses de stabilité au travail et d'acceptation de toutes les tâches

---

[59] C'est avant mai 1968. La mode se développe des couples non-conformistes ne passant plus devant le maire.

[60] Après des années de dilution des repères, certains trouvent peut-être étonnant que je relie la notion de service public à ces notions républicaines. Il n'est pas sûr que sous l'impulsion des commissaires européens ayant toujours sous la langue les modèles anglo-saxons, les structures privatisées d'aujourd'hui puissent porter ces devises sur leur fronton. En tout cas il est regrettable qu'on ne sache plus les graver sur les plaques des services défonctionnarisés héritant des missions de service public. On les attend aussi sur celles de ces agences dont la mode nous vient directement d'outre Manche : les agences hospitalières, pour l'emploi des cadres, pour l'amélioration des conditions de travail...

ingrates, souvent dépourvues de dignité, toutes choses que l'on demande à ces travailleurs manuels souvent encore très proches, dans l'esprit des industriels et des contremaîtres, du soldat qui doit obéir et se taire ou du domestique devant dire merci de l'honneur qu'on lui fait de lui confier une corvée.

Dans les salles communes de placement organisées dans chaque département, beaucoup de demandeurs se voient obligés de présenter d'eux-mêmes une image de servilité et de soumission que même les plus marginaux savent endosser comme des comédiens professionnels. Une image me reste d'une veille de Noël passée au placement dans la grande salle, en remplacement d'un placier en congé. Tous les êtres les plus instables qui gravitent en permanence autour « du quai », se sont donnés le mot pour venir chercher du travail ce jour-là, comme pris de remords, et priant le ciel qu'on ne leur trouve aucune journée de manœuvre « pelle-pioche » ou de déneigement. Avant la fête, à la vue de toutes les vitrines installées par les commerçants en fin d'année, il leur faut bien gagner quelques derniers sous pour améliorer leur triste ordinaire. C'est, paraît-il, une habitude de ces miséreux à la veille des repas améliorés qui leur sont préparés à l'Armée du salut et aux Sans abris.

Bien entendu, le 24 décembre, le fichier des offres contient les mêmes propositions que la veille et n'est pas spécialement fourni en journées de « manœuvre pelle-pioche », les seules qui pourraient leur être accordées. Comme à l'accoutumée, les offres d'emploi demandent des qualifications ou exigent les multiples qualités des « moutons à cinq pattes ». À chacune de mes allées et venues vers la porte pour l'introduction du demandeur suivant, je sens monter l'inquiétude de mon collègue placier Herlin, réputé pour ses compétences dans les emplois de la métallurgie. Et si je tente de sortir une offre du tiroir pour remplir un carton de présentation, il me souffle : « pas celui-là. Tu vas encore nous faire perdre une entreprise ».

Après ces séjours au bureau du rez-de-chaussée, je vais travailler au premier étage, au placement des employés. Ce sont surtout des emplois féminins, mais pas seulement. À première vue, le professionnalisme des placiers parait moins élevé quant aux exigences des métiers et des professions. Les définitions de poste sont plus vagues. Le travail consistant à scruter les reins et les cœurs est cependant plus délicat. Les emplois banalisés de bureau, largement réservés aux femmes, supposent d'abord une réponse à la question suivante : « êtes-vous une personne chiffre ou une personne lettre ? » On a donc un panel d'aspirations ou un tempérament plutôt versé vers la dactylographie et le secrétariat ou plutôt vers la comptabilité et la gestion. Au travers de ces orientations professionnelles élémentaires, jeunes et moins jeunes arrivent à trouver leur voie. Pour d'autres postes, il faut analyser l'offre d'emploi et les compétences requises sous l'angle de l'activité spécifique de l'entreprise et du bureau. Il faut s'interroger sur les évolutions imposées au fil d'une carrière.

Après deux années passées dans ces fonctions, une tâche particulière m'est confiée durant un mois entier, celle de faire une prospection consacrée exclusivement à des offres d'emploi de cadres. C'est un objectif encore inconnu dans un bureau de main-d'œuvre n'imaginant pas que l'on puisse ouvrir un jour des agences « cadres ». Ce marché du travail est jalousement gardé par les secrétariats des grandes écoles. Jusque-là, seul Jean Guérini effectue parfois quelques placements dans cette catégorie, grâce à des discussions très argumentées et des relations de confiance exceptionnelles créées dans quelques entreprises.

Mais dans les années 65-67, l'accès au monde du travail change. Lié aux restructurations d'entreprises, celui de la formation professionnelle s'ouvre. Des structures nouvelles apparaissent. De nouvelles expérimentations s'imposent au sein d'un service public de l'emploi disposant du levier financier du Fonds national de l'emploi. Par cette prospection spécifique, je dois préparer rapidement des débouchés pour une promotion sortante du CESI, un institut donnant en quelques mois un accès à des fonctions de gestion et d'encadrement à des personnes issues de positions plus modestes mais capables de responsabilités et porteuses d'un potentiel d'évolution. Dépourvues de réseau personnel, une partie d'entre elles ont des difficultés à repérer les entreprises intéressées par leur historique personnel. Nous tentons ce qui devient, vingt ans plus tard, la tâche des agences cadres de l'ANPE et de l'APEC[61], lorsque les licenciements économiques atteignent tous les niveaux et lorsque les jeunes diplômés arrivent nombreux sur le marché du travail. Revisitant de grandes entreprises, j'arrive effectivement à décrocher quatre perspectives d'emploi, résultat me paraissant très décevant : quatre stages ou emplois temporaires. Je n'imagine pas que cette formule de recrutement devient un passage obligé pour des générations entières, y compris pour des carrières importantes.

Fin 1967, cet épisode achève mon passage aux services de main-d'œuvre. La création de l'agence est engagée. La plupart des agents des services de main-d'œuvre voient cette création de façon assez négative mais sont transférés. De petites améliorations financières accompagnent leur acceptation. Avec eux, va perdurer un certain esprit de service public, un certain souci des droits des salariés et de leur égalité de traitement, un certain souvenir de l'apparentement avec l'esprit de critique et d'indépendance de l'inspection du travail.

Pour pousser une rénovation des services de main-d'œuvre, on ne va pas la trouver, sauf en apparence, dans une dérive basée sur le recul des critères de service public, une sortie de la fonction publique pour les agents et une allégeance à un discours néo-commercial. Une autre voie aurait consisté à donner des moyens en personnel et en bureautique à un service public en voie de développement et encore jeune. À l'échelle de l'histoire d'une administration

[61] Agence pour l'emploi des cadres.

d'État, qu'est-ce que vingt-deux ans d'âge ? La société urbaine et industrielle révèle de nouveaux besoins essentiels qui justifient de réimplanter, regrouper, dynamiser les services existants, jusqu'alors misérablement installés. On aurait évité ce qu'on a souvent regretté, les décennies suivantes, une absence de synergie, des concurrences et des conflits d'autorité entre les trois composantes du service public de l'emploi, les directions du travail, l'ANPE et les ASSEDIC, se répartissant les compétences. L'effort qui est alors consenti aurait pu l'être de la même façon au sein de services extérieurs ou d'un service public ministériel de l'emploi ayant le vent en poupe, même si une révolution était nécessaire pour dégager la hiérarchie de cette partie du ministère des jalousies du corps des inspecteurs du travail. Ce n'est pas dans l'air du temps. Les Anglo-saxons imposent sur le continent leur mode des agences au lieu et place des services publics. Pendant encore quelques années, c'est surtout un changement d'appellation générale. L'esprit de service public continue à dominer dans les grands services d'ici. Mais dans peu de temps ce sera un véritable cheval de Troie.

Plus que de la rénovation ou la transplantation des services sous une autre étiquette et une autre hiérarchie, l'évolution du service public du placement dépend alors de la conjoncture économique et du flux des licenciements économiques. Les grandes restructurations commencent à déferler. Ce ne sont pas encore les coups de la crise, mais les volontés des politiques et des directions des groupes publics ou privés nationaux. Sous l'impulsion de l'État gaulliste, ils sont en train de constituer des ensembles de plus en plus vastes : Elf, Bull, Renault, la CGE.... La politique industrielle et le plan construisent ces ensembles franco-français avant que d'autres politiques ne les dilapident quelques années plus tard. Les grandes familles régnant sur l'industrie, la sidérurgie, la chimie, les banques, s'apprêtent à échanger bientôt les fleurons de l'industrie française sur les marchés mondiaux des actions et des spéculations monétaires.

Ces changements sont alors observables jusqu'aux plus modestes échelons d'exécution de l'État. C'est ainsi que je suis envoyé par le service de main-d'œuvre auprès d'une usine Bull construisant jusque-là du matériel informatique sur un site devenu depuis la poste du quartier des États-unis dans le 8e arrondissement. Je dois recevoir et écouter les salariés pris dans la fermeture. Je leur explique les moyens offerts par le service pour leur reclassement ainsi que les indemnisations importantes accordées alors par le chômage en cas de licenciement économique. Elles doivent leur faire accepter en douceur la disparition de leur outil de travail. Je passe plusieurs demi-journées à recevoir des dizaines de salariés et à faciliter leur inscription comme demandeurs.

Le grand gaspillage des forces humaines et des capacités industrielles du pays commence. Le nombre de chômeurs s'accroît. Le service public diversifie ses modes d'intervention[62]. Les ASSEDIC, association privée, absorbent les missions de prélèvement et de reversement des compléments d'assurance chômage s'ajoutant aux allocations publiques d'État. L'ANPE, établissement public administratif, est créée pour le contact avec les demandeurs d'emploi et les employeurs. Enfin le service public d'État garde la gestion des conventionnements et des crédits d'intervention. Sur le marché du travail, il faut assouplir, diversifier, complexifier, diluer les difficultés et cacher les responsabilités, non sans problèmes de cohérence et d'efficacité.

[62] Les ASSEDIC sont créées par l'ordonnance du 7 janvier 1959. L'AFPA remplace l'ANIFRMO en janvier 1966. Le système d'allocation est refondu par l'ordonnance du 13 juillet 1967. L'ANPE est créée par l'ordonnance du 13 juillet 1967.

Ch.6 Une arrivée à l'inspection du travail, le 1er avril 1968

Dans l'hiver 1967-68, le concours de contrôleur réussi, je suis sollicité, comme tous les contrôleurs de l'époque pour choisir entre une carrière à l'ANPE en voie de création, et la voie traditionnelle dans les services extérieurs du ministère. Pour entrer à l'ANPE, une invitation insistante me vient de Jean Guérini. En plus des avantages d'un traitement supérieur, il me fait miroiter les perspectives de progression dans les responsabilités qui me seraient offertes. En se transformant, le service public de l'emploi, va connaître un grand dynamisme. Pour entrer à l'ANPE, deux voies s'ouvrent : une affectation en gardant le statut de fonctionnaire et le grade de contrôleur ou bien l'intégration dans les nouvelles définitions d'emploi de l'Agence. N'étant encore que stagiaire, je n'ai rien à perdre.

Les anciens choisissant cette voie ont eu des déceptions. Ils n'ont pas bénéficié des avancements offerts aux nouveaux recrutés ni de ceux dont ils auraient bénéficié en restant dans les services du ministère. Ils ont fait le plus souvent des retours dans les directions départementales, sans enthousiasme et sans aucune gratification pour l'aventure qu'on leur a demandée de vivre.

Souhaitant tenter par la suite le concours d'inspecteur, je n'hésite pas un instant à demander un poste de contrôleur à l'inspection. Pour un jeune arrivant dans les années 68, celle-ci brille de toute son aura. Les inspecteurs sont les gens dans les mains desquels se tient le savoir, le pouvoir et toutes les possibilités de promotion aux postes de directeur. Mais ce ne sont pas le pouvoir et les promotions qui attirent alors. Plus proche d'eux est-on, plus les tâches promettent d'être intéressantes. Par contraste, les différents contrôleurs affectés dans les services de main-d'œuvre donnent l'image de fonctions astreignantes et ténébreuses. On ne voit pas encore ce que vont devenir les futurs services d'emploi en direction départementale. Le sort de l'emploi est incertain entre l'ANPE et les directions départementales.

C'est donc avec beaucoup de satisfaction que je me vois proposer le poste de contrôleur de la 10e section d'inspection du Rhône, chargée de la ville de Vénissieux et des cantons industriels de montagne du département, Tarare, Thizy, Amplepuis et Cours. C'est une section réputée pour son caractère industriel en son entier et pas seulement par son fleuron, les établissements C…. Henri Radix, son inspecteur a une image très favorable parmi le personnel : homme d'action, d'indépendance et d'une écoute particulière auprès du mouvement ouvrier lyonnais. Il est aussi d'une grande écoute pour ses contrôleurs.

Autour de l'inspection divisionnaire, toute l'inspection du Rhône est rassemblée en un même lieu, dans de vieux appartements d'un quartier Belle Époque de la Rive gauche du Rhône. Disposant de trois pièces, l'inspection divisionnaire compte un effectif de quatre personnes : le divisionnaire, sa secrétaire, le médecin inspecteur divisionnaire et sa secrétaire[63]. À partir de la porte voisine, dans le même couloir, aidé de deux secrétaires, le directeur départemental règne sur un monde plus vaste mais dispersé en ville. Outre l'essentiel des activités de placement, les services chargés de la gestion des problèmes d'emploi et de formation professionnelle sont sur le quai Victor Augagneur sur les bords du Rhône. Le directeur départemental a aussi la haute main sur trois centres de l'ANIFRMO, dispensant des formations accélérées.

Depuis la guerre, les services de l'inspection sont implantés dans deux appartements ordinaires, donnant par deux entrées au 11 cours Lafayette et au 57 rue Molière. Neuf sections d'inspection[64] sont installées dans neuf pièces, en fait neuf chambres de ces anciens appartements d'un immeuble des années 1890-1900. Certaines sont de petits locaux de trois mètres par cinq. La secrétaire, le contrôleur et l'inspecteur, se serrent dans cet espace exigu, avec leurs trois bureaux et leurs placards. Les jours de permanence, les visiteurs essayent également d'y pénétrer. Des bureaux de bois teinté chêne clair et des chaises en tubes métalliques recouverts de simili cuir, ce que l'on appelle le « sky », sont affectés à la secrétaire et au contrôleur. L'inspecteur a un fauteuil en tube et sky. Pour les visiteurs on va chercher des chaises dans les couloirs. Les placards sont en bois avec une fermeture s'enroulant verticalement, en lamelles de bois également. Aussi étroits que possible, les dossiers s'y rangent en mettant leur largeur dans le sens de la profondeur. En ouvrant la clé, toute la porte s'effondre en s'enroulant, dans un grand bruit.

Les machines à écrire électriques arrivent peu à peu dans certaines sections qui de ce fait s'estiment favorisées. Des secrétaires tapent encore sur de vieilles machines mécaniques. On est loin d'imaginer l'arrivée de l'informatique. Les fautes de frappe ne sont corrigées que par un papier gras déposant une couche de « blanc » sur l'orignal du courrier. S'il y a trop de fautes ou de modifications à faire, la lettre n'est plus présentable. Il faut refrapper la page entière. Les secrétaires prennent en sténo. Les inspecteurs dictent. L'auteur de la lettre ne doit pas vouloir modifier son texte trop souvent après une première frappe. Autant que possible, il faut dicter la version définitive, immédiatement, sans erreur. Si non, l'inspecteur est un bourreau. Il arrive que l'on pleure pour une lettre à retaper plusieurs fois. En conséquence on est avare de courrier et les lettres doivent être brèves.

---

[63] De 1965 à 2002, avec cent six agents titulaires au terme de cette période, la direction régionale du travail, de l'emploi et de la formation professionnelle connaît une croissance de 2 550 %, évidemment supérieure à tous les autres services « de terrain ». Ne comptent pas dans ces chiffres une série d'agents plus ou moins souterrains. Affecté au Comité d'histoire, j'en fais partie, rémunéré par la direction régionale Rhône Alpes, pour de sombres motifs tenant aux primes plus élevées des agents de Centrale. Ceux-ci coûtant donc moins cher à l'administration sont dispersés dans les DRTEFP. Des calculs de ratios d'agents affectés en administration centrale par rapport aux services extérieurs, jouent également en faveur de cette dispersion. Le ministère des Finances exige de réduire au maximum les postes de Centrale.

[64] La 10e est implantée à Villefranche.

Faute de place, les dossiers d'établissements ne doivent pas être trop volumineux. Mais c'est aussi en raison de la réalité du droit appliqué. Le fichier des entreprises est pour le contrôleur la mémoire essentielle de son travail. Un carton beige vertical de vingt-cinq centimètres par dix contient tout ce qu'il faut savoir sur une petite entreprise et l'activité antérieure du service. Au recto, les effectifs et leur composition (hommes et femmes, personnes « protégées » ou justifiant une surveillance spéciale : les jeunes et les étrangers). Au dos, sont inscrites en la forme la plus simple, les précédentes visites effectuées, toutes les observations, mises en demeure et procès-verbaux, notés en abrégé par les articles du code et des décrets qui ont été notifiés. On discute alors pour savoir si ce sont les contrôleurs ou les secrétaires qui remplissent ces fiches. Initialement les secrétaires reportent en formes identiques sur les fiches, les données que le contrôleur inscrit sur les « états 14 et 14bis », à savoir les feuilles doubles sur lesquelles les agents de contrôle rendent compte de leur activité depuis 1893[65].

En fin d'année, tout ce mécanisme bien rôdé depuis des décennies, aboutit au rapport annuel, qui n'a rien d'un rapport mais consiste en un tableau de toutes les interventions effectuées, article par article du code et des décrets. À partir de ces tableaux, le directeur départemental rédige le vrai rapport qui contient des commentaires ajoutés aux additions départementales envoyées à Paris, par l'inspecteur divisionnaire. À Paris d'autres additions sont à nouveau effectuées pour constituer le rapport sur l'activité de l'inspection du travail que la France envoie au Bureau international du travail. Il faut plutôt dire « devrait ». À ce niveau-là, le moule est cassé depuis la seconde guerre mondiale. Personne ne sait plus officiellement si le rapport part pour Genève. Pour ces années, il est resté jusqu'à présent introuvable dans les archives.

Dans les années 1965-67, ce monde inchangé depuis 1893 commence à s'ébranler. Des signes d'une évolution apparaissent. Les secrétaires déclarent ne plus arriver à remplir les fiches d'entreprises. Aux contrôleurs de le faire. Elles ne peuvent non plus remettre « au propre » les états 14 et 14 bis du contrôleur et même ceux de certains inspecteurs. Les correspondances avec les entreprises et les syndicats se multiplient. D'années en années, les courriers s'allongent insensiblement, surchargeant de travail les secrétaires.

Le papier carbone est un autre élément très important pour la pérennité du service et l'équilibre des rapports sociaux internes et externes. Tout document suppose l'interposition de cette feuille violette et grasse entre l'original de tout document et les pelures en deux exemplaires. Avant d'écrire les lettres, les états 14, etc…, il faut superposer précautionneusement tous ces papiers. Toute correction de frappe n'est bonne que pour la première feuille et impose que l'on

---

[65] Sur les états 14bis sont ajoutés, pour en obtenir le remboursement, les kilomètres parcourus selon un barème préfectoral établi de mairie à mairie, et les repas pris dans le département, à plus de dix-neuf kilomètres. Lyon et sa banlieue n'y donnent pas droit. Cela signifie que les deux tiers des frais de déplacement du département ne sont à peu près pas remboursés. Les agents sont censés prendre le bus et rentrer chez eux à midi.

surcharge les pelures à l'encre. Les tâches administratives exigent une attention immédiate bien supérieure à celle que la bureautique actuelle demande, permettant de retoucher mille fois un texte avec de moindres efforts.

Dans l'un et l'autre cas, l'attention exigée est importante mais elle diffère. Elle est alors très concentrée sur la grammaire et l'orthographe. Aujourd'hui elle doit l'être sur l'usage d'une technique spécifique, une partie du logiciel signalant automatiquement les fautes. Il n'est pas rare alors qu'une secrétaire corrige fréquemment et spontanément les fautes de son inspecteur et les incohérences éventuelles de rédaction, espérant ne pas avoir à le faire en retapant ensuite la lettre. On évite de rééditer plusieurs fois un document en trouvant indéfiniment des retouches pour améliorer le texte et la pensée. Pour traduire cette réalité, les secrétaires disent fréquemment qu'elles forment leur inspecteur. Elles imposent de fait, une certaine austérité administrative et une discipline de rédaction.

Les sections d'inspection, constituant le secteur noble de la direction, sont encore une seule et unique petite famille. Les clivages internes existent mais beaucoup moins vifs que dans les années suivantes. En raison des postes vacants, leurs effectifs n'atteignent pas vingt-cinq personnes. Certains contrôleurs expérimentés tiennent seuls une section en l'absence d'inspecteur.

Au sortir de son année de formation et suite à une nomination inespérée dans sa ville d'origine, l'un des deux contractuels sur vacance d'emploi d'inspecteur, ainsi qu'un nouvel arrivant deviennent assez vite la nouvelle vague. Ils participent au réveil de ce monde stable. Ils trouvent un écho favorable auprès de deux ou trois inspecteurs peu anciens et plus combatifs. Fait plus surprenant, ils le trouvent aussi auprès de directeurs départementaux cherchant à sortir les services d'un certain immobilisme. Finie l'ère Bacon, tout le monde aspire à respirer de l'air frais. Ces deux jeunes inspecteurs sont Bernard Lust et Louis Popille, respectivement chargés, l'un du 7e arrondissement, l'autre de la moitié de Villeurbanne. Les anciens les plus ouverts aux nouveautés ont la quarantaine. Ce sont surtout Henri Radix, l'inspecteur chez qui j'arrive et André Chambonnet, l'inspecteur faisant fonction de second dans la maison, assistant le directeur départemental.

Soutenus donc par quelques anciens, les plus jeunes, posent des questions encore peu habituelles sur la possibilité d'utiliser certains textes en désuétude depuis 1945. Si des ébranlements des pratiques et des usages relatifs à la dactylographie commencent timidement à se faire jour, d'autres ébranlements d'importance se préparent. De nouveaux centres d'intérêt s'infiltrent subrepticement dans les thèmes de contrôle abordés par les inspecteurs. Les institutions représentatives du personnel sont l'une des matières à contrôler avec davantage de perspicacité. L'un des premiers à Lyon, semble-t-il, Louis Popille se risque à relever des entraves à la désignation des délégués du personnel. J'entends également Henri Radix avouer que l'on a mis dix ans à imaginer les premiers procès-verbaux relatifs à la répression des organisations syndicales dans les entreprises, malgré la brève et timide loi du 27 avril 1956 interdisant à un employeur de favoriser ou défavoriser un syndicat par ses mesures d'embauchage, de discipline ou de licenciement. C'est la première intrusion de la protection de la vie syndicale dans l'entreprise, là où elle est quotidiennement pourchassée.

Autre nouveauté, la résurgence de l'ordonnance du 24 mai 1945 sur le contrôle de l'emploi. Ce sont d'abord des bruits de couloir venant effleurer les oreilles d'un contrôleur du travail, s'aventurant ensuite à les mettre en pratique, après en avoir parlé avec son inspecteur. Un évènement est à l'origine de ce nouveau courant annonçant l'existence d'une « école lyonnaise de l'inspection ». En réponse à une importante demande de licenciement d'une entreprise de Givors, les verreries T…, l'inspecteur André Chambonnet prononce un retentissant refus. Les membres du comité de cette entreprise, découvrent, à peu près en même temps que les inspecteurs du Rhône, que la loi leur donne des droits d'intervention dans ces procédures. N'ayant pas été consultés comme il se devait, ils viennent en délégation solliciter ce refus.

L'incident est d'autant plus retentissant que le Premier ministre d'alors, Jacques Chaban-Delmas, venu à Lyon, donne de la préfecture, son aval au licenciement, sans se soucier de la décision que l'inspecteur a prise la veille. C'est dans la logique de la Nouvelle société promue par ce Premier ministre. L'inspecteur est invité à reprendre sa décision et à donner son autorisation. Réputé pour son caractère têtu d'ardéchois, il refuse d'obtempérer. Si la loi lui demande de faire respecter des procédures et des droits de consultation, il ne peut être question qu'il renonce à son devoir, même si le préfet et le Premier ministre en personne le lui demandent.

Les inspecteurs du Rhône commencent ainsi à mettre en application l'ordonnance du 22 février 1945, confirmée par la loi du 18 juin 1966, précisant les consultations obligatoires du comité d'entreprise en cas de compression d'effectifs. Avec une prudence toute imprégnée du climat feutré des services, une note non datée[66] et non signée, intitulée « projet » est adressée par la direction départementale du travail du Rhône à Madame et Messieurs les inspecteurs du travail. Elle annonce que les chambres patronales vont être également rappelées à leurs obligations. Elle donne aux inspecteurs les conseils suivants :

« Quand vous recevrez une demande officielle de licenciement, il sera nécessaire, dans la majorité des cas, de prolonger les délais prévus par l'ordonnance de mai 1945.

« L'enquête à laquelle vous devez procéder avant de faire connaître votre décision, que vous êtes seul habilité à prendre, doit en principe se dérouler en deux temps ou tout au moins comporter deux objectifs bien distincts, l'un d'ordre économique, l'autre d'ordre individuel.

[66] On sait seulement qu'elle est postérieure à une circulaire du 1er septembre 1967.

« La demande de licenciement devant être accompagnée de l'avis du comité d'entreprise, l'enquête effective ne pourra commencer qu'après réception de cet avis, elle sera essentiellement d'ordre économique. »

Le réveil des services du Rhône, la dynamique d'un contrôle de plus en plus attentif des licenciements collectifs, prend appui sur ces évènements et cette quasi circulaire locale. Si on vous dit que vous avez un pouvoir il est normal de l'exercer. Et si des comités ont la capacité d'émettre un avis, il est normal qu'ils se plaignent s'ils en sont privés.

Dans l'attente de recherches plus approfondies sur cette « école lyonnaise », ces événements peuvent être datés des années 1969 ou 1970, du temps du ministre Joseph Fontanet dont les dates extrêmes vont du 20 juin 1969 au 5 juillet 1972. Ils ont lieu avant mon départ pour le centre de formation des inspecteurs, début 1971. Toutefois les premiers frémissements sur les questions sociales sont apparus un peu avant, avec les ministres Gilbert Grandval, de mai 1962 à janvier 1966, et Jean-Marcel Jeanneney, de janvier 1966 au 31 mai 1968. Ils anticipent sur les soubresauts plus radicaux qui suivent 1968.

L'économie française s'engage dans une période de restructurations. Dans un certain nombre de branches professionnelles, de grands groupes se constituent, absorbent des entreprises de toute taille. C'est le fait d'une politique gouvernementale gaullienne cherchant à constituer des groupes nationalisés. Mais les groupes privés emboîtent le pas. L'un des lieux principaux de mes contrôles est le textile des monts du Lyonnais. Henri Radix me donne carte blanche pour faire ce que je peux dans ce secteur, quelques entreprises plus importantes mises à part restées sous sa surveillance. Il estime en avoir bien assez avec Vénissieux et ses grandes industries, un secteur fourni en événements sociaux majeurs. L'ajout de ces cantons de montagne à son secteur de banlieue est, selon lui, un coup monté pour l'empêcher de faire sérieusement son travail sur Vénissieux.

Dans ce secteur de montagnes jusqu'alors fort industrialisées, je dois affronter des cascades de fermetures d'entreprises. Dès les premières rumeurs de fermeture, le conflit couve. Le contrôleur est appelé. Pendant deux ans et demi, des dizaines de délégations viennent à mes permanences de Tarare, Thizy, Amplepuis ou Cours avec les accompagnateurs obligés des Unions locales de ces bourgades. Parmi tant d'autres fermetures, j'ai encore le souvenir le plus vif de deux licenciements collectifs. À Thizy une manufacture de cotonnades d'une cinquantaine de salariés, la Société A…, est rachetée par le groupe S…, un grand tisseur du Nord. Par mon canal, l'inspection menace de prolonger la procédure et de ne pas donner l'autorisation de licenciement tant que l'entreprise ne s'est pas entendue avec les salariés en conflit sur un accord réglant les conditions de départ. Le contrôleur a pour rôle d'organiser des réunions de négociation dans les locaux de l'entreprise, au cours desquelles les représentants des deux unions locales précédemment rencontrés à la permanence, s'introduisent pour accompagner les délégués du personnel élus. Ils exigent des majorations des indemnités de préavis et de licenciement. Quand le niveau est jugé bon, il est soumis à l'acceptation du personnel. Cela se passe dans la cour, par acclamations. Puis les délégués toujours accompagnés des deux unions locales rentrent signer l'accord.

Il n'y a pas encore d'indemnité légale de préavis et de licenciement dans le Code du travail. Les conventions collectives leur fixent des niveaux peu « attractifs ». Ces questions sont en évolution dans les négociations nationales des conventions collectives. Les syndicats s'efforcent de faire monter le niveau de ces avantages par les négociations locales. Ils veulent s'appuyer sur des accords d'entreprise auxquels il se trouve que l'inspection apporte parfois son concours.

À la Chapelle de Mardore ou Pont-Trambouze, un village perdu au milieu des vallons et des sapins, une autre entreprise textile, beaucoup plus petite, est le seul atelier de tissage, à plusieurs kilomètres à la ronde. Elle occupe entre dix et quinze salariés. Déjà son effectif a décru. Aux mains d'une famille vieillissante, sans guère de moyens financiers, sauf la valeur de ses murs et de ses terrains, elle ferme purement et simplement. Aucun groupe ne vient proposer un rachat. Le jeune contrôleur que je suis reçoit à la mairie quelques salariés, venus seuls, sans l'accompagnement habituel des délégués d'union locale. Il organise ensuite une réunion dans l'entreprise.

La discussion se tient cette fois dans le plus simple protocole : tous debout dans l'étroit couloir d'accès à l'atelier, devant l'entrée de la minuscule pièce servant de bureau, où l'employeur est seul assis. À mon arrivée, les salariés ont organisé un embryon de débrayage[67]. Tous les métiers arrêtés, on sent monter de l'atelier un silence qu'il n'a encore jamais connu. Ces grévistes improvisés ne peuvent prononcer aucun mot et restent muets. N'ayant que rarement expérimenté l'utilité de l'union locale, ils n'ont jamais mis en place de délégués de personnel. Malaise ! Comment exprimer ce qui s'est dit à ma permanence, les attentes de primes au départ, les objections aux motifs économiques de l'employeur tant que celui-ci n'aurait pas envisagé une vente de l'entreprise ou des reclassements ? Peut-il, lui aussi, donner une prime de licenciement plus conséquente permettant de se reclasser loin d'un village aussi défavorisé ? L'emploi industriel, déjà rare dans ces communes, se raréfie encore plus ailleurs. Il va falloir descendre à Roanne, dans le département voisin, faire des kilomètres, frapper à la porte d'entreprises peu empressées à recruter.

Me voilà chargé d'expliquer à l'employeur les raisons d'une réunion subitement imposée, en même temps que les règles de procédure, les contenus de négociation ailleurs admis, pour lui inconnus. Ce dernier a une longue pratique de la sourde oreille. Face aux yeux brûlants de curiosité et d'attente de ses salariés, il n'a pas du tout l'intention d'entendre quelque demande que ce soit, d'où qu'elle vienne. D'autant que ses bons et fidèles serviteurs, la plupart d'une grande

[67] Seul moyen pour eux de participer à la discussion.

ancienneté, n'ont jamais tenté, devant lui, aucun exercice de révolte. En un instant, je dois jouer simultanément, les rôles d'informateur des conditions de la procédure, d'enquêteur des motifs économiques, de négociateur de primes et de décideur des autorisations. « Avec la discrétion et les réserves d'usage », je dois évoquer, à titre d'information pour l'employeur, les aspirations trop peu expresses des salariés à une prime de départ que je suis seul à connaître, grâce à des indiscrétions. Je suis le seul à pouvoir avancer un montant possible. La réponse est aussitôt une immense colère. Je crois que les cloisons, la porte et le plafond s'effondrent sur moi. Cet employeur, pressé de prendre sa retraite, n'accepte pas de voir si tardivement sa toute puissance contestée par un jeune fonctionnaire fraîchement sorti de ses bureaux lyonnais. Il en a déjà vu d'autres et fera jouer ses relations pour dénoncer ce jeune contrôleur organisant l'agitation de son personnel. La fermeture ne souffrant aucun retard, ces objections et ces procédures n'ont aucune raison d'être dans de pareilles montagnes. Je ne me souviens plus de la façon dont s'est achevée l'entrevue et comment je suis sorti à reculons de ce couloir. Mais quelques jours après, les salariés obtiennent une rallonge dérisoire pour leur départ et l'autorisation économique est accordée.

Dans ces années, l'inspection et la direction de Lyon évoluent sous l'impulsion d'André Camy puis de Maurice Chanfrau, des directeurs départementaux pleins d'initiative. Ils ont la cinquantaine. Le premier est déjà directeur depuis douze ans sur différents postes. L'autre est directeur depuis trois ans. Anticipant sur la loi du 3 janvier 1975, les questions d'emploi sont au centre de leurs attentions avec les projets de création de l'ANPE, l'appel aux aides du FNE[68] et le développement des procédures de licenciement. Ils pensent notamment et mettent en place la réorganisation des services de main-d'œuvre avant leur départ vers la future ANPE, puis ceux des services de l'emploi au sein des directions du travail. A. Camy, surtout, a une volonté de communication avec les chambres patronales. Il veut expliquer et faire admettre le rôle de l'État dans la conduite de la politique de l'emploi. Il a peut-être des illusions sur l'efficacité réelle des messages qu'il leur adresse. Mais à cette époque, le rôle du service public est une chose beaucoup plus normale et admise de la part des responsables patronaux. Au moins, ne peut-on pas lui reprocher de n'avoir pas averti les employeurs des contraintes imposées et des procédures. Il reste de lui une lettre admirable quant à la foi dans ce que peut apporter le service public aux partenaires sociaux en relations difficiles sur le marché du travail ou dans les problèmes de restructuration.

Nous sommes dans la phase des licenciements structurels fonctionnant par vagues à l'occasion des restructurations. C'est ce que certains économistes

[68] Le Fonds national de l'emploi est créé par la loi du 18 décembre 1963.

appellent la période du capitalisme monopoliste d'État[69]. Avec ses plans quinquennaux, l'État fabrique ces joyaux industriels qui sont si efficaces pour développer et moderniser le pays et fort rentables. Mais ils concourent aussi à casser les bastions ouvriers et détruire des branches industrielles entières, laissées à d'autres grands pays industriels mieux lotis dans le partage européen du travail : la machine-outil, les grandes imprimeries, la chaussure, la confection, la sidérurgie, les chantiers navals, les charbonnages, etc... Sous l'effet de ces transferts de pôles industriels entiers, se réalise une véritable déstructuration sociale. Les entreprises et les bassins industriels traditionnels à haut salaire éclatent. Des sous-traitances systématiques en cascades s'instaurent, très favorables à une libéralisation de ces marchés et de ces investissements. Mais le marché du travail est malmené.

On voit aussi des branches entières du bâtiment de second œuvre perdre tout leur réseau de moyennes entreprises. Avant les années 80, une région industrielle comme la région lyonnaise connaît de nombreuses entreprises de plâtrerie-peinture, de plomberie-chauffage, de menuiserie ayant durablement de cinquante à cent salariés. Certaines atteignent des effectifs de cent cinquante à deux cents personnes. Après ces années noires pour l'emploi et la succession des licenciements, les maisons qui répondent en tête de file aux appels d'offre se réduisent à des effectifs de quinze à cinquante salariés. Elles sous-traitent à des tâcherons, souvent d'anciens salariés qu'elles ont précédemment licenciés. Eux-mêmes font travailler des émigrés venant de Turquie, du Maghreb ou d'ailleurs, généralement en cours d'inscription au registre des métiers d'un autre département et impossibles à contrôler.

À l'encontre des stratégies de résistance ébauchées au ministère du Travail, l'État s'appuyant sur d'autres ministères, facilite ces éclatements et ces réorganisations. Par son soutien à l'industrialisation des régions moins favorisées, il aide aux transferts d'emploi d'une région à l'autre. La région lyonnaise perd beaucoup au profit de la Bretagne, de la Vendée, de la Normandie et du Nord. D'autres entreprises font partir leurs productions vers l'Allemagne, l'Angleterre, l'Amérique latine, la Thaïlande. Le textile lyonnais, mais aussi les fleurons de la métallurgie et de la chimie de la ville, la grande entreprise de presse lyonnaise, sont aux mains de familles ne rêvant que de se désengager de leurs implantations en France. Malgré leurs diplômes d'ingénieurs ou d'écoles supérieures de commerce, leurs rejetons refusent désormais de conduire des bataillons d'ouvriers. Ils ne se sentent plus en état d'affronter les syndicats faisant de lentes percées intra muros. Parti du textile, le mouvement de liquidation atteint la confection, la chaussure, les équipementiers automobiles, la machine-outil très bien implantée dans l'agglomération, l'agroalimentaire et la salaison, même

[69] Cette théorie est développée par un ouvrage en deux volumes de 400 p. : *Traité marxiste d'économie politique, le capitalisme monopoliste d'État,* rédigé par une équipe menée par Paul Boccara, présentée comme l'équipe des collaborateurs de la section économique du Comité central du PCF.

l'imprimerie et le livre[70]. En fait, les propriétaires font leurs valises. Ils se soucient peu de ce que chaque coup porté à l'industrie régionale apporte de crise à cette société urbaine et industrielle qu'ils ont contribué à créer tout en constituant leurs fortunes. Ils abandonnent au chômage des ouvriers manuels difficilement reclassables dans les emplois tertiaires en expansion qu'ils prétendent leur proposer. Ce sont des centaines de milliers de vies brisées. À plus long terme, on crée les bases de l'exclusion de millions d'habitants de cette vieille Europe qui n'a en outre cessé de faire venir de ses anciens empires coloniaux une main-d'œuvre sans formation, en grande partie analphabète, concurrençant la classe ouvrière locale par des exigences moindres.

Il faut voir ce que représente un licenciement collectif pour des travailleurs venus d'Afrique du Nord, d'abord employés comme manœuvres du bâtiment et des travaux publics, dans les années de construction des grandes ZUP des banlieues. Ils évoluent ensuite souvent vers des emplois d'ouvriers spécialisés dans la grosse métallurgie et les fonderies sous-traitantes de l'automobile. Licenciés de ces postes sans qualification et particulièrement durs, dont le nombre se réduit, ils ne correspondent à aucun des dispositifs prévus pour amortir les licenciements. Ils se replient chez eux ou dans leurs foyers, consomment lentement les indemnités de départ et plongent dans la misère leurs familles nombreuses, restées de l'autre côté de la mer ou venues en France. On assiste à de véritables catastrophes familiales en chaîne. Une partie des enfants de la seconde génération s'intègre mal dans les cursus scolaires et les formations techniques. Ils devraient trouver du travail en remplaçant leurs pères dans des postes manuels. Mais ces entreprises n'embauchent plus et laissent vieillir leurs effectifs, prévoyant des compressions en séries.

Chez nombre de professionnels d'origine métropolitaine la situation n'est guère meilleure. Titulaires d'importantes qualifications aux définitions anciennes, ayant atteint quarante ou cinquante ans, les plans dits « sociaux » sont dramatiques. Le plus souvent dans l'impossibilité de trouver un emploi dans leur ancien métier, beaucoup sont déclassés dans un nouvel emploi, s'ils en trouvent un. D'autres n'arrivent pas à reprendre pied au travail et plongent dans la dépression. Une partie d'entre eux seulement est satisfaite de quitter des carrières bloquées dans des postes astreignants, salissants et peu considérés pour se lancer dans des activités commerciales, de représentation, quelques fois créer une petite entreprise.

Pendant ce temps, les familles qui ferment les entreprises se replient sur la finance. Il vaut mieux spéculer sur les valeurs étrangères et les manœuvres monétaires. Détenir des parts minoritaires dans un ensemble d'entreprises allemandes est bien plus sûr que d'être majoritaire dans des fleurons menacés de l'industrie lyonnaise. Certains, d'ailleurs, sont convoités pour leurs fabrications

[70] Comportant à ce moment de fortes implantations de 150 à 500 salariés

ou leurs brevets, par les Allemands, les Anglais ou les Américains. Au passage, chaque fermeture permet de vendre à bon prix des terrains que la ville englobe dans son mouvement d'urbanisation. Même avec des indemnités de licenciement majorées, liquider des effectifs coûte moins cher. Il faudrait même dire : cela rapporte gros. Un transfert en banlieue lyonnaise non aidé présente bien moins d'avantages. Une réimplantation lointaine dans l'Ouest, aidée par l'État, représente une somme de soucis sans aucun intérêt pour ces familles industrielles déclinantes.

Au-delà des intuitions d'André Camy, et des différences de sensibilité que l'on peut repérer au sein de l'inspection locale, celle-ci est animée d'une certaine communauté de comportements face aux licenciements économiques. En particulier, un accord la traverse pour ce qui concerne le respect des règles de consultation des représentants du personnel. Des nuances se font jour au-delà. Les divergences apparaissent si les représentants des salariés s'opposent à une négociation d'indemnités supplémentaires de départ et demandent que l'on envisage un refus formel du licenciement, hypothèse tout de même peu fréquente. De fortes divergences persistent aussi sur le degré d'immixtion de l'inspection dans les raisonnements économiques, l'appréciation du bien fondé des demandes patronales et la capacité de l'administration d'opposer de véritables refus. Dès 1969, certains refus sont cependant prononcés par le directeur départemental Maurice Chanfrau lui-même[71].

Ce qui est certain, c'est que cette évolution se déclenche avant que je parte au Centre de formation des inspecteurs et avant que je ne revienne à Lyon comme inspecteur. Au bout de deux ans, à mon retour, un changement de directeur départemental est intervenu. Devant prendre moi-même des décisions concernant des entreprises d'une certaine importance, je me heurte alors à un directeur n'acceptant plus de voir ses inspecteurs formuler certains refus. Nous sommes deux ans avant la loi du 3 janvier 1975. La région lyonnaise est un terrain favorable pour ces avancées et ces audaces administratives en raison d'une forte implantation syndicale. Les salaires y sont légèrement plus élevés que dans l'Ouest ou dans les campagnes. Ses entreprises sont convoitées par des repreneurs cherchant à récupérer des créneaux industriels et des réseaux commerciaux prometteurs tandis que les investisseurs français ou étrangers la boudent à quelques exceptions près[72], pour y réaliser des implantations industrielles nouvelles.

---

[71] Affaire du refus du transfert de la Société R… de Villeurbanne à Vézeronce dans l'Isère, entreprise où travaille Louis Bois, le secrétaire de l'Union locale CGT de Villeurbanne.

[72] Exception notoire, une entreprise baladeuse à capitaux anglo-saxons, B…, s'installe à Caluire avant de repartir cinq ans plus tard pour le sud de l'Italie. Ses bâtiments deviennent une grande surface commerciale, tout autant pourvoyeuse d'emplois. Mais l'effet sur l'emploi industriel et la balance nationale des paiements n'est pas le même.

Ch.7 1968, beaucoup de changements dans les consciences et les comportements

Je n'ai pas de révélations à faire sur les journées de mai 68, ne les ayant pas vécues sur une barricade ou sous les grenades lacrymogènes. Certains qui sont venus plus tard à l'inspection, tels Michel Bordaz et Simone Vincent auraient plus à dire. Abandonnant leurs études ou leurs diplômes, ils descendent de ces barricades pour entrer à l'usine comme ouvriers spécialisés, devenant rapidement militants ouvriers et délégués du personnel[73]. À la quarantaine, ils passent ensuite les concours de l'inspection.

Comment des millions de gens ont-ils perçu ces évènements ? Leurs activités professionnelles jusque-là exercées dans la routine sont interrompues de diverses façons. Ils ont le loisir d'écouter les radios grâce aux transistors et aux radios périphériques qui envahissent les bureaux, les ateliers et les appartements, de longues heures, durant toutes ces semaines.

Dans les services du travail et de la main-d'œuvre du Rhône, déjà passablement ébranlés par les évolutions des années antérieures, c'est le grand chambardement. Il apparaît dans les discussions et les positions individuelles et collectives, plus que dans des actes ou l'organisation du service. À la différence de quelques directions départementales qui font trois ou quatre semaines consécutives de grève, celle du Rhône ne s'arrête que quatre jours, lors des étapes critiques du mouvement. Chacun de ces jours est voté l'un après l'autre. Je vois encore ces réunions dans l'unique petite salle de réunion aménagée dans l'une des chambres de ces anciens appartements de la rue Molière. De quinze à vingt agents assistent à ce que l'on appelle l'assemblée générale. Ce n'est déjà pas mal pour les effectifs de l'inspection du Rhône. Les services de main-d'œuvre tiennent probablement d'autres réunions ailleurs dans la ville, bien qu'ils soient en cours de réorganisation du fait de la création de l'agence.

Jacques Bercovici est le délégué CGT, très estimé dans ce rôle, comme dans ses activités de contrôleur. J'observe cela en nouveau, récemment syndiqué. Tenant un discours proche de la litote administrative, il dit que dans les circonstances exceptionnelles auxquelles on assiste, on ne peut pas moins faire que de s'associer à la grève des salariés du privé. Beaucoup d'usines sont occupées. Dans les conceptions syndicales d'alors, les fonctionnaires ne font pas partie de la classe ouvrière, chargée de conduire le monde vers de nouvelles destinées. Mais ils s'associent par des voies peu évidentes à cette future classe dirigeante. Nous pouvons joindre cependant nos revendications de fonctionnaires, d'ailleurs proches des leurs. Nous pouvons espérer quelques répercussions

[73] Il serait intéressant que ces « établis » confient leurs souvenirs et leurs réflexions à un travail d'histoire. Leur autobiographie serait d'un grand intérêt. Au terme du XXe siècle et au début du XXIe, comment relisent-ils leur parcours ? Considèrent-ils qu'il y a cohérence ou incohérence ? Y a-t-il rupture, évolution, progressivité, régression, dans la succession de leurs étapes ?

favorables de ce mouvement général, tant dans nos rémunérations que dans nos rêves de réforme des services. Peut-être allons-nous pouvoir travailler de façon plus conforme à nos missions. Nos vœux en la matière sont assez ambitieux pour contenir aussi bien le grand soir de la révolution, que des choses très concrètes relatives aux types de comportements hiérarchiques ou à la liberté de mener son travail. Les fonctionnaires n'ont pas de revendications nouvelles mais peuvent rappeler leurs nombreuses demandes de toute nature. Quant à la complexité de la situation, notamment pour ce qui concerne le mouvement étudiant, nous protestons contre les moyens policiers employés à l'égard de ces alliés nouveaux et inattendus de la classe ouvrière.

L'assemblée du personnel n'a pas de peine à voter la grève et à joindre sa voix. Mais nous sommes de petits fonctionnaires ne gagnant pas de gros traitements. C'est le cas surtout du personnel de secrétariat, exclusivement féminin, traditionnellement plus réservé pour un arrêt de travail. Le personnel masculin n'en demande pas beaucoup plus, bien que porté à faire plus facilement les journées de grève répondant aux mots d'ordre nationaux. Nous n'envisageons donc pas une grève illimitée, reprenant la même décision pour participer aux manifestations organisées par les syndicats et les partis de gauche. Entre temps le service reprend mais pour ne rien faire.

En fait, tous les esprits sont marqués par ces longues journées d'attente au cours desquelles il est impossible de se concentrer sur aucune activité. Les discussions sont constantes dans les couloirs et les bureaux. Pour alimenter les conversations, les diverses pénuries de la vie quotidienne s'ajoutent à l'absence de travail à accomplir. Il est hors de question d'aller visiter une usine ou un commerce. Nous trouverions les portes fermées par les arrêts de travail ou au contraire, ouvertes par les occupants. Si une entreprise maintenue en activité est en mesure de nous recevoir, nous provoquerions l'employeur ou les salariés, et d'inopportunes protestations, là où les mouvements sociaux ne se sont pas déclenchés spontanément. Point de réclamations non plus, ni de plaintes à traiter. Les salariés ont autre chose à faire que de saisir l'inspection du travail.

Dans les bureaux désœuvrés, il y a toujours un transistor allumé, relançant les débats, soutenant les revendications, appelant qui veut bien comprendre aux manifestations ou aux occupations d'usine. Chacun se sent sollicité en permanence pour un soulèvement multiforme en fonction des rêves véhiculés par les ondes. C'est la grande percée des radios indépendantes, Europe numéro 1 en tête. Chaque soir, les gens possédant un téléviseur voient les voitures flamber et les bagarres du quartier latin, ce qui fait monter l'excitation générale. Cette pénétration des images parisiennes, de la rue ou de la politique, auxquelles s'ajoutent les nouvelles internationales est un phénomène en plein développement. Des mouvements étudiants s'engagent dans d'autres capitales. La plupart des grandes villes de province, Lyon comme les autres, s'essayent aussi à des temps d'émeutes. Mais plus que dans la rue, le chambardement est dans les têtes, dans les salles de séjour de chaque HLM, de toutes les maisons de village.

Comme aux veilles d'élections un sentiment diffus d'inquiétude se généralise, mêlé d'une certaine joie de participer à distance à une grande fête universelle. Pour certains, s'ajoute aussi une certaine sensation de culpabilité. Va-t-on faire exploser la société ? Tout le pays est tout de même arrêté dans ses activités besogneuses légitimes, formant habituellement notre horizon de devoirs !

Des slogans admirables flottent dans l'air. D'abord collés sur les murs de la Sorbonne et du Quartier latin, les ondes les propagent. Ils irriguent tous les cerveaux : « Je participe, tu participes, il participe, nous participons », « La chienlit c'est lui », « Bas les masques », « Presse, ne pas avaler », « Paysans, travailleurs, étudiants, solidaires », « Faire l'amour, pas la guerre ». Toute une culture souterraine monte à la surface, attendue depuis des années par les divers militantismes, pacifistes, laïcs, féministes, religieux, théâtraux, sportifs, syndicaux, politiques, éducatifs. Cette culture explose. Elle jaillit comme des boutons de furoncle sur des visages d'adolescents.

De Gaulle disparaît puis réapparaît, avec des discours d'appel à l'ordre. Les nouvelles de tentatives séditieuses circulent. Malgré les appels du Général, l'ordre ne revient pas. L'alimentation ne fait pas encore vraiment défaut même si presque tout le monde fait des achats de précautions. Cependant certaines choses manquent, en premier lieu l'essence, lien essentiel entre les gens et les choses. Détail personnel, le décès de ma grand-mère survient durant les évènements. Heureusement les organisations syndicales autorisent les ouvriers fabricant les cercueils à ne pas cesser d'en faire, tout en gérant de façon compliquée leur système de grève. Mais le pire est le manque d'essence. Le corbillard en a pour rouler, mais pas les membres de la famille venant de loin.

Dans mon double emploi du temps d'étudiant et de fonctionnaire, je ne suis pas attiré par la problématique du mai des étudiants. Il ne me vient même pas à l'idée d'aller faire un tour vers les facultés pour sentir les évènements. Je vis mai 68 en fonctionnaire. Même si la faculté de droit de Lyon persiste à ne pas suivre le mouvement, toute motivation pour assister à des cours est tombée. Il faut donc le fameux commando nocturne pour occuper les lieux et me délivrer des examens de juin. L'inspection n'est mon lieu de travail que depuis un mois. J'ai cessé toute activité dans les services de main-d'œuvre début avril. Les évènements se passent au plus près. Même si nous n'avons rien à faire, la section de Vénissieux est en contact permanent avec un grand nombre d'entreprises occupées. À leur domicile, avec quelques cadres, les employeurs tiennent des quartiers généraux de campagne. Les syndicalistes disposent subitement des moyens de communication des entreprises. Enfin, les locaux de l'inspection sont à cent mètres du lieu privilégié des affrontements de la ville, le pont Lafayette. Une nuit, c'est là que meurt un commissaire de police dans des affrontements aux cours desquels un camion lancé sur le pont, un parpaing posé sur l'accélérateur, vient stopper sa course contre un poteau près duquel il se trouve.

Mais comme pour tous les salariés les évènements sont surtout dans nos consciences. Toute communauté de travail les vit heure par heure, jour après jour, pendue aux ondes. Même si nous ne faisons rien, nous avons l'impression de faire ces évènements, par nos réactions intérieures et nos discussions. En fait les évènements se passent à la fois secrètement et ouvertement dans les cerveaux de millions de français, sentant le bouleversement qu'apportent ces slogans étudiants et cette impression de grande remise en cause générale qui vient des usines occupées. Les uns et les autres s'expriment ou ne s'expriment pas, jusqu'à ce qu'apparaisse la grande surprise des élections de juin, à contre courant de tout ce qui vient de se passer. En mai et début juin, le vent de 1936 et celui de la Libération sont revenus et dominent.

Il se passe donc des changements dans la société et en chacun, tels que nous ne pourrons plus continuer à vivre et à penser comme auparavant sur de nombreux points. Nous n'allons plus élever nos enfants avec les mêmes relations parentales. Les autorités en tout domaine sont irrémédiablement dévalorisées. Les couples ne vont plus avoir les mêmes comportements entre hommes et femmes. Nous n'aurons plus les mêmes attitudes vis-à-vis de la consommation, vis-à-vis du monde, vis-à-vis de la sphère politique, vis-à-vis des idéologies assumées volontairement ou absorbées de force, du fait des pouvoirs maîtrisant les fonctionnements collectifs.

Les aspirations des salariés sont immenses. Comme le dit plus tard Louis Bois, secrétaire de l'Union locale de Villeurbanne, alors que je l'interviewe pour le centenaire de l'inspection du travail[74] : « en 1968, on a tout revendiqué ». Il n'y a plus de limites aux légitimes aspirations des salariés. Par exemple, ceux qui « triment » dur dans des tâches ingrates ou simplement du fait du travail manuel, ne comprennent plus, qu'au nom du savoir et du pouvoir, les cadres méritent un salaire tellement supérieur. Si les cadres méritent un salaire supérieur en raison de leur compétence, les manuels le méritent tout autant en raison de leurs conditions de sujétion, de pénibilité, du fait du travail répétitif, salissant...

La légitimité des différences de classe est déjà largement contestée par la génération de la consommation de masse, du compte chèque et des supermarchés. Cette fois elle s'effondre. Les évènements de mai 1968 provoquent un effet majeur supplémentaire d'homogénéisation des modes de vie et de pensée. C'est le grand tort de la concertation sociale qui suit le constat de Grenelle de n'avoir pas compris qu'une politique de hauts salaires ouvriers est la condition de survie d'une France industrielle. Le maintien des politiques de blocage des salaires durant trente ans, l'étouffement des aspirations qualitatives relatives au travail et à

---

[74] Cahiers d'histoire sociale n° 41, Institut CGT d'histoire sociale Rhône Alpes, « On a tout revendiqué », septembre 1997.

l'évolution des vies professionnelles précipite le pays dans une profonde crise de démotivation professionnelle. Elle s'ajoute à une situation persistante de fracture sociale fondant en profondeur un absentéisme social et politique.

Les idées d'autogestion sortent renforcées, cherchant à se concrétiser dans les ateliers et les bureaux. Plus question de travailler en se taisant. Plus question de déléguer à d'autres ses réclamations ou l'expression de son point de vue, à des personnalités issues des classes instruites et même aux porte-parole traditionnels du mouvement ouvrier. Une immense part d'utopie se cache dans ces aspirations non satisfaites. Elles sont difficiles à exprimer, autant qu'à réaliser. Les institutions représentatives ont encore de beaux jours devant elles. Le droit d'expression met quatorze ans à apparaître dans un texte de loi, au travers d'un accouchement ressemblant à une césarienne. Aussitôt né, il disparaît.

Derrière ces discussions et cette écoute des évènements, on repense le monde. Un sentiment d'universalité s'empare du pays. Un processus géopolitique s'enclenche effectivement que notre génération s'efforce de lire les décennies suivantes. Les évènements étudiants font tâche d'huile. En août, les évènements de Prague étouffent un printemps qui aurait pu apporter de nouvelles fécondités au système socialiste. Dans le prolongement de ces explosions de 1968, avec quelques années de décalage, le gouvernement d'Unité populaire s'installe au Chili, puis la Révolution des œillets au Portugal. La France a son Programme commun prolongeant pour de nombreux militants, un grand nombre de combats.

Malgré le reflux de juin 1968, puis les dévaluations de 1969, récupérant ce qui est consenti à Grenelle, ce courant durable et de grande ampleur emplit finalement de sa dynamique toute une part de la fin du XXe siècle. Des transformations fondamentales s'accomplissent. À l'échelle des siècles, ce n'est pas qu'elles apparaissent pour la première fois. En Europe, c'est le troisième rebond d'un souffle de libération se manifestant notamment par des ruptures importantes dans les modes de vie, de travail et de gouvernance des peuples. Dans les années 1500[75], 1790[76] et 1968, avec trois cents ans, puis cent quatre vingt de distance, des signes similaires explosent simultanément : les clercs sortant en masse des ordres, la multiplication d'expressions nouvelles, les sauts qualitatifs dans l'histoire des arts, les remises en cause des règles matrimoniales. Mais ces respirations séculaires s'achèvent sur des restaurations, des reprises en main, rejetant les ruptures imaginées au cours de très brefs printemps des peuples, sans pour autant, réussir à en étouffer totalement les effets.

Courant juin 1968, avec le retour du Général et de son régime en rien déstabilisé pour l'instant, c'est sur l'idée de négociation sociale que débouchent les évènements, à défaut de conduire à des perspectives d'alternative politique et de démocratie directe, difficilement envisageables dans l'immédiat. La reprise en

[75] Michel Clévenot, éd. Retz, *Les hommes de la fraternité, XVIe siècle, Un siècle qui veut croire*, 1988.
[76] Georges Soria, éd. Bordas, *Grande histoire de la Révolution française, Les paroxysmes*, 1998.

main s'effectue par un changement de gouvernement et des élections. En un temps où la révolution des collèges commence à peine à entrer dans les faits[77], où à peu près personne n'imagine encore la dimension de la révolution des technologies de l'information, l'autogestion et la démocratie directe demeurent irréalisables. Sauf dans quelques fiefs, œuvres éducatives, crèches ou écoles nouvelles, tentées par Cohn Bendit et d'autres leaders, sauf dans quelques vieilles fermes réhabilitées au fond de l'Ardèche et du Diois, où quelques jeunes ménages libérés de toute contrainte se permettent un retour à la nature et à l'élevage des chèvres.

Mes premiers débuts à l'inspection du travail sont alors marqués d'inoubliables souvenirs. En de nombreux coins de France, c'est l'heure des négociations. Débarquant en avril 68 dans la 10e section du Rhône, j'ai à peine un mois pour me mettre au travail. Aucune formation n'est alors donnée aux jeunes contrôleurs. L'inspecteur fait ce qu'il peut pour emmener son contrôleur avec lui dans quelques affaires.

Henri Radix m'emmène d'abord dans la Société B..., une petite entreprise de métallurgie, connaissant des rapports conflictuels provoqués par une longue tentative d'implantation d'une section syndicale CGT. Un employeur assez primaire, comme c'est parfois le cas dans des entreprises de cette taille, n'apprécie nullement cette intrusion entre lui et son personnel. Henri Radix traite aussi un conflit important paralysant la maintenance de la raffinerie de Feyzin. Deux mois avant mai, les chaudronniers et les tuyauteurs lancent une grève dure se répercutant sur toutes les entreprises travaillant à la construction puis à l'entretien de ce que l'on appelle le couloir de la chimie. Beaucoup d'entre elles ont leur siège à Vénissieux. Henri Radix, est appelé avec sa réputation de négociateur. Le mouvement ouvrier lyonnais l'attend toujours avec impatience. Le patronat qui recrute alors fréquemment ses dirigeants parmi les directions des grands fleurons industriels de Vénissieux ne sous-estime pas non plus son intervention. Pour je ne sais quelle raison, il assure aussi à ce moment, l'intérim de l'inspecteur de Feyzin et Saint-Fons.

L'une de mes premières sorties me permet d'assister à ses côtés à la négociation des entreprises de maintenance de la chimie et de la pétrochimie. Pour ces ouvriers, par ailleurs hautement qualifiés, elle se termine par des gains très importants, dans le climat pré soixante-huitard. Ils effectuent des soudures dans des postures et des situations les plus difficiles, utilisant plusieurs technologies de pointe. En avril 1968, ils obtiennent une première fois tous avantages confondus, 10 à 30 % d'augmentation de salaire. Bien entendu, la grève reprend en mai. Ils obtiennent une deuxième fois tout ce qu'obtiennent les métallurgistes et les chimistes. Suite à ces deux vagues d'augmentations

[77] L'ordonnance de 1959 qui la décrète n'entre dans les faits que par de nouveaux textes de 1967.

exceptionnelles, leurs entreprises se sabordent littéralement. Dans un temps très court, sous d'autres dénominations sociales, elles passent tout le monde en intérim, payant les sursalaires consentis, sous forme des majorations qui vont devenir les modalités de rémunération de l'intérim : indemnités de précarité et de congé payé, réglées immédiatement mois par mois. Par ailleurs, les ouvriers sont en permanence sur des chantiers aisément fractionnables en une multitude d'adjudications. Ces professions sont fragilisées. L'achèvement de la raffinerie et des grandes installations chimiques précipite une récession du secteur. Quelques années plus tard, pour trouver du travail, ces ouvriers sont contraints de voyager dans toute la France, notamment jusqu'à l'usine de retraitement de la Hague en Normandie.

Juin 68 arrivant après cette négociation de Feyzin, j'assiste à nouveau à un festival de négociations. Les hausses de salaires et toutes sortes de questions sont ouvertes à la discussion par les principaux axes du constat de Grenelle. C'est un début de carrière fantastique à l'inspection du travail. La ville de Vénissieux est couverte de grandes entreprises en grève. L'inspecteur appelé dans plusieurs à la fois, ne peut aller partout simultanément. Je porte quelques fois des plis de convocation aux domiciles des employeurs réfugiés chez eux. Moi-même, tout nouveau contrôleur de vingt-sept ans, je dois remplacer l'inspecteur dans une entreprise de près de mille personnes tentant une première rencontre paritaire. J'y suis envoyé probablement parce que la réunion risque de déboucher du seul fait de la capacité des parties à s'entendre par elles-mêmes. Je suis bien incapable de la moindre initiative. Finalement la réunion ne dure que quelques minutes, les syndicats n'ayant pas décidé d'apporter ce jour-là un écho favorable aux propositions patronales.

L'un des derniers jours avant l'été, j'assiste à l'un des plus beaux spectacles, digne de constituer un travelling de film pour un pays de l'Est d'avant 1991. Je passe un jour dans une rue séparant les communes de Lyon et de Vénissieux, à l'heure choisie par les grévistes. La société Fantasia reprend le travail après deux mois de grève. Cette entreprise de maroquinerie fabrique des mallettes de bois et de carton pour des tourne-disques et des articles de voyages à bas prix. À l'heure de la reprise habituelle de l'après-midi, le personnel essentiellement masculin est rassemblé en masse dans la rue. Il se constitue en défilé, derrière un drapeau rouge et se met en marche, chantant l'Internationale pour traverser l'étroite cour conduisant aux ateliers. Ces travailleurs retournent prendre possession de leurs machines à coudre, après avoir obtenu des augmentations exceptionnelles, longtemps attendues dans un secteur dominé par le SMIG.

Ces évènements sont pour moi un spectacle nouveau et inoubliable. J'ai connu les difficultés d'une mère veuve, bataillant pour maintenir à ses enfants un standing de petite bourgeoisie provinciale. Mais je sors tout de même d'une jeunesse protégée et dorée, jamais privée de vacances dans les plus beaux coins des Alpes ou de la Côte d'Azur. En 1966, au terme des six mois d'observation que je me suis donnés à mon arrivée dans les services, c'est par principe que j'adhère à un syndicat. Ce n'est pas dans l'urgence de prendre partie dans un conflit, pour protester contre une situation de pauvreté ou pour défendre des intérêts d'une carrière laborieuse. C'est une « prise de position » intellectuelle. Je n'ai, bien évidemment, aucune « réaction de classe ». Dans le service, je constate l'existence de deux syndicats, la CGT et la CFTC. Contradictoirement, les attaches et les références confessionnelles de cette dernière sont un repoussoir. Mes seuls principes de départ, susceptibles de fonder une opinion civile et politique, sont la laïcité et la tolérance. Je me tourne sans problème vers la CGT. Je découvre lentement les horizons qu'elle peut m'ouvrir, en particulier un champ nouveau de réflexion.

Mai 68 me donne les raisons concrètes qui manquent. Je vis cette période avec les yeux de la CGT. Quelques-uns uns de ses militants de l'inspection exercent leur profession et mènent leur vie militante avec intelligence, chaleur humaine, et dévouement. L'exercice du métier offre le contact avec un monde de militants de la métallurgie lyonnaise et d'autres branches souvent de grande valeur. C'est aussi le temps des cours de l'Université nouvelle, organisés dans les locaux de l'union régionale CGT de la rue Moncey. À des heures militantes, vers 18 heures, des universitaires viennent assurer des conférences. Les échelons départementaux sont pleins d'anciens prêtres ouvriers ou d'anciens militants de la JOC. C'est le temps de l'évêque ouvrier Ancel, coadjuteur à Lyon. Il y a dans l'histoire des fenêtres qui s'ouvrent pour faire certains passages rares. Ensuite ces fenêtres se referment.

Mais je ne milite pas encore. J'observe. Personne ne précipite mon intégration dans le syndicalisme. Je suis énormément pris par mes études s'ajoutant à mon travail professionnel. Je suis à l'image d'une partie importante de la société, dans une zone de transit. 68 me conforte dans mon choix syndical. Je commence à m'approprier les réflexions et les méthodes d'action. Mais les liens entre le syndical, le politique, les idéologies, sont encore flous. Le XXe siècle développe, avec complexité, des voies parallèles d'appréciation de la réalité sociale interférant entre elles. Les univers confessionnels, syndicaux, politiques, rendent possibles des confusions, des fusions, des substitutions.

Dans les milieux dont je suis issu, l'espace religieux tient la guide à la réflexion politique. Il ferme depuis longtemps certaines portes, en particulier vers le marxisme mais aussi vers le vieux socialisme européen. Dans ces années-là, un certain nombre de proscriptions commencent à être perçues comme un peu moins intangibles. Mais ce monde sait aussi brouiller les pistes. En politique par exemple, on se refuse à distinguer clairement la gauche et la droite. Dans les familles chrétiennes, on évite soigneusement d'apprendre à ses enfants à distinguer l'une de l'autre. Un curé qui prend parti pour la gauche est vite marginalisé par ses paroissiens. Il n'est pas sûr qu'une prise de position à droite en ferait autant. Cependant l'important est de ne pas donner de gage ni d'un côté ni de l'autre.

C'est pourtant sur ce clivage fondamental que le monde ouvrier et les milieux laïcs fonctionnent, et même la République en son entier depuis un siècle et demi. Mai 68 fait bouger beaucoup de monde commençant à assimiler cette frontière. Mais nombreux sont ceux qui évoluent lentement et par étapes. C'est mon cas. J'adhère profondément aux analyses de la CGT, mais je flotte en politique. Je ne me souviens plus exactement comment j'ai voté aux législatives de juin 1968. Ce n'est pas le meeting du stade de Charléty qui peut d'ailleurs clarifier les choix de ceux qui, sans le support d'une culture politique précise, se laissent séduire par les multiples stratifications de la révolte. Je me sens personnellement davantage derrière l'image de ce que l'on appelle les gaullistes de gauche, terme qui va fleurir un certain temps, de 1972 à 1977, à l'époque du Programme commun. Un an plus tard, lors des élections présidentielles de juin 1969, je soutiens encore dans mon entourage familial un vote pour le candidat Pompidou, et non pour les candidats de la Gauche, Gaston Deferre ou Jacques Duclos. Au bureau, je suis très discret sur mes interrogations et mes positions politiques flottantes. C'est pourquoi je vis 68 plus en spectateur qu'en acteur. L'action se passe surtout dans une réflexion intérieure. Pour des millions de gens, c'est le plus important.

Lorsque la distribution des carburants redevient normale, je fais littéralement du tourisme dans les hauts lieux des évènements de Mai. Ma femme et moi, jeunes mariés encore sans enfant, attendons le retour des premières gouttes d'essence pour partir, près de Lille, au mariage d'un ami. Nous passons par Paris. Avec des amis, nous garons nos voitures dans le Quartier latin dont on n'a pas encore tout à fait nettoyé les rues. Nous allons voir la cour de la Sorbonne, les inscriptions sur les statues, quelques groupes qui discutent encore. Puis nous allons à l'Odéon comme on serait monté à la Tour Eiffel. Il est encore occupé. Depuis deux mois, la discussion non-stop se poursuit vingt-quatre heures sur vingt-quatre. Ce qu'on appelle le débat est organisé de telle façon qu'il y a toujours quelqu'un qui reprend la parole quand un autre achève son discours. Ces orateurs ont réellement l'air de ne pas avoir dormi depuis un temps infini. Au moment où nous nous y trouvons, le discours que nous entendons est une succession d'onomatopées, d'injures, d'évocations en argot mêlé de français. L'orateur tourne autour du personnage du général de Gaulle qui reçoit tous les qualificatifs imaginables.

Quelques mois plus tard, au cours d'un week-end à Paris, j'ai la même impression en assistant à une représentation de la Cantatrice chauve d'Eugène Ionesco. Elle se donne sans interruptions depuis quatorze ans dans un petit théâtre du Quartier latin. Le hasard fait que des évènements étudiants ont repris, comme s'ils ne s'étaient jamais interrompus. Durant l'entracte, les spectateurs sortent dans la rue pour prendre l'air, ce théâtre n'ayant pas de déambulatoire. Mais ce soir là, ils sont pris entre des allées et venues de manifestants et de CRS qui balayent la rue plusieurs fois, dans un sens puis dans l'autre. Les CRS viennent en courant avec leurs boucliers, leurs casques et leurs matraques mais on les voit à peine à la lumière des lampadaires. À chaque passage d'escadron et de manifestants, les spectateurs avides d'un spectacle supplémentaire original, refluent dans le couloir d'entrée, puis en ressortent.

Ch.8 Contrôleur du travail au lendemain de 1968

L'ambiance est à un retour morose. Mais la plupart gardent des souvenirs inoubliables des deux mois d'évènements que salariés et étudiants viennent de s'offrir en France. Pas seulement en France, d'ailleurs, ce qui donne vigueur à tous les actes de foi concernant des lendemains meilleurs, à l'échelle de l'histoire et du monde. La vague de droite à l'Assemblée ne laisse d'illusions à personne, mais l'ébranlement a été profond et continue à travailler les esprits.

Dans le monde du travail, il faut maintenant appliquer les accords de Grenelle. Des lois et des accords doivent suivre, en particulier sur la vie syndicale dans l'entreprise et la formation permanente. Cependant la fragilité du système gaulliste est aussi celle de la phase de croissance des Trente glorieuses. L'un et l'autre n'ont plus beaucoup d'années à vivre, sourdement remis en cause. Le système social lancé en 1945 est en cours de remodelage. Désormais ce ne sont pas seulement le Patronat et le Gouvernement qui envisagent de démolir des pans entiers du système, mais aussi une partie de ceux qui auraient dû le défendre. Les organisations CFDT et divers courants allant des gauchistes aux nouveaux philosophes, en passant par Serge July et le journal *Libération,* affirment que c'en est fini de la mainmise des marxistes sur la gauche et sur les institutions sociales. Enfin, en Tchécoslovaquie, les évènements de l'été facilitent les surenchères dans l'assaut contre les certitudes du monde ouvrier et déstabilisent nombre de militants.

Être contrôleur du travail stagiaire dans les services de la direction du travail consiste à retourner dans le monde ordinaire des contrôles. Après les premiers contacts d'avril et la grande parenthèse, c'est d'abord assurer un tour de permanence de renseignement « à la porte ». Une demi-journée par semaine, il faut simultanément accueillir le public et renseigner au téléphone. Dans un tout petit bureau de deux mètres par deux, le Lamy social ouvert sur le bureau, il faut répondre à toute question. Pour secours, le débutant sans formation autre que les cours qu'il continue à suivre à l'Université[78], a pour consigne de se précipiter, au moindre doute, sur le premier collègue contrôleur présent dans les bureaux.

On passe beaucoup de temps à donner le taux du SMIG[79] revalorisé de 30 %. On aide les visiteurs à écrire des lettres contestant un licenciement ou demandant un solde de tout compte plus complet. 30 à 50 % des renseignements concernent le contenu des conventions collectives : classifications, durées des préavis, indemnités de licenciement. Avant 1973, aucune loi ne fait figurer un minimum dans le code.

L'activité extérieure du contrôleur est évidemment l'activité attendue pendant tant d'années d'agent contractuel. La prospection pour les services de

[78] Les cours sont le plus souvent d'un rapport lointain aux questions posées dans la pratique quotidienne.
[79] Qui devient salaire minimum interprofessionnel « de croissance » avec la loi du 2 janvier 1970.

main-d'œuvre nous a blindés. Nous savons franchir sans crainte les portails, affronter les secrétaires les plus féroces et les plus exercées à faire attendre longtemps les visiteurs gênants.

À Vénissieux, le contrôleur a peu d'établissements en propre, quelques petits commerces sans guère de salariés et suscitant peu de réclamations dans une zone fortement structurée par la CGT, son union locale et le PCF. Ce dernier a des adhérents jusque parmi les patrons artisans. Dans la plupart des sections, les contrôleurs assurent les fonctions d'inspecteur des établissements classés, que leur abandonnent les inspecteurs. Cette tâche arrondit leurs fins de trimestre. C'est ainsi que je dois aller voir le compresseur d'un épicier du quartier du « Moulin à vent » empêchant une dame de dormir au troisième étage. Scellé au sous-sol dans un mur de l'immeuble, ce compresseur le fait vibrer toutes les demi-heures jusque dans sa chambre. N'ayant pas de salarié, cet épicier ne veut pas me recevoir. Le commissaire de police de Vénissieux, personne légendaire par son énergie et sa capacité de travailler des journées de vingt-quatre heures d'affilée, ne dispose pas du droit d'entrée dans le lieu de travail d'un épicier. Stoppé sur le pas de la porte, il somme le responsable des lieux de bien vouloir me laisser entrer et d'accepter mon enquête jusque dans sa cave auprès du compresseur. Je conclu l'affaire en le priant de déplacer l'appareil. Il suffit de le fixer au sol en terre battue plutôt que dans le mur. Je crois que c'est la seule tentative d'obstacle à laquelle j'ai dû faire face dans toute ma carrière.

Avec ses établissements industriels, Vénissieux me permet surtout de couler mes pas dans ceux de l'inspecteur et de le remplacer dans des contrôles de moindre importance. J'arpente ainsi les toits et les sous-sols de la société C.... Des chantiers de construction et d'aménagement s'y succèdent en permanence. L'ingénieur de sécurité de l'usine organise une visite régulière des entreprises sous-traitantes avec un ou deux membres ouvriers du Comité d'hygiène et de sécurité de l'établissement. C'est une anticipation des collèges particuliers de sécurité[80]. L'ingénieur de sécurité cherche à bénéficier de l'autorité de l'inspection du travail pour faire avancer certains problèmes, en coordination avec les ouvriers de l'usine. Ceux-ci ne veulent plus risquer de recevoir des tuiles ou des marteaux sur la tête.

À cette occasion, je contemple des spectacles industriels parmi les plus beaux. À la forge, sous les grands marteaux pilons alignés, les frappes font jaillir des gerbes d'étincelles. Dans un bruit assourdissant, on voit se former et se déformer les masses de métal en fusion. Les lieux suintent l'huile. Les fumées forment un nuage permanent. Cet atelier produit des pièces énormes, des arbres de transmission et des essieux des camions.

Pendant près de trois ans, une autre activité de substitution me permet de voir sortir de terre le quartier des Minguettes et ses tours. Par les baies en

[80] Officialisés huit ans plus tard par la loi du 16 décembre 1976.

construction, on admire les plaines du Dauphiné. Dans ces années 68-70, un comité de sécurité organisé par les organismes de HLM et les autorités préfectorales et municipales est présidé par l'architecte Henri Bornarel, le fils d'un héros invisible de la guerre d'Espagne[81]. Les ingénieurs de la CRAM et les techniciens de l'OPPBTP participent bien entendu à ces comités aux côtés de l'inspection du travail. Grâce à eux, je fais connaissance avec les problèmes de sécurité du bâtiment et des travaux publics avant de les approfondir avec M. Lefebvre au centre de formation des inspecteurs. Les contrôleurs du travail n'ont alors qu'une formation sur le tas et ne bénéficient d'aucun stage organisé. C'est de fait l'OPPBTP et la CRAM qui les forment sur ces questions techniques, lors de contrôles communs.

Dans les deux ou trois premières années de leur existence, ces tours des Minguettes sont des lieux de bonheur pour des familles sortant des bidonvilles ou des taudis. Malheureusement elles vieillissent ensuite, vite et mal. Dans ces années 1968 et suivantes, au moment où de grands programmes de construction des ZUP se réalisent tout autour de Lyon, je suis loin d'imaginer que, vingt années plus tard, j'inspecterai les chantiers de démolition de certaines d'entre elles. Lorsque le 11 octobre 1994, la municipalité organise un spectacle dans la rue, au moment de l'explosion des tours du quartier « Démocratie », je reviens ainsi sur les lieux, pour comprendre, alors que j'ai déjà quitté l'inspection. Diffusés par haut-parleurs, des poèmes, des témoignages, de la musique, précèdent le dynamitage des trois grandes tours. Ce jour-là, je vois plutôt des larmes couler, dans une grande émotion, malgré une animation assez réussie.

Dans les années 70, nous vivons une période de socialisation intensive. Elle est perçue comme une évolution positive de l'humanité, avant que ne lui succède une autre période de socialisation, extensive cette fois, toute empêtrée de crises et de contradictions. Il est difficile de passer de l'une à l'autre. La seconde tente de jeter l'oubli ou le mépris sur les valeurs de la première. Il faut cependant juger en tenant compte des caractéristiques propres de l'époque et de l'état social et matériel d'où l'on vient. Cette socialisation intensive correspond à un type de vie urbaine forgé par le mouvement ouvrier dans sa période d'expansion. Sa densité collective, jugée ensuite excessive, accompagne des gains inestimables, une satisfaction de besoins élémentaires, des progrès de santé, d'éducation, d'alimentation, de vêtement. Elle permet d'accéder à la mode, à des musiques, des fêtes, avec des vacances allongées, des voyages, y compris pour les pauvres, ceux-ci parvenant à parcourir divers coins de France ou à retourner au pays en Afrique du Nord. Cet épanouissement est d'abord quantitativiste. Mais il ne se limite pas à cette dimension. Il laisse percer de fortes aspirations de développement individuel, d'épanouissement culturel, de participation politique.

[81] Son père était l'armateur secret de bateaux expédiant les armes aux républicains.

Il s'épanouit un court printemps, celui de 68, très vite contrarié par la crise de la fin de siècle. Même freiné, son développement dure déjà depuis trente ans.

Le premier accident grave que j'ai à traiter avec mon inspecteur résulte de la chute d'une banche de coffrage[82], déstabilisée par le vent. Entreposée en attente et mal fixée au sol, elle écrase mortellement deux ouvriers qui mangent à son pied. C'est un gros chantier, celui de la construction du centre AFPA de Vénissieux. L'accident fait beaucoup discuter au niveau du service, entre les services de prévention et évidemment entre l'employeur, les organismes et le parquet. Ne faut-il pas tenir compte de l'imprudence des ouvriers qui ont pris leur casse croûte à l'abri d'une banche et non dans la cabane de chantier prévue à cet effet, un jour de grand vent. Finalement, Henri Radix impose la stricte application des règles de prévoyance et de responsabilité, d'une façon que ne renieraient pas aujourd'hui les défenseurs les plus fermes du principe de précaution. Peu importe que les ouvriers aient pu et dû être ailleurs au moment de la chute de cette banche. L'employeur n'est pas exonéré de son obligation de stabiliser ses banches de telle sorte que leur verticalité résiste aux poussées du vent. L'employeur a donc bien commis une infraction que l'inspection doit sanctionner.

C'est à Tarare, Thizy, Amplepuis et Cours, essentiellement occupés au textile et à la confection, que se porte l'essentiel de mon activité entre mes permanences et mes cours suivis à la faculté de droit. Désormais équipé de ma Renault 4L neuve et sans option, achetée avec mes patientes économies et un emprunt, je fais le tour de toutes les bourgades de ces vallées. J'épluche le fichier d'entreprises laissé par mes prédécesseurs, retirant de nombreux petits ateliers disparus.

Je découvre l'infinie variété des industries textiles, riches de deux siècles de développement. À Cours, on fait des couvertures de laine et des wassingues, c'est à dire des serpillières. Lors de ma première visite, un employeur essaye de m'amadouer en me faisant un petit cadeau de quatre ou cinq serpillières soigneusement empaquetées, au moment de mon départ. Je refuse, à la fois par principe et par manque d'attrait. Il n'y a pas de grandes infractions en jeu, et je vexe à coup sûr cet homme assez fier de ses modestes fabrications. Il ne comprend certainement pas les raisons de cette intégrité juvénile. De bonnes raisons auraient expliqué une attitude plus souple. Avec un sens social corporatiste, un inspecteur précédent a fait admettre la coutume qu'au moment de Noël, les cadeaux faits aux inspecteurs sont les bienvenus pour l'arbre de Noël des enfants du personnel du service.

À part cette coutume des années 50, je peux dire, après trente-cinq années passées dans cette administration qu'il est difficile d'en imaginer une plus attachée à son intégrité. De toute ma carrière, ce n'est qu'à trois ou quatre reprises

---

[82] Grande plaque de bois, aujourd'hui de métal, et de contreplaqué, servant à couler une paroi de béton d'un étage, en une seule fois. On associe deux banches pour couler le béton entre elles.

que des employeurs me proposent un cadeau. Ils pensent échanger une bienveillance avec quelque chose de dérisoire, des serpillières, un cendrier de bureau en verre, un bloc de papier à leur enseigne[83]. Plus tard, dans le 7e arrondissement de Lyon, je succède à un inspecteur qui recevait un paquet de crèmes et de parfums, au mois de janvier de chaque année, en provenance d'une entreprise ayant son siège et ses ateliers dans l'arrondissement. Le recevant à mon tour, je le reporte aussitôt, vexant là aussi très profondément mon interlocuteur habitué à envoyer sans l'ombre d'une culpabilité des quantités de colis de ce genre à ses fournisseurs, ses clients, ses banquiers, ses interlocuteurs administratifs habituels. Ces pratiques industrielles et commerciales, courantes alors, sont apparentées à l'idée que l'entreprise, loin de relever « d'un bien social » commun, est une affaire privée appartenant en propre, avec tous ses fonds et tous ses biens, à une personne ou une famille, autorisées à puiser dans la caisse à leur gré et par accord tacite pour agrémenter leurs dimanches, orner leurs demeures personnelles ou celles de leurs interlocuteurs, amadouer leurs relations. Les formes juridiques des sociétés et l'intérêt des actionnaires et du personnel ne sont que des fictions bien secondaires. Il y a encore une continuité parfaite et une perméabilité entre les patrimoines privés et les patrimoines sociaux. Ce n'est que plusieurs dizaines d'années plus tard que des juges, suivis par les journalistes et l'opinion, font avancer les notions de bien social.

Ces cantons de montagne fabriquent essentiellement des cotonnades de toutes sortes, pour l'ameublement et la confection[84]. Ils utilisent, le plus souvent de vieux métiers affreusement bruyants, peu protégés, installés dans de vieux bâtiments industriels sans confort. Les toitures forment des sheds[85]. En circulant dans ces salles emplies d'un nombre élevé de décibels, j'apprends à parler et à entendre comme les gens de la profession, à voix normale, sans crier, en s'habituant à distinguer les sons de la voix au milieu du bruit des navettes. Mon travail consiste à demander d'abord la propreté des vestiaires et des sanitaires, assez souvent leur création ou leur transfert dans un lieu en continuité avec les ateliers pour protéger le personnel des intempéries.

Je fais couvrir de carters de nombreux engrenages et des courroies. Ils sont reliés à des moteurs impressionnants scellés à côté des métiers ou à des axes moteurs tournant au plafond. Suivant l'exemple de contrôleurs m'ayant précédé, je demande d'empêcher les vols de navettes dans les ateliers. Il arrive parfois qu'elles quittent le parcours normal mille fois suivi. Elles peuvent aussi bien atteindre la tempe d'une ouvrière que faire un trou dans les cloisons. On installe

---

[83] Il est impossible qu'un inspecteur accepte de faire figurer sur son bureau une publicité pour l'une des entreprises sous son contrôle. Il exciterait la jalousie et les médisances de toutes les autres.

[84] Il y a aussi les textiles les plus divers. Près de Panissières, je visite un jour, un tisseur fabriquant des pièces de soie pour la restauration des fauteuils de Versailles. Il a construit lui-même son métier à bras, tenant compte de ses propres mensurations. La largeur de la pièce produite par le métier est celle d'un fauteuil.

[85] Systèmes de pans multiples donnant aux bâtiments l'allure d'une scie avec ses dents. Les pans sont alternativement vitrés et couverts de tuiles.

donc des « pare-navettes ». Il est impressionnant d'imaginer l'un de ces bolides jaillissant comme un obus, au lieu de poursuivre ses aller-retour sans fin d'un côté à l'autre du métier.

Les salles d'atelier sont bourrées de dizaines de métiers alignés sur plusieurs rangées, avec des allées étroites où il faut se faufiler. Malgré cette impression de circuler dans un mouvement et un bruit incessants, entre des points d'écrasement et de cisaillement dans les mécanismes ou dans les axes de tir potentiel des jets de navettes, le textile n'est pas une branche très dangereuse pour le nombre et la gravité de ses accidents. Je lis toutes les déclarations d'accident ayant causé un arrêt de travail de trois jours et plus. Pendant les deux ans et demi que je parcours le secteur, aucun accident grave ne se produit. Plus sérieux sont les problèmes d'insalubrité à cause des empoussièrements, notamment dans les cardes de laine, et des degrés hygrométriques élevés nécessaires au travail de certains fils.

Certains métiers sont très anciens, des pièces de musée, datant de la Belle Époque ou de l'entre deux guerres avec de magnifiques roues dentées de grande dimension. D'autres techniques de tissage sont très modernes, avec des navettes toujours plus rapides. Je vois des métiers où le fil est tiré par la projection d'une goutte d'eau. Ces métiers battent tous les records de précision et de productivité.

À Tarare, l'industrie est plus diversifiée. Il y a une miroiterie, une fromagerie. Curieusement, un chantier naval construit des voiliers, à plusieurs centaines de kilomètres de la mer la plus proche, sans le moindre lac pour les faire naviguer. Dans ces années-là, le voile tergal règne ainsi que les teintures et apprêts. Avec les constructions d'HLM et de ZUP à travers la France, le voile tergal est en pleine expansion. En même temps qu'ils sont grands acheteurs d'électroménager, les jeunes ménages d'ouvriers et d'employés équipent de rideaux les baies vitrées coulissantes des salles de séjour. Ils se ménagent un peu d'intimité dans ces ensembles où les vis-à-vis nombreux permettent facilement les regards indiscrets. Montés sur des glissières, tombant en plis légers, ces rideaux sont brodés de façon industrielle. On y pose aussi des mouches, des nœuds, des franges. Cet heureux débouché survient de façon opportune pour se substituer aux robes de communion solennelle dont la mode succombe sous la concurrence des « aubes », les pratiques et les styles de l'Église catholique étant en pleine révolution. Ces productions successives demandent des métrages de voiles tout aussi importants.

Une partie du travail sur ces voiles se fait à domicile : les broderies en arabesques, le nouage des nœuds, les franges ajoutées aux voiles. Au lendemain de mai 68, je mène une campagne de vérification du nouveau SMIG, renseigné par des collègues plus anciens. Il a fait un bond tel que certains employeurs peuvent avoir des réticences et des difficultés à le respecter. Les unions locales des syndicats maîtrisent facilement le problème dans les ateliers. Mais il n'en est pas de même auprès des travailleuses à domicile. Les ouvrières sont payées à la tâche ou aux pièces mais les tarifs à la tâche ou aux pièces doivent respecter une valeur horaire. À la différence des visites habituelles exigeant que j'arrive par surprise, je suis obligé de prendre rendez-vous avec les employeurs pour faire une tournée des ouvrières à domicile. Le contrôle demande que l'on choisisse quelques ouvrières réputées « bonnes », « moyennes » et « mauvaises » pour aller mesurer leur temps et voir si le prix de façon respecte le nouveau SMIG. Les ouvrières ne sont pas averties. Arrivé chez elles avec le patron, j'essaye de les mettre en confiance, leur demandant de travailler exactement comme elles en ont l'habitude. Prenant à la main ma montre qui n'a rien d'un chronomètre avec sa simple trotteuse, je donne le top du départ et au bout d'une minute et demie, je regarde la tâche faite. Un agent du ministère du travail doit ainsi s'adapter à tous les métiers avec les moyens « du bord ». Je fais redresser quelques prix de façon ayant pris du retard, mais assez peu d'employeurs sont pris en flagrant « délit ». L'annonce de l'opération a produit un effet dissuasif. L'amende pour non-paiement du SMIG est d'ailleurs une simple contravention avec un taux très faible. Les procès-verbaux n'auraient vraisemblablement pas eu de suite, le parquet jugeant la procédure trop lourde. En fait les employeurs obtempèrent souvent sur simple lettre si des temps et des prix trop faibles me sont signalés par les unions locales.

La confection est surtout représentée à Thizy et Amplepuis. Elle donne lieu à de nombreuses réclamations. Les ouvrières sont regroupées dans de petits ateliers où les conflits explosent vite, mettant souvent en cause une patronne, ancienne ouvrière elle-même. Sur le haut de la pyramide industrielle, quelques familles aisées exploitent le bas de la chaîne productive et font pression pour maintenir des salaires de misère. Dans le textile, les rapports sociaux sont plus figés et plus distants, les ouvriers et ouvrières dépendent directement de la famille qui possède le capital, les bâtiments et les métiers depuis des générations. Les ouvrières et les ouvriers sont dispersés derrière un grand nombre de métiers à conduire, faisant souvent des équipes. Les hommes travaillent parfois la nuit. Il y a une hiérarchie ouvrière, les gareurs formant une maîtrise et une catégorie supérieure au-dessus des tisseurs. Dans la confection, une masse de femmes peuvent passer de leur machine à coudre personnelle à la machine de l'entreprise, sous l'autorité directe d'une contremaîtresse patronne assurant toutes les autres fonctions.

Une impression de profonde décadence frappe. J'ai cependant des origines très proches de ces branches du textile, mais au sein de ce qui s'est appelé la fabrique lyonnaise, menée par des familles s'attachant au commerce international ou au grand commerce dans l'empire colonial. Les produits sont sous-traités dans les montagnes ou dans la basse Isère. L'image la plus violente de cette décadence m'apparaît un jour dans le mépris désabusé des ouvriers d'une usine de Pontcharra dont l'employeur officiel est un jeune trisomique. Sa mère, gestionnaire de fait, l'amène au bureau de son père défunt. Ces ouvriers soumis aux limites d'un capitalisme familial sentent que tout avenir a disparu pour eux.

Par des problèmes de succession ou faute de savoir définir qui gère réellement l'affaire, de nombreuses directions d'entreprises sont fragilisées. Les bases familiales traditionnelles d'une partie importante du capitalisme industriel ne répondent plus aux exigences de continuité et de direction des entreprises, encore moins aux impératifs de l'investissement. La plupart de ces héritiers sont préoccupés avant tout de vendre leur affaire à plus ou moins long terme, même ceux qui se sont forgé leur entreprise avec toute leur énergie de jeunesse. Leur souci constant est de savoir comment ils pourront, le moment venu, monnayer leur affaire dans n'importe quelle condition pour ce qui concerne l'emploi de leurs concitoyens. Ceux-ci sont cependant leurs voisins, souvent leurs amis et camarades d'école, leurs cousins et parents.

Les salariés aussi vieillissent. Les enfants fuient au plus vite ces campagnes industrielles sans avenir. À la faveur du développement récent de l'instruction générale des collèges et des formations techniques des lycées, ils se laissent aspirer par le bourg le plus proche s'ils y trouvent du travail et surtout par les grandes villes, Lyon et Saint-Étienne, à moins de cinquante kilomètres. Dans ces conditions les efforts de l'inspection pour résister à la destruction de l'emploi en ressuscitant l'ordonnance du 24 mai 1945 se heurtent à l'attente secrète des indemnités de départ. Beaucoup demandent surtout qu'on en finisse, se souciant peu que les solutions alternatives soient explorées.

En effet, il y a le plus souvent du travail. Mais on ne veut plus le prendre et le faire exécuter là. On n'est plus en mesure de diriger l'entreprise avec les équipes en place. On cherche des repreneurs qui déménagent les métiers ou les cassent, faisant monter des neufs ailleurs. Un exemple significatif est celui d'un chef d'atelier continuant certaines activités de commercialisation tout en ayant vendu ses métiers à un industriel qui tente de les remonter en Algérie. Une fois transportés, les métiers n'ont jamais pu redémarrer.

On est encore dans une période où l'on va prochainement dépasser le chiffre des cinq cent mille chômeurs, avec un réel émoi dans l'opinion. On quitte le niveau durable des deux cent mille demandeurs d'emploi. Sur ces bassins de montagne il y a surtout des chômeurs âgés. Le seul bassin qui résiste est celui de Tarare, avec des entreprises associant plusieurs phases de la production textile et de la confection. Des débouchés sont trouvés avec ce que l'on appelle l'ennoblissement textile, c'est à dire des phases de finition permettant de vendre le tissu plus cher à des clients fortunés et pour la « mode ». Durant mes courtes années de contrôle dans ce secteur, une entreprise décide de monter un important atelier de finition sur Tarare. Ne trouvant pas dans la ville des jeunes filles pour ce travail qu'elle entend peu rémunérer, elle passe une convention avec les services de main-d'œuvre de Rive-de-Gier, zone de sous-emploi critique. Plusieurs dizaines de jeunes filles sont déplacées et logées par l'employeur.

Bonne aubaine pour les garçons de Tarare qui assaillent les lieux le soir ! Le chef du personnel et la gendarmerie s'associent pour faire alternativement des tournées et tenter d'assagir ces deux populations bourdonnantes.

Les habitants de ces montagnes sont contraints à de longs trajets pour venir à Lyon. Pour la survie de leur canton, les maires et les conseillers généraux tiennent aux permanences de l'inspection. Le travail du contrôleur s'appuie sur des permanences permettant de recueillir les réclamations et de distinguer le champ des interventions possibles, l'important et l'accessoire. Je « monte » trois semaines sur quatre. Je vais une fois par mois à Tarare et Thizy et alternativement une autre fois à Amplepuis et Cours. Dans chaque ville, les permanences sont remplies par un seul délégué qui accompagne une succession de personnes qui ont rendez-vous avec lui et nous. Il nous suffit de confirmer que la permanence a lieu de telle à telle heure. C'est en quelque sorte l'Union locale qui recense les réclamations tout au long du mois, débroussaille un peu les problèmes et demande aux salariés d'apporter telle ou telle feuille de paye ou tel document. Elle prépare l'horaire du défilé des gens devant le contrôleur, connaissant les petits problèmes d'horaire et de trajet des uns et des autres. Le système n'est pas du tout concerté mais s'est construit au fil des ans.

Des représentants d'union locale sont heureusement des gens de valeur, assez polyvalents sur l'ensemble des matières du Code du travail, capables de comprendre les problèmes juridiques et surtout de faire comprendre aux visiteurs que si le contrôleur dit telle ou telle chose, invoquant les limites du droit, c'est qu'il n'y a pas moyen de faire autrement. Connaissant mieux le pays, ayant une expérience beaucoup plus longue de chacun des employeurs et de leur capacité éventuelle de résistance, ils savent surtout jusqu'où l'on peut tendre la corde des demandes sans qu'elle casse. Intervenant aussi au Conseil des prud'hommes, ils perçoivent assez bien la différence entre les affaires de rupture du contrat qui en relèvent et celles relevant de la compétence de l'inspecteur, le respect des salaires étendus, les questions de sécurité, tout en nous entraînant plus loin chaque fois qu'une intervention amiable a des chances. Ils sont ensuite admis par les employeurs comme des accompagnateurs du salarié, soit en présence de l'inspecteur ou du contrôleur, soit sans lui s'il y a une lettre de notre part. Nous essayons bien entendu de limiter au maximum les déplacements simultanés et trop voyants du délégué syndical et de l'inspection.

À Tarare, Pierre Duverger, le secrétaire de l'Union locale CGT, est un vieil homme seul. Sa légende de légionnaire reconverti dans le soutien dévoué aux travailleurs en fait une sorte de Jean Valjean. Il habite ce que l'on appelle « le château », un ensemble d'immeubles aux appartements plus délabrés qu'ailleurs. Il en sait parfois beaucoup sur les problèmes des familles régnant sur le travail des ouvriers de la ville. Je revois encore l'entrée d'un bureau d'usine, ornée d'une ferronnerie d'art, à quelques pas de la permanence, dans laquelle le conflit se noue jusqu'à la rupture entre l'employeur et une employée devenue sa maîtresse.

Son flair permet aux deux parties de se séparer en sauvant l'honneur. L'inspection est appelée pour déclencher la discussion, comme on aurait appelé un prêtre afin d'être sûr que le diable ne reviendra pas réveiller ultérieurement le conflit.

À Thizy et Bourg de Thizy, les familles régnantes ne sont pas aussi décomposées qu'ailleurs dans leurs ambitions industrielles. Dans leurs alliances matrimoniales, elles trouvent encore du sang neuf qui monte de Roanne. La confection assure une certaine relève du textile. C'est le seul bassin qui possède deux secrétaires d'Union locale, Henri Papot pour la CGT et Johannès Gras pour la CFDT. Ils viennent successivement, parfois ensemble. Ils sont l'un et l'autre incontournables s'il faut calmer un conflit qu'ils ont d'ailleurs souvent contribué à allumer. Avec un certain tact, il faut d'abord savoir qui des deux suit l'affaire. Il aurait été très maladroit de passer les « clients » de l'un à l'autre. Dans ces bourgades, le contrôleur doit traiter des conflits salariaux mobilisant de cinq à dix personnes. Même à ce nombre, elles menacent d'arrêter le travail à la majorité ou à l'unanimité, parfois en intersyndicale, si elles sont partagées entre les deux syndicats. Enfin à Amplepuis c'est une dame à la retraite, ancienne ouvrière en confection, Jeanne Forest, qui remplit les fonctions syndicales de façon quasi religieuse. Elle a une connaissance parfaite des conventions collectives de la branche mais besoin de l'appui de l'inspection pour régler les affaires. Dans ce pays de vieille implantation industrielle et syndicale ce serait trop beau si les employeurs réglaient les affaires simplement parce que les salariés ont des raisons de réclamer. Il faut bien faire un peu attendre, laisser désirer et respecter un rite. Si non, « ils » en demanderaient toujours davantage. « Ils » auraient tenté de demander beaucoup plus, au-delà du strict minimum légal ou conventionnel. L'inspecteur ou plutôt le contrôleur sont les agents de ce rite. Tous mes prédécesseurs, Jacques Bercovici, François Antonini en ont été de très bons interprètes. Je m'inscris dans leur suite.

Ce sont ces années du début de la vie active au cours desquelles on ne craint pas de découvrir ses capacités et d'en user au maximum. On sait tirer sur la machine biologique individuelle. Tout en poursuivant des études, en approfondissant des compétences professionnelles, on vit des instants et des bonheurs intenses : action, santé, mariage, premier enfant, achat du premier appartement, vacances à la mer et à la montagne, voyages, sports de montagne et ski. Un vendredi de printemps, à la sortie d'un examen partiel à la fac, vers dix-neuf heures, ma femme m'attend avec la voiture et les skis. À minuit, nous retrouvons des amis au refuge, non sans avoir essuyé des frayeurs en cherchant le chemin dans la nuit et en croisant un coq de bruyère que nous aurions pris pour un ours. Il s'est enfui de devant nos pas, dans un bruit rendu assourdissant par le silence absolu de la nuit. Le lendemain avec les peaux de phoque, nous sommes en plein soleil au sommet de l'Étendard dans le massif des Rousses… Le contexte économique est encore celui des Trente glorieuses. Nous vivons très bien avec une inflation de 10 %. Les salaires et traitements grimpent aussi de 10 à 12 %

l'an. Des endettements élevés pour de jeunes salariés et des fonctionnaires débutants ne posent aucun problème. À cette période, l'économie française connaît les taux de croissance les plus élevés des deux siècles allant des années 1800 à 2000, avec une moyenne annuelle de 5,8 %[86].

C'est l'époque où, avec un apport personnel très réduit, un jeune ménage peut acheter un « quatre pièces » en copropriété, sans avoir dû transpirer plusieurs années à remplir des plans d'épargne. Ils bénéficient de prêts à 4 ou 7 %, à hauteur des deux tiers du prix de leur appartement. L'inflation se charge de réduire à grande vitesse le coût des mensualités. Il suffit d'être un jeune couple avec deux salaires et une certaine stabilité au travail. Ayant engagé nos vies professionnelles dans deux filières sûres, l'une privée, l'autre publique, avec un minimum de bagage professionnel, tout nous sourit, la situation, la famille. 68 a ajouté sur le gâteau une cerise, l'attrait d'un renouvellement profond de la société, un germe qui n'a pas réussi à la première tentative, mais finira bien par ressurgir.

---

[86] *Le travail en France, 1800-2000*, Olivier Marchand et Claude Thélot, Nathan éd. 1997. L'étude porte sur l'ensemble de la période. Les taux de croissance annuels moyens depuis 1896 sont les suivants, pour l'ensemble de l'économie, produit intérieur brut (y compris non-marchand) : 1896-1911 : 1,5% ; 1921-1931 : 3,6% ; 1931-1949 : 0,9% ; 1949-1961 : 4,9% ; 1961-1973 : 5,4% ; 1973-1979 : 2,8% ; 1979-1984 : 1,5% ; 1984-1989 : 2,4%. Les théories économiques libérales, prétendant que la relance de l'économie passe par la compression des coûts salariaux et la priorité de la lutte contre l'inflation qui en proviendrait sont des mensonges pour les générations ayant vécu cette époque.

Ch.9 Clivages d'une direction départementale avant 1971[87]

L'inspection et les services de main-d'œuvre sont une grande famille. Au bout de quelques mois d'observation, elle montre ses clivages, ses divisions structurelles. Par ailleurs des personnages plus hauts en couleur se distinguent sur un fond d'agents plus anonymes. Après la seconde moitié des années soixante, et surtout après le séisme de 68, les rapports internes se transforment profondément. D'importants recrutements changent sensiblement le paysage.

Mais entre 1965 et 1970, l'ancienne structure de ce petit monde est encore très apparente. Pour les observer, j'ai une certaine naïveté marquée par ce qu'il convient d'appeler des origines bourgeoises. De mes vingt-cinq/vingt-six ans, la moyenne d'âge paraît assez élevée. Un nombre important de gens se sont installés dans ces fonctions dans l'immédiat après guerre ou dans les années cinquante. Le premier clivage qui frappe est que l'on s'est habitué à ce qu'il y ait des gens dont le travail peut valoir un, tandis que d'autres se situent sur une échelle de dix par rapport aux premiers. Cette observation est déjà vraie dans la petite équipe de contractuels recrutés sur vacances d'emploi. Mais elle est encore plus manifeste pour l'ensemble, qu'il s'agisse des personnels dits de « petite catégorie » ou de ceux qui font figure d'agents d'encadrement.

Une idée rend supportable cet état de fait. Tout le monde convient que les fonctionnaires ont un traitement qui se situe, dans l'échelle de la société réelle, au niveau d'une valeur de un tandis que beaucoup d'autres catégories sociales bénéficient d'une rémunération bien supérieure, pour des tâches qui ne le justifient pas nécessairement comparativement à l'importance des missions assurées dans un ministère. Il en est ainsi, notamment, des ouvriers qualifiés et respectés de la métallurgie, mais aussi de beaucoup de travailleurs ordinaires, sans parler bien entendu des cadres du privé et des employeurs qui savent s'accorder des émoluments et des avantages incomparables. En somme, ceux qui ne produisent qu'une valeur de un sont ceux qui produisent juste ce pourquoi ils sont payés. Tous les autres dépassent ce qu'ils doivent à la société. Et ils se sacrifient et se dévouent au service public, aux usagers, et aux travailleurs, les principaux usagers des services du travail. Ceux donc qui travaillent beaucoup doivent se satisfaire d'une récompense tout intellectuelle mais bien réelle pour ceux qui comprennent à quoi doit servir ce ministère du Travail.

Par ailleurs, les opérations de notation confirment ces appréciations. Les agents produisant une valeur de un ne sont pas si mal vus de l'administration.

---

[87] Je retiens ici cette date de 1971 parce qu'elle constitue une étape dans ma carrière et non parce qu'elle est une coupure dans l'histoire des services du travail. Le 1er février de cette année, je quitte la direction du Rhône pour entrer au Centre de formation des inspecteurs. Si l'on veut retenir une date significative pour des évolutions générales, il faut probablement retenir le 21 avril 1975, date de la réforme du statut de l'inspection du travail. On peut ajouter une autre raison de choisir cette année comme une date clé de l'histoire de l'inspection. Avec la loi du 3 janvier 1975, on entre dans une grande période, quant aux missions assumées, s'achevant en juillet 86.

Chacun sait que pour le préfet celui qui travaille beaucoup et soulève des affaires qui font des vagues n'est pas un très bon fonctionnaire. Il en résulte des interventions du patronat et de la haute société locale qui agacent les autorités. Cette considération des agents trop actifs est particulièrement apparente avec la longue suite de ministères de droite ou de ministères réformistes durant laquelle on voit les effectifs baisser faute de remplacer les partant en retraite. En l'absence de concours, pendant dix ans, il est manifeste que trop de fonctionnaires du travail qui travaillent trop ne sont pas la priorité du Gouvernement. Mais les choses vont changer.

D'ailleurs ceux qui produisent une valeur de un sont un tout petit nombre, même si leurs habitudes sont vite repérables de la part d'un néophyte. Il y a par exemple le contrôleur T… qui, avec un lourd manteau de fourrure, arrive généralement à onze heures du matin parce que, dit-on amicalement, il joue au bridge fort tard. Il y a aussi l'inspecteur D… qui laisse une épaisse couche de gras sur la tapisserie du mur, derrière son bureau, consommant la boîte de produits de beauté envoyée par un fabricant de parfums de son secteur. En écoutant flegmatiquement les visiteurs, il se balance sur sa chaise, s'appuyant de la tête sur la tapisserie. Il y a aussi l'inspecteur M…, particulièrement paisible qui n'aime pas rentrer dans les entreprises pour leur faire des remontrances. Ancien grand mutilé de la guerre de 14, recruté pour cette raison, amateur de bricolages, il est très adroit dans la fabrication d'objets en bois. Il s'est trouvé un employeur de menuiserie de la ville de T… dont les ateliers lui sont ouverts à sa guise, par dévouement pour la cause patronale, et probablement aussi par amitié. Il peut en utiliser les machines comme il l'entend.

Certains de ces inspecteurs et contrôleurs sont bien intégrés dans le réseau d'amitiés internes. On admet leurs particularismes. D'autres se sont peu à peu marginalisés et passent furtivement au milieu des collègues. On les voit parce qu'ils effectuent leurs permanences. Mais on observe, qu'ils ont peu de visiteurs. Ils ont en quelque sorte « tué » leur secteur, les usagers ayant vite compris qu'il faut aller chercher ailleurs la solution de leurs problèmes et se donnant le mot. Alors que les départs en retraite sont, selon la coutume, l'occasion d'un « pot » offert aux collègues, et d'un discours du directeur, le départ en retraite de l'inspecteur D… s'est fait sans que personne ne s'en soit aperçu. Nul ne sait s'il est allé dire au revoir à quelqu'un, le dernier jour. On ne l'a tout simplement plus revu. Un successeur est déjà en place.

Le plus curieux, c'est que la direction a une stratégie pour associer des personnes ayant les mêmes travers sur certains secteurs. Par exemple la section de l'inspecteur D… a aussi un contrôleur, M. Y... réputé remplir ses journées de passages éclairs dans les commerces. Il rappelle chaque année, les obligations d'affichage et de médecine du travail, de façon identique, sans oublier de signer le registre. Il faut dire, à sa décharge, qu'il est dans la nature de ses fonctions, compte tenu de la structure de l'emploi des quartiers qu'il visite, de faire ce type d'observations. Son tort est de s'être trop longtemps fixé sur le même secteur. La technique du contrôleur T... n'est pas la même. La faible épaisseur de son chrono[88] est légendaire. On dit qu'en fin de mois, il rédige ses états de visite avec l'annuaire et la liste de ses appels téléphoniques. Mais avec efficacité, il règle beaucoup d'affaires au téléphone, à l'amiable. C'est tout simplement quelqu'un qui souffre d'avoir été affecté à l'inspection du travail. Il a connu dans les services de main-d'œuvre, ses belles années professionnelles, mais à la fin de la guerre, n'a pas pu obtenir un poste correspondant à ses mérites. Il a pourtant à son actif des actes de courage exceptionnels durant la Résistance.

Ces différenciations par la productivité ou plutôt par le dévouement au service public ne sont pas cependant le principal clivage, dans la mesure où ces différences sont tolérées et n'empêchent pas une grande courtoisie habituelle. On laisse les gens qui se sont marginalisés aller à leur rythme, se contentant de soupirer si l'on connaît un usager dépendant géographiquement de leur secteur. Après avoir plus sérieusement « tuyauté » la victime sur ses droits, on la renvoie sur la Bourse du travail et les syndicats. De toute façon, que l'inspecteur ou le contrôleur soit un agent actif ou non, la résolution des problèmes de travail, vient de la pression exercée sur l'employeur par tout le mécanisme social et ses réseaux syndicaux.

Au plus fort des années 60, le clivage essentiel, dans le petit monde de la direction départementale, réside dans la coupure s'insinuant entre l'élite du personnel, c'est à dire, les inspecteurs du travail et le directeur et le reste des agents. Mais, avec l'apparition des directeurs adjoints institués par le décret d'avril 1975, beaucoup de choses changent en profondeur dans l'organisation et le climat relationnel des directions départementales. Bien que les premiers adjoints aux directeurs fassent leur apparition à partir d'un autre décret de septembre 1962[89], rien ne change avant les années 70. Ils restent en section, continuant à assurer pour l'essentiel les mêmes fonctions. Par ailleurs le département du Rhône tardant à bénéficier d'un poste de ce type, une situation inverse se crée, une anomalie pour un aussi gros département : André Chambonnet, faisant fonction d'adjoint au directeur, est toujours inspecteur et continue à figurer sur l'organigramme à la tête d'une section.

Avant que ce troisième grade réservé aux membres du corps des inspecteurs, ne vienne alourdir sensiblement la ligne hiérarchique et apporter une

[88] Le regroupement annuel des doubles des courriers qu'il envoie.

[89] À la fin des années 60, on s'aperçoit que des inspecteurs appréciés de la hiérarchie et fréquentant assidûment le syndicat autonome des inspecteurs n'ont aucune chance de devenir directeur alors qu'ils ont déjà une vingtaine d'années d'ancienneté. On fabrique alors le grade d'adjoint sans savoir d'abord à quoi il correspond exactement dans l'organisation hiérarchique. Il s'agit d'accorder une fin de carrière à des aspirants malheureux au grade de directeur. Un grand nombre d'entre eux restent dans leur section d'origine. Curieusement, cette position contradictoire en théorie d'un adjoint au directeur n'exerçant aucune fonction particulière de direction, mais continuant d'effectuer les mêmes tâches de contrôle, devient ensuite une revendication essentielle d'organisations syndicales d'inspecteur contestant les orientations du SNIT.

certaine animation dans le déroulement des carrières de ce monde étroit et supérieur des inspecteurs, les rapports sociaux internes ont une toute autre allure. 1975 est la date de naissance de ce que l'on appelle l'armée mexicaine. Jusque-là, la physionomie de l'inspection peut se résumer par les chiffres suivants issus de la comparaison des annuaires de septembre 1958 et septembre 1981 : en 1958, 126 « chefs », incluant les inspecteurs généraux et divisionnaires, encadrent 363 inspecteurs. En 1981, grâce à la multiplication des directeurs adjoints, 261 chefs et petits chefs encadrent 394 inspecteurs[90]. L'image est claire, même s'il faut indiquer qu'en 1981, les services de main-d'œuvre quittent le ministère et que les services distillant les aides du FNE sont en développement en leur lieu et place, donnant quelques tâches nouvelles au directeurs adjoints.

Dans une direction telle que celle du Rhône, l'apparition de ce grade hiérarchique intermédiaire fait basculer la famille dans des comportements conflictuels et hiérarchiques que l'on n'avait pas imaginés jusqu'alors. Le directeur se met à gérer la boutique, ce qui veut dire surtout s'occuper des relations humaines, en s'appuyant presque exclusivement sur son confident immédiat. Seuls quelques inspecteurs continuent à faire antichambre auprès du directeur et de son adjoint, de préférence en cachette des autres inspecteurs. Ils ne font pas long feu, parce qu'ils partent dans le privé ou glissent vers d'autres services ou ministères.

Dans leur grande majorité, les inspecteurs basculent du coté du « petit » personnel. Si l'on préfère cette présentation des choses, ils s'intègrent dans l'ensemble du personnel, face à la direction. La percée du tutoiement entre les grades, de la secrétaire à l'inspecteur, apparue en 68, se confirme et s'étend. Les directeurs et adjoints se tutoient mais vouvoient les inspecteurs et réciproquement. 1968 apporte les justifications idéologiques et comportementales mais la cause est aussi structurelle. La hiérarchie se coupe de la base de son corps d'origine. Elle ne parvient à garder des liens d'orientation et de relations quotidiennes qu'avec les échelons qui la composent et quelques inspecteurs décidés à faire carrière le plus

[90] Cette évolution n'est qu'un début ; l'annuaire de 1985 confirme les chiffres de 1981. Sans prendre en compte les inspecteurs stagiaires, puis les inspecteurs élèves, considérés comme appartenant au corps, la hiérarchie des années 60 représente 34.71 % des inspecteurs. Celle de 1981 en constitue 66.24 % et celle de 1985, 74.66 %. Cette maladie de boulimie pyramidaloïde ne fait que s'accentuer avec ses effets sur l'ambiance. Les services n'ont plus rien de la « famille » des années 60. Entre le début et la fin des années 80, la DDTEFP du Rhône passe de un à deux directeurs adjoints, puis dans les années 90 de deux à six adjoints. Un second directeur départemental apparaît ensuite, placé aux côtés du premier. Dans la première décennie des années 2000, la même DDTEFP est en passe d'avoir trois cadres du grade de directeur. Les DRTEFP battent les records. Jusque dans le début des années 90, les postes de directeurs adjoints s'y multiplient. À la fin des années 90 les directeurs délégués au directeur régional ou simplement positionnés comme chefs de services s'ajoutent aux directeurs adjoints. Tout ce mécanisme a pour première raison de compenser les modestes évolutions de traitement accordées aux fonctionnaires du cadre A par la grille, en second lieu de permettre au ministère d'accorder des carrières à ses cadres, en accélérant l'évolution des plus ambitieux et en casant là où elle le peut les moins ambitieux. Par répercussion, les inspecteurs sont réduits au rang de cadres locaux. Par répercussion, les contrôleurs ont pour rôle de gérer des pyramides de volontés directrices et d'ordres ou de contrordres de plus en plus lourdes au-dessus d'eux, tout en assurant la continuité des tâches d'exécution.

rapidement possible. Sauf les gens ayant pris des options pour un long exercice du métier, des promotions entières entreprennent alors des carrières de vingt-cinq à trente années dans cette hiérarchie après un bref passage dans les sections d'inspection.

Dans les petites directions départementales comportant une quarantaine de personnes et un ou deux inspecteurs, ce phénomène de coupure ne se réalise pas intégralement ni immédiatement. Les inspecteurs restent souvent dans le sérail du directeur. Cependant les exceptions se multiplient. L'inspecteur nouvel arrivant, d'une génération plus jeune, ayant lui aussi pris position au centre de formation, s'engage parfois dans un conflit insoluble avec son directeur. La seule échappatoire est la mutation la plus rapide possible. À Lyon, cette fracture se réalise de façon paroxystique. Appuyés par les contrôleurs, les inspecteurs entrent en conflit durable pour appliquer tranquillement leur vision de l'inspection. C'est le fait de leur nombre. Pendant quinze ans, les directeurs proclament dans toutes les réunions que la boutique est ingérable. La réputation s'incruste dans tout le ministère.

L'apparition des adjoints fait une seconde série de victimes, très nombreuses cette fois-ci. Positionnés au départ comme des caporaux des inspecteurs, les adjoints découvrent très vite que leur avenir est surtout dans la gestion des services chargés de l'emploi et la déconcentration du FNE dans les départements. C'est plus confortable que d'essayer de discuter avec des inspecteurs invoquant à tout moment leur indépendance. Sur ces créneaux, un certain nombre de « chefs de centre et de section », les corps d'évolution des contrôleurs, tiennent depuis longtemps les commandes. Ils dirigent des services aux effectifs non négligeables, notamment dans les grandes directions. En s'installant les adjoints récupèrent la maîtrise des signatures, des notations, des réunions en préfecture, déléguant souvent peu. Anciens inspecteurs, ils gardent la pratique du travail solitaire. En réunion, ils emportent dans leur cartable un jeune contrôleur. Ils savent que l'aide d'un jeune contrôleur, moins savant mais plus malléable, leur est de beaucoup préférable. Ils ne sont là, cependant, par définition, que pour quelques années, en attendant une promotion. Beaucoup de contrôleurs anciens voient donc leur arrivée de façon très amère comme une dépossession de leurs compétences. C'est une grande source de démotivation.

Jusqu'au début des années 70, la famille se décline de diverses façons mais a ses limites. Le monde des inspecteurs vit largement refermé sur lui-même, marquant sa supériorité sur le reste des services, considérés comme « le petit personnel ». Des années durant, il s'oppose à ce que les contrôleurs du travail bénéficient d'un concours interne d'accès aux fonctions d'inspecteur. Seul un petit nombre trillé sur le volet peut y accéder par le choix. Et ce corps d'élite se soucie peu, semble-t-il, pendant de nombreuses années, de consolider les agents auxiliaires, le secondant dans les tâches non nobles du service, les fonctions de main-d'œuvre ou les secrétariats d'inspection. Ces derniers attendent des années pour accéder aux corps B, C et D de fonction publique, impatients de voir ouvrir les concours et examens d'admission. Les secrétaires sont des personnes que l'on appelle « madame » ou « mademoiselle », à qui l'on dicte, en se lamentant si elles n'ont pas une bonne sténographie. Elles prennent les rendez-vous et remplissent à la main et au carbone les états de fin de mois préparés au brouillon. Ils n'imaginent pas qu'un jour les inspecteurs auront un clavier d'ordinateur et devront faire eux-mêmes une grande partie du travail administratif.

Ce corps des inspecteurs est si soudé entre ses deux grades, autour de son syndicat autonome, que tout se prépare et se discute au sein du SNITMO et dans les entrevues de ses dirigeants à la Centrale. C'est le cas en particulier des réflexions préalables aux réformes statutaires et à celle du décret du 21 avril 1975. Un exemple est frappant : ce décret abandonne l'avantage de la carrière active, acquis historique des inspecteurs de la Belle époque[91]. Tout est discuté dans des réunions confidentielles entre le Syndicat autonome et l'administration, en compensation de l'amélioration des grades de promotion. Le représentant du récent syndicat CFDT est toutefois mis dans la confidence. Le représentant du syndicat CGT ne découvre la chose qu'en dernière minute, alors que le texte est prêt pour la signature. Outre les grandes réflexions sur les réformes, c'est surtout pour les carrières que ce syndicat est influent et c'est sur ce point que les choses sont amenées à changer, notamment avec l'institution des directeurs adjoints. À l'origine, un inspecteur normalement doué et travailleur doit finir directeur. Seuls un petit nombre d'entre eux, ne manifestant ni désir de mobilité, ni esprit de compétition, achèvent leur carrière comme inspecteurs, puis à partir de 1962, comme adjoint. À Lyon, c'est le cas de l'inspecteur D… et surtout de l'inspectrice S…. D'ailleurs, initialement, les inspectrices n'ont pas accès aux fonctions de directeur, sauf quelques exceptions parisiennes.

Avant 1971, l'esprit de famille apparaît jusque dans les clivages idéologiques. Comme dans le corps d'élite, tout le monde ou presque appartient au syndicat autonome des inspecteurs du travail, l'esprit de famille est dominé par une sorte de corporatisme, chargé de régler les problèmes essentiels, à savoir les problèmes de carrière. Par ailleurs, comme tout le monde se retrouve sous cette influence, un certain consensus gère les questions idéologiques. De temps immémoriaux, tout le monde est engagé dans la défense de la République, celle-ci n'étant jamais si bien défendue que lorsqu'elle est sociale. Les seuls clivages internes résultent des nuances de l'engagement républicain. Il y a ceux qui sont simplement républicains, les républicains engagés pour la laïcité, les républicains radicaux, les républicains socialistes. Il y a aussi les ralliés à la République, c'est à dire les catholiques sociaux. Une composante semble dominer toutes ces idéologies républicaines. Ce sont ceux dont on peut soupçonner qu'ils

[91] Depuis soixante dix ans et une loi de finance de 1905, les inspecteurs du travail peuvent prendre leur retraite à taux plein à cinquante-cinq ans après vingt-cinq années de carrière.

appartiennent au monde des francs-maçons. D'aucuns pensent qu'ils sont les personnages du haut de la pyramide. Mais vu le caractère secret de leur organisation et du personnage qu'ils se donnent en société, on ne peut jamais cerner le contour exact de leur groupe. Certaines informations peuvent venir de personnes de rang subalterne qui ont eu, un temps, une appartenance d'intérêt à la franc-maçonnerie. Mais on se méfie de ce qu'ils peuvent dire. Ils ne sont pas fiables sur ce sujet, ayant en quelque sorte échoué leur entrée dans ce monde.

L'éventail politique comporte également une catégorie de républicains assez difficilement classables, ce sont les gens se classant franchement à la droite de l'éventail, des gens peu nombreux en fait. L'attitude à leur égard est assez curieuse. Avec discrétion et politesse, en général quand ils ne sont pas là, on manifeste à leur égard une ironie destinée à ceux qui se sont trompés de route. Enfin pour compléter le tableau des opinions ayant droit de cité au ministère, il y a depuis la Libération, des gens de sensibilité marxiste, très minoritaires dans la hiérarchie et dans le corps d'inspection, toujours activement marginalisés par le corps dans son ensemble. Il se trouve qu'à Lyon, dans ces années 65 et suivantes, ils n'ont pas cette place marginale mais sont influents, respectés et reconnus. C'est un particularisme de ce monde des origines, ces gens extrêmement minoritaires au plan national, en font partie intégrante, liés de façon diverse et discrète aux organisations du PCF et de la CGT.

À la Libération, du temps du ministre Ambroise Croizat, tous les inspecteurs se retrouvent, comme un seul homme à la CGT[92]. Une fois les ministres communistes exclus du Gouvernement, le syndicat CGT des inspecteurs refuse de choisir entre la confédération CGT-FO et la CGT ou de se scinder, jugeant à la quasi-unanimité que garder des liens avec une organisation de salariés les priverait de la neutralité qu'ils attachent à leurs fonctions. Ceux qui gardent une attache idéologique à la CGT se comptent alors sur les doigts des deux mains et pratiquent la double appartenance, pour survivre. Elle leur est reprochée, en 1953, lorsque le secrétaire général de la CGT au ministère, Jacky Forest, tape du poing sur la table et déclare que cette double appartenance a trop duré. Sept ou huit décident de rendre leur carte au SNIT. Recevant périodiquement une invitation à participer au congrès des inspecteurs du SNIT, ils sont tentés à plusieurs reprises de répondre favorablement, geste regardé avec méfiance. Tout change par la suite avec l'arrivée plus massive des jeunes issus des bancs de l'université.

Au-dessous des inspecteurs, l'esprit de famille est plus apparent. Il y a toutes les autres catégories, à commencer par les contrôleurs. Le nombre des inspecteurs ayant été longtemps en réduction, plusieurs sections sont sans inspecteur. Des contrôleurs assurent de fait leurs fonctions avec pour remerciement essentiel l'honneur qu'ils ont de les tenir. Comme on le voit plus

---

[92] À l'exception des inspectrices demeurant globalement fidèles à la CFTC.

fréquemment à partir de 1968, les secrétaires ne se seraient pas situées volontiers au même niveau que les contrôleurs. D'ailleurs, ayant souvent le même bagage d'études générales, beaucoup d'entre elles ont la possibilité, dans les années qui suivent, de passer le concours de contrôleur. En 1965-1970, le contrôleur est un chef qui s'efforce d'obtenir les mêmes prérogatives que l'inspecteur à l'égard de sa secrétaire. Le personnel le plus nombreux, celui des services de main-d'œuvre, assurant les tâches de placement et d'administration, considère les contrôleurs comme des chefs de service et les contrôleurs des sections d'inspection comme des agents d'un autre monde, ayant la chance de coopérer aux tâches d'élite.

Autre déclinaison de l'esprit de famille, enfin, les rapprochements de destinées administratives permettent que se construisent des couples travaillant simultanément dans le service. La gestion de ce problème génère parfois quelques soucis à l'administration centrale qui tente à l'occasion d'imposer des règles concernant les activités professionnelles des épouses des directeurs. Il arrive qu'elles soient parfois transgressées. La situation la plus fréquente est celle des contrôleurs épousant une secrétaire. Sacrifiant à d'autres traditions socioculturelles, des inspecteurs ont des épouses contrôleur mais, à ma connaissance, aucune n'assure des fonctions de secrétaire. Il arrive au contraire qu'un directeur reconstruise sa vie avec une secrétaire. Une inspectrice lyonnaise connaît inversement une destinée originale en ayant épousé un contrôleur.

Tout le monde appartenant aux strates inférieures à celle des inspecteurs se retrouve dans une réclamation commune de reconnaissance et d'amélioration des grades et des fonctions. C'est le ferment d'une nouvelle histoire syndicale. Au moment où j'arrive dans le service, les clivages idéologiques internes, encore légers par rapport à ce que l'on connaît ensuite, commencent à se compliquer quelque peu, travaillés en particulier par la fracture hiérarchique. Dans la direction du Rhône, l'essentiel des « petites » catégories se retrouve à la CGT ou suit son influence.

Je suis très tôt invité aux manifestations de ce monde majoritaire. En début d'année, la traditionnelle réunion de remise des cartes se déroule dans un café situé à mi-chemin entre le « quai » et l'inspection. C'est l'heure de la sortie du travail. J'ai l'audace de m'y rendre avec ma femme, peu après notre retour de voyage de noces. Robert Devilliers, l'un des chefs de service du « quai », qui a sa carte, un peu bourru, mais chaleureux et amical, nous accueille avec un sonore « alors tout est consommé ? » Une autre réunion CGT justifie la fermeture du service au public, une demi-heure avant sa fin normale. Le nouveau secrétaire national, Roger Buchbaum, fait une tournée en province et visite ses adhérents du Rhône. Les syndicats du travail et des directions régionales de sécurité sociale ont récemment fusionné. Une grande partie du personnel, y compris des non-syndiqués se retrouve dans le rez-de-chaussée du « quai ». On reçoit les nouvelles de Paris concernant toute une série de questions sur les statuts, les concours, etc.... On est encore loin d'avoir un droit de réunion défini par les circulaires.

Mais, semble-t-il, la direction locale se sent une obligation d'admettre une réunion dans ces conditions. Dans ses tolérances, elle est peut-être encore influencée par les traces laissées par la personnalité de Nathan Mouchnino, un directeur départemental du Rhône qui, à la Libération, reçoit des délégations avec le journal l'Humanité en évidence sur son bureau et qui laisse retenir les cotisations syndicales sur les feuilles de paye des agents[93].

Il y a également à Lyon, dans la fin des années 60, une toute petite minorité, deux personnes, s'affichant sous la bannière de la CFTC. Elles sont un inspecteur, Henri Desos, et parmi le reste du personnel, Madeleine Bleton, assurant la fonction de déléguée locale de ce syndicat. Avec la mise en œuvre de la déconfessionnalisation au sein de la CFTC du ministère, Henri Desos, assisté d'Yvonne Hammadache, la secrétaire de sa section, obtient rapidement un certain nombre d'adhésions à la CFDT locale. Mais celle-ci reste cependant toujours minoritaire aux côtés de la CGT, réputée inspirer plus facilement du respect à la haute hiérarchie locale. Les chrétiens de la CFTC, ainsi que leur greffe déconfessionnalisée sont en quelque sorte « la piétaille » pour les tendances structurant idéologiquement les services. Un petit nombre d'agents est également adhérent à la confédération CGT-FO, présente surtout dans les services de main-d'œuvre, avec également un inspecteur qui supporte l'originalité de s'y être affilié plutôt qu'au SNIT.

Dans ce service traversé de fortes poussées soixante-huitardes, ces appartenances sont immédiatement analysées avec leurs composantes idéologiques. Certains comme l'inspecteur René Radix, nous sont présentés comme l'image du réformiste par excellence. Il y a dans le service deux Radix, René et Henri, le grand et le petit. Mais le petit par la taille est à nos yeux le grand, avec ses prises de positions engagées, son adhésion syndicale précoce, sa participation aux cours de l'Université nouvelle.... Les inspecteurs se font vite une réputation interne par les attitudes qu'ils prennent dans telle ou telle affaire. René Radix, en particulier, le grand en taille, contrôle les usines B... de Vaise, un très gros établissement industriel. Lors des conflits sociaux réguliers que connaît cette entreprise de huit mille personnes, il mène des stratégies de conciliation jugées favorables aux compromis que la direction peut souhaiter. En face, un syndicalisme CGT d'entreprise[94] est dominé par une mémoire anarcho-syndicaliste, sévèrement critiquée par le syndicalisme des métallurgistes et de l'Union départementale. Ils s'enfoncent dans de longues grèves jusqu'au-boutistes, pour n'en sortir que grâce aux compromis que l'inspecteur René Radix excelle à préparer.

---

[93] Je tiens ce premier détail d'un délégué départemental d'un syndicat, Gabriel Frainay participant en 1945 à des délégations reçues par N. Mouchnino et l'autre des pièces remises par Jacques Bercovici.

[94] Appartenant par ailleurs à la fédération du textile artificiel. J'ai l'occasion d'interviewer l'un de ses dirigeants historiques lors de la célébration du centenaire de l'inspection.

À l'autre extrémité de l'agglomération, Henri Radix, le petit, est l'inspecteur de la métallurgie. Il contrôle notamment, le moteur régional des conflits sociaux que sont les Automobiles N…. À Vénissieux, de grands syndicats d'entreprise sont mieux encadrés par un syndicalisme où les communistes sont dans leur fief et prédominent sur les bases syndicales. Pour le néophyte que je suis et pour la nouvelle génération, Henri Radix est le modèle de l'inspecteur porté par une réflexion révolutionnaire. Il suit des conflits durs, et y accompagne les directeurs départementaux. Tous les deux ans, ces derniers sont rendus célèbres au ministère par un grand conflit chez N…. Il leur fait parfois gagner un galon supplémentaire, la suprême récompense, le passage au grade de divisionnaire[95]. Ces conflits durent souvent un mois à un mois et demi, ponctués de réunions se prolongeant la moitié de la nuit.

Henri Radix a un très bonne écoute auprès des organisations CGT du département, et des relations régulières imposées avec les multiples étages de la direction de l'entreprise. Il est un homme précieux maintenant le contact avec un monde ouvrier que l'on craint et que l'on sait immaîtrisable dans ses phases cycliques de crise. Le directeur départemental le sollicite pour l'accompagner dans les commissions mixtes convoquées avec ou sans le préfet. Lorsque N… tousse, dit-on, toute la ville s'enrhume. L'entreprise occupe quinze à vingt mille salariés, mais il y a cent mille autres salariés chez les sous-traitants. Si N… est arrêté, tout ce monde industriel est aussi arrêté. Après ces longues nuits, Mme Germain, la secrétaire, voit arriver H. Radix mal réveillé. Très blond tirant sur le roux, il est alors encore plus rouge qu'à l'habitude. Elle dit : « Ce pauvre Henri, il a encore passé une nuit impossible. C'est le directeur qui va en tirer le bénéfice et lui il sera toujours le même ! Brave comme il est, il rend service à tout le monde, mais il n'en tire jamais avantage. » De fait, ces grands conflits, au cours desquels H. Radix explique et ré-explique les tenants et aboutissants de la lutte de classe en cours, permettent à l'administration de trouver l'issue qui correspond au juste minimum nécessaire à une reprise du travail.

Un grand rapport de plusieurs pages est ensuite rédigé sur les principales étapes du conflit et les interventions du service ayant finalement abouti à ramener la paix sociale. Henri Radix en rédige le brouillon. Le directeur départemental y apporte quelques corrections, le fait taper par sa secrétaire et l'envoie à Paris sous sa signature de directeur. Il lui reste à attendre son inscription au tableau d'avancement pour l'année suivante. Je ne sais pas si cette version des faits correspond aux discussions feutrées se déroulant lors des réunions du syndicat autonome des inspecteurs et préparant la Commission administrative paritaire, mais c'est l'impression que nous, les subalternes, en retirons. Sur le moyen terme, les faits correspondent en général à notre interprétation. Henri Radix est toujours

[95] Appelé ensuite le grade de directeur régional.

là sur cette 10e section à laquelle il est attaché. Les directeurs se succèdent et poursuivent leur carrière ascensionnelle.

Il est difficile d'évoquer la composition de l'inspection et de la direction du travail dans ces années sans évoquer encore quelques personnalités. Peu structurés et peu organisés, les services vivent d'un fonctionnement traditionnel. Les décisions se prennent suite à des entrevues à deux. Il y a peu de réunions en dehors de celles que convoque le préfet. Les structures apparentes les plus voyantes sont les rites sociaux réguliers conduisant aux promotions, c'est-à-dire les Commissions administratives paritaires, et ceux entourant les conflits annuels sur les traitements de la fonction publique. En termes collectifs, ce qui marque la vie des services est l'animation que leur donnent les deux grands syndicats concurrents, le syndicat de l'élite, le SNIT et celui majoritaire auprès des « petites catégories », la CGT. Mais il y a aussi l'action de personnalités fortes. Beaucoup dépend d'elles et de ce qu'elles font en redescendant de Paris. Les fonctions d'inspecteur du travail font de tout temps émerger des personnalités ayant tendance à jouer les notables ou les autorités locales. Elles donnent aussi des fonctionnaires laissant des traces dans la vie sociale.

Pour commencer la galerie des portraits par le haut, ouvrant la voie à une époque nouvelle dans le service, Hubert Delarbre est le divisionnaire lors de mon recrutement. Puis il est nommé inspecteur général. Il suit les services dans le quart Sud-Est de la France dont il vient, redescendant chaque fin de semaine à son domicile lyonnais. Ses anciens collaborateurs directs, les premiers agents recrutés dans les années 65 pour l'échelon régional de l'emploi, lui sont des aides précieux pour vérifier la validité de quelques intuitions qu'il a sur les questions de l'emploi. Ils continuent à lui faire régulièrement des statistiques et des études sur des thèmes qu'il suggère. Au sortir de l'ère des bureaux de main-d'œuvre, une certaine façon de repenser « l'emploi » est une grande nouveauté. Pour l'évolution de sa pensée, il s'inscrit, ce qui n'a rien de surprenant, dans la lignée de cette nouvelle génération de ministres intitulés « gaullistes de progrès », Gilbert Grandval et Jean-Marcel Jeanneney. Parmi les têtes pensantes de la CGT du service, des hommes peu portés à goûter les plaisirs du Gaullisme, savent souligner comment ces ministres donnent un peu d'air frais dans ce ministère suffoquant de l'immobilisme de l'ère Bacon.

Hubert Delarbre sait être populaire. Il se joint aux « réunions de la Patrie », café voisin de l'inspection, à l'angle de l'avenue de Saxe. C'est là que se tiennent de fait les réunions de service, le vendredi, en début d'après midi à son retour de Paris. Un certain nombre d'inspecteurs et de contrôleurs se retrouvent et causent de choses et d'autres, mais aussi du travail. Les discussions durent quelque peu. Les inspecteurs sont libres de parler. C'est une sorte de réunion de service, sans le directeur. Celui-ci ne se soucie pas souvent d'en organiser, dans ces temps où la spontanéité a encore une grande place et où l'on n'a pas encore inventé l'animation des services. Hubert Delarbre vient « prendre le pouls ». Il écoute, manifeste de la curiosité à l'égard des jeunes inspecteurs. Comme les inspecteurs du Rhône réagissent aux questions de l'emploi en exhumant l'ordonnance de mai 1945 des placards, cela converge avec ses recherches de formules neuves pour l'application du FNE, encore en état d'enfance.

André Camy imprime sa marque sur les services lyonnais. Son caractère à l'arrachée le fait parfois craindre. Il a des talents d'organisateur et de novateur. Un de ses rapports, retrouvé dans un vieux dossier, montre une vision globale et intégrée de la direction départementale. Il pense une réforme des services chargés de l'emploi, en prévision de la création de l'ANPE. Mais son projet est bousculé et porté plus loin. Il tente des démarches de séduction en direction des employeurs. Il se préoccupe de marketing en direction de leurs bureaux d'embauche. Pour les licenciements économiques, il a un tempérament à envelopper une main de fer dans un gant de velours. La note de service citée plus haut[96], déguisée en note technique sur les procédures de licenciement à respecter, date de la période où il inspire ces nouveautés, avec Maurice Chanfrau. Non signée, non datée, elle montre que l'on sait soutenir en termes discrets les audaces des inspecteurs tentant de refuser des licenciements et causant de grands soucis aux autorités préfectorales et ministérielles[97].

J'ai déjà cité André Chambonnet, personnalité discrète et courtoise. Sa courtoisie est aussi diplomatie. Il est le second de confiance, dans la maison. Lors du démarrage de l'expérience des prospecteurs placiers qui déclenche par hasard ma vie professionnelle, il introduit cette jeune équipe et fait quelques réunions nous permettant de comprendre notre travail. Il prend le temps de dégrossir notre ignorance en face des machines-outils. Il nous accompagne dans la première usine où nous apprenons à distinguer un tour d'une fraiseuse et d'une scie à métaux, exercice laissant le souvenir de sa difficulté. L'ascensoriste G... de Villeurbanne est choisi. À l'époque, il fabrique beaucoup sur place. A. Chambonnet sait se soucier de ce qui se passe dans la tête d'un jeune agent et des hésitations qu'il peut avoir au moment de s'engager durablement dans une carrière. Un jour, il noue avec moi une conversation de couloir au cours de laquelle il essaye de comparer une vie professionnelle privée, mieux et plus vite rémunérée et une carrière exigeant de la patience avant d'être mieux rémunérée, mais plus stable, surtout plus motivante, accordant de grandes responsabilités, exercées dès le départ, malgré la modestie des évolutions d'échelon : « tu verras quand tu auras quarante-cinq ans et que tu compareras la régularité et la continuité de ta

[96] Au Ch. 6.

[97] Jeune contrôleur, je peux me vanter qu'il m'ait perçu comme un sujet souhaitant s'investir dans son travail. Avec une progression d'un point par an, il me fait bénéficier d'une notation exceptionnelle dans un ministère où l'habitude est d'accorder un quart de point annuel aux agents ayant fait leur travail normalement. Mes notes ultérieures montreront longuement des excès inverses, sans que j'aie conscience d'avoir modifié mon comportement.

progression à celle de tes proches qui auront dû traverser des années de chômage et subir combien de changements d'emploi aléatoires. En faisant l'addition, tu y auras gagné, sans parler de l'intérêt du travail que tu trouves ici. » Chambonnet est surtout, à ma connaissance, le premier à avoir su utiliser son caractère d'ardéchois tenace et sa dignité d'inspecteur pour ne pas revenir sur une décision de refus bien fondée, face à un préfet et un Premier ministre n'en revenant pas d'un retour au devant de la scène d'une ordonnance vieille de vingt ans, redevenue indispensable pour les problèmes de l'heure.

Henri Radix, dont je viens d'évoquer les mauvaises nuits résultant des conflits N…, est l'ami de tout le monde, le cœur sur la main. Il est de toutes les réunions mi-amicales mi-syndicales qui s'organisent le samedi ou en soirée au sein de la « grande famille inspection du travail ». Il se plait avec la jeunesse nouvelle venue. Au cours de ces fêtes, on lui demande d'entonner les chants du patrimoine révolutionnaire. Il ne se fait jamais prier longtemps, se rappelant ses souvenirs d'adolescence. En grande partie autodidacte, après un bref passage au Trésor comme contrôleur, il passe le concours de contrôleur du travail. Il devient l'un des inspecteurs les plus combatifs du département en matière d'usage et d'interprétation des textes.

Ayant la chance d'être son contrôleur, j'assiste de prêt ou de loin à certaines des grandes affaires de sa carrière. Lors d'un grave conflit aux établissements S…[98], un délégué se couche sur les voies devant le passage d'un train. Accusé d'une entrave manifeste au travail des non-grévistes, son licenciement est demandé. Appelé pour la solution du conflit, Henri Radix doit traiter en même temps la procédure de licenciement pour faute. Ces évènements se déroulent avant les arrêts Perrier de juin 1974 retournant la jurisprudence sur les licenciements des délégués et interdisant le recours à la résiliation de leur contrat en vertu de l'article 1184 du Code civil. Il doit donner une grande force à ses constatations et à ses motivations pour éviter une reprise au civil de la procédure de licenciement. Il refuse le licenciement, invoquant le lien indissoluble du geste au mandat et au climat de tension extrême existant alors pour forcer les ouvriers à reprendre le travail. Traitant un nombre important de procédures de licenciements de délégués, dans une banlieue combative, en un temps où ces procédures ne se traitent pas encore au rythme de cent à cent vingt par an et par inspecteur, certaines de ses décisions méritent de rester dans les annales du service[99].

Chez N…, les affaires avancent souvent par de longues réunions des comités d'hygiène et sécurité qui ne peuvent déboucher au pénal. Mais il fait

---

[98] Une grande entreprise fabriquant des toiles cirées à Vénissieux.

[99] En 1979, l'une d'entre elles, refuse le licenciement de six délégués de N…, demandé suite à des incidents survenus durant un mouvement social et lors d'une délégation dans les grands bureaux. Cette décision contient une description savoureuse de ce que l'on appelle aujourd'hui une séquestration ayant duré de 8 h 30 à 16 h 45. Elle est diffusée dans les Bonnes feuilles de la MICAPCOR et du CHAT, n° 18, décembre 2001.

quelques procès-verbaux célèbres. Lors de l'entretien d'un pont roulant réalisé au département BC3[100], un ouvrier est écrasé entre une charpente et le pont remis malencontreusement en route par un collègue. Les responsabilités sont difficiles à établir. Un juge d'instruction vient sur place. Cette procédure fait date. Enfin, malgré de fortes réticences Préfectorales, en un temps où tout ce qui touche N... est une affaire d'État, il convoque une réunion du comité central de cette entreprise, procédure extrêmement rare de la part d'un inspecteur. Une affaire d'entrave au fonctionnement de ce comité, comme savent en soulever la direction et les élus de cette entreprise, est en cours sur un problème d'œuvres sociales. La tenue de cette réunion permet à ce comité de faire valoir ses compétences.

Il est impossible de ne pas terminer cette galerie des portraits des hommes et des femmes marquant la voie de la nouvelle génération dans le département sans évoquer un certain nombre de contrôleurs. Les personnalités marquantes ne se limitent pas, tant s'en faut, au haut de la hiérarchie et à son corps d'élite. La direction départementale ne compte pas 60 ou 70 contrôleurs comme vingt ans plus tard. Il faudrait citer cependant dix ou quinze noms[101] ayant marqué la vie des sections d'inspection et celle des services de main-d'œuvre. Ces contrôleurs sont des professionnels des questions du travail, estimés de la hiérarchie comme de l'ensemble du personnel et du public, tant salarié qu'employeur. En l'absence de formation organisée par le ministère, ils s'affirment tous « sur le tas », agissant avec responsabilité, le plus souvent dans une grande autonomie par rapport aux inspecteurs, bien que sous leur contrôle théorique. C'est la règle dans un grand département tel que le Rhône.

Parmi eux, Jacques et Suzanne Bercovici sont l'épicentre du corps des contrôleurs qui est lui-même le corps au centre de la famille. Ils sont proches des inspecteurs, du moins de ceux qui, tels les « deux Henri », font basculer le climat dans les années précédant 1968[102]. Pour deux raisons, les contrôleurs sont aussi très proches des employés de main-d'œuvre[103]. Certains des agents de catégorie C, affectés à la main-d'œuvre, tiennent manifestement la place de contrôleurs, responsables de fait de diverses fonctions de main-d'œuvre, sous les ordres ou non de contrôleurs, certains de ces derniers exerçant, eux aussi de fait, des fonctions de cadre A, sous l'autorité immédiate du directeur.

Par ailleurs, aux lendemains de la Libération et au début des années 50, catégories C et contrôleurs connaissent des luttes semblables de reconnaissance statutaire. Plusieurs milliers de personnes des services de main-d'œuvre, mais aussi de l'inspection, attendent de cinq à dix ans pour sortir des situations de précarité instaurées pendant la guerre et à la Libération. C'est par un examen

[100] C'est un établissement dans l'enceinte de l'usine, employant à lui seul plusieurs centaines d'ouvriers.
[101] François Antonini, René Delauzun, Robert Devilliers, André Péru, Raymond Valentin, Darnaud ...
[102] Henri Radix et Henri Desos, déjà évoqués. Avec leur arrivée, le dégel des relations hiérarchiques s'enclenche à Lyon, deux ou trois ans plus tôt qu'ailleurs.
[103] Il faudrait citer Mimi Kenaffou, Lulu Drevet-Martinet, Mesdames Duplat, Berthaud, Valentin...

professionnel de titularisation des auxiliaires en 1950, puis par le grand concours de contrôleurs adjoints du 31 janvier 1953 que nombre d'entre eux s'intègrent véritablement dans une carrière. Jacques et Suzanne Bercovici illustrent de façon exemplaire l'histoire de cette génération.

Suzanne Bercovici, née Besson, secrétaire de confiance de tous les directeurs successifs[104] est la cheville ouvrière de la direction. Mémoire et pivot du fonctionnement de beaucoup de choses, elle fait autorité. Avec tact et diplomatie, dans ses rapports avec les collègues des différentes catégories, elle comprend tout et chacuns. Elle a des tâches délicates, faisant passer des messages importants aux uns et aux autres, y compris les inspecteurs. Elle relance les instances, réclame les rapports en retard, sait rappeler au directeur les impératifs de son programme et lui suggérer ce qu'il doit faire, en temps opportun, à la demande de l'autorité supérieure ou à celle du personnel[105]. Elle est dans la coulisse des fêtes mais aussi des remontrances, sachant les rendre acceptables. Elle est dans le secret des notations, des histoires personnelles, après avoir attendu, la première, sa titularisation pendant cinq ans, puis une réussite, dix-huitième sur 230 candidats au concours de 1953[106].

Dans les années 70, Jacques Bercovici n'est pas encore celui qui obtient une consécration tardive par l'accès, en promotion interne, aux grades d'inspecteur puis de directeur adjoint. Il est l'un des contrôleurs de référence pour les plus jeunes, compétent en tout ou à peu près, estimé pour sa connaissance des textes et des finesses du métier. Il sait expliquer comment s'y prendre avec certaines infractions obscures ou difficiles à saisir ou avec les employeurs retords. Son impact sur nombre de secteurs géographiques du département où il est déjà passé, et la qualité de ses contrôles fait qu'en retournant dans certaines entreprises on vous dit d'abord : « il y a eu un certain monsieur Bercovici qui est passé... Que devient-il ? ». Cela ne l'empêche pas d'être le délégué CGT mobilisateur, dans la maison comme parmi les échelons interministériels du département ou dans ses contacts avec « Jacky[107] ». Quand on cherche à en savoir plus sur lui, il est difficile de connaître ses secrets historiques. Très jeune, à quatorze ans, il échappe aux rafles de la Shoah en livrant des colis en triporteur. Il doit fuir Paris. Se retrouvant à Lyon, il fait des petits boulots, s'engage dans la Résistance à seize ans, dans le maquis à dix-sept. Il est démobilisé à dix-huit, après avoir combattu en Alsace et en Forêt Noire. Entré dans les services en 1946, il fait à nouveau des petits boulots comme auxiliaire de bureau, à la paye des prisonniers de guerre, au suivi des stages et des concours de FPA. Il est finalement repéré par le directeur

---

[104] Ils ont deux secrétaires l'une du grade de contrôleur, l'autre du grade de sténo dactylo.

[105] Par exemple, les autorisations de sortie des veilles de fête, une demi-heure avant l'heure habituelle, alors que les services sont déjà désertés par le public.

[106] Elle entre dans les services le 17 juin 1946. Elle est tardivement promue chef de section en 1967, puis réussit le concours de chef de centre et prend sa retraite en 1982.

[107] Jacky Forest le secrétaire national CGT du ministère.

Mouchnino qui lui confie la revue de presse et différentes tâches[108]. Au bout de huit ans il réussit le concours de contrôleur adjoint[109], passe un ou deux ans dans les services de main-d'œuvre, puis en section d'inspection. À mon arrivée dans les services, fin 1965, il a déjà dix ans d'inspection comme contrôleur, affecté successivement dans des sections où il assure une partie du travail de son inspecteur, lequel fait fonction d'adjoint auprès du directeur, tout en gardant le grade et la charge de la section.

---

[108] Pour l'anecdote, en surveillant un concours, il lit le même journal que son directeur, Le canard enchaîné.

[109] En même temps que Suzanne le 31 janvier 1953. Il est premier sur deux cent quarante candidats admis. Il suffit de lire la liste des admis à ce concours pour radiographier ce qu'à pu être la gestion du personnel du ministère à la Libération puis dans le début des années 50. Leur statut d'origine y figure : soixante neuf « du cadre complémentaire », cinquante et un agents contractuels, cinquante et un auxiliaires, quarante trois employés sur contrat, seize commis.

Ch.10 Une génération militante rencontre une inspection militante

Les inspecteurs et les contrôleurs recrutés à partir de 1968 n'inventent pas l'inspection militante. Ils la trouvent, existant déjà, peu nombreuse, peut-être encore peu répandue à travers le territoire national. Ici ou là, à Lyon en particulier, quelques noms d'inspecteurs et de contrôleurs sont connus. De quelques années plus âgés, ces anciens ont vécu les années 44-45 avec leurs quatorze ou quinze ans. Leurs héros de jeunesse sont Tillon, Marty, Fabien. Ils se retrouvent sur les mêmes bases avec des militants du monde ouvrier ayant vécu 1936 à l'âge de douze à quatorze ans, sortant de l'école primaire, entrant en apprentissage. Nous, nous avons quatre ou cinq ans en 45.

Ils ont déjà vécu le reflux des années suivant l'automne 1947, la période de la guerre froide, de difficiles étapes menaçant les conquêtes de la Libération. Après la brièveté des années de succès populaires, fermement convaincus de la possibilité de lendemains meilleurs, ils ont, dans les services, une maturité de militants aguerris par une seconde résistance interne ayant déjà duré vingt ans. Ils nous voient arriver avec satisfaction. L'espoir se ranime au fur et à mesure que l'impact de 68, d'abord déçu, se révèle laisser des traces profondes et prendre de l'ampleur.

Ce sont aussi les années où l'impact à long terme des jeunes militants formés dans les organisations du monde chrétien fournissent des bataillons de cadres au Gaullisme triomphant d'un côté, à la CGT et au PCF de l'autre, mais aussi à divers courants périphériques de la SFIO. Après avoir eux-mêmes profité de l'éveil des activités de jeunesse à la Libération, nos parents et nos enseignants, nous font accéder facilement aux mouvements de jeunes des années d'après guerre. Ils nous forment à militer en terrain favorable. Les résultats de ce que nous avons essayé de faire ensuite avec nos propres enfants sont bien différents !

Une culture collective incite alors chacun à se prendre en main. Une pédagogie nouvelle de la responsabilité et de la liberté règne dans les colonies de vacances et les activités du jeudi. C'est un prolongement naturel de l'esprit de la Libération dans lequel nous sommes nés. Dès les classes de 6e et de 5e, nous sommes poussés à nous organiser pour des activités de loisirs. Je revois encore la quasi-association créée au collège pour additionner nos trains électriques, en exposition dans un sous-sol prolongeant la cour de récréation[110]. Dix ans plus tard, alors que se fondent les centres sociaux et les maisons de jeunes de quartier, nous organisons nos camps de ski, louant nous-mêmes des chalets sans confort dans les Alpes. Nous partons sac au dos et skis sur l'épaule dans les bousculades des gares et les trains bondés du 26 décembre. Garçons et filles, font une joyeuse fête et une immense foire d'étudiants et de lycéens. La culture collective rayonne autour d'un centre : s'engager. 68 vient sur ce terreau, rebondissement culturel et

[110] Ramenés à la maison, ils ont eu beaucoup de peine à redémarrer.

social inévitable du baby boom démographique et éducatif suivant l'invention des allocations familiales dans les années 30 et leur apogée au lendemain de 45.

Avec cette formation dans l'adolescence, rien d'étonnant qu'on ne puisse attendre plus de six mois d'observation dans un premier emploi, pour prendre une carte syndicale. Et si l'on s'engage, c'est pour agir dès que l'occasion vient et que les circonstances le permettent. Souvenir du lendemain de la première grève, l'une de ces grèves annuelles pour le pouvoir d'achat dans la fonction publique : impression de liberté conquise, de maturité. Je rentre au bureau, un peu plus maître de mon existence et de mon travail.

Retardé par le souci des études et la nécessité de leur accorder la priorité, je dois être sollicité seulement en 69 pour « entrer » au bureau du syndicat local. Ce sont encore les lendemains de mai 68, vécus dans un petit nuage et des contradictions. Dans une section d'une vingtaine de cartes, on est vite « au bureau » pour peu que l'on soit jeune et que l'on accepte d'aller à une réunion de temps en temps. Le reste vient tout seul.

Dans la fonction publique, le syndicat est facilement organisé, admis comme une chose naturelle par les directeurs. Eux-mêmes ont vécu leurs propres étapes syndicales. Le droit de prendre une matinée sur le temps de travail, à cinq ou six militants, est « conquis ». Cette matinée passée à la Bourse du travail pour parler et décider de tout et rédiger quelque tract, se termine par un repas au bistrot d'en face, au cours duquel Henri Radix, l'ancien admiré, de plus mon chef immédiat, ne manque pas de faire une évocation de Charles Tillon sur un bateau de la Mer Noire, puis de chanter une chanson révolutionnaire suivie d'un cantique religieux, lui rappelant le temps de sa communion, le tout mêlé dans le même humour affectueux, avant de demander, pour finir, un petit verre de prunelle. Tout adhérent voulant être quelque peu actif pour la cause, est heureux de ces retrouvailles périodiques. Il rentre au service d'autant plus motivé pour cette vie de fonctionnaire que l'on va faire changer. On a dans la tête l'attente du grand soir au cœur de la France administrative comme de la France industrielle, en expansion depuis la fin de la guerre.

Pendant deux ou trois décennies, la société française vit ainsi avec un partage politique à 50/50 entre la droite et la gauche. Chaque année, une élection permet de rejouer les grandes attentes. Ce partage et cette expectative demeurent d'ailleurs aujourd'hui, même si les batailles électorales s'espacent. Dans les années précédant la signature du Programme commun de février 1972, tout parait « jouable ». On calcule les nationalisations à décréter pour atteindre le seuil efficace du changement. Nous les fonctionnaires, nous envisageons une société où la place de l'État et de ses services publics serait enfin reconnue, un temps où les salaires de la fonction publique rattraperaient ceux du privé. La consommation et la production sont en expansion. Nos salaires courent après les prix à 10 % l'an et plus. Au bord des périphériques, de grandes surfaces commerciales s'ouvrent chaque année. Les kilomètres d'autoroutes aussi pour aller plus vite et moins dangereusement en vacances. Peu à peu, chacun à sa voiture, allonge les voyages. Henri Radix, « l'homme image » du service, fait chaque année un tour lointain avec son épouse. Il rentre régulièrement avec un ou deux jours de retard. Madame Germain, la secrétaire, et moi son contrôleur, ne savons jamais le jour où il en reviendra. Nous devons faire patienter les syndicalistes l'attendant pour des affaires urgentes.

Bien qu'accédant au corps dirigeant du service, un jeune inspecteur stagiaire, ressent une continuité neuve entre les premiers engagements vécus ou observés comme contractuel ou contrôleur et ce qui se passe au Centre de formation des inspecteurs. Avant la promotion 1971 à laquelle j'appartiens, il n'y a que quelques inspecteurs syndiqués au seul syndicat auréolé de la Résistance et des durs combats de la guerre froide, la CGT. Moins de dix au total à l'échelle nationale. Subitement, dans les promotions 1966 et 1967, quatre filles[111] adhèrent à la CGT. À la faveur de positions courageuses, elles prennent rapidement figure d'héroïnes. L'arrivée de la promotion 71, au centre de la rue Pasteur ne passe pas inaperçue de Jacky Forest, le pivot de la permanence du syndicat national. Son fichier est à jour. Il a au moins repéré mon arrivée. Dès les premiers jours, nous nous trouvons sept sur vingt-six à manifester une sympathie prononcée pour sa confédération[112]. Quelques semaines plus tard, la CFDT fait aussi cinq ou six cartes dans la promotion. C'est un événement historique de dimension ministérielle !

Une réunion d'accueil et de remise de cartes est aussitôt organisée, si possible avant les élections des délégués de classe. René Person, donnant des enseignements au centre, les quatre inspectrices héroïnes, Jacky Forest et les sept nouveaux adhérents invitent la nouvelle promotion. Personne d'autre ne vient. Les tentations du syndicat autonome sont encore efficace bien que dans un premier temps du moins, personne au sein de la promotion n'ose le rejoindre. Pour la première fois depuis 1947, la légitimité d'une appartenance aux confédérations ouvrières s'impose dans le corps des inspecteurs du travail français, pour la défense de leurs fonctions et de leurs intérêts matériels.

Alors que la CFDT fait par la suite beaucoup plus d'adhésions parmi les inspecteurs, cette année-là, les sept de la CGT prennent un quart d'heure d'avance. Les élections des délégués de la promotion ont lieu quelques jours après notre vaine tentative d'élargissement. Cette promotion est la première à élire ses délégués de classe sur des positions syndicales confédérales affichées dans un cadre que nous nous empressons de maîtriser. Un café du boulevard Pasteur où plusieurs s'arrêtent régulièrement après le repas pris au restaurant de l'Unesco est le lieu de la définition d'une liste unitaire, par quatre ou cinq stagiaires syndiqués

[111] Christiane Reverdy, Régine Docquois, Jacqueline Lansard et notre « passionaria » Anne-Marie Beziau.

[112] Roger Aragon-Brunet, Bernard Laurençon, Jean-Louis Rey, Pascal Rennes, Pierre Ducottet, Gérard Saliou et moi-même.

à la CGT. Avant même d'en parler à nos partenaires, nous répartissons par moitié les sièges d'une liste commune en prenant soin de nous réserver les sièges de titulaires et de laisser les suppléances à la CFDT. La liste passe sans problème, le SNIT ne se présentant pas. Nous avons d'ailleurs de bons arguments. Le premier titulaire est Bernard Laurençon, belle armoire, maniant bien le verbe en public et le second Roger Aragon-Brunet, un vieux routier de la défense étudiante et du « pionnicat ». Pour les suppléants, nous jetons par ailleurs notre dévolu sur deux adhérents de la CFDT qui nous paraissent présentables et sont acceptés sans difficultés. Pour ma part, une tâche de l'ombre me convient, la diffusion de la « Vie ouvrière », avec des résultats modestes.

Dès l'année suivante, survient pour moi une autre étape de la prise de conscience d'une inspection militante. En mars 1972, le syndicat du ministère tient son congrès au Mont-d'Or[113]. C'est mon premier congrès. Peu habitué à quitter le travail pour motif syndical au-delà d'une demi-journée, j'ai quelques états d'âme à présenter un congé d'une semaine entière à mon directeur. Je ne suis arrivé que depuis deux mois à Saint-Étienne. C'est une façon de se désigner comme futur dirigeant local du syndicat, dans un grade où l'on est en principe plus proche du directeur que du personnel.

À la suite de quelques procès-verbaux malheureux dans leur transmission au parquet par la hiérarchie, Anne-Marie Beziau propose la revendication des prérogatives d'officiers de police judiciaire pour l'inspection du travail. On y ajoute le droit d'interrompre les machines. Discutée et amendée en commission jusqu'à une heure avancée de la nuit, une motion comporte un projet de nouveaux statuts, rédigé comme un décret à proposer aux autorités gouvernementales et parlementaires. Le texte est approuvé à l'assemblée plénière.

Je reviens du congrès encore plus motivé tant pour mes fonctions d'inspecteur que pour les activités militantes. Victorien Mahinc, le directeur départemental est un ancien contrôleur du travail adhérent à la CGT. Avec un certain regard favorable, il me permet un bon départ dans la notation. En arrivant dans un grade, il est important de démarrer avec une note moyenne, à savoir 12. En dessous, cela signifie une méfiance de la hiérarchie qui porte préjudice sur la carrière. Au-dessus, avec 12,5, c'est l'annonce d'une carrière rapide avec une porte ouverte vers des fonctions hiérarchiques. 12 est un bon départ à confirmer, en même temps qu'un départ normal, sans reproche à l'égard du travail ou d'un engagement immature. Sur ces terrains subtils, certains nous attendent et ne seraient pas mécontents de nous voir trébucher. D'ailleurs dans cette période, je passe insensiblement mais irrésistiblement de l'engagement syndical à l'engagement politique qui va m'être beaucoup plus préjudiciable.

---

[113] Organisé tous les deux ans, il utilise cette année-là une immense maison familiale de vacances se préparant à la fermeture annuelle ses portes après une courte saison de ski. Durant une semaine, elle est entièrement réquisitionnée par une invasion de fonctionnaires.

Seule une lecture tardive de ces évènements permet de reconstituer le chemin parcouru. Lorsqu'ils surviennent, tout se précipite, s'enchevêtre, dans une espèce de brume chaleureuse et vivante. Les significations se décantent plus tard, notamment lorsque les revirements de l'histoire exacerbent l'importance des choix. Les pourquoi et les comment s'affirment et se confirment lorsqu'il devient nécessaire de se positionner dans un cursus et surtout par rapport à l'évolution générale du monde et de la société.

Au départ et dans le contexte du début des années 70, il peut être simplement cohérent, pour un membre de la CGT d'adhérer également au PCF. Mais les raisonnements ne sont pas le facteur déclenchant. En 1969, à ce qu'il me semble, aucun membre de la CGT de l'inspection de Lyon n'a aussi sa carte au PCF. Des gens en sont proches par les idées, les attaches amicales et leurs votes à chaque élection. Pour un jeune fonctionnaire arrivant entre vingt-cinq et trente ans d'un milieu extérieur à ce monde, il s'agit plutôt d'une aspiration à une mise en cohérence. Le « social » a manifestement des liens avec le politique. Je ne prends d'ailleurs une telle décision qu'au centre des inspecteurs où Pascal Rennes, seul collègue de la promotion à avoir la double appartenance, lance des invitations discrètes. Je suis le seul à mordre à l'hameçon.

Plusieurs constatations m'entraînent. Les militants du PCF tiennent une place indiscutable et exemplaire dans les organisations portant le mouvement social. Ils montrent une capacité de décision, une perspicacité dans l'observation, une endurance et une ténacité dans les luttes et les grèves, entraînant les autres syndiqués. Ces qualités frappent particulièrement un agent de l'inspection cherchant à rencontrer une efficacité susceptible de soutenir ses interventions administratives. Ils ont aussi une constance dans la vision positive à terme de l'histoire sociale dont ils sont les acteurs. Même dans les tourmentes les plus sombres, avec eux, il y a toujours un lendemain pour repartir vers plus d'humanité.

En cette première moitié des années 70, un article de Duverger dans « Le Monde » joue aussi son rôle pour emporter ma décision. Ses jugements concordent avec mes observations locales. Il avoue que les organisations communistes sont un fer de lance incontestable des évolutions sociales du XXe siècle. Ils sont l'aiguillon de la gauche et des courants socialistes dans le monde. On est en pleine préparation du Programme commun et de l'expérience d'Union de la gauche en France. D'autres pays engagent des expériences semblables d'union politique, les PC nationaux étant des composantes incontournables et déterminantes. Au même moment, au Cambodge, le prince Sihanouk donne un exemple presque irréel en introduisant des communistes dans son gouvernement. Au Portugal, peu après, au temps de la Révolution des œillets, de petits capitaines marxistes conduits par Vasco Gonçalves[114], lancent des transformations sans

[114] Premier ministre du 13 juillet 1974 au 10 septembre 1975.

précédent, inimaginables au sortir de quarante ans de dictature, mais aussi en Angola et au Mozambique. Toutes les forces de gauche européennes admirent le gouvernement de Salvador Allende au Chili. Adhérer au PCF est facile en ces années, si l'on n'est pas blindé par un énorme parti pris. Avec évidence, des espoirs, des perspectives s'ouvrent et s'élargissent dans le monde, alliant les mouvements sociaux et le respect des valeurs nationales. Voilà des découvertes inattendues au moment où j'accède au métier de contrôleur puis d'inspecteur, tout en sortant de l'influence du Gaullisme.

Finalement, mon abonnement SNCF d'inspecteur stagiaire qui s'achève dans les premiers jours de mon affectation à Saint-Étienne, me permet, un vendredi après midi, de monter à Paris pour deux ou trois heures et de conclure. Je signe un bulletin d'adhésion en assistant à la remise des cartes de la Cellule des services du travail et de l'emploi de la région parisienne. Après quelques discussions, une petite foule boit l'apéritif dans une grande salle du rez-de-chaussée de la maison des fonctionnaires CGT, rue de Solferino, vieil hôtel devenu depuis le siège national du parti socialiste[115]. Pendant que je rentre en train à Lyon, mon bulletin d'adhésion rejoint par la voie postale la fédération du Rhône. Ses responsables convoquent alors quelques vieilles connaissances parmi les inspecteurs et contrôleurs à une réunion ayant pour objet de fonder une cellule à l'inspection du travail lyonnaise. En ce mois de février 1972, au cours duquel est signé le Programme commun, dans un café de la Presqu'île, je découvre d'un peu plus près, ces militants de grande autorité que l'on voit si souvent accompagnant les délégations. Il y a René Desgrand, un ancien prêtre ouvrier devenu permanent de l'USTM[116], passé au syndicalisme et au PCF, à la suite du désaveu de Rome. Il est plusieurs années le permanent du PCF sur Villeurbanne où la jeune cellule de l'inspection[117] le soutient à toutes les élections. Il y a aussi, ce soir-là, René Leschiera, un ancien permanent de la JOC, lui aussi à la tête de l'USTM, lui aussi actif militant politique, mort d'une crise cardiaque au volant de sa voiture, durant une campagne électorale, dévoré par un trop plein d'action.

Bien que nommé à Saint-Étienne, je sors de cette réunion, trésorier de la nouvelle « cellule Ambroise Croizat » de Villeurbanne, du nom du seul ministre communiste du travail que l'histoire ait connu. Personne ne doute de mon rapide transfert à Lyon pour motif de rapprochement familial. Dans ces années, La constitution d'une « cellule d'entreprise » n'est pas exceptionnelle dans les services du travail et de l'ANPE. Il y en a à Paris, Marseille, Lyon. Par ailleurs,

---

[115] Cet immeuble libéré en 1944 par des résistants, est pendant près de quarante ans le siège des fonctionnaires CGT.

[116] La fédération syndicale des métallos, la plus combative dans les luttes. Pendant plusieurs campagnes électorales, nous distribuons ses tracts pendant des soirées de porte à porte et arpentons les cages d'escalier des HLM des « Gratte-ciel ». Nous imaginons qu'il sera le futur maire de Villeurbanne mais il est battu par Charles Hernu futur ministre socialiste de la défense, rendu particulièrement célèbre par l'affaire du Rainbow warior.

[117] La direction départementale du Rhône déménage en 1971 du cours Lafayette dans le 3e arrondissement de Lyon au quartier de la Perallière à Villeurbanne.

dans la dynamique créée par la signature du Programme commun, quelques inspecteurs fondent au même moment, un groupe socialiste d'entreprise de l'inspection du Rhône, animé par Alain Chareyre. La durée d'existence de ce groupe est assez courte, tandis que la cellule Croizat de Lyon survit près de dix-huit ans, jusque vers 1990.

À l'inspection, ce militantisme politique n'est pas d'abord centré sur les visions du métier. Les adversaires de nos conceptions professionnelles voudraient pouvoir nous en accuser et ne se privent pas de stigmatiser cette activité politique comme contraire à l'exercice des fonctions. Ces doubles adhésions sont une composante de nos cohérences mentales, mais l'activité locale dans les organisations politiques est absorbée par les soucis extérieurs au service. Elle est sans cesse sollicitée par les calendriers électoraux ou par les grands débats relatifs aux programmes gouvernementaux, par exemple à l'automne 1979, par l'échec de la renégociation du Programme commun. Il nous reste peu de temps pour agiter quelques idées de réforme du droit du travail ou des missions de l'inspection, lors des congrès. Une autre caractéristique est notre grande réserve dans le service. Bien entendu nos opinions sont connues comme le loup blanc et nous faisons passer des tracts à qui le veut bien. Mais aucune secrétaire, ni aucun contrôleur ne peut se plaindre d'avoir été harcelé pour nous rejoindre. Nous ne savons pas faire de prosélytisme. Nous sommes de très mauvais recruteurs. Cette bataille sur les idées politiques paraît à beaucoup un domaine réservé aux inspecteurs auxquels se joignent quelques contrôleurs formant un cercle restreint.

Comme pour tous les adhérents de Villeurbanne, notre énergie est bien davantage requise par les actions dans la ville. Un 3 janvier, les pieds dans la neige à sept heures du matin, nous distribuons, dans l'anonymat, des tracts aux ouvrières de Bailly une grande entreprise de la chaussure, proche de l'inspection[118]. Également très tôt, avant l'heure de commencer nos permanences ou nos tournées, Armel Bompart[119] me rejoint pour coller des affiches électorales. Sur le toit de mon break Renault 12, je descends une grande échelle à rallonge servant ordinairement à cueillir les cerises que nous cachons ensuite dans le parking de l'immeuble, si je fais une tournée d'usine. Nous grimpons contre l'immense mur d'un bâtiment industriel en friche, l'ancienne usine Plianfer restée vide plus de trente ans en face de nos bureaux. Pour que nos affiches ne soient pas déchirées ou recouvertes, nous cherchons à les poser plus haut que les autres candidats.

À l'inverse, notre action syndicale est beaucoup plus centrée sur la défense de la fidélité et de l'honnêteté des missions de l'inspection. Attachés à la participation aux conflits internes au service ou à la fonction publique, si nous sommes ouvriéristes c'est à l'intérieur du service. Contrairement aux accusations

---

[118] Nous n'en aurions jamais fait autant devant une entreprise de notre section où nous aurions risqué d'être reconnus. L'inspecteur de Villeurbanne n'est pas des nôtres.

[119] Contrôleur de ma section pendant de nombreuses années.

portées contre nous par la hiérarchie, les milieux patronaux et leurs avocats, nous nous efforçons de contrôler les informations qui filtrent à l'extérieur sur nos appartenances. Pour éviter les interactions possibles du syndicalisme d'une entreprise sur notre syndicalisme interne, le plus efficace est de veiller à ce que les unions et les syndicats d'entreprises soient suffisamment reçus par les sections d'inspection et n'aient pas lieu de passer par notre syndicalisme interne pour convaincre un inspecteur. Ce n'est que d'une façon rare que des bavures surviennent, à l'insu du collègue concerné : une fois ou l'autre, il arrive que des délégués maladroits, mettent en avant les hauts faits d'un inspecteur en faisant allusion à ses appartenances, croyant faciliter la dénonciation d'un employeur.

En relation avec certains cercles obscurs de l'administration, dépités de l'évolution des jeunes inspecteurs, les jeux patronaux sont parfois plus troubles. À peine arrivé dans chacune des deux sections lyonnaises, dont j'ai successivement la responsabilité, un employeur paraissant s'exprimer au nom d'un certain nombre, se charge de me faire savoir, que tout le monde connaît mes opinions à ses yeux inadmissibles de la part d'un fonctionnaire du ministère du Travail. Les chambres patronales ont des relations secrètes avec les services des renseignements généraux. Elles font circuler les informations. La fonction d'inspecteur du travail est considérée comme sensible pour le meilleur et pour le pire. À Lyon, un menuisier chargé de réparations dans le mobilier de la préfecture explique un jour à un contrôleur de ses connaissances qu'il a vu une note, dans la salle d'écoute téléphonique de la préfecture, indiquant que tel délégué d'entreprise avait tel jour à telle heure, une conversation avec lui-même sur les tensions sociales de son entreprise. Notre standard n'étant pas équipé d'un grand nombre de lignes, nous sommes sur écoute et ces écoutes ne servent pas qu'aux services de police.

Notre génération est donc militante de trois façons. Dans le service, elle revendique davantage de moyens, une amélioration des statuts et de la pyramide indiciaire. En politique comme dans l'action syndicale elle ne renonce à aucun des champs d'action, y compris dans la ville et dans l'évolution générale de la société. Enfin, nous sommes surtout des inspecteurs militants professionnels de l'inspection elle-même. Expliquer ce troisième aspect de notre engagement est chose complexe. Ce combat de dimension professionnelle n'est pas forcément diversifié par des clivages correspondant aux autres prises de parti. Quel que soit le syndicat confédéré ou le parti auxquels elle appartient, la nouvelle génération se retrouve en effet globalement sur les mêmes axes de bataille. Ultérieurement même, vers la fin des années 1990, après avoir violemment combattu nos rapprochements syndicaux et politiques avec les organisations du monde ouvrier, le syndicat autonome lui-même se retrouve en fait dans des fronts communs pour la défense d'une certaine conception de l'inspection.

Sur cet axe du métier et de sa conception, nous sommes d'abord des militants de la loi. Nous ne pouvons concevoir qu'une loi soit laissée à l'abandon ou en désuétude, depuis des décennies, sur certains sujets, comme le faisait, à notre avis, une majorité de nos prédécesseurs. Nous estimons ensuite défendre une loi qui n'est pas neutre, une loi dans la plus pure tradition républicaine sur le point suivant : le Code du travail est à 99 % rempli d'obligations imposées aux employeurs. C'est une loi dissymétrique chargée de rétablir l'équilibre entre des employeurs et des salariés vendant leur travail dans des conditions de subordination et d'inégalité contractuelle. Les salariés sont dans un état de fragilité reconnue par rapport à plus puissant que soi. Dans ce but, en raison de leur inégalité dans la discussion du contrat, un droit d'ordre public est créé auquel ni les salariés, ni les employeurs ne peuvent se soustraire. Le droit fixe des règles supérieures non renégociables, nécessitées par la protection de la sécurité des personnes, et les droits de l'homme au travail, en particulier celui de se défendre. Certains de ces raisonnements apparaissent depuis des évidences universelles. Ils sont cependant remis en cause au début des années 2000. Dans les années 70, ils sont encore des idées partisanes, contestées par d'importantes fractions de l'opinion, non seulement à l'extrême droite encore armée clandestinement au sortir des conflits coloniaux, mais aussi dans le monde bien pensant, les milieux politiques, la majorité du patronat. Jusque dans la hiérarchie administrative, de haut en bas, elles le sont aussi, pour partie.

Ce droit d'ordre public nous conduit à l'idée, encore moins partagée, qu'il faut soulever plus fréquemment la responsabilité pénale de l'employeur. Celle-ci est jusqu'alors très exceptionnellement mise en cause. Il est donc nécessaire de verbaliser sans état d'âme, en s'appuyant sur des réalités objectives, ignorant les intentions bonnes de l'employeur défendant l'intérêt de l'entreprise. Nous sommes donc les militants d'un retour aux sources pour l'inspection du travail. Il permet une préoccupation renforcée de l'effectivité du droit du travail appuyée sur des contrôles aboutissant à des sanctions pénales. Il est évident que cela donne au service une ambiance « shérif ». Nous militons pour un service de shérifs, tantôt en 2 CV Citroën, comme l'image en est restée, mais aussi plus souvent « shérifs » en Renault 4 ou en Lada[120], compte tenu des présupposés idéologiques sous-jacents au choix d'une marque de voiture dans ces années. Nous sommes des militants de l'inspection de 1892, sans craindre de véhiculer une image ancienne et négative. Les conditions du salariat du début du siècle nous paraissent toujours d'actualité et en pleine expansion dans la grande industrie des Trente Glorieuses. Même au cœur de ce développement sans précédent, la loi et l'inspection des « shérifs » ont toujours une raison d'être pour protéger des salariés inéluctablement défavorisés par leur situation économique, dans un contrat inégal et par un système social maintenant de faibles rémunérations.

---

[120] Voitures produites en URSS, parfois achetées par certains collègues. L'un d'entre nous, roulant ainsi, va un jour dans une entreprise porter une lettre de refus de licenciement collectif motivée par la nécessité de produire français !

Les réformes d'Ambroise Croizat à la Libération renforcent cette inspection à la française type 1892 et modernisent ses missions, son image et ses moyens. Nous sommes donc les militants d'une inspection considérablement développée par rapport à ses missions d'origines. Nous faisons revivre l'inspection des origines en exigeant que l'on sorte des placards les prérogatives et les rénovations fondamentales de la seconde étape de construction du droit du travail et de l'inspection, celles de 1945, étouffée par nos prédécesseurs. D'où un conflit inévitable avec nombre d'anciens collègues, devenus par l'effet de l'âge et des promotions, les directeurs départementaux des années 60, donc nos chefs.

Avant nous, une conception républicaine et laïque de l'inspection est promue des années durant, l'inspection des anciens instituteurs. Elle n'est pas à renier. Mais du fait de circonstances multiples, une vision conciliatrice du travail est ajoutée[121], reléguant la répression des employeurs défaillants dans une sphère marginale. Ces anciens instituteurs font passer au rang de doctrine obligée la conception de l'inspecteur « au-dessus des parties », tiers amiable compositeur, observateur d'intérêts opposés, proposant un juste compromis. Deux conséquences en résultent : l'idée du procès-verbal « constat d'échec » et celle selon laquelle, au point de rencontre conflictuel des demandes des « deux parties », l'inspection est en fait toujours favorable à l'employeur limitant ses coûts de production, tandis que les salariés retournent à leur condition de subordination disciplinée et silencieuse, n'ayant obtenu que des miettes.

En troisième lieu, nous sommes des militants professionnels du service public. Nous brocardons toute tentative d'introduire dans l'administration des méthodes de gestion et d'animation empruntées aux entreprises privées. L'inspection du travail française est une administration d'État même si elle ne se limite pas à des fonctions régaliennes. Quelques années plus tard, le danger s'avère réel. À l'échelle européenne plusieurs services d'inspection du travail sont confiés à des administrations privées, gérées par des organismes d'assurances ou des agences. Avant d'en arriver là, des ministres du travail français prononcent devant la presse, des petites phrases prévoyant d'aligner l'inspection sur des règles privées de gestion et d'animation. Selon des conceptions anglo-saxonnes, ils n'ont d'attention qu'aux missions de concertation ou d'expertise et veulent nous les voir endosser. Ces petites phrases sont aussitôt dénoncées en rappelant les missions essentielles, les règles d'ordre public et le traitement pénal du droit du travail.

Enfin nous sommes convaincus d'avoir redécouvert l'indépendance de l'inspection du travail définie par les règles de l'Organisation internationale du travail. Nous sommes des militants de la convention n° 81 du BIT. Avant 68, personne ne sait préciser les contours de cette indépendance. Du point de vue de la CGT, cette indépendance est d'ailleurs un casse tête théorique. Mais elle est

[121] Cela commence dans les années 36-37 et s'amplifie dans les années 50.

une arme contre les interventions intempestives de nos directeurs et du patronat. D'abord non définie en droit positif interne, elle finit par l'être dans les toutes dernières années du XXe siècle, grâce aux arrêts du Conseil d'État des 16 novembre 1994 et 9 octobre 1996. À ces dates, notre génération a déjà entièrement quitté les fonctions d'inspecteur du travail pour occuper des postes de directeurs et d'adjoints les privant désormais de cette indépendance. Mais elle est appliquée bien antérieurement dans les services d'inspection français. Douloureusement admise par les directeurs de l'ancienne génération, ceux de la nouvelle s'en font un principe d'honneur, évoquant les cas où ils en ont fait état en réponse aux sollicitations des préfets. Tempérée par la pratique des discussions de couloir, exacerbée parfois par les caractères des uns et des autres, on va vers un exercice individualiste de la fonction d'inspecteur. Il n'est pas de notre invention. Nous l'accentuons mais nous héritons de cette longue période des quarante cinq premières années de l'inspection pendant lesquelles les anciens agissaient et vivaient seuls depuis leur domicile personnel.

Inspecteurs équidistants « entre les parties », missions de compromis étouffant les fonctions régaliennes, indépendance caractérielle se substituant à l'indépendance protectrice du salariat, sont pour nous les dérives des conceptions véhiculées par le syndicat national des inspecteurs du travail, le syndicat non affilié, que nous combattons durant plusieurs décennies, non sans succès mais non sans danger pour nos carrières. Cet antagonisme entre deux générations d'inspecteur nous impose de définir une conception militante du métier s'ajoutant à nos engagements syndicaux et politiques. Le signe distinctif de notre génération est que nous rompons collectivement avec la tradition de l'inspecteur qui feint de ne pas s'engager en faveur soit du patronat soit des salariés, lorsqu'il mène une négociation, donne un renseignement et même fait le contrôle d'une entreprise.

Nous soulevons d'ailleurs un difficile problème théorique et idéologique. Ce casse tête a d'abord pour origine une dénonciation. Il s'agit de refuser une apparence. En 1947, dans le contexte de révocation des ministres communistes et du financement d'abord caché puis avoué de Force ouvrière par des fonds américains, les inspecteurs se désolidarisent historiquement de la partie révolutionnaire et « avancée » du monde des salariés. Au regard des réformes de 1945, ils se soumettent ensuite à un certain nombre de renonciations. Le droit du travail et le ministère s'engagent dans une phase de soutien à un paritarisme en trompe l'œil. Il est en grande partie une fiction et une tromperie dans les organismes de sécurité sociale, et dans les négociations contractuelles. Le patronat profite de la division syndicale pour choisir les dirigeants syndicaux portés à la tête des institutions. Il choisit toujours les signataires les plus souples pour imposer ses vues. La majorité salariale ne peut jamais faire prévaloir ses vues. Vis-à-vis de ce paritarisme en faux-semblant, les inspecteurs trouvent que marquées par les beaux jours de 1936 puis de 1968, les instances du syndicalisme CGT, manquent de suffisamment de recul critique[122].

Vu de l'inspection du travail, il est cependant évident que de bonnes lois imposées sous le label de l'ordre public, en des jours favorables, comme ceux de juin 36 ou de mai 45, valent mieux que des négociations perpétuelles se terminant par des compromis en recul sur les conquêtes antérieures, toujours acceptés par un syndicat minoritaire ou par des dirigeants syndicaux réformistes comme il s'en trouve en permanence dans plusieurs confédérations. De même, l'inspecteur conciliateur, juste milieu « entre les parties », sait que son but est toujours de faire reprendre le travail au niveau toléré par la puissance publique, ses lettres de cadrage des rémunérations et les circulaires du patronat refusant d'alourdir ses frais.

En phase de négociation, si l'inspecteur veut se définir, au contraire, comme l'un des promoteurs de la construction de nouveaux acquis et des avancées du droit social, il est à l'affût. Il veut accompagner des instants du rapport de force favorables aux mouvements sociaux s'insurgeant et faisant un usage réel ou potentiel du droit de grève. En étant ensuite le militant de la loi, méfiant à l'égard du paritarisme et de ses institutions, l'inspecteur devient un militant inavoué des rapports de force antérieurs et de leurs rebonds. Le consensus à trop vite tendance à oublier les acquis et l'ordre public hier accepté. Il est une force auto-dégradante. Cette attitude de résistance de l'inspecteur est imaginable dans le contexte de la culture sociale à la française. Le principe des avantages acquis et la loi sacralisent le produit des contextes conflictuels historiques déterminants. On ne peut pas en dire autant des lois allemandes ou anglo-saxonnes visant le plus souvent à intégrer le salariat dans un consensus. Les inspections du travail ne peuvent pas y jouer en toute légalité comme en France, la fonction de grain de sable dans l'inégalité contractuelle et le soutien à l'ordre public.

De façon peut-être contradictoire, l'adhésion des inspecteurs des années 68 au syndicalisme ouvrier, correspond à un réveil des idées de l'État jacobin appliquant de façon volontariste un droit régalien protecteur pour traiter la question sociale. Cet État-là tend à sacraliser des rapports de force historique favorables. Il autorise aussi une volonté de le faire avancer constamment en toute légitimité. L'État jacobin est la vraie légitimité de l'inspecteur recruté par concours sous statut d'indépendance, devant appliquer la loi et toute la loi favorable aux travailleurs, puis la faire progresser. Ce schéma est clair dans ces années-là. Il se brouille ensuite lorsque diverses lois intègrent des mesures de dérégulation et remettent en cause des garanties historiques. Il ne faut pas juger aujourd'hui les mécanismes mentaux qui fonctionnent dans les cerveaux des

---

[122] Début 2001, ils remarquent les déclarations sans ambiguïté du secrétaire général Bernard Thibault. Mais les conséquences ne leur en paraissent jamais vraiment tirées.

inspecteurs des années 60-70 et jusqu'au milieu des années 80, avec la situation juridique, économique et sociale de la fin du siècle.

Les inspecteurs se légitiment-ils eux-mêmes abusivement, en usant individuellement d'un statut d'indépendance ? Le discours jacobin ne leur est reconnu ni par circulaire ni par l'administration centrale[123]. Leurs éventuelles audaces, leur bonne volonté individuelle, s'appuient-elles sur une meilleure compréhension des mécanismes de la lutte sociale ou parce qu'ils s'inscrivent dans un schéma social largement accepté par des pans entiers de la société française ? Le système républicain reconnaît la nécessité de principes législatifs forts constituant un état de droit ayant pour mission d'absorber et d'engranger les résultats des luttes sociales. Le principe d'une progressivité nécessaire du droit social n'est pas contesté, même si son effectivité est passablement théorique.

Par son existence au cœur du système, le corps des inspecteurs constitue une légitimité consciente, en joignant de nouvelles « opinions syndicales et politiques » au consensus supportant un certain droit social évolutif. Leur engagement les « blinde » dans une auto-légitimation conquérante. Mais cette auto-légitimation ne va pas toujours de soi ni sans tensions ou anomalies. Dans un contexte de luttes ouvrières fortes, un « mauvais » inspecteur[124] peut devenir un « bon » inspecteur dans telle ou telle affaire. Même s'il leur est fortement suggéré d'être « de bons inspecteurs progressistes », des « inspecteurs CGT » ne sont pas nécessairement les « meilleurs ». Certains se sont fait une réputation auprès des organisations syndicales de leur département parce qu'ils ont permis de bons coups, d'autres des réputations déplorables parce que l'on a trop attendu d'eux. S'ils permettent de bons coups, ils n'en sont pas les auteurs véritables. Les salariés se saisissent au bon moment de l'occasion d'être entendus. L'inspecteur est un grain de sable. Il peut permettre à la machine de ne pas continuer à rouler dans le sens du statu quo et de l'exploitation maximale de la force de travail. Les salariés se prennent en main et le font intervenir, souvent pour faire simplement exister leurs droits endormis. Dans le meilleur des cas, par une intervention opportune, il sert à éveiller ou faciliter chez les salariés la conscience et l'usage de droits qu'ils peuvent conquérir. Même pour cela, il suffit de faire exister dans une entreprise l'état de droit en vigueur. De fait, combien de pages du Code du travail somnolent faute de demande. Combien d'infractions sont tolérées chaque jour sans que personne ne dise rien ? Le rythme d'intervention extrêmement faible d'un corps d'État d'un peu plus d'un millier d'agents réellement affectés au contrôle, est peu de choses pour des millions de lieux de travail et des millions de salariés. Comme beaucoup d'agents de l'inspection, je pense souvent qu'un océan d'infractions est devant moi, dont seules quelques gouttes peuvent s'inscrire sur mon papier administratif. Je n'en vois qu'une partie. La loi et les règles de

[123] À la différence de ce qui a pu être formulé en 1894, puis en 1899 avec le ministère Millerand.

[124] Ce qui signifie pour certains, un inspecteur non syndiqué ou mal syndiqué ou plus carriériste que les autres ou simplement démotivé et fatigué.

procédure ne permettent d'en saisir qu'une partie. Au-delà des infractions prévues par la loi, d'autres océans d'exploitation sont encore plus insaisissables.

Ch.11 À Saint-Étienne, un premier poste d'inspecteur

J'arrive dans une section industrielle couvrant le tiers du département de la Loire. Les réductions d'effectifs des années antérieures se font encore sentir. Un poste d'inspecteur n'est pas pourvu. Il y a un inspecteur à Roanne que je n'ai pour ainsi dire pas vu et un autre collègue à Saint-Étienne. Nos relations sont amicales, sans plus. Je participe cependant à une invitation de l'ensemble du service organisée dans sa maison de campagne. Cette direction départementale commence à connaître les clivages entre l'inspecteur demeurant dans l'orbite du syndicat autonome et l'inspecteur adhérent à une confédération. Le personnel de la direction est réputé à majorité CFDT. Il y a aussi quelques clivages insurmontables tenant à des conflits de personnes. L'ambiance est plus lourde qu'à Lyon. Je suis cependant vite accueilli dans un petit cercle d'agents de niveau plus modestes, commis de longue date et contrôleurs plus récemment recrutés.

De son bureau du premier, mais aussi du haut de son appartement situé au dernier étage de l'immeuble, à deux pas de la Préfecture, Victorien Mahinc, le directeur, veille avec bonhomie et rigueur sur la maison. Ancien instituteur devenu contrôleur[125], il m'accueille avec gentillesse, bien que déjà informé de mes engagements aventureux, avant même que je franchisse le seuil de la maison. Le téléphone fonctionne vite entre les membres de sa génération. Ce premier chef me soutient dans mes premiers pas d'inspecteur et me permet de faire une entrée honorable dans le système de notation, tout en me faisant savoir, par les appréciations écrites, que j'ai une tendance répressive à contenir. Dans les onze mois passés dans le département, je ne mets cependant pas plus de trois ou quatre procès-verbaux. Mais c'est beaucoup pour un inspecteur arrivant qui aurait pu se contenter d'observer et d'avertir avant de punir. Je n'ai cependant qu'à me louer de ce premier directeur que je retrouve plus tard comme directeur régional, cherchant à redresser une carrière longuement bloquée par d'autres.

Le petit monde de ma section est composé d'une secrétaire énergique[126]. Elle ignore encore qu'elle fera plus tard une brillante promotion professionnelle, contrôleur puis inspectrice, sans entraver sa vie familiale, et avec une stabilité géographique que le ministère sait accorder aux agents promus par la voie du choix. La section a deux contrôleurs, une dame expérimentée, d'un calme et d'une solidité à toute épreuve dans les affaires à traiter et un jeune, contrastant par son originalité et une capacité à fouiller les affaires les plus complexes, avec compétence d'ailleurs. Je dois un jour lui confier une affaire très particulière et de grande importance qu'il sait mener de bonne façon.

Enfin pour faire le tour du paysage départemental, la toute petite section CGT, très heureuse de se voir subitement renforcée par un jeune inspecteur est

---

[125] Il n'hésite pas à rappeler ses années d'appartenance à la CGT des années 45.

[126] La secrétaire est Maryse Rey, les contrôleurs, Marie Paillet et Guy Ozannat.

rondement menée par une dame d'une cinquantaine d'années ayant atteint le grade de commis[127]. Hélène Courty est la personne indispensable, éternelle catégorie C des services extérieurs, tenant durablement, tout en rouspétant, un poste d'un niveau de contrôleur, avec dévouement, ténacité, et une compétence indéniable. Elle excelle à se mouvoir dans les dédales des conventions collectives nationales ou départementales et à répondre à toutes les demandes de renseignements. Dans un petit bureau sans air et sans lumière, elle assure ce que l'on appelle l'accueil à la porte ou au guichet, simultanément avec le renseignement téléphonique, une tâche éprouvante nerveusement qu'il faut surmonter de jour en jour, sans honneur et sans récompense. Elle est assaillie en permanence des pressantes demandes de renseignement immédiat provenant des gens qui se sont déplacés et de celles qui surgissent au téléphone, souvent sans interruption. Les contrôleurs de ces années peuvent la remercier de les dispenser de tenir une permanence générale à tour de rôle et de se concentrer sur leurs permanences de section.

Les fêtes de Noël 1972 restent attachées à un souvenir militant de cette époque. La vie de cette direction départementale ordinaire autorise une attention intense aux soucis planétaires du monde socialiste[128]. Nous sommes chaque jour plus scandalisés par la poursuite des bombardements exécutés sans pitié sur Hanoï par les États-unis du président Nixon. À quelques semaines ou à quelques mois de leur inévitable retrait de ce front où ils sont embourbés, nous sommes émus par ce pauvre Vietnam martyr. Avec une colère de plus en plus vive, du fond de la cantine en sous-sol, nous repoussons ces actes de barbarie, par une pétition, signe que nous sommes sur tous les fronts, depuis notre inspection militante.

Je reste onze mois à la direction de la Loire, effectuant un trajet quotidien entre le boulevard de Ceinture de Lyon[129] et les bureaux de la rue Balaÿ, dans le centre de Saint-Étienne. Je parts tôt. Je rentre tard, passionné par une très belle section industrielle augmentée d'un intérim de longue durée. C'est en fait une section et demie. Je contrôle la partie Ouest de Saint-Étienne et le quartier industriel du Marais avec ses aciéries. Des entreprises de mécanique et de confection de taille moyenne s'y trouvent. J'ai également la responsabilité de la plaine du Forez regorgeant de verreries, de briqueteries, de métallurgie. Il y a des forges, de grands ateliers de presses mécaniques, une aciérie à Feurs, du traitement thermique, du traitement des surfaces des métaux, etc.... En onze mois, je n'ai pas le temps de faire le tour des grands établissements mais je suis tous les jours au grand spectacle d'une France profondément industrialisée, avec ses

---

[127] À mon arrivée cette section est composée de trois ou quatre cotisants, parmi lesquels Georges Levain, contrôleur, qui fait ensuite carrière aux ASSEDIC.

[128] Déjà six mois plus tôt, au Centre de formation, je suis entraîné par Pascal Rennes à un rassemblement parisien de protestation contre l'exécution du secrétaire général des syndicats du Soudan, Majoub, par ailleurs membre dirigeant de la Fédération syndicale mondiale.

[129] Mon appartement en est à cinquante mètres.

conflits, ses difficiles problèmes d'hygiène, ses accidents graves, en un temps où, depuis toujours, l'homme individuel et son travail ne valent pas très cher.

Les mines viennent de fermer ou achèvent leur fermeture. Dans le département, l'emploi a déjà pris de mauvais coups. Les médecins du travail mesurent les effets à long terme des licenciements massifs sur les états dépressifs ou les ulcères. De tous côtés, dans le patronat, le mouvement syndical et l'administration départementale, on lutte dur pour maintenir l'industrie. En ces dernières années de croissance, une longue tradition de sérieux, de qualité, d'acharnement à la tâche donne du travail. De grands établissements lyonnais viennent installer des ateliers pour des activités dures et polluantes dans une aire proche, réputée industrieuse : du traitement thermique des métaux, la fabrication de boîtes à vitesse pour poids lourds à Bouthéon. Il y a aussi des productions de pointe, tels qu'un établissement travaillant pour l'optique et l'aéronautique et produisant des lentilles pour l'armée ou les grands télescopes du CNRS. Des verreries produisent des bouteilles mais aussi des vitraux de cathédrales.

Enfin dans cette zone industrielle diversifiée, de vieilles branches textiles sont encore en train de mourir. La chapellerie de Chazelles adresse des demandes répétées de chômage partiel. Selon les dires de certains, je serais même indirectement et involontairement à l'origine du décès du propriétaire de l'une de ces vieilles fabriques. Sollicité par le syndicat CFDT de cette ville, suite à des demandes répétées de chômage partiel, j'ouvre une enquête. Pour ce faire, je formule un refus temporaire, seule possibilité de suspendre une mesure à propos de laquelle nous sommes généralement mis devant le fait accompli, les demandes parvenant au service alors que le chômage est déjà commencé. Heureux pour une fois de pouvoir présenter des arguments sur des fabrications et des commandes que l'on refuse, paraît-il, ou que l'on cache au personnel, le syndicat organise avec la participation de toute la ville un grand défilé faisant le tour non seulement de l'usine mais aussi de la villa du propriétaire. Celui-ci se sent acculé jusque sous ses fenêtres par l'ennemi de classe et par un affrontement d'un niveau inhabituel dans cette petite ville où la fracture sociale entre les familles possédantes et le monde ouvrier n'est pas tendre. Butant en outre sur un nouveau comportement de l'administration, il fait une grave crise cardiaque dont il ne se remet pas. L'entreprise est désorganisée autant par les difficultés de la vente des chapeaux dont la mode baisse, que par une succession en perspective que l'on peine à résoudre. Dans ces entreprises familiales, les employeurs, généralement âgés, tiennent plus solidement et plus énergiquement les rênes que les fils ou les gendres.

En ce début des années 70, le département de la Loire a une autre particularité : lors des conflits qui s'allument fréquemment, les partenaires sociaux placent de grands espoirs dans les capacités de médiation de l'inspection du travail. Abondamment initié en ce domaine par mes premiers mois à

Vénissieux, je ne suis pas malheureux de retrouver aussitôt ces nombreuses sollicitations à Saint-Étienne. À la différence de certains collègues, j'en tire des arguments en faveur de la conception généraliste de la fonction d'inspecteur. La dominante des conflits est alors la grève classique pour les salaires et ses éléments périphériques, les primes de toutes sortes et les qualifications. Je m'attache à sentir les réactions des uns et des autres. L'inspecteur doit soutenir le rétablissement de l'égalité entre les parties au contrat de travail, en cet instant rare d'explosion de la dimension collective des rapports de force. Je m'efforce de voir jusqu'où la négociation peut aller, au plus haut, et ce qu'il faut pour conclure en matière de salaire. Quelques années plus tard cette demande de négociation se tarit à mon grand regret. Elle se transforme en négociation dite sur l'emploi. En fait, on négocie la façon dont on paye la casse industrielle en achetant l'acquiescement des salariés par quelques arrondis sur les indemnités de départ, ou pire par quelques classifications entre les victimes des trains successifs de plans sociaux en contrepartie des « avantages » qui leur seraient consentis.

En cette année 1972, on est encore en période de croissance. Les demandes d'augmentation vont bon train. Les conflits se déclenchent à un rythme d'un ou deux par quinzaine dans chaque section. Le directeur départemental n'a pas d'adjoint et n'imagine pas les traiter à son niveau. Il nous transmet automatiquement les demandes du préfet alerté sur ces menaces pesant sur la « paix sociale ». Nous intervenons souvent aussi avant qu'il reçoive les informations d'arrêt de travail, grâce aux appels téléphoniques de la Bourse du travail.

Ce sont des heures passionnées, passées dans la tension, avec un véritable sentiment de compagnonnage à trois : les syndicats très organisés vivent des moments intenses de leurs rapports avec les salariés qui sont à la porte, réunis dans l'attente et le froid du petit matin. Ils viennent savoir ce qui sort de la discussion et juger si cela « suffit » pour voter la reprise. Dans ces circonstances sortant de l'ordinaire, les employeurs tiennent à ne pas se montrer comme de mauvais bougres[130]. Ils ont une grande conscience de la nécessité de recréer un équilibre permettant de remettre leur monde au travail dans des conditions socialement et économiquement viables, sachant aussi qu'il faut bien « y passer » mais au moindre coût.

Écoutant les uns et les autres, l'inspecteur s'efforce de monter des combinaisons et des propositions, tantôt en primes, tantôt en reconnaissance de qualification, tantôt en centimes et francs ajoutés aux salaires horaires. Il ménage des temps de réflexion préalable, produisant des effets d'attente ou de détente avec les salariés et l'employeur. On recherche ensemble ce qui est possible tant dans la situation de l'entreprise qu'au regard de l'attente des salariés et de leur

[130] Ils savent faire servir et boire au bon moment une tasse de café, y compris avec leurs plus vaillants ennemis de classe. Ceux-ci s'en souviennent et en parlent longtemps.

volonté de reprise à certaines conditions. Pour satisfaire aux rites, ces discussions se terminent tard dans la soirée et même dans la nuit. On rédige un protocole. Au matin les salariés sont appelés à se prononcer. Quatre ans après 68, les traditions se sont fixées. Les protocoles se terminent par une clause de récupération ou de compensation partielle des salaires perdus pour les jours de grève. Une formule d'interdiction des sanctions pour faits de grève s'y ajoute. Les évènements ayant précédé la négociation ont été quelques fois l'occasion de sortir d'un côté ou de l'autre quelques coups de poings ou quelques propos perfides. Malgré les efforts d'un cabinet conseil encore plus perfide qui s'implante à Saint-Étienne et invite les employeurs à muscler leurs conduites en temps de grève, on n'en est pas encore à jouer des procédures judiciaires et du référé, comme plusieurs années plus tard.

C'est à ces occasions qu'ont lieu les deux seuls repas que j'ai jamais partagés avec des employeurs pendant toutes les années de ma carrière d'inspection[131]. La nuit fort avancée, on s'aperçoit subitement que l'on n'a pas mangé depuis neuf ou dix heures de palabres. À la verrerie de Saint-Romain-le-Puy, dans le Monbrisonnais, il est même près de minuit. Une suspension de séance est décrétée pour permettre aux négociateurs de manger à la cantine. Prévoyant une négociation dure, l'employeur a pris la précaution de faire préparer un repas d'avance.

Une autre fois, une très longue grève précède une très longue négociation dans l'usine H… installée à Bouthéon, dans la banlieue de Saint-Étienne, pour fabriquer des boîtes de vitesse. L'espoir de trouver une main-d'œuvre docile a déçu par la capacité des ouvriers ruraux à tenir des grèves longues durant la saison de la récolte des pommes de terre. Guy Meyer, un délégué central de Vénissieux, vient expliquer que les salaires et les classifications ne sont pas les mêmes dans l'usine mère. Plusieurs semaines d'interventions téléphoniques sont d'abord nécessaires pour dénouer les préalables placés par le personnel ou par la direction comme condition à une rencontre. De part et d'autre, il faut que l'on se sente disposé à en finir et à suspendre diverses manœuvres de crispation. Une tentative d'appel à des « jaunes », en recrutant des intérimaires, a conduit à des piquets de grève musclés et fournis. Le Directeur, un certain M. L…, n'est pas un homme avec lequel il est possible de rire au travail. C'est un dirigeant à poigne ayant construit son ascension professionnelle en s'astreignant le premier à une énorme discipline, et notamment à des études tardives d'ingénieur au CNAM, accomplies tout en travaillant.

La négociation se prolonge d'un lundi à treize heures, jusqu'au lendemain à cinq heures du matin. Les bureaux et la salle de négociation sont des locaux vitrés de la mi-hauteur jusqu'au plafond. Faisant intervenir « ses cadres » qui ont

[131] Par la suite, mes fonctions de gestion de la COTOREP et du plan d'insertion des travailleurs handicapés, par définition plus consensuelles, m'accordent de participer à des repas collectifs avec eux.

durement travaillé à remplacer les ouvriers pendant plusieurs semaines, dans une usine particulièrement automatisée, le directeur organise une mise en scène en trois parties. Les cadres « méritent » selon lui de dire leur mot à chaque étape de la négociation sur les conditions de la fin de la grève. Il les consulte pendant d'interminables suspensions de séances supplémentaires qu'il demande au nom de la direction. En face, la délégation syndicale en profite pour faire des séances supplémentaires de réflexion sur les avancées des propositions patronales ou pour informer le piquet de grève, tout en se gaussant de la représentativité de ces interlocuteurs confinés dans un autre box vitré que l'on voit de loin.

Au cours de cette folle nuit, M. L… a aussi organisé un repas de minuit dans la cantine. La délégation ouvrière remplit une grande table. À une distance respectable de plusieurs mètres, nous sommes, en tête-à-tête, M. L… et moi, sur une petite table. Je ne me rappelle plus où sont les cadres. Il est probable qu'ils ont aussi leur table rituellement installée à une certaine distance, à moins qu'ils ne se soient contentés d'un sandwich dans leur box vitré. Je ne me rappelle pas non plus ce que, M. L… et moi, nous avons pu nous dire, pendant ce repas. Notre attitude est enfermée dans une rigidité commandée par nos rôles. Nous avons dû échanger des généralités sur la situation économique ou sur le temps et la saison[132]. Ce type de relations, soigneusement entretenu, est assez répandu dans la métallurgie lyonnaise, comme je peux souvent le constater dans les années suivantes. La direction de H… donne des consignes à ses cadres, leur demandant de prendre les distances maximales vis-à-vis de l'inspecteur. C'est un partenaire qu'il ne faut pas admettre dans le jeu intérieur, sauf si l'on en est contraint et dans la seule mesure du strict nécessaire.

Durant toute cette nuit, j'attends parfois seul pendant une demi-heure dans la salle de négociation vitrée. Je vois dans un autre box le directeur expliquer sa stratégie et son analyse de la discussion à ses cadres. Une particularité cocasse de la situation est que mon propre beau-frère, est parmi eux, l'un des chefs de fabrication de cet établissement. Nous n'avons d'ailleurs jamais échangé guère plus que quelques impressions générales pour ne pas nous gêner dans nos fonctions respectives. Une bonne règle familiale est de ne pas être bavard en privé sur les expériences professionnelles.

Au retour de ces suspensions particulières, la délégation des ouvriers et des employés proteste immédiatement contre cette apparence de discussion à quatre, laissant entendre que les cadres ne disposent d'aucune légitimité dans le conflit et qu'ils pourraient s'opposer de derrière leur box vitré à une évolution positive des discussions. Ils sont considérés considérés comme les briseurs de grève des semaines précédentes[133]. Il est exclu qu'ils apparaissent comme une délégation participant à la négociation. Ils accomplissent cette nuit là des heures

---

[132] Pourtant L… et moi – je le sais par mon beau-frère qui est l'un des cadres de l'établissement - appartenons tous deux à des mouvements d'action catholique. Nous aurions diverses choses communes à échanger.

[133] Il leur était d'ailleurs impossible de prendre une position différente.

supplémentaires demandées par l'employeur. Un point c'est tout. Ces heures doivent leur être d'ailleurs particulièrement pénibles, confinés et donnés en spectacle aux délégués et aux grévistes.

Au cours de cette nuit, un autre incident prend une dimension diplomatique, sur un sujet sensible. C'est l'arrivée de la femme de ménage chargée des bureaux, qu'elle trouve à demi occupés. D'origine manifestement étrangère et appartenant à une société extérieure, elle fait travailler avec elle l'un de ses enfants qui n'a pas l'air d'avoir quatorze ans. Il en résulte une suspension de séance supplémentaire, à la demande cette fois, du délégué syndical central de l'entreprise. Toujours au vu de tous dans ces boxes vitrés, je dois faire une intervention brève auprès de cette dame en lui demandant l'âge de son fils et le nom de son employeur. L'incident fut englobé dans la suspension générale des « poursuites pour faits de grève ».

Ces négociations s'achèvent vers cinq heures du matin par la rédaction laborieuse d'un protocole d'accord soumis d'abord à l'approbation des cadres qui, après entretien avec M. L…, n'en acceptent pas la première version. Les délégués et l'inspecteur, devisant au petit jour durant cette dernière attente, n'imaginent pas un seul instant que ce sont les cadres eux-mêmes qui posent de nouvelles conditions. En fait, M. L… a encore quelque exigence de forme et se couvre derrière son équipe. À l'aube, la négociation terminée, je reprends ma voiture pour revenir à Lyon par l'autoroute, estimant avoir bien mérité d'aller me coucher.

Les négociations ne sont pas toujours aussi dures. Avant de trouver des compromis sur les salaires et les classifications, dans le prolongement de l'esprit de 68, c'est la règle du jeu de faire diverses passes d'armes en présence de l'inspecteur. Dans les dernières semaines de mon activité dans cette section, un conflit paraît significatif, montrant la combativité montante des femmes salariées, s'organisant très bien toutes seules. Il atteint une entreprise de confection d'un effectif assez important, située sur les boulevards intérieurs de la ville, près du Marais. Les négociatrices ouvrières étant des mères de famille, les négociations se tiennent l'après midi. Le conflit dure bien une bonne semaine et il nécessite au moins deux ou trois séances de discussion avant d'aboutir à un accord approuvé par le personnel.

Je succède dans cette section à un collègue cherchant comme moi une affectation plus proche de ses vœux, à la sortie du Centre de formation. Il ne reste lui aussi qu'une petite année, dans l'attente de la promotion suivante. Venant de Clermont-Ferrand, il dort dans une petite pièce attenante à notre bureau, équipée seulement d'un lit. Je ne suis pas son exemple préférant avaler des kilomètres en voiture. Avant les grandes hausses du pétrole, la seule difficulté est la voie expresse où l'on roule à grande vitesse par tous les temps et bien souvent la nuit.

Nous succédons, tous les deux, à un ancien collègue[134] venant de prendre sa retraite. Arrivé en novembre 1942, il occupe le secteur pendant près de 30 ans. Ayant traversé les années où la France et le service basculent dans le régime de Vichy, il est à peu près le seul du département à ne pas avoir été muté aux heures difficiles de l'épuration. Dans les dernières années, après une longue carrière d'inspecteur, il obtient une promotion de directeur adjoint tout en restant dans sa section. Il est l'un de ces anciens instituteurs ayant fait une carrière honorable. Homme de gauche, il est sollicité par les maires communistes de sa ville, Firminy, pour être conseiller municipal. Il pratique la fonction comme la génération nous ayant précédé, sans enfreindre les logiques et les pratiques du SNIT. Cela signifie qu'il réalise un grand nombre d'interventions amiables pour répondre aux sollicitations individuelles de toutes sortes qu'il lui paraît logique de soutenir. Il donne une faible place aux activités de contrainte telles que les promotions nouvelles entendent les reprendre.

Après lui, je visite des entreprises industrielles équipées d'outillages datant de tous les âges. À cette époque, la prévention n'est pas intégrée dès leur conception. La sécurité n'est qu'un ensemble de dispositifs d'exception, conçus pour envelopper une partie des mécanismes dont la vocation productive est souveraine. Il y a donc beaucoup à faire sur le plan de la sécurité. Une entreprise fabriquant des clés alimente encore toutes ses machines outils, tours, fraiseuses, perceuses…, par un seul arbre courant dans l'atelier relié par de grandes courroies. À l'opposé, dans son usine de boîtes à vitesse, H… expérimente des machines transfert pour le traitement de surface. Selon des techniques datant du XVIIIe et du XIXe siècle, il y a encore dans la plaine du Forez, une forge ou l'on utilise des marteaux « à planche » faisant jaillir des gerbes d'étincelles et de fumées emplissant un atelier qui semble avoir la hauteur d'une cathédrale. Des usines alignent des dizaines de presses à clavettes conduites par des femmes dont les doigts et les mains sont protégées par des écrans mobiles mal installés, laissant souvent des zones de danger accessibles. On a encore à Saint-Étienne d'ardents défenseurs des « SICA à manique » : ces sécurités passent les menottes aux ouvrières pour leur tirer les mains en arrière, de gré ou de force, à chaque cycle de la presse, pendant les phases dangereuses du travail.

L'un de mes premiers procès-verbaux vise un accident au cours duquel plusieurs doigts d'une femme sont écrasés sous l'outil de frappe de la presse. Arrivé très vite sur les lieux, je vois les doigts écrasés de la malheureuse victime, restés dans l'outillage, au milieu du cambouis et de la graisse. L'encadrement et l'employeur ne sont pas bouleversés outre mesure. C'est un risque permanent, presque normal. Il est normal aussi qu'on laisse les doigts pour les constats. On n'a pas encore découvert la greffe des doigts sectionnés, exigeant une course de

---

[134] Jean-Baptiste Desgouttes. À l'occasion du centenaire de l'inspection du travail, il accepte de répondre à une interview de ma part : *« Témoignage, après 1936, l'image change. » Spécial Service public, 100 ans d'inspection du travail,* juillet 1992.

vitesse pour se rapprocher d'un chirurgien, pourvu qu'on les ait aussitôt placés dans un bain de glace pour conserver leur capacité de revivre. Dans ces hauts lieux de l'industrie française, la sensibilité est émoussée depuis des siècles.

Elle se ravive avec l'arrivée de nos procès-verbaux. En ces années de forte évolution, le plus difficile est que les services, le parquet, les juges, et les avocats n'en ont vu que très peu. Mon premier procès-verbal consécutif à ces doigts écrasés subit, pendant douze ans, un périple des plus surprenants, ne prenant nullement le chemin direct d'un tribunal pénal. Les avocats patronaux s'entendent à brouiller les pistes. Au terme de ces années de procédure, il passe encore en appel devant un tribunal confondant instance pénale et instance de sécurité sociale.

Un autre procès-verbal est aussi un événement local. Un ouvrier âgé meurt brûlé vif. Alors qu'il travaille seul dans son atelier, la nuit, ses vêtements se transforment en torche. Son travail consiste à sortir des pièces de métal incandescent d'un four. Il porte un tablier de chanvre. Cela se passe aux établissements F… à l'extrémité d'un bourg tranquille, aux confins de la plaine du Forez, Boën-sur-Lignon, plus connu pour avoir figuré sur la « carte du tendre », que comme cité industrielle. Il n'est d'abord pas facile de trouver un texte visant cette situation particulière. Mais, malgré les théories de certains de nos responsables hiérarchiques, il y a toujours un texte général du code attendant de s'appliquer. Pour freiner nos ardeurs verbalisatrices, la génération précédente invoque une jurisprudence et de la doctrine prétendant qu'un texte du Code du travail ayant une facture générale ne doit pas être utilisé s'ils n'est pas rendu applicable par un autre texte réglementaire spécifique. On doit se contenter de rédiger un rapport au procureur de la République qui peut, seul, invoquer le texte général du Code pénal pour homicides ou blessures involontaires. La transmission de ces rapports a pour inconvénient que beaucoup de procédures n'ont pas de suite. Le procureur attend au contraire des procès-verbaux contenant des circonstances précises de fait et des incriminations spécifiques le mettant en situation d'appliquer éventuellement l'article général du Code pénal, en fin de procédure, s'il est difficile de sensibiliser les juges du siège. Dans cette période d'ébranlement des pratiques du service, des arguments de toute nature sont ainsi utilisés pour tenter de maintenir un statu quo mou.

Au grand regret de certains de mes directeurs et adjoints, j'ai donc toujours combattu cette théorie, invoquant notamment que si le texte spécifique est inexistant ou inadéquat pour saisir la situation d'infraction, le texte général reprend toute sa vigueur. C'est le cas dans cet accident. Aucun texte ne prévoit la nature des tabliers, les précautions à prendre pour sortir des pièces en fusion d'un four, ou interdisant de faire travailler la nuit un homme seul. Aucune disposition ne prévoit les « feux de personnes ». Seuls les feux de bâtiment sont prévus. Heureusement Victorien Mahinc, mon directeur, bien que gardien vigilant des traditions, n'est pas trop attaché aux résistances pointilleuses de certains juristes.

Mon procès-verbal part pour absence de conditions de travail sûres offertes à cet homme de 55 ans, la nuit devant un four. Il invoque le texte le plus général qui soit, l'article 66.a du livre II du Code du travail : « les établissements doivent… présenter les conditions d'hygiène et de salubrité nécessaires à la santé des travailleurs. Ils doivent être aménagés de manière à garantir la sécurité des travailleurs. »

Cette affaire me donne également l'occasion d'appliquer un principe du droit du travail remis fortement en lumière par nos conceptions imprégnées de marxisme. Mais il se trouve très proche des théories de la responsabilité les plus anciennes. Plus tard, j'ai le plaisir de découvrir qu'elles sont formulées très clairement dans le simple cadre républicain de la IIIe République, sans avoir besoin de faire aucune allusion à Marx[135]. Notre génération contestataire ne procède donc qu'à un retour aux sources des plus élémentaires.

Pour s'exonérer, les directions essayent de faire retomber la responsabilité des accidents, non seulement sur la faute de l'ouvrier mais aussi sur l'encadrement. Gênés dans les conclusions de leurs enquêtes par des réactions de ce genre, nos devanciers ont parfois préféré étouffer les procédures plutôt que de pousser trop loin l'analyse vers celui « qui tire profit » et assume les responsabilités réelles dans le desserrement des cordons de la bourse quand il s'agit de financer des investissements de sécurité. Dans cette affaire, une vieille dame de plus de 90 ans, veuve de l'ancien propriétaire de l'usine, conserve le titre de Présidente directrice générale. Le procès-verbal part donc au nom de la Veuve F…. En dormant tranquillement dans son lit, tandis que son ouvrier brûle devant son four, elle tire profit des conditions de travail ayant entraîné la mort.

Un autre accident grave ayant entraîné mort d'homme se produit cette année-là aux aciéries K…. Un homme tombe dans une cuve de métal en fusion, basculant d'une passerelle dominant les ouvertures béantes des cuves de l'aciérie. On ne retrouve rien de son corps, plongé dans la fournaise, à plusieurs centaines de degrés. Selon mes constatations, à l'endroit dominant les ouvertures des cuves, les barrières de la passerelle sont manifestement défaillantes. On n'arrive pas à les tenir en état, semble-t-il, à cause de la chaleur et en raison des mouvements incessants des ponts roulants et de leurs charges. Mais des éléments de l'enquête montrent que la victime est un vieux célibataire profondément dépressif, vivant de façon assez isolée. Le matin même, on l'a vu errer apparemment sans but. De l'aveu même des délégués au comité d'hygiène et du délégué syndical, sans dénégation du médecin du travail qui suit depuis longtemps son évolution dramatique, un certain nombre d'indices permettent de penser à un suicide. Cette enquête ne fait par ailleurs apparaître aucun enjeu en terme de rente d'accident pour aucun héritier.

---

[135] Par l'avocat général Sarrut lors de l'audience solennelle de rentrée de la Cour de cassation, le 16 octobre 1894.

Très utile pour mon enquête, la réunion du comité d'hygiène et de sécurité prend cependant un tour particulier. La réinstallation des barrières, diverses mesures de sécurité sont décidées. Mais on évoque d'autres tentatives du même genre que les mêmes lieux ont antérieurement éveillées. Un meilleur suivi médical et social des personnes dépressives est discuté. Au moment de se conclure, les débats se raniment subitement, lorsqu'il faut aborder ce que l'on va faire de la masse de métal où est tombée la victime. Le principal interlocuteur ouvrier de la direction au comité s'oppose fermement à ce que l'on vende ce métal. Les clients de l'entreprise sont en particulier des industriels fabriquant des instruments ménagers. Il est choqué à la simple pensée d'avoir à mordre un collègue en utilisant un jour un couvert, fourchette ou cuillère, provenant de cette cuvée. La direction répond qu'en pareille circonstance elle garde toujours un lingot de la coulée, en souvenir du défunt, ces lingots s'accumulant sur je ne sais quelle étagère d'un laboratoire. La valeur d'une telle masse de métal ne pouvant être perdue, le reste de la coulée doit être vendu de toutes façons. En compensation, conclusion surprenante, la direction annonce sa décision de faire dire une messe. Conclusion en réponse, la délégation ouvrière informe qu'elle lance un mot d'ordre de grève d'une heure au moment de cette cérémonie, à la mémoire du collègue décédé. Je n'ai pas relevé de procès-verbal[136].

[136] Quelques années plus tard, dans des conditions tout à fait différentes, dans une autre affaire permettant également d'envisager l'hypothèse d'un suicide, je rédige un procès-verbal. Il y a des héritiers, une veuve et trois enfants en bas âge.

Ch.12 Le nouveau visage de l'État local, à Lyon, en 1973

Dans les premiers jours de 1973 je retourne dans ma ville, prendre la 7e section du Rhône. Après avoir achevé une période exigeante d'études cumulées avec l'activité professionnelle, finies aussi les heures de trajet pour rejoindre mes permanences ou mes tournées. Je vais enfin prendre le temps de m'occuper de ma famille et d'approfondir les évolutions engagées depuis quelques années. En fait, il n'est pas si facile de prendre du temps pour soi. La vie accélérée ne tarde pas à se reporter sur le travail et les activités militantes. L'année précédente, un deuxième enfant est arrivé, suivi d'un troisième, deux ans après. Depuis quatre ans, ma famille est installée dans un appartement neuf dont le poids des crédits s'estompe très vite avec l'inflation. Mon épouse travaille à proximité. Nous avons déménagé pour suivre le transfert de son entreprise. Huit ans plus tard, du fait de son développement rapide et régulier nous la suivons encore dans un autre quartier.

À la faveur d'une réussite économique exemplaire, ce laboratoire est un pionnier accroché à une médecine douce, l'homéopathie. Ma femme entre en 1966 dans un laboratoire de cinquante personnes. Plus de trente ans plus tard, elle en sort pour sa retraite, le groupe employant plus de deux mille salariés répartis en Europe et en Amérique du Nord. Notre réussite économique est autant assise sur l'évolution de sa carrière que sur mon activité d'inspecteur. Nous n'avons pour ainsi dire pas senti la crise. Pendant plusieurs décennies, nous pouvons nous endetter, acheter nos logements successifs et surtout, dès mon retour à Lyon, nous lancer dans la restauration d'une ruine en montagne, un rêve de jeunesse.

En fait, nous sommes à l'unisson d'une économie, d'une société française et d'un monde en expansion, craquant dans ses diverses coutures. C'est la période du sourd démarrage économique et politique de nombreux pays en voie de développement au sortir de la colonisation. Nous appartenons à une génération débordant de chances. Jeunes mariés, nous pouvons nous équiper de chacun de ces éléments qui sont une nouveauté historique pour le plus grand nombre, frigo, machines à laver le linge et la vaisselle. En même temps nous trouvons encore des meubles d'une centaine d'années et plus, que des vendeurs de cuisines en aggloméré couvert de formica achètent à des familles paysannes se débarrassant d'armoires et de tables traînant dans les granges, sans se douter de leur erreur.

N'ayant pratiquement pas connu le chômage, nous formons pour un grand nombre une génération de bâtisseurs. C'est une partie de l'équation financière de notre promotion d'inspecteurs. Plusieurs se lancent dans le bricolage de la résidence secondaire et dans les achats répétés de villas ou d'appartements, au gré des affectations. En ce cas, pourvu que le conjoint amène un second salaire, nous gagnons peu mais nous avons un niveau de vie supérieur à l'aide d'une bétonnière et de beaucoup de travaux de nos mains. Pendant vingt-cinq ans, nous passons des milliers d'heures, en ville, à la campagne ou en montagne, à apprendre tous les métiers. Tout en recourant à des artisans pour les travaux essentiels ou trop techniques, nous réalisons beaucoup grâce à l'économie blanche : démolitions, terrassement, plâtrerie-peinture. Certains osent même aborder des travaux plus délicats. Pour de modestes traitements de cadre A, débutants de la fonction publique, l'avantage est important. Au prix de quelque fatigue et parfois d'un peu d'énervement en recommençant deux fois certaines opérations, nos rêves nous reviennent au tiers de leur coût. Leur valeur ajoutée à nos revenus s'évalue au fil des ans à celle d'un ou deux mois de traitement supplémentaires gagnés chaque année.

Ce n'est qu'un choix. D'autres préfèrent les vacances, les voyages au long cours ou encore l'accélération des promotions et des mutations rendant impossible de passer trop de temps à faire le manœuvre. Ceux d'entre nous qui se stabilisent alors dans les fonctions d'inspecteur trouvent des compensations dans une qualité de la vie, appuyée sur un peu de terre et de pierre. Il n'est pas inutile enfin de souligner que nos générations de classes moyennes citadines sont favorisées, non seulement par le contexte économique des Trente glorieuses finissantes mais aussi par le dépeuplement des campagnes et les migrations internes. Au même titre que les armoires anciennes des arrières cours encore recouvertes de paille et de fiente de pigeon, elles trouvent des granges avec ou sans toit dans des sites superbes, dont les propriétaires âgés n'imaginent pas qu'un enfant, parti à la ville, souhaitera un jour les restaurer.

Entre mon départ à Paris, pour le centre de formation des inspecteurs, puis pour Saint-Étienne, et mon retour, début 1973, la direction départementale du travail de Lyon change profondément. Des recrutements de jeunes se multiplient. L'ANPE court de ses propres ailes. Des contrôleurs en reviennent pour assurer les tâches nouvelles se développant sous l'égide du Fonds national de l'emploi. La direction régionale a pris aussi ses distances. Le service départemental craque dans ses vieux habits.

Pour commencer, il déménage à Villeurbanne dans un grand immeuble de neuf étages dont il n'occupe que deux plateaux. L'offre d'un promoteur de bureaux en location se révèle vite une installation de carton chèrement payée, mal climatisée, suffocante l'été, froide l'hiver. Portés par une charpente métallique, les matériaux sont susceptibles de brûler en quinze minutes. C'est un « CES Pailleron » de grande hauteur où mille personnes environ s'engouffrent chaque jour. La direction départementale occupe les 5e et 6e étages. Se renseignant auprès des services incendie, les syndicats apprennent que l'autorisation a été accordée au motif que la caserne de pompiers est à cinq minutes seulement.

Par comparaison avec les anciens appartements du « Cours Lafayette », les locaux sont spacieux. Contrôleurs ou inspecteurs, chacun a enfin son bureau. Les effectifs parviennent peu à peu à se développer avec la multiplication des tâches tout en étant regroupés en un même lieu. L'espace est extensible. Des fractions d'étage peuvent être retenues dans l'immeuble, au fur et à mesure des besoins. C'est aussi un facteur très favorable pour le développement des actions syndicales et politiques d'un personnel remuant au-delà de la moyenne nationale. Le stress de nos directeurs augmente ainsi que leur difficulté croissante à « gérer cette boutique. » Avec la lenteur à réaliser les adaptations demandées par le personnel, reste mémorable le regard effaré de L... P..., le directeur départemental, découvrant que j'achève de démonter et de remonter, en une matinée, sans son accord, deux cloisons de ma section. Ce travail peut être réalisé avec trois outils, le contrôleur et un autre inspecteur consentant à échanger des éléments de cloisons standardisés. Si nous bricolons chez nous, nous pouvons aussi le faire au bureau, à l'occasion.

Comme dans toute la France, des équipes rajeunies se constituent parmi les inspecteurs, les contrôleurs et les secrétariats. Les mouvements se multiplient d'un département à l'autre et à l'intérieur du département. Nombreux sont les contrôleurs et dans une moindre mesure les secrétaires qui passent dans la section. À l'équipe de contractuels sur vacances de contrôleur dont j'ai fait partie et qui a réussi ses concours, succède sans interruption une nouvelle équipe de contractuels, plus féminine[137]. Des jeunes arrivent par voie de mutation au sein de ce nouveau monde, à la suite de concours préparés dans d'autres départements[138]. Des anciens viennent ou reviennent aussi à la faveur de parcours géographiques entrepris pour diverses raisons familiales et personnelles. C'est le cas, en particulier d'André Péru qui porte un temps sur ses épaules la responsabilité de conduire avec une certaine maturité, un syndicat local CGT débordant de jeunesse et de bouffées de fougue.

La direction départementale du travail et de l'emploi franchit le cap des quarante puis des cinquante contrôleurs. Leurs tâches se répartissent bientôt pour un tiers à l'inspection du travail et les deux autres tiers dans les services d'emploi. Le calcul et la rédaction des feuilles de paye des stagiaires de formation professionnelle, effectués directement par les services de l'État, occupent quinze à vingt personnes. Les conventionnements des aides du Fond national de l'emploi sont réalisés dans une dizaine de services occupant ensemble trente à quarante agents, autour d'un encadrement formé de chefs de centre, le grade supérieur des

---

[137] À peine réussissons-nous le concours que nous sommes remplacés par d'autres contractuels. C'est ainsi qu'arrivent dans le service Michèle Quaglia, Jeanine Bret-Morel, Danièle Guillermin. D'abord contrôleurs, sauf l'une d'entre elle qui achève sa carrière chef de centre, elles accèdent ensuite au grade d'inspectrice par la voie de la promotion au choix. Dans les services de main-d'œuvre arrive aussi Charles Lallemand. Il passe les concours de contrôleur et d'inspecteur, puis devient directeur adjoint à Grenoble. Michèle Quaglia est plusieurs années l'un des contrôleurs compétents et actifs de ma section.

[138] D'années en années, arrivent parmi les contrôleurs Marcel Lenfant, Armel et Carole Bompart, Marie-Claude Galérie qui font tous trois quelques années dans ma section, par ailleurs tenue successivement pour le secrétariat, avec une grande stabilité, par Danielle Majchrzak et Dominique Tyrode. Arrivent aussi Mylène Ruffier, Patrick Lapersonne, Sylvie Arnaud-Buisan, Denis Metaxas, Nicole Lenfant, Jean Poppon, Jean-Claude Bochaton, Henri Stéphan, Christiane Lenfant, Martine Alibert, Pascal Godefroy, Brigitte Cayuela... Ils sont un grand nombre à devenir inspecteurs et inspectrices dans les années suivantes.

contrôleurs, mais aussi de simples contrôleurs. Ils s'engagent dans la longue attente des maigres promotions du « cadre B ». À peine sortis du concours, de jeunes contrôleurs sont aussitôt à la tête de services de cinq ou six personnes, gérant sous l'autorité du directeur et de son adjoint un grand nombre d'opérations d'aide à l'emploi et des fonds importants.

Chez les inspecteurs, c'est la vague des jeunes issus de l'Université. Au bout de quelques années, presque tous les inspecteurs du Rhône en sont issus[139]. L'ambiance est haute en couleurs. Il est facile de franchir la porte de chacun des bureaux placés en file indienne le long des couloirs, pour demander au voisin son avis sur une affaire. Il n'y a plus guère de barrière entre les contrôleurs et les inspecteurs. Le champ d'activité des contrôleurs ne se limite plus aux établissements de moins de dix salariés mais à ceux de moins de cinquante. La différence vient surtout du cursus universitaire plus ou moins complètement parcouru. S'y ajoute toutefois la paye plus nettement différenciée et les centres d'intérêts accentués pour les inspecteurs sur les institutions représentatives. Une homogénéité des préoccupations et des réactions vis-à-vis des comportements hiérarchiques, des destins administratifs offerts par l'administration, se prolonge dans une camaraderie organisant régulièrement des soirées amicales chez les uns et les autres. Au plein milieu d'une matinée, de bonnes bouffées de détente explosent souvent, quand l'occasion et l'envie s'en font sentir. S'ajoute à cela une camaraderie assez spontanée et bon enfant avec les agents de secrétariat. Une partie d'entre « elles » entreprennent de passer les concours de contrôleur à la faveur d'entraides diverses. Une certaine osmose des soucis et des comportements, le tutoiement devenu la règle en mai 68, font s'effondrer les barricades mentales élevées durant des décennies. De l'agent de bureau à l'inspecteur tout le monde se retrouve de façon délibérée, justifiant la chute de beaucoup de barrières.

Les clivages sont cependant forts, entre cette nouvelle inspection conquérante et une minorité fidèle aux structurations anciennes du corps autour du SNIT et de la hiérarchie. Les plus jeunes qui persistent à s'y référer ne font que passer. Plusieurs quittent le service pour le privé ou, à défaut de gravir rapidement les échelons, s'engagent vers des carrières administratives plus brillantes, tentant l'École nationale d'administration, par exemple. L'essentiel du service est désormais constitué des deux noyaux bien distincts de la CGT et de la CFDT. Dans ce contexte la réaction de la hiérarchie est assez misérable. Deux évènements la décrivent. Je ne sais quels sont en mai 68 les états d'âme de M. U…, le directeur régional. Est-il alors sensible quelques instants à l'état de grâce

[139] Successivement arrivent Raymond Pezzatti, Annick Hermann, Michel Pache, Marie-Claude Gaudin, passée dans un premier temps par l'ANPE, Dominique Chavand, Anne-Marie Jaudon, Sylvie Brico, Alain Chareyre, Marie-Pierre Longin, Michel Aviron-Violet, Nicolas Karcher, Bernard Cholvy, Robert Grosclaude, Josiane Collet, Simone Vincent …

qui atteint la France durant ces courtes semaines d'explosion puis rebondit de plusieurs façons dans les services deux ou trois ans plus tard ?

Se voyant face à cette génération montante capable de souder l'ensemble des échelons d'exécution du service autour d'un revirement des références et des repérages idéologiques, il semble qu'il prend peur. De toute ma carrière d'inspecteur du travail à Lyon, je n'assiste qu'à une seule réunion régionale d'inspecteurs. Parce qu'il n'y en a qu'une, convoquée dans les deux premiers mois de mon arrivée dans la 7e section. Pendant vingt ans, lui et ses successeurs n'osent plus désormais affronter en face leurs inspecteurs réunis.

Lors de cette unique réunion régionale, je ne me souviens pas d'interventions particulièrement agressives. Mais je me revois avec quelques collègues durant le repas, analysant les débats de la matinée. Quelques inspecteurs prononcent quelques propos dubitatifs, prenant soin de s'exprimer et de se succéder avec mesure et politesse. Cela suffit à M. U... pour comprendre qu'il doit désormais justifier de ses actes. Ces réunions régionales sont alors supprimées. Elles auraient pu nous permettre d'établir des liens entre nos réflexions et nos actions respectives. Il en résulte une perte certaine pour nos capacités d'action. Ces concertations professionnelles auraient pu bénéficier en retour au rôle d'animation de la hiérarchie. Les départements de la région s'enfoncent dès lors dans des pratiques relativement isolées. Des réactions amères en résultent conduisant à de grandes réticences à l'égard de toute directive perçue comme un ordre d'en haut, coupé de toute préparation discutée à partir de nos problèmes.

L'autre événement décrivant bien ce directeur survient lorsqu'il renvoie une jeune contractuelle, chargée d'étude de l'échelon régional, à l'occasion du renouvellement de son contrat. Son casier judiciaire n'est pas vierge. Nous avons alors l'occasion de jauger ce directeur avec nos critères. Un beau dimanche, cette chargée d'études se baigne nue sur une rive de l'Ardèche quand un garde champêtre vient à passer pour son malheur. Les mœurs évoluent alors avec des inégalités locales. Le juge la condamne à cent francs d'amende avec sursis et avec inscription de sa peine au casier judiciaire. À l'annonce de ce « licenciement inimaginable » les syndicats CGT et CFDT se mobilisent aussitôt et obtiennent d'être reçus en délégation. M. U... refuse toute solution ne voulant pas savoir pourquoi ce casier judiciaire n'est pas vierge. Il lui suffit de savoir qu'il ne l'est pas. Heureusement pour l'intéressée, un autre directeur d'administration, celui de la délégation régionale de l'INSEE, adopte un comportement plus intelligent et l'intègre dans un poste équivalent[140].

---

[140] Il reste de cette période des chansons assez impertinentes, chantées dans nos fêtes amicales et syndicales l'une sur l'air de l'Internationale, l'autre sur l'air de la Carmagnole, une troisième sur l'air de Madame la Marquise. La première s'intitule l'Interrégionale :

1° Debout : contrôleurs, inspecteurs
debout : écoutez ce refrain !

Refrain : l'inspection du travail
doit couvrir le terrain.

Nous sommes aussi cause d'un grand malheur !
Nous ne couvrons plus le terrain.
Le nombre de visites baisse.
Le ministère s'est inquiété,
il faut à tout prix que renaissent
les belles pratiques du passé

Le monde patronal
va se soumettre enfin.
C'est la grande bataille.
Nous couvrons le terrain.
Le Code du travail
resplendira demain.

2° Dans les statistiques annuelles
l'administration s'ébattait.
Tout à coup, mon Dieu, que vit elle !
La jeune génération qui sombrait.
Elle cria en signe de détresse :
« D.R., D.D. et vos adjoints,
remuez un peu vos fesses.
Les agents ne couvrent plus le terrain. »

3° Les syndicats politisés
nous utilisent constamment.
Notre crédit part en fumée.
Et les patrons sont mécontents.
Nous avons ouvert les services
aux idéologies marxistes.
En renonçant aux vieux délices
des manœuvres opportunistes.

4° Dans les bourbiers juridiques,
nous nous sommes laissés enliser.
Ce nouvel esprit jésuitique,
l'état quatorze a fait baisser.
L'augmentation des effectifs,
si généreusement octroyée,
les contrôles systématiques
n'ont pas, d'un pouce, fait progresser.

5° Hideux dans leur apothéose,
la CRAM et l'ingénieur des mines
ont-ils jamais fait autre chose
que notre boulot dans les usines... ?
Et dans leurs rapports de visite,
ils font appliquer nos décrets,
démontrant ainsi qu'il existe
une inspection qui n'a rien fait.

6° Voilà l'orientation suprême :
l'hygiène et la sécurité.
Laissons tomber les autres problèmes.
Car elles sont nos priorités...
Les licenciements de moins de dix,
les entraves au droit syndical,
ces machins-là nous affaiblissent
un nombre de visite normal.

7° À cette incantation martiale,
les D.R., D.D. et adjoints
prirent moultes-z-initiatives locales
pour faire couvrir tout le terrain.
Les états de visite épluchèrent.
Pour chaque agent firent un chiffrage.
Les notes baissèrent ou bloquèrent
en fonction du kilométrage.

8° Ils firent face avec courage
aux agents de contrôles déchaînés,
qui en réunion, les sauvages
contestaient cette nécessité.
Les organisations syndicales,
comme d'habitude, développèrent
une argumentation partiale
que nos hiérarques démontèrent.

9° L'insuffisance des effectifs,
la formation mal assurée,
le climat social le plus critique,
que de propos politisés !
Les problèmes beaucoup plus complexes,
les textes qui sans cesse évoluent,
et les nombreuses tâches annexes,
Que de prétextes cornes-cul !

10° Dans les usines il faut tourner.
Plus on visite et moins on voit
les vrais problèmes des salariés.
Ne les approfondissons pas.
Le droit du travail protecteur,
c'est aux Prud'hommes de l'appliquer.
Si les questions de votre ressort
sont trop complexes : laissons tomber.

Ref. final : C'est le grand sabotage !
Les services tournent pour rien.
Beau moyen d'nous rendre sages
qu'd'faire couvrir le terrain.
C'est le grand sabotage,
la grande reprise en main !
Il faut qu'l'on ménage
les patrons de droit divin.

L'autre chanson s'appelle la U...ergnole, du nom de notre régional d'alors :

1° Le ministère a décidé (bis)
qu'le patronat serait ménagé. (bis)
U... l'a devancé

refrain : Dansons la U...ergnole.
Vivent les con-
vivent les con-

M. U… est l'un de ceux qui passent des années à organiser un cordon sanitaire autour de la nouvelle vague de l'inspection. Dans deux au moins des départements les plus importants de sa région, le Rhône et l'Isère, il se coupe des inspecteurs, au risque de créer pour les années suivantes le terreau de crises graves qui marquent l'histoire de ces directions départementales. Plus grave, ce n'est pas seulement une coupure entre lui et ces inspecteurs qu'il crée, mais un mur entre ses successeurs et plusieurs générations d'inspecteurs et l'ensemble du personnel.

À partir de là, en retour, nous nous mettons à marginaliser la hiérarchie dans les rapports quotidiens. Ce n'était pas la réalité des années précédentes quand une sorte de pacte républicain unissait tous les fonctionnaires du service, malgré la diversité de leurs opinions et celles de leurs appartenances. Je peux citer un exemple de la marginalisation organisée de façon systématique dans une série de domaines par des directeurs comme M. U…, à notre égard. Sortant du centre de formation, je m'inscris spontanément comme formateur des plus jeunes. Je suis admis à suivre normalement le stage de formation des formateurs à l'AFPA, une semaine mémorable passée au Centre de Vénissieux avec Bernard Laurençon[141], alors inspecteur à Chambéry. J'obtiens la mission d'assurer la demi-journée relative aux machines dangereuses[142] lors de la formation des nouveaux

---

pour être bien noté

Dansons la U…ergnole.
Vivent les contrôles bidons.

2° M. U… veut empêcher (bis)
les agents d'trop verbaliser. (bis)
Pour nous dissuader,
il épluche nos P.V… *Refrain.*

3° M. U… veut nous fixer (bis)
un chiffr' de visit' très élevé. (bis)
Plus vite on passera,
moins de choses on verra… *Refrain.*

4° M. U… est respecté (bis)
par le patronat tout entier.
Il l'a bien mérité !
Y'ne s'est jamais mouillé… *Refrain*

5° M. U… est dépassé (bis)
par l'évolution des idées. (bis)
Et il veut conserver
les pratiques démodées… *Refrain.*

6° M. U… s'est fixé (bis)
comme un morpion sur le passé.
Il ne peut pas penser
qu'le travail a changé… *Refrain.*

7° M. U… fit licencier (bis)
un jeune contrôleur syndiqué. (bis)
Mais ça a mal tourné.
L'juge l'a désavoué… *Refrain.*

8° M. U… a dans le nez (bis)
ceux qui osent un peu remuer. (bis)
Ne vous faites pas remarquer.
L'échine il faut plier… *Refrain.*

9° M. U… veut sauvegarder (bis)
à tout prix sa tranquilité. (bis)
Gare à la nouveauté !
Vive la médiocrité ! … *Refrain.*

10° M. U… vit enfermé (bis)
dans un grand bureau isolé (bis)
d'où partent les courriers
qui viennent nous emmerder… *Refrain.*

[141] Au cours de cette formation, l'humour a droit de cité. Bernard et moi, nous mimons le dialogue imaginaire d'un inspecteur de la nouvelle génération et d'un patron antisyndical, M. F…, ex-candidat à l'élection présidentielle imaginé ministre du Travail.

[142] C'est alors la présentation des décrets de 1948 sur les machines les plus dangereuses, les machines à bois et les presses.

contrôleurs. Doutant probablement du contenu de mon enseignement, M. U... vient assister en personne à mon intervention. M'appuyant sur la théorie de l'ordre public, je donne quelques orientations conduisant dans certains cas à dresser des procès-verbaux. Ce domaine de formation m'est aussitôt et durablement retiré, remplacé par la demi-journée sur les statuts des femmes de ménage, des travailleurs à domicile et des voyageurs de commerce, chapitres marginaux du code.

Une direction départementale ayant pris un sérieux « coup de jeune », trente deux ans, la mise à niveau des connaissances et des formations enfin réalisée, un métier d'inspecteur reconnu et estimé. Ce sont les belles années. En ajoutant la santé, la jeunesse donne des ailes et beaucoup d'audace pour affronter le monde. Ce métier a d'abord tout pour plaire. Je l'explique à l'occasion à des candidats à nos concours ou à des stagiaires.

Schématiquement, l'emploi du temps est partagé en trois parties : un tiers à visiter ateliers et entreprises, un tiers à recevoir des délégués et des salariés dans les permanences ou lors de relations professionnelles intenses justifiées par diverses réunions en entreprise ou au siège de l'inspection. Dans les visites d'ateliers on insiste pour recevoir séparément les délégués, en plus du temps passé à les entendre avec l'employeur. Les points de vue de l'employeur, du chef du personnel et de l'encadrement nous sont aussi largement déployés dans leurs bureaux, en début ou en fin de visite. Il faut chercher à convaincre du bien fondé de la législation. C'est un vaste terrain d'observation sociologique, un spectacle quotidien. Enfin, un tiers du temps reste pour la rédaction administrative, les recherches juridiques, la documentation, les réunions internes, les relations avec la jeune équipe d'inspection.

Nous sommes les témoins privilégiés de tout l'éventail du salariat, des réactions au travail, de l'antagonisme patrons-salariés sur lequel nous devons agir en permanence. La diversité des activités des branches professionnelles dont nous avons le contrôle ajoute à l'intérêt de la découverte. Le métier impose de s'intéresser à tous les métiers. Un métier actif donc, largement itinérant qui peut cependant devenir source d'épuisement, comme le sont souvent les journées répétitives des commerciaux sur la route. Une grande autonomie enfin, une « indépendance » mal inscrite dans le droit et qu'il faut surtout conquérir journellement. À l'occasion d'une rupture entre les générations et d'une évolution des pratiques, nous venons de faire craquer le peu d'autorité hiérarchique qui s'était longuement constituée dans une fonction déjà largement tentée par un individualisme forcené.

Mais pour pleinement profiter de tout cela, il faut aller vite et s'organiser. J'ai deux « trucs » personnels, peut-être critiqués par certains collègues et certains usagers. Je concentre mes permanences. Je reçois et je réponds au téléphone sur les deux mêmes demi-journées. J'aime les rythmes rapides. Toute une matinée, je bondis entre de courtes relations téléphoniques, et des discussions approfondies avec les visiteurs, aussitôt reprises dès le téléphone reposé. Le petit courrier d'intervention devant suivre, est dicté immédiatement, faisant le point de la réclamation. Un double est si possible envoyé en même temps au salarié pour lui permettre de développer lui-même sa démarche avec les délégués ou devant les instances. Avant l'existence du traitement de texte, je consomme abondamment des formules courantes d'introduction et de conclusion. Ce style d'action donne une « force de frappe administrative ». À terme cependant, un risque subsiste d'une certaine dévaluation de l'impact, d'une érosion de la capacité d'écoute, parfois d'erreurs d'observation. Au bout de quelques années, il faut changer de secteur pour retrouver d'autres interlocuteurs.

Le plus gênant est que les employeurs sont maîtres en l'art de s'habituer aux effets de surprise, d'interposer des dispositifs écrans, de tarder à répondre ou de refuser de réagir. Les salariés doivent donc élever d'un cran leur capacité réactive, aller voir les délégués, un avocat pour pousser plus loin les affaires. C'est un peu le secret pour acquérir et diffuser une capacité d'action collective, fondement d'un droit du travail à la française, allant de l'ordre public au contrat de travail en passant par les moyens d'organisation collective. Cela suppose une certaine confiance et une présomption de bonne foi entre salariés, patrons et inspecteur. Il faut aussi une bonne entente avec le secrétariat de la section et une secrétaire ayant les compétences professionnelles d'une véritable secrétaire, au sens ancien du terme. C'est le cas à l'époque, même si beaucoup s'y sont mises avec une formation sur le tas.

Ma seconde « force de frappe » doit me permettre de faire face à la multiplication des affaires tout en restant guidé par une conception généraliste de l'inspection. Est-ce un idéal jamais atteint ou simplement une conception fidèle au droit positif ? Je défends cette vision de nos missions malgré l'opposition de nombreux collègues, y compris ceux ayant les mêmes appartenances syndicales. Mais il faut pouvoir y arriver. Un fonctionnaire ne peut risquer de se noyer sous le papier ni dans la multiplication des affaires engagées et laissées inachevées.

Pour éviter l'engorgement, il faut agir vite et désembouteiller son bureau en permanence. Pour cela, un « truc » : ne jamais laisser retomber une feuille de papier sans avoir traité immédiatement, si possible, ce qui peut l'être. Une transmission, une prise de position même provisoire, une suspension de délais, une demande d'explication supplémentaire, une décision brève pouvant être prise sur-le-champ font l'affaire. Le fonctionnaire qui laisse tomber cette feuille de papier et recommence le lendemain à la retourner sans parvenir à préciser ce qu'il veut ou doit faire, se fatigue deux fois, trois fois, mille fois plus et s'épuise.

Il faut cependant s'accorder une facilité : sauf urgence modifiant l'ordre des choses, il faut toujours commencer par la plus facile des mille et une actions à réaliser. C'est ainsi que l'on peut, au fil des heures, soutenir effort et moral devant la tâche à accomplir et combattre l'augmentation des piles sans cesse renaissantes sur les bureaux. Un certain reliquat résiste bien sûr, justifié par des difficultés s'opposant à un traitement quelconque en l'état. Dans ce cas là, il faut renvoyer la balle dans l'autre camp. Si l'interlocuteur revient pour faire ressortir son papier de dessous la pile, il faut pouvoir lui dire : « Cela fait deux mois, Monsieur, que j'attends de votre part telle précision ou telle décision, suite à ma lettre du tant... »

Armé de ces deux règles de méthode, je pense être un représentant de l'État actif dans des milliers d'affaires. Intervenant dans le cadre d'un état de droit écrit, je remplis des milliers de pages de chrono. Au cours de ces années, mes supérieurs me font beaucoup de reproches quant aux orientations prises mais non pour le volume de travail négligé ou réalisé. Dans ce conflit latent sur la vision de l'inspection, ils craignent même souvent une certaine efficacité opérationnelle. Avec ces précautions prises pour parvenir à absorber l'activité courante, il reste toujours un peu de temps pour prendre des initiatives, mener des actions coup de poing ou suivre quelques grosses affaires aux enjeux stratégiques.

Fonctionnaires d'autorité chargés d'une législation contestée et lieu permanent de conflit entre les puissances économiques[143] et les intérêts des salariés, les inspecteurs du travail troublent toujours les jeux établis et des statu quo confortables. Leur arrivée annoncée, parfois même seulement attendue, conduit à cacher des preuves ou à construire des apparences qui rendent impossible une véritable situation de droit pour les salariés. Il en est résulté ces règles professionnelles, vieilles comme l'inspection crée en 1892, selon lesquelles l'inspecteur du travail ne doit jamais se retrouver à la table des employeurs ni avertir de ses visites. Si par hasard il lui est arrivé de faire savoir le moment de sa venue, il y a toujours un salarié ou un membre de l'encadrement pour lui faire savoir qu'il n'a rien vu ce jour-là. D'où ce sport difficile mais nécessaire et cette culture de la visite inopinée. Il m'est arrivé de les pratiquer jusque dans des enquêtes pour des entraves aux institutions représentatives, domaine considéré habituellement comme nécessitant des auditions respectueusement montées.

Enfin il faut citer un petit bonheur dont je n'ai pu me priver de temps en temps, sous les regards attentifs des salariés et du représentant patronal, celui de me dire : « ici, en cet instant et en ce lieu, l'État c'est moi. » Dans l'entreprise et ses ateliers, seuls l'inspecteur et le contrôleur en ont toute la légitimité.

[143] Même un petit patron est titulaire de cette puissance face à ses salariés.

Ch.13 Une ville industrielle, dans un grand pays industriel où accompagner l'épanouissement des règles du travail

En 1973, j'arrive sur le 7e arrondissement pour y rester dix ans. C'est un pôle industriel important en plein Lyon. Pour peu de temps encore. Il n'est pas le seul dans la ville. C'est aussi le cas de Vaise, pôle du textile artificiel et lieu d'importantes industries métallurgiques. Le 3e arrondissement abrite aussi encore des industries textiles, des imprimeries... De façon semblable, dans d'autres grandes villes, des collègues sont affectés, sur de grandes sections industrielles. Dans le 15e arrondissement de Paris, Bernard Laurençon contrôle les ateliers encore immenses des usines R... du quai de Javel et dans le 13e, Anne-Marie Beziau les usines D... qui ferment.

La France est alors un grand pays industriel. Dans un an et demi va commencer la grande crise de la fin du XXe siècle. Mais on est aux apogées numériques des effectifs industriels, des effectifs ouvriers, des établissements de plus de cinquante salariés, des mairies de plus de vingt mille habitants dirigées par un maire communiste. Sans que l'on en ait conscience, c'est l'apogée de la classe ouvrière et aussi celui de l'inspection du travail dans sa définition de 1892. À la différence d'aujourd'hui, après trente ans de crise et de licenciements, les salariés travaillent en majorité dans de grandes entreprises.

On ne sait pas encore que dans les bureaux des dirigeants industriels les plus puissants et dans les sièges des banques, la décision de casser cet outil est prise de façon consciente et délibérée, résultant de la volonté de privilégier les mécanismes financiers et la manne de bénéfices susceptible d'en provenir. Pour le moment, la crise pétrolière sert de bouc émissaire. Effectivement, début 1973, j'ai de la chance de cesser de rouler cent kilomètres par jour entre mon domicile et mon bureau de Saint-Étienne, juste au moment du renchérissement de l'essence à la pompe. La crise qui se prépare a donc le Monde arabe pour coupable principal.

En juin 1974, avec un surcroît subit de demandes de chômage partiel, je vais voir la crise fondre sur mon bureau d'inspecteur. Mais pour l'instant, pendant dix-huit mois encore, des parcs d'industries sont implantés sur les deux ensembles géographiques composant la 7e section[144] : la Guillotière un vieux quartier d'habitation intégrant de nombreuses industries alimentaires, mais aussi de la parfumerie, de la confection, des imprimeries, des établissements de santé ; et Gerland, prolongé par le port Édouard Herriot. Ils sont l'essentiel de mon domaine d'intervention.

Gerland est d'abord le site de deux grandes entreprises de quinze cents à deux mille salariés. Près de la voie ferrée et d'une zone militaire, le parc

---

[144] Les sections d'inspection du Rhône sont découpées, pour la plupart, de façon à associer un arrondissement de ville et une banlieue industrielle. Mais la 7e fait exception. Son arrondissement urbain est un quartier industriel fourni. Son complément extérieur, le canton de l'Arbresle, est un canton rural, aux effectifs salariés dérisoires hormis une petite zone industrielle qui s'y implante.

d'artillerie, la P… fabrique des lave-linge. Ses chaînes de montage, profitent du grand bond de l'équipement des ménages populaires. Les conditions salariales y sont dures, les relations sociales et humaines détestables. Les délégués qui survivent sont rares. Plus près du Rhône, les S…, l'un des principaux établissements de la future G…[145], sont l'exemple d'une entreprise ancienne bien pourvue en représentants du personnel. Ils fabriquent des câbles électriques et téléphoniques, des plus gros aux plus fins et des plus anciens aux plus nouveaux. Dans un bâtiment de trois étages, une usine à lui tout seul, cinq cents femmes viennent travailler en deux équipes, le plus souvent percluses de rhumatismes du fait d'un degré hygrométrique de plus de soixante degrés. Elles enroulent des revêtements de papier et de textile sur des fils de cuivre. D'autres ateliers tressent d'énormes câbles sous-marins. Par wagons spéciaux, ils rejoignent les ports, une fois achevés. On les enrobe de goudrons, de talc et d'acier sur d'énormes machines dont certaines sont arrivées là au titre des dommages de guerre de 1918. Il y a également un centre de recherches et d'essais équipé de craqueurs de câbles de haute tension, hauts de près de dix mètres. L'ingénieur qui le dirige me montre un jour un fil translucide dont le diamètre fait un tiers de centimètre produisant une petite luminosité rose et fluorescente à l'une de ses extrémités. Le groupe dont fait partie l'entreprise réalise et essaye l'une de ses premières fibres optiques.

Autour de ces deux « grands », de multiples industries sont représentées. Il y a deux fabricants de matelas en laine et en mousse, un fabricant de meubles en bois avec capitonnages en cuir et mousse, deux imprimeurs sur métaux fins, des fabricants de chauffages électriques, d'appareils de climatisation. On y produit même des parasoleils vendus à des émirs d'Arabie pour des palais clés en main. Un fabricant de grues à tour est l'un des premiers mondiaux de sa spécialité. Plusieurs grandes entreprises de travaux publics ont leur succursale Grands travaux, route, réseaux divers, ferraillages, forages de tunnel…

La zone commerciale s'étend plus au sud jusqu'au port Édouard Herriot. S'y regroupent des négoces de produits lourds en gros et au détail, à destination du bâtiment, des équipements sanitaires et des tuyaux d'adduction d'eau desservant le Sud-est de la France ou partant pour l'Afrique, ainsi que des produits sidérurgiques, poutrelles, tôles, fers plats, profilés d'aluminium... L'extrémité du port est le royaume des pétroliers et des sidérurgistes, tout en hébergeant la gigantesque usine d'incinération de la ville.

Enfin et surtout ce quartier de Gerland est un haut lieu des industries alimentaires, autour des abattoirs construits dans les années trente par l'architecte Tony Garnier[146], avec une grande halle que je visite pleine de bœufs attendant d'être achetés et tués, le « marché vif ». Autour, différentes halles et de nombreux bâtiments abritent une série de professions anciennes ou plus contemporaines. Un

[145] Qui sera aussi nationalisée en 1981.
[146] Ils sont devenus depuis monument historique.

jour, un sociologue parisien m'est envoyé du ministère pour enquêter sur la profession des porteurs de carcasses. Dans les conditions des professions du XIXe siècle, quelques ouvriers manutentionnaires exercent encore la profession de porteurs en travailleurs indépendants. Ils savent porter seuls, sur leur dos, sans aucun outillage, avec des tabliers à capuchons maculés de sang, des demi-carcasses de bœuf pesant jusqu'à deux cent cinquante kilos. De nombreux bouchers installés en ville sont des entreprises faisant chacune tuer à son compte des bêtes achetées le matin même. Pour les visiter, avec leurs horaires particuliers, il faut circuler dans les salles d'abattage et de découpe, à une heure matinale et rencontrer du personnel n'appartenant jamais à la même entreprise. La tournée s'achève par la visite d'un ou deux comptables indépendants présentant une vingtaine de livres de paye.

Dans un second cercle autour de ces premières salles, une série de professions récupère les abats et les sous-produits et les traite soit sur place, soit à quelques centaines de mètres dans les premières rues entourant l'enceinte des abattoirs. Dans les boyauderies, du personnel en majorité féminin extrait des kilomètres de boyaux de grands baquets où ils sont abondamment lavés, dégageant une odeur, une humidité et une ambiance de vapeur de graisse et de matières vivantes collant au corps et aux vêtements. Des entreprises de récupération des graisses et des os produisent des atmosphères encore plus désagréables. Les fondoirs, les vis et les trémies, le plus souvent accrochés à des dalles de béton brut, forment des souterrains exigus où il faut circuler. On en sort les bottes, les souliers, les gants et le manteau maculés, gardant longtemps des relents de graillons dans la gorge et les narines.

Le troisième cercle autour des abattoirs est celui des transformations nobles : des boyaudiers fabriquent des cordes pour les raquettes de tennis, du catgut chirurgical. Plusieurs grands salaisonniers sont installés dans Gerland ou la Guillotière. Au cours de mes visites, j'observe régulièrement des machines injectant à grande vitesse des tonnes de saumure dans des jambons cuits auxquels, selon les normes sanitaires en vigueur, on veut donner une plus longue durée de conservation mais aussi un certain poids assurant une marge entre les prix de la matière et du produit fini. Il y a ainsi de quoi décaper des millions d'estomacs dans les HLM de banlieue. Un très modeste corps de vétérinaires, fonctionnaires du ministère de l'Agriculture, implanté sur les abattoirs, veille aux normes et circule dans tout le quartier.

Enfin ce quartier est encore un haut lieu du secteur privé de l'hospitalisation et de la santé privée. L'Institut P... de Lyon, fait exception, investi de missions publiques. C'est un gros établissement occupant des effectifs importants, avec son siège, ses laboratoires, tentant même d'essaimer dans le voisinage immédiat avec quelques annexes chargées de développer des productions industrielles. Non loin, deux hôpitaux confessionnels forment l'essentiel du secteur sanitaire, avec un ensemble de près de mille salariés auxquels il convient d'ajouter les laboratoires T…, pleins d'ambitions se préparant à absorber l'Institut P…. Ils possèdent dans l'arrondissement une fondation effectuant des analyses médicales pour les hôpitaux et un laboratoire de fabrication de produits vétérinaires employant plusieurs centaines de techniciens et de biologistes. Ils profitent de la proximité des abattoirs et d'un créneau facile, la vaccination obligatoire des bovins contre la fièvre aphteuse. En s'appuyant sur elle, ils développent de nouveaux vaccins pour la France et l'Outre-mer.

Gerland et la Guillotière vivent donc au rythme d'une industrie encore proche de ses racines du XIXe siècle mais ayant connu une seconde expansion avec les Trente glorieuses. Comme une ruche, ces deux quartiers bourdonnent de l'activité de leurs ingénieurs, de leurs ouvriers spécialisés, les OS de la grande industrie, de leurs tueurs, de leurs infirmières et de leurs laborantines. Après l'heure des bicyclettes quittant les pointeuses et reconduisant le flot des ouvriers sédentaires et besogneux, ils débordent encore de camions et de wagons. À moins d'un kilomètre du centre ville, ce quartier est parcouru par plusieurs embranchements industriels de voies ferrées, courant sur le sol des rues. Il est raccordé à la mer par un pipe-line et à la France par une autoroute et un boulevard de Ceinture.

Arrivant dans les deux dernières années des Trente Glorieuses et à l'enclenchement de la grande crise trentenaire, je ne mesure pas, à quel point, je vais être pendant trente ans, l'agent des pompes funèbres industrielles, ici puis dans une autre section. C'est ce que je résume, quatre ans plus tard, à un inspecteur général venu m'inspecter. Pendant des années, j'envoie au bureau de chômage, mois après mois, années après années, des convois de vingt à cent cinquante travailleurs licenciés. C'est le scandale de ma carrière. C'est le problème le plus affreux que je dois affronter dans ma vie active, assombrissant encore mes années de retraite. En y ajoutant mes préoccupations spécifiques d'inspecteur, je ne peux que me reconnaître derrière le cri poussé dans un meeting par Henri Krasucki : « ils veulent faire du pays le bronze-culs de l'Europe. »

Manifestement les familles possédant ces entreprises n'ont que faire de cette classe ouvrière réclamant de meilleurs salaires et rêvant d'autogestion depuis mai 68, bien organisée pour ses manifestations et ses grèves. Une grande partie de ces ingénieurs des grandes écoles sont formés aux techniques industrielles les plus poussées, mais pas pour être à l'aise devant des délégués syndicaux. Leur formation aux questions sociales est dérisoire. Beaucoup méprisent les évolutions politiques contemporaines et n'aspirent qu'à déboucher au plus vite sur des fonctions commerciales et financières.

Neuf mois après 68, deux dévaluations du franc récupèrent les hausses de salaire arrachées par « les évènements ». Les dirigeants du pays, politiques et industriels, raisonnant à courte vue, se complaisent dans les politiques de bas salaires et de faibles qualifications, usant et abusant de l'immigration, tant que la croissance persiste. Même dans une ville fortement quadrillée par des unions locales et départementales actives et bien structurées, je constate à longueur de journée des salaires rôdant autour du SMIG. C'est même le cas dans l'entreprise métallurgique soumise à mon contrôle, dirigée personnellement par l'un des premiers magistrats de la ville, censé conduire vers le progrès une agglomération de cinq cent mille habitants. Comment ne peut-il pas en être de même dans les zones industrielles éloignées et dans les zones rurales cherchant à freiner l'exode des campagnes par des emplois industriels « tout venant » ?

Même ces bas salaires lyonnais sont encore trop élevés dès lors que des ouvriers revendicatifs s'efforcent de grignoter ces politiques par quelques petites primes, à l'occasion de conflits périodiques. Il faut donc raser ces usines dont les réactions imprévisibles font peur et empêchent de dormir leurs propriétaires et leurs voisins. Offerts à des promoteurs, la valeur de ces terrains s'envole, tandis que les industriels allemands et les investisseurs américains rôdent autour des sièges sociaux. Ils savent faire des offres intéressantes pour récupérer des productions bien placées ou pour élargir des marchés après avoir tué leurs concurrents français. Voilà ce que j'observe de près, pendant des années.

Lors de mes dernières visites chez W..., je viens enquêter sur les licenciements économiques. Au lendemain de la guerre, puis dans les années 60, c'est une grande entreprise du quartier, un fleuron des Trente Glorieuses de la reconstruction, des constructions des zones à urbaniser par priorité, un leader mondial de la grue à tour. Mon interlocuteur patronal n'a qu'un souci et une seule mission pour les propriétaires américains qui viennent d'acheter l'entreprise : parler de plans dits « sociaux » et des procédures. C'est un américain nommé six mois en France pour fermer la place. Devant le fonctionnaire français qu'il reçoit, il fait un effort pour parler un français marqué d'un fort accent, mais il s'adresse en anglais à ses collaborateurs. Toutes les notes internes sont rédigées en anglais. Je dois réclamer qu'on me les présente traduites dans la langue obligatoire du pays. Je suis dans la même situation qu'un représentant d'un jeune État d'Afrique noire affrontant des chefs d'entreprise européens. Et je réentends les plaintes de ma mère, prononcées plusieurs années auparavant, allant découper ses coupons dans la salle des coffres, au sous-sol de la banque : « moi pauvre veuve, il faut bien que j'achète des actions étrangères à la place de valeurs françaises ne valant plus rien, si non je vais me faire dépouiller ». Le mécanisme joue à plein et en grand. Les actionnaires français placent leur argent aux États-unis permettant aux industriels de ce pays de racheter les usines bradées en France. Les ventes d'usines permettent d'investir en bourse ou de faire travailler des avoirs dans des monnaies dont les taux de change ne cessent de varier. Les guerres de dévaluations et de réévaluations fonctionnent à plein entre les Européens, avec leurs cortèges de difficultés pour les importations et les exportations.

Pour se révolter et tenter de résister dans cette métallurgie, dans le bâtiment et les travaux publics ou dans les branches des industries alimentaires régnant encore sur cette partie de la ville, il n'y a que la CGT, parmi l'ensemble des acteurs économiques et parmi les syndicats. Elle s'oppose inlassablement, refusant même de parler argent dans l'intérêt de ses adhérents. Elle s'arc-boute à la fois sur l'énergie du désespoir, sur un volontarisme forcené et sur un optimisme aveugle, une confiance mystique dans les bienfaits de la lutte de classe. À chaque dossier, elle recommence. Pied à pied, elle démonte tous les arguments successifs invoqués pour expliquer les raisons de la casse du patrimoine industriel national, se lançant dans des grèves à répétition et des occupations interminables. Certaines durent plusieurs années.

Une question peut être posée après l'avoir vécue des années de façon lancinante : cette évolution vers la désindustrialisation était-elle inévitable ? Aurait-on pu adopter et imposer une solution inverse tant sur les plans politiques et économiques que comportementaux. En effet, la répétition des fermetures induit des tendances lourdes, des réactions en chaîne dans les modes de vie et les attitudes des différentes classes sociales et des différents niveaux du salariat. Il n'a pas été répondu à la question : les implantations industrielles existantes auraient-elles pu être rénovées ? Aurait-on pu envisager de conduire en France une politique de maintien des grands outils industriels comme l'industrie allemande l'a fait pendant au moins deux décennies et continue à le faire dans une certaine mesure ? Aurait-on pu appuyer le maintien et le développement de l'emploi sur un emploi industriel fort en France et secondement sur un maintien de l'emploi industriel en ville ?

Quelques années plus tard, à l'occasion d'une campagne électorale, je rédige un bilan de l'emploi et des atouts industriels subsistants dans ce grand quartier industriel qu'est le 7e arrondissement de Lyon. D'importantes friches s'étalent désormais. Les voies ferrées, le pipe-line, la voie navigable, des avenues et des autoroutes urbaines sont toujours là, impropres à servir de trame à la réalisation d'un quartier d'habitations tranquilles. J'émets quelques hypothèses sur le maintien d'une telle zone industrielle en pleine ville. Est-il inévitable et indispensable que des zones portuaires de plaisance viennent remplacer un port commercial branché à un pipe-line et aux réseaux ferrés ou autoroutiers ? Est-il raisonnable de convertir des morceaux de friches industrielles en parcs naturels et en zones d'habitation de bon standing ? Une autre conception de la ville pourrait maintenir une meilleure compénétration de l'emploi dans toutes ses composantes, y compris industrielles, et des zones d'habitat plus homogènes dans la Guillotière et les 3e et 8e arrondissements. Ainsi seraient réduits d'autant les trajets quotidiens des salariés sédentaires. Inversement les déplacements professionnels d'autres populations salariées, commerciaux, chercheurs, spécialistes, seraient facilités par la très grande proximité des gares de TGV. L'école Normale Supérieure et ses instruments de recherche, eux aussi source de navettes incessantes avec Paris, remplacent avec prestige les abattoirs. Les laboratoires de recherche, certains fleurons industriels équipementiers, domotiques, métallurgistes, biologistes, pourraient rester ou trouver place à proximité, au lieu d'être chassés par la promotion de standing.

Un autre problème est posé par le maintien d'un habitat construit à bas prix au XIXe siècle au temps où l'on exploite doublement la misère du prolétariat, le jour dans des ateliers insalubres, la nuit, dans un habitat sans air, sans soleil, sans environnement naturel et sans confort. De véritables appartements-prisons économisent le sol dans des rues étroites. Après les Trente Glorieuses, on reconstruit sans ambition urbanistique et sans imagination sur les mêmes plans, les mêmes schémas urbains et les mêmes alignements, un immobilier deux ou trois fois plus élevé et donc tout aussi peu aéré et ensoleillé. Du fait de l'éloignement de l'emploi en banlieue, et de la concentration urbaine, on ajoute les longs temps perdus en trajet par des travailleurs amenés à se déplacer à la recherche d'emplois en zones industrielles[147]. Une autre cohérence aurait pu conduire à maintenir en ville davantage de lieux de travail productif et davantage d'emplois, notamment industriels, en rénovant les ateliers existants. Mais aucune volonté politique n'a tenu à défendre l'emploi industriel, ni en France ni dans la ville.

Dans la 7e section je succède à H.... Au bout de trois ou quatre ans, il cherche à la quitter pour une autre section, Villeurbanne, libérée à la faveur de quelque mouvement. Il appartient à la promotion 68 et à ces inspecteurs des années 67 à 70 qui deviennent adjoints après sept ans d'inspection, et départementaux au terme de deux ou trois années d'adjoint. Comme nombre d'entre eux, il est au syndicat autonome dont l'une des fonctions est de soutenir les promotions rapides. Il en assure même le secrétariat général durant quelques années, en même temps que, promu sur place, il devient notre chef direct, avant d'obtenir la direction de la Savoie. C'est dans ces années que se crée une mécanique d'aspiration puissante, l'administration soutenant, notamment à Lyon, la création de nombreux postes de hiérarchie intermédiaire. Elle profite à un certain nombre mais fragilise l'activité des sections et la maturité des inspecteurs. La forte motivation compense. Un théorème est alors formulé selon lequel la rapidité des carrières est animée d'une force inverse à l'axe des motivations et des couleurs idéologiques, à mesure qu'elles tirent vers le rouge. H... est l'un des bons exemples de cette génération occupant environ vingt ans le grade de directeur. La suite de la carrière pose parfois problème. H... obtient de rebondir par un poste au BIT au service de l'administration du travail[148]. Pour beaucoup

---

[147] Compte tenu de la politique salariale du patronat français, des Smigards et bas salaires (il en reste toujours beaucoup malgré les nouvelles constructions), résidant à Gerland et la Guillotière, ont des difficultés pour financer voitures et garages et chercher de l'emploi dans les banlieues de Genas, Vénissieux, Bron..., desservies par de maigres réseaux de transports en commun, alors que les Smigards des Minguettes et d'autres grands ensembles périphériques bien desservis ont des facilités à venir travailler dans le centre.

[148] Il y traverse cependant des déceptions quant à ses possibilités d'action au point qu'il est conduit au geste extrême. Il n'est pas le seul des collègues qu'il m'est arrivé de côtoyer de près, connaissant une fin aussi

d'autres et par la suite, les carrières fulgurantes provoquent quelques déceptions. Sans disparaître, les promotions se font plus désirer. Le carriérisme rend les aspirations plus forcenées. Certains qui obtiennent rapidement le grade d'adjoint le restent vingt-cinq ans, obligés de multiplier les sauts de puce et les candidatures dans l'attente d'un poste de directeur. Les premiers nommés n'ont aucune raison de lâcher les fauteuils.

Pour ceux qui souhaitent profiter des attraits d'une vie d'inspecteur, ces soucis sont d'un autre monde et glissent au-dessus des préoccupations. Le métier passionne. Il suffit à remplir les journées. Il est reconnu. Il a même son écho dans l'opinion. Les années passent avec un renouvellement régulier des problématiques et des avancées législatives. Le code et le porte-documents se remplissent constamment de nouveaux centres d'intérêts.

Les services ne sont pas seuls à craquer dans leur vieil habit qui se rénove[149]. Le droit du travail craque aussi dans ses dimensions de 1893, revues en 1945[150]. Le réveil se traduit d'abord dans le livre Ier du Code du travail. À notre corps défendant, nos permanences sont remplies de sollicitations touchant à l'application du contrat individuel de travail. L'éveil juridique des salariés suscite un grand nombre de démarches. Ces litiges d'usagers ne relèvent de nos missions qu'à la marge ou indirectement. Nous devrions théoriquement les renvoyer en utilisant le refrain que nous recommandent nos directeurs : « ces problèmes ne relèvent pas de notre compétence. Adressez-vous au Conseil des prud'hommes, à un syndicat, à un avocat ». Certains collègues, peu nombreux, l'utilisent. Mais la conception d'une inspection militante, dévouée à la cause des salariés, amène à prendre les salariés au niveau où ils en sont. Il nous faut faire un bout de chemin avec eux tels qu'ils sont. Un déplacement à l'inspection, souvent le premier d'une vie de salarié, peut conduire à prendre courage, à souhaiter des délégués, un syndicat, à mieux comprendre qu'il y a un droit ne demandant qu'à s'appliquer. En fait, par divers cheminements, tout usager se présentant pour un renseignement se voit expliquer l'avantage qu'il y a à disposer de délégués. S'il comprend le message, et s'il n'y a pas déjà de délégués sur son lieu de travail, il est invité à se faire présenter comme candidat. C'est le cas le plus général.

Ce message ne passe que si l'on a d'abord donné le renseignement sur le droit que l'on peut invoquer. Pour répondre aux attentes, l'inspecteur propose aussi de faire une démarche amiable auprès du chef d'entreprise en faveur du

---

dramatique. C'est aussi le sort de l'inspecteur qui assure l'autre section de Saint-Étienne lors de mon passage dans cette ville. Après avoir tenté de rebondir dans des fonctions de conseiller de cabinets ministériels, il met fin brutalement à ses jours, lui aussi.

[149] Le renouvellement de cet habit prend forme dans le décret du 21 avril 1975, même si ce n'est pas dans le sens souhaité.

[150] Les réformes mises en sommeil douze ans avec l'ère Bacon de juillet 1950 à mai 1962, l'assoupissement se prolonge encore six ans avec les ministres Grandval et Jeanneney. Mais la pression de la demande fait qu'avec le temps et l'effet de 68 le changement s'accélère à partir de 1971.

requérant. Suit l'invitation au réalisme : « toutefois si l'employeur apprend par notre lettre que vous êtes venu nous voir ou si, de retour, vous lui dites : 'l'inspecteur m'a dit...', vous risquez peut-être pour votre emploi, ou de devenir la tête de turc de l'encadrement. » À la faveur du renseignement, ce sont quelques parenthèses d'instruction civique, assez vite comprises : l'employeur est peu habitué à ce qu'on lui résiste, surtout en faisant planer la menace d'un intérêt nouveau de l'inspection du travail pour ses affaires intérieures. Effectivement il est assez facilement observé que dans un certain nombre de cas, le salarié ne tarde pas à voir ses différents s'aggraver s'ils préexistent ou naître s'il découvre le premier un avantage inconnu de ses collègues. La seconde conclusion est logique : l'intérêt d'un processus de mise en place de représentants du personnel. Par pure pédagogie, il faut donc traiter un grand nombre de réclamations avant d'en repérer une conduisant à un procès-verbal, lequel n'est d'ailleurs pratiquement jamais relevé dans de telles matières.

De ce point de vue, les années 68 et suivantes amènent un certain nombre de réformes significatives[151]. Le changement social, mis à la mode par le slogan d'une « nouvelle société », est réactivé. Tout bouge, les règles de rémunérations, le salaire minimum de croissance, la mensualisation, les ruptures de contrat, la définition par la loi des règles de licenciement individuel, le statut de l'intérim. Les années 1975-1980, remodèlent d'autres chapitres fondamentaux, le licenciement collectif, l'hygiène et la sécurité. En 1973 une nouvelle loi de codification redonne un habit neuf à nos vieilles règles, bouscule nos vieux numéros de référence datant d'avant 1914.

Mais nous restons très souvent sur les litiges les plus classiques. Combien de renonciations à la faute grave dans une procédure de licenciement, combien de règlements de préavis et d'indemnités de licenciement ne plaidons-nous pas, dans une sorte de premier tour pré prud'homal ? Les prud'hommes sont habitués à nos petites lettres annonçant un différent et tentant un premier arrangement amiable. Une personne se présentant directement à leur secrétariat reçoit le conseil de tenter une première démarche par l'inspection. On fait préciser les limites du litige. Ne sait-on jamais, cela peut réussir, plus vite et sans frais !

Nos permanences sont aussi remplies par l'article L.122.12, ce fameux article fondamental datant du 19 juillet 1928. Avec lui, le repreneur d'entreprise est tenu de respecter tous les contrats et toutes les obligations sociales du précédent employeur. Au fil des années, avant les tribunaux, nous sommes les véritables ouvriers de son application. Le métier d'inspecteur est un métier modeste. Il mène à une vie modeste. Il ne voit évoluer le droit et les phénomènes sociaux qu'en traitant des milliers de cas de même nature, se reproduisant sans cesse d'une entreprise à l'autre.

[151] Voir en annexe I, l'inventaire des principaux textes des années 1968 à 1998, reconstitué à partir des pages jaunes des codes Dalloz successifs.

Avec deux permanences par semaines, soit cinq ou six rendez-vous individuels ou collectifs, cela fait quatre à six cents petits et grands problèmes traités chaque année, dont peut-être deux cents ruptures de contrat, quarante transferts en application de l'article L.122.12. En venant à plusieurs, les salariés se donnent du courage. Certains, ayant déjà fait valoir leurs droits, accompagnent un collègue ou présentent des problèmes faisant souci à leur équipe la plus proche. Organisées par un délégué qui veut « montrer » l'inspecteur à ses électeurs, des délégations envahissent nos petits bureaux. La foule des affaires évoquées par simple lettre s'ajoute. Elles appellent souvent un traitement de même nature parfois une simple communication téléphonique permettant d'avoir tout de suite les deux versions de l'affaire. Mais il faut parfois convoquer l'intéressé, pour en savoir plus. Enfin, troisième degré dans les demandes, pièces à l'appui, les délégués viennent souvent seuls. En vingt minutes, ils voudraient traiter six ou sept litiges. Il faut bloquer l'avalanche, en disant que cela fait déjà pas mal pour aujourd'hui.

Au terme de vingt et quelques années d'une vie de contrôleur puis d'inspecteur, nous sommes donc le « guichet » traitant mille fois l'article L.122.12 du Code du travail, quatre mille ruptures de contrat, la relance de deux cents réunions mensuelles de délégués négligées… Cela s'apparente inévitablement au travail à la chaîne. Même si chaque salarié, chaque employeur est un interlocuteur différent. Il y a nécessairement une usure, une part d'inefficacité. Des interventions échouent. Certaines ne sont pas traitées avec le niveau d'engagement qu'attendait l'interlocuteur. D'autres ont un effet incertain. C'est le coût humain d'un État de droit, avec un droit écrit. Avec douze cents guichets dans tous les coins de France, c'est l'un des coûts d'une nation se prétendant une démocratie avancée, mobilisée en faveur de l'application d'un droit social en expansion. L'inventaire doit être réalisé non au niveau individuel mais à celui de l'impact collectif, les résultats de l'effectif intégrant les variables de caractère, les options personnelles, les niveaux d'expérience, les états de santé, les phases de mobilisation et de démobilisation individuelle.

En passant d'un livre à l'autre du code, cette fonction de conseil évolue des tâches accaparées de médiateur prétorien aux compétences expresses. Ces années sont une intense période de modifications législatives. Elles s'animent sous l'effet des extensions de beaucoup de situations classiques anciennement traitées par le code : protection des maternités, multiples litiges relatifs aux heures supplémentaires, à la fixation des horaires, aux congés payés, les éternelles questions posées les veilles de jours fériés et de départ en vacances, etc.…

Par ailleurs, l'inspecteur est en principe un agent itinérant dont la mission est centrée sur l'hygiène et la sécurité. Les visites systématiques laissent le souvenir de longues marches d'une curiosité toujours renouvelée dans les ateliers petits et grands. Dans ces vieux quartiers urbains, des locaux de travail vétustes voisinent avec les constructions neuves. L'inspecteur réclame des fenêtres et des aérations. Il discute pour faire poser des aspirations sur les cuves de trichloréthylène servant au dégraissage des pièces métalliques. Sous le regard de salariés, sensibles à toutes les incommodités, attendant beaucoup de l'inspecteur, il faut un travail de fourmi pour faire installer des vestiaires, les améliorer, les faire meubler d'armoires, les faire nettoyer. Ce sont des refrains modestes mais toujours différents. Chaque atelier est un cas à part.

Par certaines lettres de plainte, il est facile de sentir que le salarié ressasse longtemps une série d'attentes, vivant quotidiennement des conditions de travail frustrantes, concentrant les mécontentements. Il dénonce souvent des faits et des situations très imparfaitement visés par les textes. Parfois aucun texte n'est en cause. Il faudrait faire une application trop fréquente de l'article général selon lequel l'entreprise doit être « tenue dans un état constant de propreté et présenter les conditions d'hygiène et de salubrité nécessaires à la santé du personnel. » Cette santé devrait être entendue jusque dans ses dimensions mentales et sociales.

Dans son parcours, l'inspecteur sent les regards cachés des salariés, derrière leur machine ou leurs caisses de pièces à usiner. Ils nous voient tourner dans l'atelier. Ils savent qu'ils n'ont pas le droit de parler sans risquer d'encourir la réprobation de l'encadrement et s'engager dans une spirale négative : « cet inspecteur va-t-il voir ce que je vois tous les jours, cette infection insalubre, ce danger, qui sautent aux yeux ? Va-t-il passer à côté de moi sans rien dire, demain se poursuivre comme hier sans que rien ne soit changé ? » Le lendemain un appel téléphonique fait parfois écho aux déceptions : « vous n'avez rien vu. Ils avaient senti que vous alliez venir. Il faut repasser. »

Dans beaucoup d'ateliers, des fabrications ne sont réalisées que certains jours de la semaine. Nous passons un autre jour. Comme si l'on venait, de volonté expresse, le jour où ne se dégagent ni vapeur, ni bruit, ni insalubrité. Des salariés, des délégués, sont mécontents. Il n'est jamais facile de revenir une deuxième fois. Pour l'employeur, c'est une persécution tatillonne. Il faut souvent compter sur une part de chance pour tomber juste. Ou alors il faut attendre le renseignement de dernière heure annonçant que l'atelier commence à travailler dans de mauvaises conditions. On prend la voiture. On survient par un hasard qui ne l'est que pour l'employeur. Les secrets sont rarement bien gardés. Une dénonciation trop efficace fait vite le tour de l'atelier, finit toujours par revenir aux oreilles qu'elles doivent éviter.

À l'opposé certaines enquêtes ont une origine très administrative. À mon arrivée sur Gerland, dix-huit intoxications au plomb exigent une enquête aux établissements O…. Le médecin du travail et le Comité d'hygiène et sécurité ont visé ces déclarations de maladie professionnelles. Mais les conditions de travail sont en train de disparaître en raison du départ de l'établissement sur Villefranche-sur-Saône et d'une modification complète de l'exploitation. Depuis un siècle, le métal est charrié en vrac dans des hangars ouverts à tous les vents dégageant un niveau élevé de poussières. Les vents du sud les transportent dans tout Lyon, exposant non seulement le personnel dans son ensemble mais tous les Lyonnais de « la rive gauche. ».

Les salariés nous sollicitent moins facilement pour les questions de sécurité. Un œil extérieur fait apparaître les dangers auxquels tous sont accoutumés. Faisant rajouter des protections, il faut tendre à ce qu'elles ne gênent ni la vitesse de travail ni les opérations. Nous sommes accusés d'être des gens comprenant mal les difficultés et les impératifs du travail, réclamant des ajouts excessifs. Dans ces années 70, on voit encore souvent de vieilles machines, des roues dentées accessibles, des zones de cisaillement et de choc entre des organes mobiles que les mains peuvent atteindre, des rouleaux « rentrants » dangereux. Les automatismes et les mécanismes miniaturisés se développent partout, montés par les uns et les autres, encore peu protégés. Notre passage s'impose pour les mettre en évidence. Le stylo bille en plastique est la démonstration la plus simple et la plus incontestable. Au lieu d'y mettre les doigts, on le place au bon moment dans la zone découverte. Il se brise, coûtant moins cher qu'un doigt écrasé.

Plus que nos initiatives, les accidents graves, nous lancent dans de grandes batailles techniques. Chaque année amène son lot d'accidents mortels. Dans ce quartier industriel, des affaires instructives me conduisent parfois à faire appel à nos anciens enseignants du Centre de formation. M. Brégevin surtout. Il est toujours accueillant, si l'on est tenace pour le joindre au téléphone, au siège national de l'OPPBTP.

À l'occasion de ces accidents nous approfondissons notre regard sur les technologies. Nous faisons des « avancées ». Il faut se documenter, découvrir des idées et des techniques encore peu diffusées. Nous appliquons, du moins certains d'entre nous, ce que nous considérons comme des idées marxistes, apprises de René Person aux cours du Centre de formation. En résumé, il ne faut jamais faire confiance à la protection subjective, reposant sur la bonne volonté et l'attention du salarié. Le salarié se trouvant pendant les cent mille heures de sa vie active dans des situations comportant des risques, il a inévitablement et au moins une fois, un accident grave pouvant lui être fatal, provoquer une amputation, un dommage corporel grave. La possibilité de la fatigue, de l'inattention, doivent être intégrés dans la conception des processus de travail. Un jour ou l'autre, toute personne peut être fatiguée, couver une grippe, ruminer des difficultés de vie privée, connaître un assoupissement de la vigilance. Par ailleurs tout groupe d'hommes et de femmes a ses nouveaux, ses individus aux comportements atypiques et imprévisibles, ceux qui rigolent ou rêvent plus que d'autres, ses amateurs de risque, ses fragiles aux tendances suicidaires. Celui même qui voudrait se blesser ne doit pas le pouvoir. Le geste imprudent, volontairement ou involontairement dangereux, doit arrêter la machine ou ne pouvoir survenir qu'en dehors de la zone de danger. En ces années, ces idées n'ont pas encore conquis leur légitimité et leur caractère impératif.

Ce sont les conceptions de sécurité « à la française ». Les Allemands, les Anglais et bien sûr les patrons français, dans leur grande majorité, préfèrent la protection subjective à la protection objective. Pour éviter les accidents, ils comptent sur la formation, la conscience professionnelle et la discipline, des facteurs moins fiables. Ces grandes tendances opposées se retrouvent dans les pratiques coutumières anglaises et la doctrine et le droit allemand originel rédigé sous Bismarck. Le droit français de 1893 a des intuitions dans le bon sens mais des formulations incomplètes. La conception objective n'entre définitivement dans le droit positif qu'avec les décrets du 15 juillet 1980.

Dans ces années là, les techniques de mise en sécurité progressent beaucoup avec le développement de nouveaux systèmes de commande et de contrôle électriques, électroniques et pneumatiques. On invente de nouveaux dispositifs de plus en plus inviolables. On voit apparaître les rayons captant l'arrivée imprévisible d'une main sous l'organe dangereux, les commandes arrêtant instantanément le mouvement dangereux de la machine de façon de plus en plus certaine et instantanée dans toutes les conditions. On commence à commercialiser des systèmes électriques empêchant le retour du courant et un ré-enclenchement inopiné, même en cas de panne du système électrique de la machine elle-même. Bien entendu, ils coûtent d'abord beaucoup plus cher, avant de devenir plus accessibles.

En même temps que la tendance à dresser des procès-verbaux, ces questions très techniques font l'objet de batailles à consonances idéologiques jusque dans le corps de l'inspection. Ces techniques en développement justifient les déclarations de bonne volonté et de bonne foi des employeurs. Toutefois, plus on est prophète de la sécurité objective, plus on a de bonnes raisons de penser aux obligations préalables des employeurs et plus on résiste aux rengaines relatives à la faute ou à la faiblesse de certains ouvriers exonérant les responsables. Les inspecteurs les plus progressistes ont l'impression qu'une bonne partie de la hiérarchie, ainsi que des collègues se laissent plus ou moins facilement entraîner, en fonction de l'appartenance syndicale, par les sirènes patronales plaidant la bonne foi. Les avocats ne manquent pas, affirmant qu'il est impossible de tout prévenir et qu'il y a toujours une négligence ouvrière résiduelle exonératrice.

Ces partages idéologiques s'étalent évidemment au sein des magistrats du siège et du parquet. Ils sont le pain quotidien et la fortune du barreau. À longueur d'audience, les effets de manche insistent sur les fautes ouvrières et soulèvent le caractère partisan des inspecteurs. L'éviction de la faute individuelle a de profondes résonances post soixante-huitardes. Dans cette période libertaire, la liberté de faire tout ce que l'on peut et tout ce que l'on veut est un principe sacré en remplaçant d'autres. La réprobation de la culpabilité du citoyen joue dans tous les sens. L'entreprise et le poste de travail sont aussi des lieux où se ravivent les conflits sur les libertés, la discipline, l'auto-vigilance. La liberté ne s'oppose-t-elle pas à la sécurité objective ? Ne faut-il pas associer, de façon dosée, un peu de sécurité subjective et de sécurité objective ? Est-il possible de se conduire librement au travail, sans astreinte à une discipline ? Des obligations de comportement ne sont-elle pas justifiées par des enjeux de sécurité ? On s'étonne parfois que parmi les inspecteurs les plus libertaires sont les moins tenaces à mettre en cause la responsabilité patronale. Malgré toutes ces pistes divergentes, les inspecteurs les plus marxistes sont semble-t-il, de bons défenseurs de la protection objective, libérant les salariés libertaires. Ils s'efforcent d'être les rédacteurs les plus empressés de procès-verbaux. Les accents portés sur la prévention objective touchent cependant tout le corps à des degrés divers.

Ces problèmes conduisent à des problèmes de société que l'on n'a pas fini d'évoquer. Les travaux répétitifs d'OS sont-ils un contexte libérateur, du moment qu'ils peuvent être accomplis en pensant à autre chose, du moment qu'on peut les assurer sans risque d'amputation et d'atteinte quelconque à son intégrité physique ? Ou bien d'autres travaux plus responsables, sans cesse nouveaux, mais impossibles à programmer sont-ils la libération attendue par les nouvelles générations ? Celles-ci exigent-elles d'avoir la maîtrise de la conception de leur machine et celle de leur entreprise ? Les progrès de la conception des machines et de l'intégration de la sécurité risquent de ne pas converger avec le développement des capacités des individus à les assumer. Beaucoup d'utopies se cachent derrière ces questions.

Au-delà des questions d'orientation, les accidents révèlent parfois la nécessité de précautions techniques élémentaires. Un jour, aux établissements W… de Gerland, un portail poussé par un chariot automoteur de levage, sort de ses guides et s'affale sur un ouvrier. C'est une colonne vertébrale sectionnée et une paraplégie définitive. Imprévision élémentaire, rien ne retient les roues portant le portail par le haut, si bien qu'une poussée de face sur le portail peut le soulever, et le faire basculer. On touche à la conception des bâtiments qui, selon la réglementation, auraient dû résister aux efforts auxquels ils sont soumis. On s'étonne que des bâtiments en place depuis la guerre soient dépourvus de sécurités élémentaires.

Dans ces années, les bâtiments et les chantiers donnent beaucoup de soucis du fait de la qualité de matériaux utilisés à grande échelle. Au port Édouard Herriot d'immenses surfaces d'entrepôts sont en construction, couvertes au moindre prix. Les toitures en « éternit » sont un danger permanent. Le matériau est fibreux. Les plaques se brisent alors que les ouvriers les empruntent comme moyen d'accès et de circulation à des hauteurs avoisinant les dix ou quinze mètres. La chute au sol, sur des machines ou des stockages de toutes sortes, est le plus souvent mortelle. Au moment de l'accident, les locaux sont le plus souvent vides de toute présence humaine. On retrouve ces plaques et le sol ensanglantés. L'étude initiale du matériau, retrouvée par Monsieur Brégevin, révèle que la résistance des plaques est inférieure aux coefficients de sécurité nécessaires. Il est conçu pour supporter le poids d'un homme debout à l'arrêt sur ses deux pieds, alors qu'un homme marchant ne repose alternativement que sur un pied. En outre, ces accidents surviennent fréquemment lors de travaux d'entretien, après un certain vieillissement. À cette époque, malgré les procès-verbaux dressés ici ou là, ces accidents doivent faire autant de morts en France en une année qu'en une semaine de guerre au Liban. La production de ces matériaux se poursuit cependant à grande échelle.

C'est surtout à propos des levages qu'une série d'accidents m'amène à approfondir le sens des phrases concises du décret du 23 août 1947, assez générales pour englober la plupart des situations dangereuses par une « obligation de résultat ». Les articles 17 à 22, notamment, associent des obligations de moyen et de résultat et sont une excellente application de la théorie de la sécurité objective. Il ne suffit pas qu'une entreprise apporte des moyens matériels sur le chantier, si elle ne s'assure pas qu'ils sont effectivement utilisés. Il faut qu'elle respecte une obligation de résultat, la responsabilité de l'entreprise étant engagée si le résultat de sécurité n'est pas obtenu, soit que les moyens employés sont inadaptés soit qu'ils ne sont pas utilisés pour diverses raisons. Par exemple, ils peuvent être impraticables du fait de la cadence ou de la pression mise sur les ouvriers.

Les enquêtes d'accident sont d'un grand intérêt parce qu'elles imposent la recherche d'un certain nombre de détails sur les conditions économiques, sur les fournitures de matériaux, le choix des outillages, les délais, les relations de travail avec les sous-traitants et les chefs. Pour qu'ils révèlent un certain nombre d'informations indispensables, il vaut mieux entendre les ouvriers au plus vite, jusque sur leur lit d'hôpital, avant qu'ils ne soient repris en main par leur hiérarchie et la problématique du reclassement. Ils cessent alors de parler librement.

Sur cette question des levages, un petit mot du texte du décret précise que les règles ne concernent pas seulement les appareils eux-mêmes mais aussi leurs apparaux, c'est-à-dire tous les crochets, les chaînes et les autres éléments parfois bricolés qui s'interposent entre l'appareil et la charge, pour la prendre et la transporter. Sur ce point deux accidents mortels me poussent à un point extrême d'utilisation du texte.

Aux Éts S..., dans l'une des rues intérieures de l'usine, une bobine de gros câbles pesant une tonne et demie, tombe des fourches d'un chariot automoteur de levage, écrasant mortellement un ouvrier. Le chauffeur roule avec une mauvaise visibilité. La charge cache la route devant lui, sauf à travers une toute petite fenêtre au centre de la bobine. Lors de cet accident, il stoppe brusquement son appareil lorsqu'il s'aperçoit subitement qu'un homme marche devant son engin. Les fourches lâchent la charge sur la victime. Aucun texte n'a encore retiré ces chariots de la catégorie des appareils de levage[152]. Cet appareil effectue donc un transport en situation de levage, au même titre qu'un pont roulant se déplaçant en charge d'un bout à l'autre d'un atelier. Ses fourches sont des apparaux de levage. Elles devraient être pourvues de dispositifs empêchant la chute de la charge. Si au contraire, l'appareil n'est pas un appareil de levage il n'est visé que par les obligations les plus générales du Code pénal ou du Code de la route[153].

L'inspecteur accomplit un travail difficile s'il veut aller au bout de sa mission et lancer une procédure. Les juges qui ne sont jamais téméraires ont tendance à souhaiter que nous le soyons. Ils achèvent souvent les procédures en ne retenant que l'incrimination du Code pénal relatif aux blessures et à l'homicide par imprudence, laissant tomber, au terme du procès, nos infractions spécifiques du Code du travail. Cependant, ils veulent absolument que l'engagement de la procédure s'appuie sur des manquements particuliers constatés par l'inspection, donnant un tour plus technique aux débats. Ils prévoient les charges de l'avocat patronal qui ne nous ménage jamais et sont peu agréables à affronter à l'audience.

Lorsqu'il y a mort d'homme ou incapacité permanente de la victime, l'un des dessous de l'affaire est que le procès-verbal est une entrée quasi indispensable pour les procédures de majoration de rente d'accident. Veuves, orphelins et victimes attendent donc beaucoup d'un procès-verbal. Les cabinets d'avocats spécialisés dans la clientèle ouvrière et syndicale et le bureau de l'association des mutilés du travail, attendent les conclusions de nos enquêtes pour déclencher leurs procédures. D'ailleurs, c'est parfois l'inspecteur qui souhaite le plus ardemment les constitutions de partie civile pour sécuriser ses procédures, informant discrètement les délégués et les victimes de la nécessité de s'adresser aux permanences de la fédération des mutilés ou des avocats spécialisés.

Un autre accident mémorable survient chez un marchand de fer du port commercialisant de grosses poutrelles. Lors d'une préparation de commande, une pile de vingt trois tonnes de poutrelles s'effondre, écrasant un manutentionnaire chargé d'accrocher la pièce la plus élevée de la pile à un crochet de pont roulant. Cet ouvrier est à deux mois de la retraite. Il est retrouvé pratiquement sectionné en deux. Son corps reste plusieurs heures sous les poutrelles, le procureur demandant qu'on ne touche à rien, avant les premiers constats, le décès étant de toute façon constaté. Circonstance aggravante, cet entrepôt est susceptible de créer un conflit de compétence. Il est situé sur une parcelle de la ville de Saint-Fons incluse dans l'enceinte du port Édouard Herriot. Cette particularité n'ayant

[152] Sous la pression des constructeurs de ces appareils, un texte de cette nature est produit ultérieurement par le ministère de l'industrie.

[153] Cet accident est l'occasion d'une autre péripétie juridique. Pour empêcher la bobine de glisser en cas d'arrêt brutal, et pour ne pas devoir implanter sur les fourches un dispositif spécifique de retenue, l'entreprise imagine d'imposer par une consigne de sécurité à ses conducteurs de chariot l'obligation de rouler en marche arrière, en se tordant le cou, la cabine et le volant n'étant pas modifiés pour autant. Ces caristes effectuant de longs trajets en charge, dans les rues de l'usine, je prends une décision de désapprobation de cette consigne, conformément à nos prérogatives nouvelles. Un recours est aussitôt présenté contre cette décision devant le ministre.

jamais été abordée, nous sommes deux sections alertées. Dix pompiers et plusieurs policiers restent devant ce cadavre, attendant que cette question de compétence soit réglée par téléphone. Les deux inspecteurs sont en visite dans des entreprises, l'accident s'étant produit à onze heures quarante-cinq.

Il m'apparaît vite que le crochet utilisé par cet ouvrier est une simple barre de fer rond de soixante centimètres. Elle est recourbée en angle droit à l'une de ses extrémités. L'apparau de levage est un bricolage d'entreprise. Il faut par ailleurs grimper sur les piles et circuler entre elles alors que leur stabilité n'est en rien garantie. L'espace entre les piles constitue d'étroites allées non protégées. Le crochet bricolé doit donc être soumis à toutes les règles imposées aux appareils de levage : vérifications, capacité de retenue de la charge, résistance… En outre, une sécurisation des circulations s'impose. Je conclus cette enquête non seulement par un procès-verbal mais par l'une des premières mises en demeure prévue par la loi du 6 décembre 1976. Sur proposition de l'inspecteur, le directeur du travail définit les modalités de sécurisation des lieux de travail, en l'absence de réglementation adaptée. En l'occurrence aucune réglementation ne prévoit le stockage des barres de métal entre des poteaux de stabilisation, ni la largeur des allées. Contestant les moyens imposés, l'entreprise s'empresse de crier à l'abus de pouvoir devant le tribunal administratif. Elle se plaint d'une baisse de capacité et de rentabilité de ses entrepôts du fait de la réduction de son volume de stockage.

Les technologies nouvelles et le stress révèlent enfin des questions de sécurité aux dimensions nouvelles. Implanté dans la section, un laboratoire purifie de l'eau pour des usages médicaux et chirurgicaux, avec des degrés de compositions minéralogiques et de pureté des plus divers. Une vaste cathédrale est construite, pour gérer le stock de ces eaux. Un automate transstockeur effectue les mouvements de recherche automatique des colis au fur et à mesure des besoins des hôpitaux. C'est une merveilleuse réalisation technique auquel un homme se consacre d'abord corps et âme de la conception des programmes informatiques jusqu'à la mise en place. C'est un jeune père de famille de trois enfants qui passe aussi l'essentiel de ses dimanches à construire sa maison. Au moment où l'installation s'achève, une grosse dépression s'ensuit. Il constate qu'il ne lui reste plus qu'un tiers d'une activité normale. Il va voir son employeur qui l'estime fort, mais il est trop conscient qu'aucun emploi de même nature ne peut lui être proposé correspondant à ses capacités. L'un des jours suivants, le corps de ce salarié est découvert inanimé au pied de la cabine du transstockeur, arrêtée au plus haut de la cathédrale. Pendant un mois, il lutte dans le coma, entre la vie et la mort, avec des instants de conscience et décède. Le directeur du service hospitalier ne m'autorise pas à le voir. La plate-forme du transstockeur reste avec son secret mais elle n'est équipée d'aucune fermeture ni d'aucun verrouillage. On peut concevoir une chute accidentelle tout autant qu'un suicide. Il n'y a aucun dégât apparent du matériel, ni aucun témoin.

Me fondant sur les insuffisances de la plate-forme, je rédige un procès-verbal que le tribunal n'a jamais l'occasion de juger. Le chef de cette entreprise est par ailleurs un homme de grande réputation pour son dévouement à de nombreuses causes. Il mène dans son entreprise une politique particulièrement sociale. Il signe avec la veuve une convention accordant une indemnisation versée jusqu'à l'achèvement des études des trois enfants. Je sais que cette transaction est sur le point d'aboutir lorsque je signe mon procès-verbal destiné au classement sans suite. Une conclusion de même nature a déjà réglé, sur le secteur, une affaire beaucoup moins mystérieuse : un technicien de l'Institut P…, atteint d'une grave maladie contractée en analysant des tissus d'un animal dangereusement infecté, est victime d'une invalidité totale et définitive. La maladie ne figure dans aucun tableau de maladie professionnelle. L'institut signe avec lui la promesse d'un salaire assuré jusqu'à sa retraite sans aucune obligation de travail. L'obligation de résultat est un exercice difficile pour l'inspecteur comme pour l'employeur.

Ch.14 Objectif, contrôler les licenciements économiques

Des procès-verbaux un peu plus nombreux, visant un peu plus souvent les grandes entreprises, sont une première différenciation et parfois une source de tension entre la génération des jeunes inspecteurs et celle de leurs directeurs départementaux. Ces derniers risquent tout au plus d'avoir à formuler quelques réponses embarrassées à des représentants de chambres patronales et des employeurs inquiets des suites de quelques visites. Il arrive aussi que la préfecture souhaite un peu de clémence ou fasse des observations sur des poursuites inopportunes. Des inspecteurs sont critiqués pour leur comportement en contrôle devant des interlocuteurs extérieurs. Ceux-ci attendent beaucoup plus, des désaveux formels. Mais d'une façon générale ces tensions demeurent dans la norme acceptable, si l'on se réfère aux classiques du service et à ses origines. Le directeur trouve une parade, évoquant l'indépendance naturelle des inspecteurs comme une fatalité, éventuellement regrettable.

Il en est autrement des décisions de contrôle des licenciements. Sur ce terrain, au choc des générations s'ajoutent le choc des intérêts économiques et celui des idéologies. Le monde patronal et les autorités administratives ne peuvent tolérer qu'une nouvelle génération de fonctionnaires fasse la loi : le droit existant ressurgit et met en accusation des décennies d'inertie administrative. Cette génération montante dénonce le plus souvent à mots couverts, mais surtout par ses actes, un État ayant pris l'habitude de vivre en trop bons termes avec les stratégies patronales et leur donnant toujours satisfaction.

Pourtant ces jeunes inspecteurs n'inventent rien d'eux-mêmes. Ils développent un courant les ayant précédé de peu. Ils accomplissent seulement un pas de plus : en procédant aux mêmes enquêtes, ils ne se contentent plus d'encourager des négociations visant à arrondir les indemnités de départ. Dans un certain nombre de dossiers, ils contestent, sur le fond, les motifs de licenciement. Ils sont même formés pour cela, l'Institut national de formation des inspecteurs allant jusqu'à organiser des sessions d'initiation à la lecture des bilans et des documents comptables. Un embryon de théorie des motifs économiques acceptables commence à se constituer. Quelques formulations de cette théorie sont présentées à Lyon lors d'un colloque du syndicat des avocats de France, organisé conjointement avec les deux principales organisations syndicales d'inspecteurs du travail de la ville.

Dans quelques autres départements, les services connaissent des évolutions parallèles mais sans aucune concertation. L'administration s'en garde bien, sauf si l'on peut parler d'une coordination négative, en faisant passer des informations sur les jurisprudences défavorables. Chez les inspecteurs, c'est le temps des initiatives soixante-huitardes, des résistances d'autonomie relative entre gens du terrain. Très isolés, par petites équipes, ils poursuivent des cheminements intellectuels à travers une succession de décisions et des percées non homogènes.

À Lyon, au moins, on peut se référer au premier « coup » d'André Chambonnet à Givors et aux premières expériences semblables à celles que j'avais faites lors des licenciements économiques du textile des monts du Lyonnais entre 1968 et 1970. Des affaires germent à différentes occasions à Vaise aux établissements G… ou à Villeurbanne aux établissements G… dont le directeur départemental lui-même, Maurice Chanfrau, refuse un transfert et des licenciements. Il croit devoir donner une suite favorable aux interventions insistantes du comité d'entreprise[154].

Hors du service, la rumeur syndicale fait désormais savoir qu'il est possible de résister à des plans de licenciements et que des inspecteurs peuvent adopter des positions combatives suite aux demandes d'enquête formulées par des salariés n'acceptant plus les décisions de leurs employeurs comme une fatalité. La répétition de ces dossiers est cependant de plus en plus problématique pour les autorités. À partir de là, pendant deux décennies, une évolution des actions et des réactions des différents protagonistes, administration, patronat, syndicats et salariés ne cesse de porter plus loin les affrontements juridiques, techniques, comptables et économiques sous-jacents aux licenciements collectifs.

Un processus se développe, sollicitant de plus en plus l'administration, lui demandant la solution de ces problèmes très lourds de conséquences tant pour les licenciés potentiels que pour les autorités locales et nationales et pour les services chargés de la gestion du chômage. Il est notamment surprenant que ce soit un gouvernement de droite parmi les plus libéraux, celui de Jacques Chirac, sous la présidence de Valéry Giscard d'Estaing, Michel Durafour étant ministre du Travail, qu'on ne peut soupçonner de dirigisme, qui vient consacrer la pratique lyonnaise et celle timidement tentée dans divers départements, d'un contrôle économique tout à fait exorbitant du droit commun. De même, aucun des gouvernements de droite qui le précèdent ou le suivent n'ose démanteler la législation datant de 1945, malgré vingt ans de désuétude. Il faut une alternance brutale après sept années de sociale démocratie mitterrandienne pour qu'en 1986, un second gouvernement Chirac, de cohabitation cette fois, vienne déconstruire le dispositif juridique de contrôle. C'est donc un gouvernement d'inspiration libérale qui porte la plus grave atteinte de toute l'histoire du droit du travail français au pouvoir patronal, en signant la loi du 3 janvier 1975 et en précisant l'ordonnance gaulliste du 24 mai 1945.

Cela n'empêche pas tous ces gouvernements de droite mais aussi de gauche de tout mettre en œuvre pour que le pouvoir des inspecteurs et leurs audaces ne

---

[154] La discrétion des auteurs de ces décisions anciennes, leur incertitude sur cette partie de leur action, les reproches qu'ils ont pu éventuellement subir par la suite de la part de leur hiérarchie ou des collègues, sont tels que contactant Maurice Chanfrau, durant sa retraite, il me déclare ne pas se souvenir de cette affaire, ni semble-t-il du secrétaire de l'union locale, qui porte un témoignage précis et circonstancié sur ce refus de licenciement, par ailleurs notoirement connu des syndicalistes de cette génération. Le secrétaire de l'union locale tient M. Chanfrau en grande estime pour cette décision.

soient suivis que du plus petit nombre possible de refus effectifs de licenciements. Après coup, il est étonnant que l'administration et les gouvernements successifs n'aient pas trouvé d'autre parade à ces deux courants parallèles et des plus indépendants l'un vis-à-vis de l'autre, les salariés et leurs syndicats d'un côté et les inspecteurs du travail de l'autre. On vient de jeter dans la balance sociale les indemnités de chômage les plus élevées qu'ait connu l'histoire du chômage, avec la garantie de ressources accordant 90 % des ressources antérieures pendant une année. Contredisant sa volonté coutumière de tout faire pour faciliter les directions d'entreprise, et apaiser les craintes des milieux patronaux, le Gouvernement et l'administration soutiennent à leur corps défendant une voie d'action administrative imposant l'intervention de l'État sur un terrain sensible et empoisonné pour les rapports sociaux. Cette solution ne s'impose pas sur le plan théorique. Elle est imposée par une classe ouvrière à son apogée, dans le même temps où les directions d'industrie et les dirigeants financiers n'ont qu'un objectif, la démonter, pan par pan, et transférer son travail à l'étranger, dans des paradis de main-d'œuvre à bon marché et dans des territoires dépourvus de réglementations contraignantes.

L'ordonnance de 45 et ses décrets d'application sont rédigés en termes vagues, permettant toutes les hypothèses d'évolution imaginables. Elle prévoit que « l'autorité administrative » prend la décision d'autorisation. Sans rencontrer de contradiction, notre génération d'inspecteur traduit : « c'est l'inspecteur du travail, autorité locale de droit commun dans le cadre de sa compétence généraliste. » Dans un passé encore récent, ayant duré près de vingt ans, « l'autorité administrative » est à Lyon l'agent de secrétariat chargé de tenir les procès-verbaux de la Commission de la main-d'œuvre constituée pour suivre ces procédures. Cette agent de secrétariat ne se contente pas de préparer les procès-verbaux des séances de la Commission. Entre les dates de commission et après les commissions, elle donne une réponse aux demandes de démission, d'embauche et de licenciement, au nom du chef du service de main-d'œuvre, un agent appartenant au corps des contrôleurs. La procédure n'est alors qu'une simple validation juridique donnant date.

En 1973-74, des raisons profondes justifient l'évolution vers un renforcement surprenant de la procédure. Les raisons s'imposent tant au patronat qu'aux autorités administratives locales, le préfet et les directeurs départementaux du travail. Vu les tensions résultant des projets de licenciement, les directeurs départementaux n'ont nulle envie de se brûler les doigts avec des décisions les conduisant à des contacts très conflictuels avec les représentants des salariés. Ils craignent de ne pas en sortir grandis. Ils sont encore seuls à la tête des services départementaux. Les premiers directeurs adjoints commencent à peine, à arriver. Ils sont privés d'équipe leur permettant de faire prévaloir le point de vue « raisonnable » proposé par les diverses instances suivant ces restructurations dans le ministère. Eux-mêmes et le préfet n'ont qu'un souci et un unique point de vue : prolonger les vingt années antérieures de non interventionnisme libéral. Leur stratégie est de désengager leur autorité au maximum et par tous les moyens. Il faut donc confier aux inspecteurs la mission de monter au front. Pour eux, ce n'est qu'un trompe-l'œil. Mais ce désengagement des services du travail s'avère inefficace. La main et le bras sont pris dans l'engrenage. À supposer que cette génération d'inspecteurs veuille, elle aussi, jouer le petit jeu du désengagement, il n'est pas sûr qu'elle le puisse. On ne les laisserait pas libres, du côté des salariés. En tout cas pour l'heure, une partie d'entre eux répond « présent » à l'offre de mission, qui par ailleurs n'est que conformité au texte.

Au contraire de leurs directeurs, des inspecteurs sont prêts à descendre dans les entreprises, sur le terrain de la discussion économique. À l'offensive, désireux de participer à l'extension du champ du droit et des contrôles, certains veulent en découdre. Ils sont régulièrement sollicités par des comités d'entreprise, en contact avec eux par téléphone. Sur le fond de leurs visions sociales et politiques, et par certaines de leurs attitudes, cette nouvelle génération montante d'inspecteurs correspond à la capacité d'intervention croissante des représentants du personnel. En leur faveur, la Cour de cassation vient depuis peu de reconnaître l'autonomie de la procédure spéciale de protection contre les licenciements en cas de discrimination fondée sur les mandats représentatifs, promouvant ainsi les pouvoirs protecteurs des inspecteurs. Pourquoi s'arrêter en chemin dans la reconquête de nouveaux champs de contrôle issus des réformes de la Libération ? Les inspecteurs sont encouragés du plus haut de l'appareil judiciaire à s'engager davantage. Le contexte paraît confirmer l'extension de leurs missions et de leur autorité. Par une conjonction jacobine tacite, pouvoir judiciaire et contrôle exécutif, doivent priver les employeurs du droit de contourner la loi, se réfugiant sous des arguments et des procédures civilistes et en retournant aux seuls principes du droit commun des ruptures du contrat de travail.

Sur le plan de l'organisation des services, à la différence de leurs directeurs, les inspecteurs ne sont pas seuls. Dans un département tel que le Rhône, un certain nombre de contrôleurs chargés des petites entreprises acceptent d'être envoyés sur des procédures concernant des licenciements économiques. La jeune génération acquiert vite les compétences nécessaires pour dialoguer et tenir tête aux employeurs en la matière. Initialement, l'ordonnance de 1945 ne prévoit pas que la procédure de contrôle ne s'applique pas en dessous du seuil de dix salariés. Elle n'envisage pas non plus que les syndics n'aient pas à demander une autorisation de licenciement en cas de liquidation judiciaire. Ce sont deux points sur lesquels la loi du 3 janvier 1975 paraît aux agents en recul manifeste sur les acquis de 1945.

On peut reprendre ces cahiers d'écoliers[155] sur lesquels, chaque matin, à la réception du courrier, les secrétaires de section relèvent soigneusement les demandes de licenciements arrivées, leur donnant un numéro et laissant plusieurs colonnes pour inscrire les suites des procédures, les dates de décisions. À côté de quelques grandes procédures conduites par l'inspecteur dans les établissements de plus de cinquante salariés, la multitude des affaires concerne un ou deux salariés, dans les petites entreprises. Les contrôleurs sont des aides précieux, prennent cette mission au sérieux, reçoivent beaucoup de salariés touchés par les procédures. Eux aussi, ils débroussaillent le terrain à la recherche de points où des résistances sont possibles. Leur présence sur ce chantier donne du crédit à l'ensemble de la procédure. Ils permettent à l'inspecteur de consacrer son énergie aux licenciements demandant des semaines d'instructions, l'étude des documents d'experts comptables désignés par les comités d'entreprise, les investigations dans les comptes et les situations économiques des entreprises.

Dans le même temps, la préoccupation des inspecteurs de soutenir de plus en plus énergiquement les prérogatives économiques des comités d'entreprise est aussi fortement encouragée par le développement des textes. Sur une vingtaine d'années, celui-ci est remarquable. Le nombre et l'importance de ces procédures s'accroissent considérablement avec les années[156]. Beaucoup d'entre nous passent des semaines de travail à la fois difficiles et toniques pour nos motivations professionnelles. En faisant une coupe globale et sur un temps assez long, un inspecteur maîtrisant bien cette partie du travail lui consacre largement un tiers de son temps. Les préoccupations s'inversent parfois. Entre ces grandes procédures, il faut beaucoup de volonté pour continuer à glisser des visites traditionnelles de sécurité entre les rendez-vous d'enquêtes économiques. Il faut choisir des entreprises n'ayant pas une procédure de licenciement en cours. Pour rebondir vite sur les missions traditionnelles, entre ces fortes mobilisations retenant l'esprit pendant une semaine ou un mois, les circonstances font souvent le nécessaire. Que survienne un accident grave ou mortel, les faits ramènent à cette diversification du métier, par ailleurs fort valorisante sur le plan intellectuel. Heureusement, il y a aussi des périodes plus calmes dans les agendas des réorganisateurs et des dirigeants d'affaires. Pour des raisons comptables, fiscales et sociales, les vagues de licenciement ont leurs périodes dans l'année. Les départs des effectifs se conjuguent souvent avec les congés d'été ou les fins d'année. Les plongeons cycliques des inspecteurs dans les dossiers économiques se multiplient aux mois de janvier, avril, juillet, septembre et octobre.

---

[155] J'en conserve quelques-uns à titre d'archives privées. Ils sont analysés dans la thèse d'histoire du droit de Stéphanie Zagni Sansorny, *Les acteurs du contrôle des licenciements des salariés non protégés, dans les entreprises in bonis, de l'ordonnance du 24 mai 1945 à la loi de modernisation sociale*, Université Jean Moulin, Lyon III, faculté de droit. Juin 2003.

[156] Même si l'on distingue celles qui ne concernent que les délégués protégés, souvent motivées, elles aussi par des questions économiques.

La première grande affaire survenue dans ma section et dont on peut dire, avec le recul, qu'elle change le cours de ma carrière est la fermeture des L… A…, une entreprise de métallurgie située aux confins de la Guillotière, tout contre la ligne de chemin de fer empruntée aujourd'hui par le TGV entre les gares de la Part-Dieu et Perrache. Je peux donc longtemps jeter un coup d'œil sur cette friche industrielle, en passant. Positionnée sur un créneau industriel bien défini, à cheval entre la branche des arts graphiques et la métallurgie, cette entreprise bénéficie d'une spécialisation dont l'avenir est assuré. Elle imprime des kilomètres de feuilles métalliques d'emballage des produits alimentaires, beurre, couvercles de pots de yaourt et autres produits de grande consommation, de plus en plus contraints par les normes sanitaires à des conservations de haute qualité. Autant dire que dans ces années d'expansion de la grande distribution, et de suppression de la vente en vrac de ces produits dans les petites épiceries d'antan, les commandes ne ralentissent pas. L'outillage essentiel est constitué de rotatives de grande précision imprimant sur plusieurs couleurs. Elles ont un peu vieilli et doivent être renouvelées. Les locaux sont vastes. L'implantation industrielle sur le bord d'une voie ferrée peut être conservée ou faire l'objet d'un transfert dans l'une des zones industrielles de la banlieue lyonnaise. La procédure qui survient vise cependant la fermeture pure et simple du site.

Le comité, fait appel aux récentes techniques de consultation de l'expert comptable du comité. Il s'adresse au cabinet Cabanes et Méric qui est alors la référence sur Lyon, et peut être sur la France. M. Méric sait démontrer l'enrichissement caché de l'entreprise. Il rédige un remarquable rapport démontant les arguments de vétusté et de non-rentabilité, de même que l'impossibilité de financer les modernisations nécessaires. Ancienne affaire familiale, l'entreprise appartient désormais à un grand groupe, K… qui a dépêché un directeur parisien chargé de la fermeture, sans autre marge de manœuvre que celle de payer les indemnités de fermeture au niveau qui sera imposé par le dialogue avec les instances représentatives.

Cette usine est aussi réputée pour savoir organiser à peu près tous les deux ans sa grève pour les salaires, au moment où les clients laitiers ont le plus besoin d'emballer leur beurre. La représentation du personnel est animée par M. Alloui, un secrétaire du comité d'origine algérienne, sachant parfaitement mobiliser son monde, jusqu'aux employés et techniciens. Il dispose aussi d'une extraordinaire capacité de répartie en séance et d'une grande intelligence du combat des salariés. Il comprend très bien les arguments qu'il est possible de tirer des rapports d'experts comptables et sait discuter, au pied levé, en séance, les chiffres avancés par la direction, retenant bien ceux de l'expert pour y faire pièce. Il ajoute à ces capacités déjà exceptionnelles et supérieures un humour et un profil à la Brassens. De toute ma carrière d'inspecteur, je n'assisterai jamais à des parties de fou rire supérieures à celles qu'il impose au milieu des débats les plus sérieux. Le cadre parisien dépêché par K..., doit se pincer les joues pour ne pas rire autant que tout le monde. Je suis pris moi-même, par ces fous rires communicatifs et tente de me reprendre au plus vite. Le point culminant de ces débats mémorables est évidemment la discussion du rapport de l'expert comptable, en séance plénière du comité, devant l'inspecteur du travail. Il apparaît finalement que le groupe décide simplement de fermer cette unité pour la déplacer dans quelque vallon de basse Normandie où les salaires sont moins élevés et les salariés moins remuants.

La particularité de cette enquête tient cependant à ce que les salariés n'ont pas du tout envie de perdre leur emploi et pensent fermement que la décision de fermeture doit être reconsidérée. Leur mobilisation est sans faille, sauf les candidats à la préretraite représentant un petit quart de l'effectif des victimes possibles d'un licenciement amélioré. Leur départ donnerait une marge à la modernisation sur place ou en banlieue. C'est d'ailleurs le problème essentiel pour l'inspecteur. Ne pas refuser le licenciement de salariés qui ne demandent qu'à partir et ne pas autoriser le licenciement de salariés s'insurgeant avec de justes motifs économiques. Les argumentations économiques contraires sont des plus claires : l'avantage purement financier d'un côté et l'absence de projet industriel admissible pour des salariés d'une branche très restreinte sur l'agglomération qui ne parviendraient pas à se réemployer dans la zone d'emploi avec des compétences techniques élevées. À moins de faire le saut vers l'inconnu d'une campagne normande ! Cette dernière ne souhaite pas tellement intégrer en son sein une population remuante, ayant des bras à employer.

Cette affaire s'engage dans l'été et l'automne 73. Les points de vue sont bien tranchés des deux côtés. Le moment de la décision est fixé pour janvier ou février 1974. Par ailleurs, malgré le climat de dialogue qui prévaut et l'importance des délais résultant des effectifs à licencier, je peux constater quelques infractions formelles constituant des délits de procédure. Un procès-verbal est en préparation, ce motif de forme s'ajoutant à ceux de nature économique et sociale justifiant un refus. Bien soutenu par une constitution de partie civile du comité et du syndicat, ce procès-verbal mène par la suite à une condamnation de l'employeur.

Au terme de deux ou trois mois de prolongation des délais, il faut donc en venir à la décision, l'un des moments psychologiques les plus difficiles de ma vie d'inspecteur. Par une stratégie de désengagement apparent, le directeur départemental me laisse mener seul tous les actes d'enquête, tout en espérant s'assurer de la décision en maîtrisant au dernier moment les fougues de cet inspecteur nouvellement arrivé[157]. Au tournant de la nouvelle année, il entreprend de me faire sentir discrètement que cela suffit et que, malgré mes objections, il faut que je m'oriente vers une autorisation complète du licenciement, sous réserve de quelques discussions finales sur des majorations d'indemnités auquel le groupe

[157] La procédure s'engage six mois après mon arrivée et s'achève aux alentours du premier anniversaire de ma prise de fonction dans la section.

K... est prêt à consentir. Mais ce serait contredire toutes les conclusions de l'enquête. Ni les salariés, ni le comité d'entreprise, ni le syndicat, ne pourraient imaginer une telle volte-face, la direction de l'entreprise et son cadre récoltant tout le bénéfice de six mois d'enquêtes, en contradiction avec tout ce qui s'est passé et dit.

Par ailleurs tout se confirme. Le groupe affirme en préfecture avoir définitivement arrêté le principe du transfert des fabrications dans le cadre d'une stratégie de réimplantation en France, se dégageant de la région Rhône-Alpes pour investir dans le grand Ouest, aidé par des financements publics. Il rapproche ses fabrications en Normandie, créant une nouvelle unité au milieu d'un autre site de fabrication.

Je dois donc brusquer ma décision. Je la rédige et l'expédie le vendredi soir. À dix-sept heures, j'en mets un double sur le bureau de mon chef hiérarchique, déjà parti, qu'il retrouvera le lundi matin. Ma décision autorise les préretraites, pour faciliter la modernisation. Elle refuse en bloc tout le reste des licenciements. Dans ses trois motifs, elle s'appuie sur les vices de forme de la procédure. Elle s'appuie aussi sur l'impossibilité de justifier économiquement une fermeture sur le transfert d'un site aux salaires élevés vers une zone de bas salaires, alors que le réemploi des intéressés n'est pas assuré. Enfin elle évoque que l'unité de production existante peut être modernisée, comme l'a établi sans contredit l'expertise du comité.

Un difficile week-end familial s'ensuit au cours duquel mes pensées ne peuvent quitter cette décision et ses conséquences. Le lundi matin, mon directeur me fait savoir sa désapprobation dans une brève entrevue, marquée d'une énorme colère froide. Il m'apprend également qu'il n'a pas eu le temps de me dire que les dirigeants du groupe, voyant la procédure tourner au vinaigre, sont à nouveau intervenus auprès du préfet du Rhône. Celui-ci leur a donné des assurances sur l'acceptation des licenciements, en contradiction avec ma décision.

Comme pour beaucoup de procédures à partir de cette période, un recours est aussitôt présenté par la direction de l'entreprise devant le directeur départemental. En prévision d'une autorisation assurée, les indemnités de rupture sont allongées de façon unilatérale. La représentation du personnel refuse tout accord et demeure des plus fermes dans cette seconde phase de la procédure[158]. Elle laisse les salariés prendre leurs lettres de licenciements et les indemnités mais prolonge le conflit sur le terrain juridique. Un procès collectif en indemnisation est porté devant le Conseil des prud'hommes et une partie civile au pénal. Avant même les recours de la direction devant le directeur départemental, le comité d'entreprise a saisi l'avocat Michel Lenoir, appartenant à l'un de ces cabinets lyonnais spécialisés dans la défense des syndicats et des salariés. Malgré

---

[158] Cette entreprise est syndiquée de façon à peu près exclusive à la CGT, des ouvriers jusqu'aux employés et techniciens.

l'autorisation du directeur cassant ma décision, les indemnisations sont allongées une seconde fois par les prud'hommes et une indemnisation supplémentaire pour le préjudice est accordée par le tribunal correctionnel.

Certains salariés ont cependant beaucoup de peine à se reclasser. Alloui, le brillant secrétaire de comité, pourtant assez jeune pour continuer son métier de métallurgiste, ne retrouve jamais un emploi normal à durée indéterminée. Entré dans une grande entreprise du 8e arrondissement de Lyon, mais marqué au fer rouge par ses capacités de résistance et ses aptitudes à la discussion, il y reste intérimaire de nombreuses années. Après le passage extrêmement rapide des pioches et des bulldozers, le site de l'entreprise reste vide vingt-cinq, jusqu'à ce qu'un entrepôt commercial soit construit en 2.000.

Cette histoire de la destruction d'une industrie performante et de ses hommes est à l'origine d'une histoire administrative conduisant, avec d'autres décisions et par plusieurs étapes, aux lois du 3 juillet et du 30 décembre 1986. Le directeur départemental et l'inspecteur général venu exprès me reprocher d'avoir laissé mes positions syndicales influencer mon jugement de fonctionnaire, commencent par me faire divers reproches d'ordre technique. Ils relèvent la contradiction d'avoir refusé le licenciement de la plus grande partie du personnel tout en autorisant celui des candidats à la préretraite. Mais cette contradiction n'en est pas une si la modernisation de l'outil de travail sur place en est facilitée. Ayant mené l'enquête de bout en bout, j'ai acquis la conviction confirmée par les pièces du dossier que les arguments industriels sont fondés sur des stratégies de groupe sans rapport avec les capacités de l'entreprise et celles du bassin d'emploi lyonnais. Les motivations réelles sont liées à des considérations inadmissibles sur le niveau des rémunérations et les capacités de mobilisation revendicatives de deux populations salariées.

Ces considérations sont inadmissibles en droit comme sur le plan administratif. Il aurait fallu que l'on dise clairement que les établissements industriels sont assez nombreux dans l'agglomération lyonnaise pour approvisionner la Normandie en emploi ou que les implantations industrielles intra muros doivent disparaître pour faire place à des emplois de bureaux et des emplois commerciaux s'appuyant sur des productions normandes, d'Allemagne ou d'ailleurs, celles-ci ne pouvant être transférées en banlieue. Il aurait fallu que les pouvoirs publics soient capables d'assumer un déclassement d'une partie importante de la population ouvrière privée d'emplois similaires. Si la puissance publique et les entreprises avaient été capables d'avouer de tels projets économiques, et de justifier éventuellement le sacrifice des ouvriers qualifiés de quarante à soixante ans travaillant dans ces entreprises, non reclassés, au bénéfice du mieux-être économique de leurs enfants correspondant aux nouveaux emplois projetés, alors ce licenciement aurait pu être justifié. Mais le ministère du Travail ou celui de l'Industrie sont dans l'impossibilité de présenter de telles visions de l'emploi et du paysage urbain. Ils se contentent de les imposer au forceps sous la pression de logiques de concurrences commerciales et financières et de la spéculation immobilière visant prioritairement les sites industriels du XIXe siècle.

De plus, il faudrait être capable d'annoncer clairement qu'une procédure de consultation bien menée, apportant une réelle contradiction aux projets des groupes, n'est jamais que du théâtre. Il faut conclure inévitablement que les formalismes de la loi sont respectés et qu'ils doivent dans tous les cas servir de mise en scène pour des licenciements éventuellement un peu plus arrosés, de manière à faire taire les victimes. Devant l'impossibilité d'avouer ces conceptions des procédures, de l'aménagement du territoire et de l'aménagement urbain, les ministres et leurs exécutants tiennent le secret sur les stratégies industrielles qu'ils connaissent. Nos directeurs font alors preuve d'une inertie et d'un désengagement affiché étonnants. Leurs modestes émoluments ne justifient aucunement une telle soumission, mais quelques intérêts de carrière. Anciens inspecteurs du travail, apparemment plus courageux au départ, ils se révèlent de peu de caractère et de franchise, vis-à-vis de cette politique industrielle de démembrement qu'on leur demande de couvrir au coup pas coup mais de façon continue et cohérente. Des années durant, ils jouent le petit jeu des recours cassant les quelques décisions courageuses qu'on laisse prendre, dans les meilleurs des cas, à l'échelon inférieur. Finalement, on laisse prononcer des refus qu'on tolère comme temporaires, pour donner le change, mais on en limite aussitôt les effets.

Les inspecteurs qui réagissent ne font que suivre le cours logique des procédures. Dans la situation de force d'intervention de premier rang qui leur incombe, ils ne peuvent avouer que l'état de droit mis en place doit conduire invariablement à des acceptations. Mais s'ils font leur travail un peu trop lucidement, ils sont considérés cependant comme les plus mauvais des fonctionnaires. En ce début 1974, en signant cette décision, jointe à une autre affaire survenue dans le même semestre, je m'engage, pour sept ans, dans une période de blocage dont je ne sors qu'après une multiplicité de recours, illustrant plusieurs années la chronique administrative et syndicale du service.

Pour porter un jugement sur cette mission de contrôle économique, désormais entrée dans l'histoire, un système se met en place à partir des années 60, confirmé par la loi de janvier 1975. L'ordonnance de 45 n'est alors pas du tout remise en cause. Elle est avalisée, modernisée, un peu endiguée aussi. La mission des services d'inspection du travail, surtout, est officialisée. Cette réforme converge avec le développement des aides aux reconversions et la réforme du statut de l'inspection. Les dispositifs d'aide à la reconversion se multiplient pour remplir les plans sociaux et détourner les velléités de résistance. Le souci premier n'est pas d'annuler ces procédures mais de les « huiler ». Les politiques veulent surtout entraîner un nombre important de salariés dans un processus de destruction de leur emploi assorti de leur acceptation, en contrepartie d'avantages. Devant des indemnisations de plus en plus élevées, contrastant avec la modestie des salaires mensuels habituels, avec des allocations chômage versées au taux de

90 % des ressources antérieures, il faut beaucoup de résistance et d'énergie pour vouloir continuer à travailler sur des postes et du matériel souvent vétustes, des conditions de travail éprouvantes. On offre beaucoup pour inviter à quitter une besogne devenue pesante dans des entreprises démobilisées par les procédures.

La grande crise de ralentissement de l'activité industrielle intérieure date de juin 1974, l'année même de cette procédure des L... A.... La crise dite du pétrole ne touche pas encore beaucoup les entreprises de mon secteur. Mais au cours du mois de juin de cette année, je vois la crise de l'emploi industriel fondre littéralement sur mon bureau d'inspecteur par l'accumulation des demandes de chômage partiel. Nous partons en vacances en nous disant qu'on verra à la rentrée si cela dure. Cela dure effectivement trente ans. D'année en année, à partir de cet été, l'inspecteur voit les effectifs se liquéfier à coup de procédures. Le patronat emploie diverses stratégies. L'une consiste à multiplier les tous petits licenciements. Une autre, dans le meilleur des cas, laisse partir les gens. D'autres entreprises lancent un plan de licenciement tous les deux ans. À chaque étape, une charrette de candidats plus ou moins consentants à la préretraite se prépare mais aussi des vagues de licenciements d'actifs dont on veut se séparer. Vu de la section, ces procédures sont un flux incessant, avec des crues et des étiages, tantôt dans une entreprise tantôt dans une autre. C'est une perspective susceptible de démobiliser les plus motivés, même chez les inspecteurs.

Une seconde affaire importante m'est soumise, peu après, un licenciement de 298 personnes aux établissements V... de Gerland, étant entendu que plusieurs autres licenciements touchent d'autres établissements de l'entreprise, au total près de quatre cents personnes dans la région. Je récidive, m'appuyant cette fois, surtout sur des arguments de procédure. Le contexte est différent. C'est un des vieux fleurons industriels de Gerland. Du fait de la crise du pétrole et de la hausse du coût de l'acier, l'entreprise semble prévoir la dégradation de ses marges sur le long terme. Assurant la préparation des aciers pour le béton armé, l'entreprise est intégrée au sein d'un groupe de construction la société T..., appartenant à une grande famille de la ville. Chaque jour, les ouvriers brassent des tonnes d'acier sur des postes physiquement très pénibles. Le coût de la matière première représente un risque important. La main-d'œuvre est un élément relativement secondaire. Mais on apprend que les grands travaux du génie civil, les barrages sur le Rhône, puis les constructions des ZUP dans les banlieues font adopter une autre organisation qu'une préparation concentrée des ferraillages. De plans sociaux en plans sociaux, cette entreprise prévoit de transférer ce type de préparation, indispensable à ses constructions, à de petits sous-traitants aux conditions sociales et aux techniques bien inférieures. Certaines sont implantées à un kilomètre à peine du site. Par ailleurs, cette entreprise est un monde de droit divin. L'employeur refuse de mettre sur la table ses analyses et d'en débattre avec le comité. Il est facile de noter le manque de loyauté dans la procédure du côté patronal. C'est une raison en or pour refuser le licenciement. Les salariés sont aussi très mobilisés et organisés dans un cadre d'intersyndicale CGT-CFDT[159]. Cela fait froncer le sourcil des responsables de la CGT, mais c'est très apprécié dans les enceintes du pouvoir et de la magistrature.

J'ai des souvenirs beaucoup moins précis de cette procédure si ce n'est que les ouvriers se mettent généralement en grève lorsque l'inspecteur vient dans l'entreprise pour accomplir ses investigations. Ce n'est pas un facteur facilitant la sortie des documents économiques. Un jour, à mon arrivée, l'essentiel de l'effectif et André Sothier, leur porte-parole toujours très écouté, s'interposent entre la rue et le portail, ne me permettant pas d'entrer tant que je n'ai pas parlé aux grévistes dans le mégaphone. Si je franchis les grilles pour entendre la version patronale sur le licenciement projeté, il faut que je dise quelque chose à ces ouvriers menacés. Que puis-je dire ? Je vais m'efforcer de faire une enquête sérieuse. Je veux avoir des éléments précis sur les raisons de ce licenciement.

En fait, comme le comité, j'ai une grande difficulté à obtenir des renseignements économiques, affrontant même un refus de répondre, autrement qu'en termes très vagues, à mes demandes de renseignements complémentaires. C'est l'inverse de ce qui s'est passé aux L… A…, un dialogue de sourds, une procédure qui reste dans le vague. Cela me permet une grande sévérité à l'égard de cette demande sauf pour une dizaine de travailleurs âgés pouvant bénéficier des préretraites et proches de l'invalidité, dans des conditions de travail extrêmement dures. Invoquant l'absence de procédure régulière, je peux refuser la presque totalité des licenciements, 282 sur les 298. Cette fois le directeur départemental me suit. Mais l'affaire monte au ministre.

Les prolongations hiérarchiques et judiciaires ne sont guère plus transparentes. Mais la procédure tient deux ans. Des recours s'engagent au tribunal administratif. Les syndicats s'y meuvent de façon adroite, toujours avec leur pratique très intersyndicale. Jusqu'au jour où le Conseil d'État donne le signal de la fin du match, en cassant toutes les argumentations. Le dossier redescend du ministère à la région avec ordre d'autoriser. Je suis cependant devenu un grand homme dans le quartier. Sur le plan administratif c'est autre chose. Mais je suis assez indifférent. Je n'attends pas une carrière brillante et rapide. Je tiens davantage à être honnête avec moi-même et avec les usagers, patrons comme salariés. Je donne raison aux interlocuteurs de bonne foi. Je dois être un inspecteur de bonne foi.

Au bilan, la décroissance des effectifs de cette entreprise se poursuit plusieurs années, mais ralentit, du fait de cette première expérience déterminante. De plans sociaux en plans sociaux, les procédures freinent les licenciements secs et laissent filer les travailleurs usés, retardant les étapes. On peut même dire que ce noyau d'ouvriers, issu d'une immigration italienne constitutive d'un monde

[159] Pour la CGT, André Sothier, Amédée Ruggieri, Ruzza, pour la CFDT, André Dejoux.

particulier implanté sur le quartier, échappe finalement à la fermeture totale. En 2004, l'entreprise et ses productions se survivent, avec un très petit effectif, transféré en banlieue, tandis que le site est retenu pour le transfert en province de Normale supérieure. Il se trouve que des élèves de l'ENS filment alors l'histoire de cette survie et de la mémoire qu'elle laisse dans ces consciences ouvrières[160].

Avec le temps, les chefs d'entreprise affûtent leurs techniques, les inspecteurs aussi, du moins certains d'entre eux. Les inspecteurs qui entendent justifier la polyvalence de l'inspection jusque dans le domaine des contrôles économiques sont peu nombreux. Certains même de ceux qui s'y investissent beaucoup regrettent de devoir le faire en contradiction avec leur conception propre de l'inspection. Lors d'une réunion nationale des inspecteurs adhérents à la CGT[161], je me retrouve à défendre une position très minoritaire en estimant que nous devons nous investir dans ces contrôles tout en restant des inspecteurs généralistes. Il est évident qu'il est difficile de tenir tous nos contrôles sur l'ensemble des entreprises de nos sections. C'est alors que naît l'idée de la section d'inspection territoriale unifiée de plein exercice, polyvalente mais collective[162]. Si l'on veut le doublement des inspecteurs, il est difficile de pousser à l'extrême la multiplication des sections. Au-delà d'un certain seuil, certaines d'entre elles se réduiraient au contrôle d'une seule grande entreprise.

Par ailleurs en défendant une vision industrielle de la France et parfois l'emploi local d'où qu'il vienne, qu'avons-nous comme légitimité lorsque des plans préparés dans les sièges des groupes sacrifient les fleurons de nos sections ? Notre principale légitimité est notre capacité d'écoute des partenaires sociaux. Ils ne sont pas d'ailleurs que des salariés. De petits patrons, des sous-traitants et des artisans sont victimes en cascade de ces licenciements, souvent même avant les salariés des grandes entreprises. Cet argument d'une attention aux acteurs des bassins d'emploi est hélas peu entendu, en face de l'ampleur du mouvement de délocalisation qui s'accroît. En ces années 70, le poids des réactions « citoyennes » n'est pas encore considéré comme légitime.

Pour décrire ces évènements économiques sur Gerland et la Guillotière dans les années 70, je devrais citer les centaines de batailles dans lesquelles j'interviens en dix ans. Ce sont par exemple, les grands licenciements chez S..., l'atelier des cinq cents femmes produisant des fils téléphoniques est fermé avant celui des câbles sous-marins. Ces procédures donnent lieu à des joutes sur la définition des prérogatives du comité d'entreprise et sur le rôle de l'inspecteur du

[160] *Attaches*, de F. Ralle-Andreoli, V. Lemire, S. Samson, E. Commins, J. Confavreux, documentaire sur une friche industrielle du quartier de Gerland.
[161] Elles se tiennent à peu près tous les deux ans à Paris.
[162] Deux ou trois inspecteurs et deux ou trois contrôleurs assureraient, sur un secteur d'inspection d'une plus vaste ampleur, le contrôle de tous les champs du code du travail, y compris le contrôle de l'emploi, des aides à l'emploi et des interventions sur le marché du travail. Pour la répartition du travail, ils s'organiseraient dans une sorte d'autogestion des roulements sur les affaires, les entreprises et les champs d'action.

travail. L'un des interlocuteurs incontournables est Lucien Berliet un délégué syndical de valeur aux compétences polyvalentes, depuis la sécurité jusqu'aux questions économiques, en passant par le droit du travail classique. Plusieurs années durant, il préside la section de l'industrie du Conseil des prud'hommes de Lyon. Ne sacrifiant pas à la pratique de la double carte, il fait face à la vigilance des communistes et parfois à une virulente opposition d'extrême gauche. Ce sont les années ou les deux grandes entreprises de mon secteur, S... et P... fournissent toute la ville en candidats de Lutte ouvrière et du Parti des travailleurs aux élections législatives. Un jour un tract de Lutte ouvrière met en difficulté mon activité en publiant une liste de futurs licenciés qui aurait dû rester encore secrète.

Dans une autre procédure économique, Lucien Berliet tente d'imposer une expertise comptable par un vote du comité d'établissement. L'employeur, M. S..., utilise toutes les techniques pour freiner la combativité des institutions représentatives et s'oppose à la mise à l'ordre du jour de cette question. La majorité CGT invite l'inspecteur en séance pour constater l'entrave. L'employeur s'oppose également à l'invitation de l'inspecteur à la séance. Je reste dans le hall d'accès pour formaliser mes constatations. Le chef d'établissement me confirme ses refus par l'intermédiaire de son directeur des ressources humaines venu à ma rencontre et je lui transmets en retour que je rédige un procès-verbal s'il n'accède pas à la demande du secrétaire soutenu par la majorité des élus. Ce procès-verbal est classé sans suite par le procureur. À l'occasion de ces procédures répétées, ce jeune chef d'établissement, auquel je suis confronté à plusieurs reprises, annonce au comité qu'il décide de déplacer le siège social de l'entreprise à Clichy, pour éviter de continuer à dépendre de cet inspecteur. Plus tard, le même ayant accédé aux plus hautes fonctions du groupe, transfère son siège de Clichy à Bruxelles pour échapper aux lois françaises.

Les enquêtes sur l'emploi et sur les questions économiques ouvrent parfois des champs nouveaux en droit du travail. Fin 1978, une femme, tenant un poste d'architecte paysagiste dans un grand cabinet d'urbanisme, sollicite une intervention au sujet des discriminations dont elle estime être l'objet. Le décret du 15 novembre 1973 est alors le premier texte définissant le principe d'égalité des rémunérations entre les femmes et les hommes, avant de passer dans la partie législative du code. Dans mon enquête, je m'inspire des techniques mises en œuvre en matière de licenciement économique. Ayant analysé le niveau de l'emploi tenu, je conclus à une discrimination dans la classification, l'affectation hiérarchique et la rémunération. Après plusieurs auditions de la direction, de l'intéressée et de témoins, après lecture des livres de paye, des registres du personnel, je rédige des « conclusions d'enquête contradictoire » devant permettre à l'intéressée de rétablir sa situation devant les prud'hommes, à défaut d'accord amiable. Malheureusement, à l'occasion d'un nouveau congé de maternité, cette femme démissionne de son poste et prend son compte sans faire de réserves ni être parvenue à redéfinir sa classification et ses rémunérations. Des journées de travail partent en fumée. C'est aussi souvent le cas dans les procédures de licenciement, l'inspecteur ne trouvant pas de répondant suffisamment tenace du côté des salariés. Les licenciements de représentants du personnel nous permettent d'en rencontrer davantage. Mais nous ne voulons pas donner l'impression de surprotéger ces derniers. Nous souhaitons d'autant plus mener à terme quelques enquêtes visant des salariés ordinaires.

À l'occasion de ces enquêtes rigoureuses, l'inspecteur est parfois accusé de parti pris anti-patronal voire, ce qui est plus grave d'un parti pris contre l'entreprise. Avec irréalisme et par incompréhension pour les difficultés des entreprises, il conduirait ces dernières à des difficultés plus grandes. Mais c'est un respect supérieur des entreprises, qui le guide, celui de leurs capacités industrielles, des communautés de compétences qu'elles constituent. En face, il rencontre souvent des dirigeants démobilisés, déçus, ayant « fait leur deuil ». D'autres, s'alignent sur une « raison d'entreprise » justifiant parfois des monstruosités de « langue de bois » ou de mépris à l'égard des victimes. Des directeurs des ressources humaines sont parfois capables de défendre les arguments économiques les plus usés, de présenter les pires projets avec un calme et une absence d'émotion surprenante devant les comités et les assemblées de personnel. Avec une indifférence surprenante, des chefs d'entreprise ont la capacité de prendre des décisions tragiques pour de proches collaborateurs dont ils avaient fait leurs amis. Des localités, des vies d'ouvriers sans nombre sont sacrifiées au nom des entreprises, pour qu'elles continuent à aligner une rentabilité et des marges, sans considération pour leurs finalités productives de biens et de services et pour les personnes qu'elles ont fait vivre et qui les ont nourries de leur travail pendant des années.

En fait, deux conceptions s'affrontent. Les actionnaires et les directions supérieures défendent une conception de l'entreprise qui reste en fin de compte une abstraction financière, ayant la mission de produire des profits à un ou deux chiffres. Les inspecteurs voient l'entreprise comme une épaisse réalité humaine soutenant une volonté de produire des biens et services, un corps social ayant une histoire, des savoir-faire et des techniques. Les collectifs humains sont pour eux la réalité essentielle, avec la masse de contrats de travail, de relations humaines et de solidarités sous-jacentes.

Trente ans après ces évènements, il est inévitable de s'interroger sur l'efficacité de l'énorme énergie déployée pour le contrôle de ces procédures économiques. À relire les quelques petits cahiers d'enregistrement des procédures, combien de licenciements sont-ils réellement refusés ? Combien d'emplois sont-ils maintenus et pour combien de temps ? Dans une section où l'on affiche l'intention de faire le maximum pour aboutir à des refus, si les circonstances et les motifs s'y prêtent, le bilan est probablement faible. Qu'en est-il ensuite au niveau national ? L'application de ce champ important du Code du travail, cette construction particulièrement progressiste dans son inspiration, n'auraient-elles eu aucun effet. Des sceptiques nombreux le pensent.

Repassant ensuite dans telle ou telle entreprise, lors de contrôles traditionnels, il arrive que l'on puisse dire que celui-ci ou celui-là n'aurait pas pu être revu au travail, s'il n'avait pas osé résister et si l'inspection n'avait pas fait son travail. De plus, la loi de 1975 réformant l'ordonnance de 45, crée un frein et un espoir. Même si les circonstances sont rares, et même si le contrôle de l'emploi n'est pas appliqué dans tous les départements, ni de la même façon, il en résulte des effets indirects.

L'interrogation est du même ordre pour les procès-verbaux, réalisés à dose « homéopathique », bien qu'ils soient la suite logique des enquêtes. Les inspecteurs et les contrôleurs se donnant le plus à la mission de contrôle des licenciements économiques, ne rédigent certainement pas plus de cinq à dix décisions de refus définitif par an, touchant un certain nombre de salariés « non protégés ». Les recours devant la hiérarchie conduisant à quelques confirmations sont rares. Mais dans cette période les employeurs découvrent que les refus peuvent survenir. On en parle beaucoup.

Tant qu'il est envisageable qu'un licenciement puisse être effectivement et durablement refusé, la logique de dissuasion fonctionne. Ce qui est grave c'est que le système des recours et les possibilités de contournement judiciaire se mettent également en place. Il apparaît rapidement que l'on peut venir à bout de ces refus de façon certaine en passant au-dessus des inspecteurs. À partir de ce moment le processus de dissuasion, disparaît et la loi perd toute effectivité. C'est tout le problème du droit du travail. Ce droit n'a pas de sens sans une certaine effectivité.

Cependant, le contrôle économique des licenciements a largement un rôle emblématique. Pendant quelques années, l'important est qu'il existe même symboliquement. Il est remis et maintenu en vigueur, peu ou prou, durant environ vingt ans. D'où la hargne des hommes politiques de droite et des milieux patronaux à son égard. Pour ce qui concerne le département du Rhône, les employeurs manifestent une véritable crainte, pour ne pas dire parfois une certaine terreur à l'égard de cette procédure. Elle les gêne certainement d'abord par les délais longs qu'elle impose mais également par les comptes qu'il faut rendre aux Comités d'entreprise et aux mobilisations syndicales. La résurrection de cette procédure aux dernières années des trente glorieuses et pendant la première partie de la grande crise de la fin de siècle acquiert ainsi un rôle fondamental dans les rapports sociaux du travail et dans le domaine des idées politiques.

Elle affirme d'abord la responsabilité de l'État au cœur de la liberté de gestion de la chose économique laissée aux employeurs. L'État avoue que dans le principe, il ne doit pas tout laisser faire. Dans la vie de l'entreprise, c'est l'intrusion la plus radicale, le droit de regard le plus poussé. Au passage, ce droit de regard de l'État est partagé par la représentation du personnel. À cause de l'existence et de la relative longévité de cette procédure, une distinction très importante s'impose entre les licenciements pour motif économique et les autres. Les patrons ne s'y trompent pas et ont conscience de n'être plus seuls maîtres chez eux. Ils doivent rendre des comptes, donner des justifications. À supposer que cette procédure ne donne pas un seul refus ferme et définitif, elle impose tout de même la notion d'un licenciement qui doit être justifié par un motif ne relevant pas du salarié mais de l'entreprise.

Indépendamment de l'indemnisation souvent supérieure qui y est attachée, dans le trouble profond et le drame qui atteint les salariés dans la phase de préparation de ces licenciements puis dans celle de la réalisation des ces ruptures, la revendication de la cause économique pose toujours une question de dignité du salarié. Elle l'amène à un comportement de déculpabilisation et de justification profonde de son passé professionnel. De plus, au cours des phases de désespoir traversées, même si les illusions sur la possibilité de faire changer les choses tombent vite, le fait d'avoir un service à qui s'adresser, mandaté pour cela par la loi, est d'une grande importance. Durant ces innombrables réceptions de salariés engagés dans ces procédures, secrétaires, inspecteurs et contrôleurs n'ont pas besoin de dire beaucoup de choses pour évoquer les limites de ces procédures. Mais il est important qu'il y ait d'abord une réception sérieuse et digne des gens. Le faisant systématiquement, ils désamorcent les illusions, tout en laissant une petite place pour un espoir qu'il soit fait quelque chose. Avec plus ou moins de volonté explicite selon les sections, c'est le moment crucial d'une petite invitation à se défendre. Le salarié accède au droit d'exiger de savoir pourquoi, de pouvoir dire son désaccord. À la permanence de l'inspection, il vient oser exprimer les motifs permettant de protester contre son inclusion dans la liste.

Inspecteurs, contrôleurs, et jusqu'aux secrétaires, demandent s'il existe dans les effectifs des contrats à durée déterminée ou des intérimaires, si des heures supplémentaires persistent, contredisant certains arguments économiques. La question est posée de savoir si l'on connaît éventuellement le cas de salariés souhaitant partir en retraite à la place des personnes licenciées. Comment chacun se situe-t-il parmi les priorités définies par le règlement intérieur ou les conventions, etc. ? La présence de l'inspection sur ces créneaux permet au salarié d'invoquer un droit de dire ce qu'il pense, d'endosser un droit et une identité d'interlocuteur qui a son mot à dire sur la marche de l'entreprise à quelque niveau qu'il se trouve. Il peut et doit subitement dire ce qu'il sait sur les occasions de commandes gaspillées par l'employeur, sur des actes de mauvaise gestion ou d'abus de biens sociaux, le plus souvent bien connus, au cœur du climat général de secret qui règne dans l'entreprise. Enfin le salarié dispose au moins d'un bureau où un modeste représentant de l'État est chargé de l'écouter dans ces moments très durs de la vie professionnelle. Un tiers est là pour devoir faire quelque chose et se l'entendre dire. C'est d'ailleurs l'un des motifs qui est invoqué par les inspecteurs s'opposant à la procédure confiée au service. Les employeurs trouvent l'État pour les dédouaner de leur responsabilité dans les licenciements, alors que celui-ci ne fait rien ou presque pour qu'un réel contrôle soit effectué. Mais les rouages du systèmes sont plus complexes. Le renvoi devant le tribunal administratif ne parvient pas à empêcher le civil de statuer. Par ailleurs les juridictions prud'homales s'appuyant dans leurs décisions d'indemnisation sur les résultats qui peuvent filtrer de nos enquêtes n'ont jamais manqué d'arguments pour persister à invoquer la responsabilité patronale dans le licenciement lorsque le salarié démontre l'absence de fondement sérieux. Enfin et surtout, au cours de ces vingt ans exceptionnels de l'histoire du service, inspecteurs et contrôleurs sont témoins qu'une régulation publique de l'emploi de tous et de chacun est concevable.

Ch.15 L'inspecteur, les délégués, les truands

Durant toutes mes années d'inspection, j'ai la chance d'être affecté à des sections ayant la charge de villes à forte implantation syndicale. Saint-Étienne est une ville de forte tradition ouvrière. La Bourse du travail et les unions départementales sont installées dans un bâtiment presque aussi prestigieux que la mairie. Dans les monts du Lyonnais, les unions locales de ma première section de contrôleur disposent, dans chaque canton, de l'interlocuteur syndical, souvent homme ou femme historique, reconnu par une fraction importante de la population. Gerland et la Guillotière sont des lieux de vieille implantation ouvrière. Dans la section de Vénissieux où j'arrive quelques années plus tard, la classe ouvrière la mieux organisée du département tient la mairie, les usines et bien entendu la Maison du peuple, avec un taux de syndicalisation élevé.

Par ailleurs, ces années d'inspection correspondent à une période exceptionnelle de développement de la législation relative aux institutions représentatives. Leur utilisation effective atteint des sommets. La loi sur le délégué syndical d'entreprise date du 27 décembre 1968. Entre 1968 et 1986, pas moins de dix-sept lois[163] remodèlent le fonctionnement de ces institutions. Le perfectionnement des textes concernant les délégués, les comités, les sections syndicales est sans cesse à l'ordre du jour non seulement dans les Cours et tribunaux, au Parlement, mais aussi dans les cours des usines et évidemment dans les couloirs de l'inspection du travail. La classe ouvrière et le monde salarial connaissent un apogée, sous la forme préparée par deux siècles d'avancées républicaines. La structure du monde est bien entendu au moins binaire. Dans la société, il y a d'un côté le monde patronal et de l'autre le monde salarié, séparés ou mis ensemble par le travail, le Code du travail et la lutte de classe. La réalité est cependant un peu plus complexe et se compose aussi d'un troisième cercle pour le quotidien de l'inspecteur du travail, ainsi que pour sa conception de l'humanité et de la structure sociale. C'est un peu comme si, dans l'univers de Ptolémée, mais c'est celui de Durkheim et de Marx, un troisième cercle s'installait autour de la terre, de ses usines et de ses commerces.

Ce troisième cercle essentiel est l'univers des délégués. Entre le haut et le bas, au sein de cette unité partagée et déchirée de luttes, c'est un monde de prêtres. Malgré leur agnosticisme et leur incroyance, ils sont animés par une foi en ce monde, ses possibilités présentes et une croyance en l'avenir de la classe ouvrière. Dans mes permanences, je vois concrètement fonctionner leur dévouement à toute épreuve. Dans ce quartier, il m'est facile de faire la comparaison. À Gerland notamment, par leur mise vestimentaire, leurs vélos ou leurs vieilles voitures, par leurs relations avec leurs camarades non délégués et

---

[163] Dont trois portent modification de diverses dispositions d'ordre social, ce qui signifie qu'elles contiennent, chacune, plusieurs dispositions modificatives de lois antérieures.

souvent non syndiqués, bon nombre de délégués ressemblent à ce « Prado », une institution lyonnaise fondée en ce lieu, cent ans plus tôt[164], alors représentée par l'évêque ouvrier Ancel. Il consacre la moitié de ses journées à faire des petits montages mécaniques à domicile. Par tous les temps, il se déplace en vélo avec une grande abnégation. Vêtus de façon identique, nombre de délégués font de même, lorsqu'ils viennent chez l'inspecteur. En les voyant, on craint que les pantalons et les manteaux ne se prennent dans les chaînes de vélo. Ils sont retenus par une pince qui permet de ne pas récupérer la graisse du pédalier.

À chaque visite d'une entreprise importante et deux fois par semaine à la permanence, l'inspecteur rencontre ce troisième cercle de son univers. Certains sont aussi sans cesse pendus au téléphone. Leurs contacts sont indispensables pour savoir où sont les problèmes sur lesquels il ne se battra pas en Don Quichotte solitaire contre un monde patronal trop sûr de son bon droit. Il permet de recueillir des documents, de repérer des informations et des preuves, de tester la solidité des réclamations. Pour faire des contrôles utiles, il vaut mieux aller vers des investigations qui aient des chances de se voir confirmer. Si l'inspecteur s'attable devant des livres ou des souches de feuilles de paye concernant dix mille rémunérations, il est difficile de tomber rapidement sur celles qui justifient des observations, lesquelles ne constituent peut-être que 2 % de l'ensemble. Si des intérimaires dont les contrats dépassent les motivations autorisées, tout en prenant le travail de tel ou tel salarié considéré comme un dangereux révolutionnaire prêt à demander des élections, des informations préalables sont indispensables pour savoir dans quel coin d'atelier ils se cachent et à quelle heure on est sûr de les trouver.

L'union locale est l'instrument indispensable pour récolter des feuilles de paye attestant d'horaires excessifs. Elle piste les taux de salaire douteux, les flous entretenus sur la durée du travail ou les qualifications. Pour accélérer une affaire, au sortir d'une visite, vers dix-huit heures, il m'arrive de passer à l'Union locale CGT. À cette heure, c'est une ruche bourdonnante. Installée dans un ancien local commercial de la rue de Gerland, elle est au centre de la vie du quartier[165]. Les gens et les délégués y passent individuellement ou en petit groupe dès qu'il y a un problème dans un atelier. On y rédige le compte rendu des réunions ou les lettres à l'employeur. J'entre pour un problème, j'en sors avec trois ou quatre. Il y a toujours une chaîne d'informateurs autour d'elle. Demandant un document supplémentaire, je le reçois dans la semaine. Ils le font passer par un collègue ou

---

[164] Il a toujours sa maison mère à la Guillotière. Alfred Ancel, issue d'une grande famille du patronat textile est d'apparence timide. Il bénéficie d'un compromis obtenu par faveur, suite à la condamnation des prêtres ouvriers par le pape. Ses petits montages sont la façon de servir ses frères ouvriers lui paraissant le plus ressembler à Jésus-Christ charpentier. Certains des délégués dont l'origine n'est pas inconnue des inspecteurs sont aussi des prêtres ouvriers ou d'anciens prêtres ouvriers ayant pris leurs distances.

[165] Son secrétaire, Jean Guichard, un syndicaliste des PTT, est détaché comme permanent à temps partiel pour le développement des syndicats de cet arrondissement. J'ai toujours trouvé chez lui une capacité de compréhension et d'attention extraordinaire à l'égard de tout salarié quelles qu'aient été ses difficultés et son histoire.

un voisin du quartier. Même pour des salariés isolés, des délégués sont chargés de rayonner sur les entreprises voisines, et d'apporter leur aide.

Dans ce monde de Gerland et de la Guillotière il n'y a aucune comparaison entre l'Union locale CGT et l'Union locale CFDT. Cette dernière est située dans un local bien moins fréquenté, près de l'église Notre-Dame-des-Anges. Ses divers représentants viennent rarement à ma permanence mais j'ai de fréquents contacts avec Jean Dulac. Il m'apparaît rapidement comme celui qui en est le plus actif représentant. Il est cadre informaticien chez F…, une grande entreprise de négoce de produits de bâtiment, mis sur la touche par son chef de service, dès lors qu'il s'engage dans une activité syndicale. Ses mandats prennent assez vite toute la place dans son agenda hebdomadaire. Au cours des dix années que je passe sur ce secteur, il est remarquable de le voir progresser dans ces fonctions, depuis le temps où il m'informe des premières répercussions de ses prises de position sur ses responsabilités de cadre et sa mise à l'écart. Assumant de plus en plus de responsabilités avec un calme et une jovialité exceptionnelle, il devient délégué syndical d'entreprise, secrétaire du comité d'entreprise, responsable départemental de son syndicat, conseiller prud'homme puis président de la section des employés et cadres du commerce des prud'hommes de Lyon. Je peux facilement le rencontrer dans le bureau qui lui est accordé par la société F… dans les locaux sociaux de l'entreprise. Il est aidé par une secrétaire affectée aux œuvres sociales du comité d'entreprise. L'entrée de ces locaux est indépendante avec un escalier distinct des autres locaux de l'entreprise. Avec Jean Dulac, travaille Saïd Hammache. De la seconde génération issue de l'immigration, dessinateur industriel, militant depuis 68 dans diverses organisations d'extrême gauche, il acquiert une grande aisance dans la conduite de la vie syndicale de ce monde particulier des employés du commerce et des entrepôts. Secrétaire du comité central d'entreprise, lui aussi bloqué vingt ans au même indice, il participe activement à toutes les négociations avec l'employeur, tant lors des plans sociaux que lors des discussions salariales. En fait, Dans cette entreprise qui n'a sur ma section qu'un effectif de siège social et un personnel normalement peu porté à la contestation, l'organisation syndicale est curieusement assez forte et bien conduite pour que l'inspection du travail ait très peu à intervenir. Ses élus viennent cependant souvent à l'inspection pour confronter nos analyses.

C'est Jean Dulac qui suscite l'affaire à l'origine du plus grand revers juridique de ma carrière. L'entreprise F… est composée d'un grand nombre d'établissements désignant des représentants au comité central dès lors qu'ils atteignent un effectif de vingt salariés. C'est le fruit d'un accord résultant des longues actions de J. Dulac et de la volonté de l'entreprise. L'intention de noyer les établissements fortement syndicalisés parmi ceux qui ne le sont pas n'est pas exclue de sa part. Un jour, Jean Blervaque, le délégué CGT de Lille au comité central est menacé de licenciement disciplinaire. Il travaille dans un petit établissement qui approuve un licenciement à son encontre. Jean Dulac imagine que le Comité central d'entreprise pourrait être compétent pour la protection de ses membres et qu'un vote défavorable à ce niveau permettrait de sauver sa tête. Il apporte à mon bureau une demande quasi unanime en faveur de cette réunion. À cette époque, la jurisprudence de la Cour de cassation est imprécise sur cette compétence potentielle du comité. M. M..., un directeur des ressources humaines, très amène dans ses relations avec l'inspection du travail, n'en maintient pas moins un refus ferme de convoquer le Comité. Ce serait s'engager dans un processus de désaveu du directeur de succursale de Lille. En vertu des habitudes de l'entreprise, le réunir supposerait également de grands frais avec des voyages en avion et des frais d'hôtel. En situation de carence de l'employeur, je décide cependant de réunir ce comité. C'est une procédure rare dont je n'ai entendu parler que deux fois sur le département[166]. Dès la réception de ma convocation, la direction saisit le référé administratif, lequel décide de ne rien faire et de me laisser tenir la réunion. De façon assez brève, le comité se tient dans une grande propriété transformée par l'entreprise en lieu de séminaires commerciaux. Le directeur des ressources humaines présent prend d'abord la parole pour désavouer la procédure, puis un vote sans surprise refuse le licenciement. Tous les élus ayant débarqué au siège de l'entreprise dans les heures suivant cette réunion, le délégué Blervaque est finalement licencié avec une forte indemnité négociée. Elle correspond au paiement de ses salaires jusqu'à la date de sa retraite, quatre années plus tard. L'entreprise engage ensuite contre ma décision un procès en réparation du préjudice aboutissant à la condamnation de l'État à des dommages intérêts importants. Entre ma décision et celle du tribunal administratif sur le fond, la Cour de cassation déclare l'incompétence du Comité central pour protéger un quelconque élu du personnel.

Je dois aussi dire un mot de Force ouvrière. Cette centrale n'a pas d'implantation locale dans cet arrondissement. Elle est représentée dans quelques entreprises, en particulier dans une fabrique d'ameublement, les établissements L.... Face à l'employeur, j'assiste à une partition à deux voies entre un délégué ouvrier CGT et un délégué technicien et encadrement de Force ouvrière. Ce dernier, Pierre Bellon, homme très actif, venu plusieurs fois au secours du délégué CGT, M. Baroin, finit un jour par trouver à employer davantage ses dons et son énergie en passant à la CGT[167]. Outre ce champ particulier de batailles défensives, le principal souvenir que je garde de cette centrale sur Gerland est celle d'une entrevue demandée avec insistance et naïveté par un chef d'entreprise du Port Édouard Herriot, les établissements commerciaux C.... L'employeur juge nécessaire de venir m'expliquer très simplement à ma permanence, que des élections vont se dérouler dans son établissement. Craignant que la CGT ne s'implante, il est allé au siège de l'union départementale de Force Ouvrière signer

---

[166] L'autre étant une réunion du comité central Berliet convoquée par Henri Radix, malgré les réticences du préfet.

[167] Dont il devient un délégué prud'homme très actif.

un protocole préélectoral. Il a proposé dans ses effectifs la candidature d'une personne très bien, acceptant de tenir la fonction de délégué. Des aveux spontanés révèlent ainsi parfois ce qui se passe dans certaines entreprises. J'aurais pu saisir au vol ces paroles et dresser procès-verbal[168]. Mais en l'absence de toute présence syndicale véritable, aucune partie civile syndicale ne serait venue le soutenir.

Cet événement et d'autres de ce genre, pris sur le vif, me conduisent parfois à penser à ces employeurs qui ont des insomnies et passent et repassent la liste de leurs salariés, la nuit dans leur mémoire. Ils se demandent quel est celui qui se prépare à prendre contact avec les organisations syndicales extérieures. Ils trouvent presque toujours celui qui est sur le point d'avoir besoin de devenir délégué. Dans l'attitude, il y toujours un détail, un comportement qui évolue à ce moment-là, une façon de répondre, une hésitation, un doute, une perte de confiance. L'imminence de l'affrontement s'annonce. C'est ainsi que se reproduisent périodiquement des affrontements d'intérêts, inévitables dans la relation de travail reliant tout employeur et tout employé. Inversement, les salariés évoquent facilement une multitude de petits riens dissuasifs tendant à faire rentrer la majorité des salariés dans le « travaille et tais-toi ». Des mesures diverses de mise en marge suivent souvent une prise de distance, un début d'engagement du salarié. Ce sont des évènements « synallagmatiques » inévitables, peut-être pathologiques, qu'il faut faire revenir à la surface dans les enquêtes et les procédures.

Dans ces années 70 qui sont une période favorable à l'implantation des représentants du personnel, l'inspection assure quotidiennement, pour peu qu'elle le veuille, une mission pédagogique en direction des salariés commençant une évolution vers une responsabilité collective. Cela relève d'une logique élémentaire et de l'objectif fondamental d'une meilleure application du droit du travail. Tout contrôleur ou inspecteur prend conscience que les interventions du service restent sans effet durable, si une structuration du personnel et une meilleure capacité de chacun de demander son droit ne se réalise. Faire entrer dans une entreprise un climat de prévention du non-droit est aussi nécessaire qu'un climat de sécurité et de prévention des accidents du travail, lui aussi très incertain, tant qu'un Comité d'hygiène et de sécurité n'est pas actif[169]. Des relations empreintes d'humanité, un climat de confiance réciproque, peuvent fonctionner un temps ou concerner une partie du personnel. Mais l'idylle initiale

---

[168] Comme l'a fait un jour dans des circonstances analogues, une collègue parisienne, Anne-Marie Beziau.

[169] Le souci de la sécurité n'est pas spontané ni chez les salariés ni chez les employeurs. Il faut souvent les dures leçons des accidents du travail pour ébranler l'inertie du collectif de travail, et le plus souvent l'action de personnes extérieures. Ce n'est que dans un petit nombre d'entreprises que la bonne volonté et l'inspiration spontanée de quelque personne ingénieuse permet de soutenir une situation favorable à la bonne conception des mécanismes, à une ambiance respectueuse de l'équilibre des salariés. Il y a toujours des entreprises modèles par la seule volonté de l'employeur. Mais ce sont des cas rares. La protection et la santé au travail sont toujours une gêne pour son efficacité immédiate. Ne parlons pas de leur maintien dans les contextes de crise et de concurrence. Il est nécessaire mais le plus souvent non suffisant que des réunions régulières et obligatoires d'un CHS accomplissent un travail de persuasion et d'acclimatation de la sécurité.

au travail, le paradis terrestre, à supposer qu'ils existent au moment où l'employeur et le salarié ont conscience d'avoir trouvé chacun ce qu'ils recherchent, ne durent pas.

Acteur et témoin, je peux observer un certain nombre d'exemples de cette pédagogie de la responsabilité par l'autodéfense. Aux établissements B..., Roger Chalavon est un exemple de cette évolution. Il vient un jour à ma permanence, n'imaginant nullement devenir un représentant du personnel. Il pose un problème apparemment futile : un début de juillet, il n'est pas content de la date de vacances imposée par son employeur. Son entreprise va connaître plusieurs plans de licenciement, une fermeture de site puis une fermeture totale qui occasionneront beaucoup de soucis à plusieurs inspecteurs et lui donneront amplement l'occasion de développer ses dons d'élu[170].

Après avoir mis sur le bureau le Code du travail et les modestes mesures fixées pour l'ordre des départs en vacances et les modalités de fractionnement, j'entonne le refrain habituel : « le code ne permet pas de contraindre un patron à vous donner des vacances à la date de vos souhaits. Toutefois, dans les entreprises possédant des délégués, ces questions peuvent se régler en réunion mensuelle de délégués ou lorsqu'un salarié se fait accompagner par eux, dans une entrevue auprès de la direction. On trouve alors des solutions auxquelles ne pensent pas les pointeaux ou l'encadrement. »

Ce jour-là, je dois être suffisamment convaincant et clair. Au retour des vacances, le représentant de l'Union locale CGT et R. Chalavon reviennent m'annoncer que le nécessaire est fait pour mettre en place des élections. Il devient peu à peu un délégué syndical animant admirablement une résistance aux réductions d'effectifs, un membre de comité d'entreprise sachant lire assidûment les comptes et les rapports d'expert comptable du cabinet Cabanes et Méric qu'il s'empresse de faire désigner[171]. En appliquant cette méthode dix années dans un secteur, avec des contrôleurs ayant accepté d'adopter les mêmes habitudes de réception du public, les entreprises n'ayant pas de délégués sont celles où règne un certain degré de terreur antisyndicale ou ne recrutant qu'un personnel très spécialement trié.

Dans nos activités de ces années, les relations des employeurs avec leurs délégués et représentants syndicaux sont en permanence en chantier. L'effet à long terme de 68 joue à plein. Un certain nombre de patrons cherchent le conflit

---

[170] Assisté notamment de Jacqueline Gandour. Un inspecteur parvenant à faire émerger des vocations comme celle de R. Chalavon est assuré, par la suite, l'Union locale faisant aussi son travail, de faire émerger toute une équipe de représentants du personnel.

[171] Précision importante pour éviter d'exciter les mauvaises langues : après avoir vanté les mérites de l'instauration des délégués, je n'ai pas manqué d'évoquer rapidement les prudences s'imposant, une préparation des plus discrètes, seule façon d'en sortir vivant, ainsi que la visite à une organisation « de son choix ». Dans ces années là, les salariés n'ayant pas encore leurs repères trop brouillés au sujet des capacités combatives de chaque syndicat, ils se retrouvaient généralement à l'union locale CGT, sauf s'ils avaient hérité un réflexe de méfiance d'antécédents familiaux ou d'expériences personnelles malheureuses.

et s'organisent pour une guerre déclarée à toute émergence revendicative ou syndicale. Des avocats du patronat[172] développent à chaque audience des effets de manche pour dénoncer l'inspecteur rouge et sa collusion avec les avocats de la CGT ou de la CFDT. L'un de ceux-ci, le cabinet Iannucci, Scorbini, Lenoir, auquel s'intègre par la suite maître Masanovic, est installé au centre de mon secteur. Un autre, le cabinet Bouchet, Delay et Lafay est situé sur les quais du Rhône, à moins d'un kilomètre de distance. Ils défendent régulièrement les intérêts de tous ces combattants. D'une procédure sur l'autre, s'appuyant sur les modestes avancées des tribunaux lyonnais, une dynamique se renforce, avec leurs victoires successives. Les diverses chambres ont des nuances. Les présidents de correctionnelle ont des sensibilités plus ou moins prononcées à la question sociale. Certaines affaires ont plus de chances d'aboutir, inscrites au rôle le lundi, que celles passant le jeudi. On apprend parfois à la dernière minute qu'une instance prévue pour le jeudi est reportée un lundi en raison d'une absence diplomatique d'un témoin ou d'un avocat.

Les affaires syndicales et de représentants du personnel sont nombreuses. Mais elles ne débouchent que peu souvent sur une procédure judiciaire. Au niveau de la section d'inspection, il ne se passe pas de mois sans quelque intervention à faire. Il faut conduire de lourdes enquêtes. La difficulté est de constituer des dossiers solides pour s'assurer d'être suivi en cas de prolongement judiciaire. Par ailleurs, le procureur classe systématiquement ce genre de dossiers s'ils ne sont pas assortis d'une constitution de partie civile. C'est un frein énorme. Les syndicats doivent déposer une caution importante pour leurs modestes budgets, celui des unions locales ou des militants. Après avoir déposé huit ou dix mille francs, une ou deux fois, ils ne le peuvent plus à la troisième affaire. L'inspecteur en est quitte pour replier son dossier ou se lancer seul[173].

Par ailleurs il faut du temps pour constituer les dossiers et stabiliser les constatations. Bien souvent les faits répréhensibles, des paroles de menaces prononcées par le petit encadrement, les décisions de tel ou tel haut cadre, sont constitutives du délit par leur influence sur le salarié, en raison de la subjectivité des rapports existant entre eux, du fait du caractère des uns et des autres. Chaque affaire est différente, lié à des procédures et des méthodes de « management » instituées par l'entreprise. Le plus souvent, il faut faire avouer à l'employeur ses intentions. Il est sur ses gardes, il « précise » ses propos en leur donnant un autre sens, admissible. Lors des contrôles, certains employeurs se trompent sur la bonne mine de l'inspecteur, sur la franchise de ses rapports. Ils se laissent un peu aller. L'inspecteur relève alors les propos critiquables. Il prend parfois des allures de jésuite. Je constitue un piège pour des interlocuteurs s'épanchant d'un venin

---

[172] En particulier maître S… et maître U...

[173] C'est en partie pour cette raison que je ne parviens jamais à conclure un procès-verbal concernant les répressions durables dont est victime L. Larochaix à la société P... Par ailleurs les représentants de cette entreprise savent admirablement brouiller le caractère des traitements qu'ils lui infligent.

qu'ils fabriquent en leur for intérieur. Il n'en sort pas toujours une procédure. Mais ces constatations sont de bonnes bases pour des aménagements amiables ou pour résister à des procédures ultérieures de licenciement de délégués.

Les affaires les plus graves commencent très tôt après mon arrivée. Dans « l'après 68 », dans toute la France, des employeurs, des chambres patronales s'organisent pour résister à la vague montante de la représentation du personnel. Certains font appel à des extrémistes recrutés par des officines sur le terreau des conflits coloniaux finissant. Certains des activistes recyclés naviguent entre des services d'ordre de campagnes électorales et des missions dans les entreprises. Je croise, dans mon secteur, des affaires périphériques à un secteur voisin, celui de Vénissieux où les affrontements se concentrent. L'essentiel se passe aux établissements R.... Comme cela se pratique dans tout le secteur automobile, et dans un petit nombre d'autres branches, la direction de cette entreprise tente d'implanter le syndicat CFT[174], pour résister à l'influence prédominante de la CGT et à la réorientation récente de la CFDT. Relié discrètement aux directions des ressources humaines, ce nouveau syndicat participe au recrutement de salariés très spéciaux, tout en recrutant pour lui-même, tantôt avec des méthodes séductrices promettant des augmentations de salaire, tantôt avec des méthodes d'intimidation musclée. Il va même jusqu'à projeter et réaliser des coups de main contre des militants CGT. Un jour, il y a un mort à Reims, Pierre Maître, par suite d'affrontements. Ils conduiront ses auteurs devant la justice. S'emboîtant sur ces batailles obscures, une bataille juridique sur la représentativité de ces nouveaux syndicats est aussi un enjeu pour les grandes centrales syndicales[175].

Chez R... on s'efforce, ces années-là, de réaliser cette implantation syndicale par des officines d'intérim fournissant des agents de sécurité externalisés. Ils remplacent peu à peu la cohorte des accidentés du travail et des reclassés sociaux occupant jusque-là ces fonctions aux portes de l'usine. Les patrouilles deviennent menaçantes, en particulier en temps de grèves. Entre les périodes de conflit, elles créent un climat de tension permanente constituant une force de dissuasion autour des militants et des élus du personnel. Les simples salariés n'ont pas intérêt à se montrer en train de discuter avec un délégué. Des

---

[174] Confédération du travail, en fait une création d'un certain patronat, concentrant un certain nombre de gros bras.

[175] Dans ces années-là, la France s'inscrit, heureusement de façon temporaire, dans le climat de violences antisyndicales perdurant à un niveau extrêmement élevé dans d'autres aires géopolitiques, en Amérique du Sud et en Asie du Sud-Est. Depuis un siècle, dans ces zones, les statistiques du BIT et de certaines organisations syndicales mondiales recensent, plusieurs centaines de syndicalistes assassinés chaque année. Pour ne citer que deux années toutes récentes, la CISL, la confédération internationale des syndicats libres, dénombre en 2002, 213 assassinats de syndicalistes et 129 en 2003. Beaucoup de gens ont peine à croire que les relations de travail puissent conduire à ces violences extrêmes. Même en Europe où ces dérives sont moins violentes dans leurs effets, le fait de se syndiquer et d'assumer des responsabilités syndicales conduit à prendre des risques pour son emploi et à entrer dans une zone de turbulence dans les relations quotidiennes de travail. Ceci explique, en partie, le faible taux de syndicalisation.

menaces sont adressées à des élus. Une nuit une agression est même organisée contre l'un d'entre eux.

Il se trouve que la société S..., l'agence fournissant ce personnel très spécial de sécurité, choisit d'installer son siège sur le territoire de ma section, dans une petite rue de la Guillotière. Saisi par le syndicat CGT de R... d'une plainte en bonne et due forme concernant la légalité et la régularité des activités d'intérim et de placement de cette agence, je commence une enquête. J'ai d'abord quelques difficultés pour parvenir à rencontrer le responsable qui voyage à travers la France. Je finis par obtenir un rendez-vous. Les lieux n'étant pas sûrs, je me fais accompagner par un stagiaire Iranien, de passage dans ma section juste à cette période. Avec un nom plein de saveur, paraissant sortir d'un conte des mille et une nuit, M. Passandidefar Ardechi est une personne d'un rang, paraît-il, élevé de l'administration du travail du Chah d'Iran. Il pourra, à tout hasard, servir de témoin et de tierce personne pouvant dissuader une éventuelle réaction musclée. Mon enquête consiste à demander les registres du personnel, des étrangers, la liste des chantiers où le personnel est affecté, le livre de paye, et tous renseignements sur la nature de l'activité : intérim ou gardiennage. Je n'obtiens que le registre du personnel sur lequel je vois couchés les noms de ces « gros bras », ainsi que des souches de feuilles de paye. Ces deux documents attestent de la présence assez volatile des effectifs. Sur les chantiers, des informations me sont données sur le fait que R... est le gros client. Cet employeur ne peut pas me présenter grand chose mais me déclare que ses activités relèvent de l'intérim. Je lui demande donc de se mettre en conformité.

C'en est beaucoup trop. La conclusion de la visite est surprenante. Invoquant une relation d'amitié avec un député de Saône-et-Loire appartenant à la majorité d'alors, ayant connu par ailleurs une carrière de secrétaire d'État, mon interlocuteur pose sur son bureau une carte visiblement officielle, à son nom, qu'il me déclare être celle d'un membre de commission auprès de l'Assemblée nationale. S'appuyant sur ce papier et ses relations, il se fait fort d'obtenir rapidement ma mutation si je poursuis mes investigations sur sa société. Par ailleurs, frôlant la provocation, il ne cache pas que les opinions syndicales de ses hommes qu'il connaît parfaitement sont un élément important des relations sociales dans son entreprise. C'est aussi ce que recherchent ses clients. Mais avec une grande adresse, il sait joindre à des allusions claires des formulations à double sens. Au sortir de cette agence installée dans un petit magasin de quartier transformé en modeste bureau sur rue, M. Passandidefar Ardechi m'avoue être surpris de ce qu'il vient d'entendre et de voir. Ayant une haute idée de la France, de sa démocratie et de son système social, il s'étonne de tels comportements ne correspondant pas à l'image habituelle.

Mon enquête est embarrassante. Elle a des limites, l'essentiel des constatations sur le fond relevant d'un autre lieu. Dans un premier temps, j'adresse à cette entreprise une lettre lui confirmant une demande de régularisation. Elle doit notamment remplir au plus tôt le livre des étrangers que je repasserai voir un jour prochain, histoire de la tenir en haleine. Une surveillance rapprochée, c'est à peu près tout ce que j'envisage dans un premier temps, pouvant servir si des incidents s'aggravent à Vénissieux. L'enquête peut ainsi rebondir à tout moment.

Toutefois, je tiens à formaliser dans un rapport au procureur, au titre de l'article 40 du Code pénal[176], les conditions dans lesquelles s'est déroulée cette visite. Des menaces et des pressions caractérisées ont été prononcées devant témoin, à l'égard d'un fonctionnaire. Je rédige ce rapport et j'informe enfin les plaignants de l'avancement de mon enquête par une petite lettre brève qui sera publiée dans la Vie ouvrière, sans que je ne sois pour rien dans cette publication. La photocopie de ma courte lettre se retrouve entre deux nouvelles de la répression syndicale.

D..., mon directeur juge inopportun de transmettre ce rapport. C'est le point de départ du deuxième clash en six mois d'un inspecteur nouvellement arrivé. Il est en effet inévitable que les plaignants demandent des nouvelles de ce rapport et de ses suites. Ils sont engagés dans une bataille contre la répression syndicale et veulent lui donner une ampleur médiatique mais aussi judiciaire. Mais le procureur n'en trouve aucune trace. Les choses se compliquent donc. Premier élément, je ne suis pas informé que le directeur n'a aucune envie de transmettre ce rapport, ni de ses raisons. Second élément, les plaignants ne sont pas seulement animés d'une volonté procédurière locale. Ils sont lancés dans une offensive nationale de grande envergure. Avec les prudences d'usage concernant les délais de transmission, la Confédération elle-même, avec les avocats du syndicat R... commencent par constater que le rapport n'est pas transmis. Ils s'étonnent ensuite de la discrétion voire de l'inertie que le ministère manifeste à l'égard des offensives de la CFT dans la Métallurgie. Ils décident de s'en émouvoir devant la presse[177].

Un dirigeant national, Marcel Caille, chargé de suivre la question des libertés fondamentales et des libertés syndicales, organise une conférence de presse avec la fédération à laquelle appartient le syndicat des inspecteurs du travail. Plusieurs jeunes inspecteurs sont convoqués à Paris pour témoigner des difficultés rencontrées dans leurs enquêtes. La plupart de ces atteintes aux libertés se situent dans le secteur de l'automobile. Les inspecteurs eux-mêmes sont aussi menacés. Une inspectrice contrôlant les établissements N... de Poissy, trouve un matin, à son arrivée, le robinet de gaz ouvert, son bureau étant installé dans un

---

[176] C'est à dire lorsque, dans l'exercice de ses fonctions, un fonctionnaire spécialisé a eu connaissancede crimes et de délits pour lesquels il n'est pas spécialement habilité à relever procès-verbal.

[177] Cette campagne ne doit s'arrêter, plusieurs années plus tard, qu'avec l'élimination de la CFT du paysage syndical en France. Ces évènements ne sont qu'une toute partie de ceux évoqués dans deux livres de Marcel Caille, *Les truands du patronat*, Éd. sociales 1977, reprenant le texte d'une déposition que j'ai faite devant le tribunal correctionnel dans une affaire connexe. Et *L'assassin était chez Citroën*, 1978.

simple appartement de banlieue. L'incident n'a pas de suite. Heureusement elle ne fume pas. D'autres inspecteurs observent que des procès-verbaux et des rapports sont bloqués. Dans tous ces cas, l'administration du travail ne semble pas vouloir s'engager comme il se devrait dans ces questions stratégiques mais pratiquer la politique de l'engagement mou ou même du refus de l'engagement jusqu'au sein de la hiérarchie intermédiaire.

Suite à cette conférence de presse, j'ai l'occasion de confirmer mes observations au cours d'une autre visite à une seconde société. Cette fois, je dresse un procès-verbal. La première officine contrôlée a disparu en effet subrepticement, une autre s'étant créée non loin, toujours sur mon secteur, employant à peu près les mêmes personnes, chez les mêmes clients, pour des activités semblables s'apparentant à de l'intérim plutôt qu'à du gardiennage. Les formalités requises ne sont toujours remplies que de façon très approximative. Le procès-verbal se perd aussi parmi les nombreux classements sans suite du parquet de Lyon.

Mon dossier personnel au ministère, au contraire n'est pas perdu et devient une cible de la haute administration. D... n'oublie ni le licenciement des L...A... ni le rapport évoquant la S... Afin de contrôler les activités déviantes de ce jeune inspecteur, il obtient la descente d'un inspecteur général. Durant cinq heures, la veille de mon départ en vacances, un vendredi de juillet, l'inspecteur général T... me soumet, à un interrogatoire en règle. Il me fait sortir des dossiers et des courriers. Il conclut son inspection d'un ton qui apparaît paternel en me faisant écrire moi-même sa recommandation sur un papier : « je ne dois pas faire passer mes opinions syndicales avant mes positions professionnelles. »

En pareilles circonstances, on encaisse. Il est difficile de répondre. En mon âme et conscience, j'estime n'avoir fait que mon travail. J'ai deux missions : veiller à la régularité administrative d'officines peu sourcilleuses et enquêter sur des pratiques pouvant porter atteinte aux libertés syndicales. Si l'on se réfère à l'attitude de mes prédécesseurs, théoriciens d'une grande neutralité, la seule chose qui n'est pas usuelle est le dialogue avec les plaignants dans le déroulement de l'enquête. S'ajoute la conférence de presse syndicale à laquelle je me suis prêté. Sur ce point, nous avons fait fort et bousculé les coutumes. Un point joue en notre faveur : des inspecteurs sont aussi menacés. Nous avons usé de notre droit de défense syndicale. Pour le reste nous contestons la stricte censure corsetant l'inspection du travail. Elle n'a pas de parallèle dans les services de police ni au parquet. En cours d'enquête, ces fonctionnaires renseignent les journalistes de façon continue. La différence majeure est que nous touchons au pouvoir patronal et non aux comportements de citoyens ordinaires et de petits malfrats. Dans les années 1980-1990, il est clair que la magistrature ne s'embarrasse pas de scrupules pour faire face également aux délits en cols blancs. La presse est mise à contribution pour faire sortir les preuves. Dans ces affaires concernant la CFT de la Métallurgie, toutes les procédures sont enfouies sous une épaisse chape de plomb, la surcharge des parquets servant d'alibi. Cette conférence de presse confédérale contribue à faire sortir le loup du bois et des recoins sombres laissés par les hiérarchies judiciaires et administratives. Il en sort d'abord pour freiner la carrière des inspecteurs et leur combativité, ensuite pour mettre un terme aux jeux des officines d'extrême droite et d'action directe.

Par la suite, à l'occasion du centenaire de 1892[178], j'ai l'occasion de sortir des statistiques ministérielles concernant la répression des entraves aux institutions représentatives du personnel. Ce domaine attend d'abord plus de vingt ans après la parution des textes pour donner naissance à quelques procès-verbaux. Avant de verbaliser, les inspecteurs du travail font ensuite, d'eux-mêmes, un premier tri sévère, la matière étant particulièrement difficile. Après eux, les tribunaux procèdent à un travail de sélection encore plus radical. 800 infractions seulement sont relevées par an, par quelques 400 inspecteurs et 800 contrôleurs ayant tous en charge des entreprises devant avoir des délégués. Seules 200 aboutissent à une condamnation.

À la suite d'un travail relatif à ces entraves, le plus souvent long et difficile, l'ensemble des inspecteurs et contrôleurs n'engagent donc en moyenne, chacun, qu'une procédure tous les ans et demi. Et la justice ne les encourage qu'une fois sur quatre par une réponse positive, c'est-à-dire une fois tous les six ans en moyenne. C'est un cercle vicieux. Moins on en fait, plus les parquets classent et inversement. Dans ces années essentielles pour le développement des institutions syndicales et représentatives, on ne peut pas dire que l'inspection et les juridictions soient à la hauteur de l'enjeu et de l'importance de la problématique.

Quant à mes perspectives de carrière, en ce mois de juillet 1974, elles sont définitivement enterrées par suite de ces deux affaires de contrôle de licenciement économique et d'intervention sur-le-champ du droit syndical. Ma notation est désormais bloquée pendant sept années[179]. Je suis également gratifié par D... d'appréciations des plus inquiétantes, selon l'expression de M. Pascal, le directeur général du personnel et du budget, lorsque mon dossier sera sorti en Commission administrative paritaire.

Réfléchissant à ces évènements, trente ans après, ce qui m'étonne le plus c'est que je ne ressens alors ni démoralisation ni inquiétude à long terme pour l'avenir. Il est vrai que durant les quatre semaines de vacances commençant le lendemain de cette inspection générale, je me réveille en sursaut toutes les nuits, vers les deux ou trois heures du matin. Mais au-delà du stress provoqué par ces

---

[178] Dans la grande manifestation de la Défense, un espace regroupe des « stands » des organisations syndicales du ministère. Dans celui de la CGT, j'affiche les statistiques des rapports annuels et des infractions constatées dans ce champ du code durant quelques années. Martine Aubry, ministre du Travail, de l'Emploi et de la Formation professionnelle, s'arrêtant un instant devant ces statistiques affichées admet qu'elles posent un problème.

[179] Hormis un quart de point correspondant à la revalorisation générale accordée lors de la fusion des trois corps à tous les inspecteurs du ministère du Travail. Il est en effet reconnu alors qu'ils subissent une discrimination par rapport à ceux des Transports et de l'Agriculture.

péripéties, le sentiment qui me domine est la certitude devant la conduite à tenir. Malgré la phrase que T… a voulu me faire inscrire, je ne ressens aucune culpabilité. Il me semble qu'avec une motivation égale, je continue ensuite à trouver du plaisir à accomplir ce métier. Je mets d'ailleurs plusieurs années à me demander ce qu'il y a dans mon dossier sans me douter de ce qui y est écrit et de ce que cela engage pour mon avenir professionnel[180]. Je trouve alors normal de consacrer de longues années à ce métier, alors que nombre de mes collègues de promotion gravissent rapidement les grades offerts un peu partout, pourvu qu'ils parcourent la France et les territoires d'outre-mer.

En fait, le travail à l'inspection de Lyon est intéressant. Si l'on a fait son temps sur un secteur, on peut passer sur un autre. Les occasions de s'exprimer dans la vie militante ne manquent pas. Pour un jeune inspecteur, ceci compense largement le fait de s'enfoncer dans une longue carrière de terrain. S'il ne gagne pas grand chose en terme de traitement, il gagne la liberté de penser, d'agir et de s'exprimer, d'une valeur inestimable. Le seul coût psychologique qui en résulte est l'équilibre de la terreur qui s'instaure très rapidement entre moi et mes chefs directs, pour dix-sept ans. Ils savent que j'ai une bonne ligne directe avec l'organisation syndicale la plus combative et la mieux structurée. Il est dangereux de trop s'en prendre à ce genre d'inspecteur. Au retour des vacances, après une longue série de nuits agitées, je retourne une seule fois dans le bureau de D…, accompagné d'André Péru, secrétaire de la section syndicale locale. Je reconstitue une apparence d'existence légale dans la maison. Par la suite, une des principales occasions que j'ai de le rencontrer est de lui présenter ostensiblement mes vœux en tête-à-tête chaque lendemain du premier janvier.

Dans ce département, le climat de tension est d'ailleurs une réalité collective partagée. Pendant plusieurs années, les réunions de service locales deviennent rares. Les directeurs successifs craignent de rencontrer leurs inspecteurs groupés. Ceux-ci pratiquent systématiquement la réponse collective. Si un directeur fait une demande ou prend une position, celui des inspecteurs ou des inspectrices qui répond le fait généralement au nom de tous. Ces positions des inspecteurs sont en partie confirmées collectivement par des documents professionnels ou syndicaux. La dimension syndicale de l'expression professionnelle prend de l'ampleur dans un corps où la crédibilité de la hiérarchie s'effondre. Lorsqu'un inspecteur général descend dans le département, il y a souvent grève. Le directeur régional ne convoque plus que les directeurs départementaux chargés d'affronter ensuite leurs inspecteurs. Ceux-ci se défaussent de la besogne sur un adjoint.

---

[180] Après avoir ignoré pendant cinq ou six ans le problème de cette note et de ces appréciations, je dois batailler plusieurs années pour les faire modifier et encore plusieurs années pour être inscrit, à 52 ans, sur un tableau d'avancement en dernière position. En un mot, si l'on avait voulu briser un inspecteur dans l'exercice de son métier, c'est ainsi qu'il fallait le faire, mais cela n'a eu d'autre effet que d'encombrer un peu les débats de la Commission administrative paritaire.

Dans le département du Rhône, cette transmission descendante prend un tour curieux, en raison du nombre des positionnements professionnels assez clairement formulés. Le département est divisé en deux. Il y a la moitié plutôt rose et la moitié plutôt rouge. Les inspecteurs « roses » sont placés sous la conduite de l'adjoint le plus énergique, aspirant à la carrière la plus rapide. Les inspecteurs « rouges » sont gratifiés du directeur adjoint le plus débonnaire et le moins ambitieux. Autrement dit, on ne cherche pas l'affrontement. Autre curiosité, du côté de ce monde remuant qui se féminise, les inspectrices deviennent rapidement les plus combatives lorsque des réunions de service sont rétablies. Une hiérarchie exclusivement masculine, imprégnée d'un vernis de politesse et d'un machisme persistant en est d'autant plus fragilisée.

Avec le recul, une réflexion et des interrogations s'imposent sur le clivage brutal et radical de génération qui se produit dans les années 70 et la façon dont il est géré, compte tenu que cette époque ne s'achève pas sans déception et sans échecs. L'administration aurait-elle pu réagir autrement ? Les inspecteurs, auraient-ils pu agir autrement ? Nos organisations syndicales auraient-elles pu conduire autrement la confrontation ? Les derniers gouvernements de droite précédant l'arrivée de François Mitterrand à la présidence de la République expliquent le blocage et la crispation qui s'instaurent. 1981 ne résout pas le problème. Au contraire, la nouvelle période l'aggrave. Le blocage au sein des services et de l'inspection est une résultante inévitable de l'épuisement du consensus républicain né du début du siècle et de 1945 et de la montée des antagonismes sous la Ve République.

Dans la logique des appartenances idéologiques, il est alors impossible d'envisager d'autres relations avec les organisations syndicales, ce qui est l'une des clés de la compréhension du clivage. Il est également impossible d'imaginer d'autres relations professionnelles avec cette génération de directeurs et les plus hauts étages de l'administration. Les années ultérieures montrent que la fracture interne se radicalise encore. La conférence de presse organisée par la confédération CGT met le feu aux poudres. Elle est à l'origine d'années difficiles pour beaucoup mais aussi d'une coupure sur laquelle personne ne veut revenir. Elle nous surprend les uns et les autres. Personne ne l'a programmée dans le service. L'initiative dient des plus hauts responsables de l'Union syndicale CGT et de la cellule des libertés au sein de la Confédération.

On ne peut reprocher à la Confédération d'avoir fait son travail. Il est de faire le lien entre la répression grave atteignant la métallurgie, le fer de lance syndical et les ennuis professionnels touchant les inspecteurs qui lui sont affiliés, d'autant plus que leur union syndicale est une force montante. La Confédération dynamise la résistance. Elle assume son rôle.

Si l'on refuse à la confédération la possibilité de faire ce travail, il faut revenir à l'idée que les inspecteurs doivent se constituer en syndicat autonome, imaginer que leur syndicat doit avoir des moyens réduits au sein de sa confédération ou fonctionner dans la clandestinité. Ou même il faut renoncer à toute idée de syndicalisation des inspecteurs et en revenir à un associationnisme corporatiste[181]. Notre génération refuse ces options par principe. Reste à savoir si, dans le but de ne pas griller « ses » inspecteurs, la Confédération aurait dû éviter d'employer l'arme de choc, limiter les formes de la dénonciation, jouer des armes de couloir. Cela n'a jamais été dans sa culture. Depuis les origines, la CGT n'a jamais ménagé ses critiques et ses dénonciations de l'administration, notamment celle du travail. Dans les années 70, une telle attitude aurait été en porte à faux avec la montée de la combativité des inspecteurs. Les relations entre les organisations interprofessionnelles et les inspecteurs syndiqués à la CGT ne sont jamais faciles. Dans le feu de l'action, les individus et les structures se mêlent d'affaires délicates sans se poser trop de questions. Ils agissent professionnellement d'abord, puis syndicalement parfois, en répondant aux sollicitations, au fur et à mesure qu'elles surviennent. En cette période, ils ne sont même pas mécontents de voir leur nom figurer dans la presse ou dans les livres de Marcel Caille et s'étonneraient presque de voir ces livres en dire si peu de leurs hauts faits. Il faut d'ailleurs minimiser la durée de l'impact public de cette affaire. Le public oublie vite les coups médiatiques. L'administration montre seule une plus longue rancune. Dès le lendemain, l'inspecteur retrouve sa pile de dossiers qui pressent et replonge dans de nouvelles aventures. L'inspection du travail est un métier d'action. On « fait un coup » et on passe au suivant. Si non il faut se contenter d'être un homme d'autorisations, de coups de tampons et de paperasses.

[181] De 1975 à 2000, plusieurs tentatives vont en ce sens pour travailler les problèmes professionnels des inspecteurs du travail par la voie d'un associationnisme renouvelé, les associations Villermé, L.611.10..., sans jamais toutefois assumer totalement les rôles du syndicalisme. En fait, le débat professionnel est tellement abondant et riche que, tout en gardant une affiliation syndicale dans les grandes confédérations, des inspecteurs pensent mieux lui apporter leur contribution dans des lieux créés à cette fin.

Ch.16 Promouvoir le droit de se défendre

Dans ces années, la 7e section d'inspection de Lyon est le théâtre d'une série importante de phénomènes de répression allant jusqu'à des coups de feu tirés par le PDG d'une société contre ses délégués et atteignant l'un d'entre eux. Si elles ne prennent pas souvent un tour aussi crucial, les offensives antisyndicales ne sont pas rares et isolées. À cette époque, certaines sont bien médiatisées, en particulier l'affaire Fleurence, à Saint-Étienne[182]. Dans ce quartier de vieille industrialisation, sans aucune médiatisation, ce sont au moins une dizaine d'affaires Fleurence. La CGT voudrait bien les faire connaître mais les journalistes n'en ont que faire. Ses affaires sont réputées trop nombreuses, a priori partisanes et mal engagées.

La montée des instances représentatives est la tendance forte de l'époque. Avec des cabinets spécialisés, une génération de directeurs des ressources humaines conçoit de nombreuses façons de la freiner. La première consiste à imposer une série de conditions formelles au fonctionnement des délégués. À tout propos, ils écrivent ou disent : « vous n'avez pas le droit de faire ceci… Vous ne devez pas le faire ici ou en ce moment... Vous devez le faire autrement... » Les tracts ne doivent pas être distribués dans un couloir ni dans les vestiaires ni dans les ateliers mais devant les grilles. Tel contenu de tract n'est pas du ressort des délégués mais relève de la compétence du comité ou du CHS. Il est donc illégal. Suit une sanction. Telle question posée par le comité d'entreprise n'est pas de son ressort mais de celui des délégués et inversement. L'employeur refuse de répondre, et lève la séance. Deux ou trois directeurs du personnel, M. Y…, chez A…, M. V… à la Société M…, sont les spécialistes de ces techniques. Les lettres de sanction pleuvent, le plus souvent des avertissements pour abus dans l'exercice des fonctions. Les dossiers s'étoffent, les récidives s'accumulent, entraînant des mises à pied puis des menaces de licenciement. Des délégués capitalisent une ou plusieurs dizaines de lettres disciplinaires.

À longueur de permanence, l'inspecteur intervient pour faire respecter une version généraliste de leurs prérogatives. Il reprend les textes dans leur sens premier, rédige une interprétation plus générale dans de brèves lettres à l'employeur. Adressé aux délégués, le double de la lettre, est aussitôt brandi lors de la réunion suivante, tout aussitôt combattu par le directeur des ressources humaines, s'appuyant sur des circulaires du syndicat patronal. Se répétant, les actes prétendument délictueux déclenchent une guerre de tranchées. Direction et délégués refusent de les déplacer, en dressent d'autres un mètre plus loin, à l'occasion d'une récente jurisprudence ou d'une nouvelle trouvaille. Au terme de plusieurs entretiens suivis de plusieurs courriers, l'inspecteur devrait dresser procès-verbal, demander aux tribunaux de dire le droit. Mais le sol est mouvant.

---

182 Un comptable délégué syndical CFDT, isolé de tout le personnel, est laissé sans travail dans un bureau vide.

Les avocats des syndicats ne sont pas chauds pour multiplier des actions risquant des décisions floues et des dépenses certaines.

Il y a tant de lieux d'affrontements à citer. À l'Arbresle[183], c'est une religieuse, ouvrière spécialisée en métallurgie que la Société C…, une filiale T…, affecte à peindre à la peinture blanche les bordures de la cour pendant plusieurs semaines. Sa faute ? Elle se manifeste comme interlocutrice de salariés, faisant appliquer quelques règles du travail. Au fond de Gerland, un jeune militant est dessinateur en armatures métalliques aux établissements C…, petite entreprise n'employant que des turcs et des marocains. Il réussit à se faire élire délégué. Du jour au lendemain la partie intéressante de son travail disparaît. Je me rends rapidement dans l'entreprise. J'effectue une analyse de son poste. Nombre de preuves et de documents attestent de la manœuvre. Aucune intervention ne réussit à faire retomber la hargne. Ce patron ne souffre plus la présence de cet instrument de contestation dans son aire de domination.

À la Société P… l'une des deux plus grosses implantations industrielles du secteur, fabriquant des lave-linge, se déroule la répression la plus insaisissable. Un ancien capitaine d'active, règne à partir d'un bureau placé stratégiquement à l'angle d'un bâtiment dévisageant la grille d'entrée du personnel. Les vitres sont recouvertes d'un film permettant de tout voir sans que l'on sache si l'on est observé ou ce qui se passe à l'intérieur. Toute conversation entre l'inspecteur et ce directeur des ressources humaines est d'une dureté extrême. Pour écourter ma visite dans les ateliers ou les services de paye, les entretiens dans ce bureau durent toujours. Un jour, surpris et furieux de la visite inopinée que je lui annonce en entrant dans l'entreprise, comme un indien dans une danse du scalp autour d'un prisonnier, il tourne trois fois autour de moi en s'écriant « merde, merde, merde… ». Dans ses propos devant l'inspecteur, il sait pourtant ne prononcer aucun mot répréhensible. Les lettres d'avertissement et de licenciement pleuvent sur un personnel à fort turn-over. Le système disciplinaire est en rapport avec une série d'événements de la vie des salariés d'une entreprise où le travail est structurellement concentrationnaire, résultant de tâches de grandes séries morcelées et répétitives à l'infini. Par la suite, conseillée par un médecin du travail de grande valeur, spécialisé en psychiatrie, la direction entreprend de briser une partie de la monotonie et de l'anonymat par une expérience d'enrichissement du travail. De petites équipes montent des sous-ensembles ou des machines à laver entières avec une certaine liberté d'organisation et un regroupement des tâches. Mais l'expérience n'entend en rien s'élargir au dialogue social et aux organisations représentatives. Elle vise les comportements des salariés au sein de l'équipe, leurs relations avec l'encadrement direct.

Dans cette société, à la veille du 10 mai 1981, on doit avoir des raisons de craindre que des documents ne tombent dans des mains étrangères et notamment

[183] Le seul canton rural, peu syndicalisé, ajouté à ma section urbaine.

dans celles des salariés. L'entreprise figure dans le programme de nationalisation de la gauche. Le chef d'établissement, M. B... se fait acheter un incinérateur par l'entreprise. Cet appareil est transporté dans sa villa pour brûler de nombreux papiers. La direction de l'établissement est d'ailleurs profondément remaniée, n'ayant pas correspondu dans la période antérieure au climat social que l'on attend d'une entreprise nationalisée. Ce programme de nationalisation n'est cependant qu'une pâle réduction du Programme commun de 1972.

Dans cette entreprise de plus de deux mille OS, de 1973 aux années 1980-1981, la « tête de turc » est le seul délégué CGT qui parvient à subsister[184]. Louis Larochaix, comptable comme Fleurence, mais ancien bûcheron savoyard tente une promotion à la ville. Il est le souffre douleur de ses chefs et du chef du personnel. Il est périodiquement à la limite de la dépression. Réduit à des opérations élémentaires de comptabilité, son travail ne cesse de changer. Ses minutes d'activité représentatives sont comptées. En réunion de délégués, dès qu'il dit un mot, il paraît que ce qu'il trouve à dire ne correspond pas à ses compétences légales. Les lettres d'avertissement tombent. S'il se déplace dans l'entreprise, l'encadrement le suit pour écouter, noter ce qu'il dit, à qui il s'adresse. Personne n'ose lui parler sauf s'il désire devenir un héros. Louis Larochaix a même toutes les peines du monde à contacter ses rares camarades syndiqués en dehors de l'entreprise. Les personnes qui osent lui parler dans la rue ou dans le local de l'union locale, continuent à se retourner pour voir si elles sont suivies. Elles ont encore l'impression qu'un regard et une oreille les épient.

Le salaire de Louis Larochaix ne peut être plus proche du plancher des coefficients définis dans la convention collective pour le plus bas échelon de comptable. Celui-ci est inférieur au salaire d'un OS à la chaîne. On se demande s'il évolue plus souvent en fonction du SMIC ou des accords de branche, ce qui le perturbe et le vexe profondément. C'est manifestement une négation de sa dignité et de la vision qu'il se fait de l'évolution professionnelle qu'il est venu chercher en suivant tardivement une formation pour venir travailler dans l'industrie.

J'envisage une procédure pour attitude discriminatoire à son égard. Il est difficile de résumer les incidents assez vagues qu'il faut repérer. Dans l'espoir de rendre possible une action pénale, j'essaye de rendre intelligibles des séries d'évènements insidieux et vexatoires qu'il affronte en permanence. De telles actions se soldent plus facilement au civil qu'au pénal. Au-delà du soutien au moral du délégué trouvant une écoute à la permanence, mon rôle se réduit à rédiger des lettres d'intervention auprès de la direction, selon ce qui m'est rapporté. Elles ont surtout pour effet de dater et de qualifier des incidents, des réclamations salariales, des protestations. L'intéressé peine à laisser des traces écrites. La direction fait généralement l'étonnée sur ce qu'il rapporte, l'accusant

[184] Après le départ d'un jeune technicien du bureau des méthodes, Clément Dupuy, militant très isolé dans son service, lui aussi, et frappé de discriminations.

de fabuler. Se sentant tout de même obligée de me répondre, elle apporte sa version contradictoire. Finalement, au bout de quelques années, après mon départ de la section, Louis Larochaix déclenche une procédure aux prud'hommes, lui permettant d'obtenir des rappels de salaire.

Dans la même entreprise, la section CFDT survit mieux, bien infiltrée dans les chaînes grâce à la présence de quelques militants d'extrême gauche et parmi eux, Michel Bordaz, un ancien étudiant « entré en métallurgie » au lendemain des évènements de 68[185]. Il s'y dévoue au service d'une classe ouvrière peu portée à s'exprimer dans un tel climat. Cariste au magasin d'approvisionnement, des contacts discrets lui sont permis en tous points des ateliers. Lui aussi, il est au plus bas des salaires des OS. On invoque ses absences au poste, liées à ses mandats, l'empêchant de valoriser son travail. Sa maîtrise ne peut donc apprécier ses compétences et lui accorder des augmentations promotionnelles. L'entreprise insinue aussi que ses absences ne sont pas seulement syndicales et représentatives. Dans une enquête, je passe une matinée au bureau de pointage à faire filer entre mes mains des milliers de fiches mensuelles de pointage. En écoutant les commentaires du pointeau, je peux constater que dans cet univers de vies contraintes à la répétition infinie des mêmes gestes élémentaires, de très nombreux salariés ont besoin d'une respiration dans l'asservissement. Chacun s'invente un rythme d'absence plus ou moins incompressible, justifié par une raison ou une autre, connue et tolérée par l'encadrement. C'est un jour d'absence tous les quinze jours ou tous les mois ou tous les deux mois, où se mêlent les petits accrocs de santé, les impératifs liés aux enfants ou à la famille, les jours de règle des femmes, les demandes au coup par coup. L'entreprise s'organise en conséquence, remplaçant au pied levé les absents par un volant permanent d'intérim et par des équipes de remplacement. Seules, les absences du délégué Bordaz ont pour effet de faire stagner son salaire. Son travail nécessite cependant réflexion, action responsable. Il est tout à fait à la hauteur de tout ce qu'on peut lui demander. Appelé souvent sans préalable et sans délai à ses missions représentatives, il n'est pas douteux qu'elles gênent. Mais elles n'ont pas la légitimité de la nécessaire respiration des OS à la chaîne.

Dans cette entreprise, les relations collectives s'améliorent sensiblement avec la brève période de nationalisation qu'elle connaît après 1981. Le directeur d'établissement et le chef du personnel sont changés. Les organisations syndicales et le comité d'entreprise connaissent alors une normalisation de leur fonctionnement.

Des enquêtes aussi difficiles me permettent de fouiller la sociologie et la caractérologie régnant aux établissements P… Z…[186] L'employeur est, semble-t-il, habitué à ce que rien ne lui résiste aussi bien à la maison qu'à l'usine. Dans ces

[185] Avant de passer plus tard le concours de contrôleur du travail.
[186] Cette entreprise travaille pour des éditeurs de plaquettes publicitaires. Pour permettre de publier des clichés de photographies, elle utilise diverses techniques de photochromogravure.

petites entreprises de cinquante à soixante-dix salariés, il est fréquent de trouver une partie de la famille de l'employeur dans les bureaux. L'inspecteur finit par connaître certains traits de la vie familiale et de l'histoire professionnelle des uns et des autres. Appuyée sur les conseils du syndicat départemental du Livre CGT, une bande de jeunes s'avise de s'implanter dans cet espace industriel vétuste et concentré, puis de créer la panoplie complète des représentants des salariés prévue par le code. Délégués et membres du comité découvrent peu à peu tous les moyens de mettre de force le nez dans les comptes, de réclamer les bilans et la visite d'un expert comptable. Les relations tournent immédiatement au vinaigre. L'employeur n'en dort plus, et menace.

Je suis sollicité sans arrêt. Délégués et simples syndiqués trouvent spontanément une solidarité leur permettant de contrôler de fait la marche des ateliers. Ils se serrent les coudes, nouant entre eux de véritables relations d'amitié dont ils se plaisent encore à évoquer le souvenir, plusieurs décennies après. Les tensions s'amplifient. Au cours d'une enquête sur place, je constate que le délégué Figliolini, chromiste coloriste de son métier, est désormais installé, seul, dans un couloir obscur que l'on baptise bureau individuel et local syndical. Privé de tout travail, il est sommé de ne plus en sortir. Il doit être éloigné des ateliers, mais, bien évidemment ne reste pas une minute dans cette prison. Il est accusé non seulement de fomenter la discorde entre le patron et le personnel mais aussi de saboter volontairement la réputation de l'entreprise en ne respectant pas les couleurs voulues par les clients sur les plaques photographiques.

Le syndicat trouve une réponse supplémentaire en déposant diverses plaintes sur les conditions d'hygiène et de sécurité. Les problèmes sont manifestes dans des laboratoires de développement au noir, avec des aspirations difficiles à maîtriser. J'instruis simultanément les plaintes pour entraves, ces nouvelles réclamations et des demandes de licenciements d'élus. Après plusieurs déplacements sur les lieux, la rédaction d'un volumineux procès-verbal commence. Mais l'employeur perd son contrôle, prend l'habitude de venir au travail avec un revolver. Faisant face à plusieurs reprises à ses délégués assemblés, il s'engage dans des colères mal surmontées. Un jour, à l'occasion de l'une d'entre elle, il prend son arme et tire. Un délégué, Raoul Derre, est atteint d'une balle au pied. Un juge d'instruction est nommé, ainsi qu'un administrateur judiciaire. Les ateliers sont bouclés quelques semaines. Mais il s'avère impossible de nommer une direction provisoire. Les affaires commerciales périclitent. Tout s'achève par un dépôt de bilan accompagné d'une série de procédures judiciaires en tout sens.

Un autre établissement mérite la mention « excellence », par le niveau de répression des activités représentatives et le travail donné à l'inspecteur. L'usine de salaison A… est située rue de Gerland, à deux numéros de l'union locale. Elle emploie plusieurs centaines de personnes. Une nouvelle génération de jeunes salariés émerge à la conscience syndicale[187]. Du côté de la direction, M. Y… est un chef du personnel, d'une grande gentillesse, particulièrement accueillant lorsque l'inspecteur du travail arrive en visite. Qu'il circule dans les ateliers ou demeure dans son bureau, il est toujours vêtu d'une blouse blanche de laboratoire agroalimentaire. Entretenir de bonnes relations avec l'inspection du travail et être le bras exécuteur de la stratégie patronale sont deux éléments de sa fonction qu'il respecte fidèlement. Au-dessus de lui, règnent des personnes, presque toujours invisibles, bien que souvent présentes dans l'établissement. En plusieurs années, elles me reçoivent une ou deux fois. Elles me semblent avoir des visages roses comme les jambons fabriqués dans les ateliers. Assez loin, à Paris ou ailleurs, d'autres dirigeants du groupe déterminent la politique, la localisation et les techniques de fabrication des jambons et des saucissons, au meilleur prix pour les circuits de la grande distribution. En matière de politique sociale, ces dirigeants semblent n'avoir que deux soucis : limiter les salaires au plus près du SMIC et empêcher le développement des institutions représentatives, les deux choses étant indissolublement liées. Ils se préparent à un troisième objectif, la réduction des effectifs et la fermeture de l'établissement de Gerland. Les terrains sont bien situés pour en tirer d'autres profits.

Savamment expliquées à la hiérarchie dans des séminaires, ces orientations conduisent dans un premier temps à la concentration de tous les représentants du personnel dans un même et unique petit atelier appelé l'atelier des « hommes couteaux ». Cela signifie que l'on n'y accomplit aucune tâche mécanisée. Tout s'y fait à la main et au couteau, sur des fins de série ou des productions résiduelles servant à occuper ces hommes pendant l'intervalle de leurs heures de délégation. Mon contrôle me permet de constater un jour qu'il n'y a pas de salariés non délégués dans cet atelier, à l'exception du contremaître. Constatation concomitante, les salaires de cet atelier ne peuvent subir que les évolutions minimales de l'accord de branche. Les qualifications n'y connaissent plus d'évolution. L'affectation dans cet atelier nécessiterait à elle seule beaucoup d'heures pour se défendre. Les heures de délégation ne peuvent que s'accroître[188]. Pour être complet, et montrer qu'il n'y a aucune discrimination syndicale, il y a dans cet atelier un ou deux représentants de Force ouvrière, noyés au milieu de la masse des délégués appartenant à la CGT. Pour la direction, mettre ainsi les délégués dans cet atelier, relève d'une analyse des plus logiques. C'est une nécessité technique, en quelque sorte. C'est même si évident que les délégués eux-mêmes lui sont familiarisés, comme à une fatalité. Un jour, au cours d'une

---

[187] Jacques Bertrand, Louis Brunet, Marius Rocha Semedo, Marius Robin, Christine Canal. Cette dernière devient ensuite secrétaire de l'union départementale CGT et responsable nationale du PCF.

[188] La concentration produit naturellement un effet d'émulation, facilite la décision de produire des tracts. Par ailleurs des transferts de masses comptables entre l'établissement et le siège ou le groupe permettent de déclarer que l'établissement va de mal en pis, la dégradation de la rentabilité justifiant un transfert progressif de fabrications vers d'autres sites. Cet élément de la situation conduit à une grande consommation d'heures de délégations, banalisant l'idée d'un nécessaire retrait des délégués des ateliers ordinaires.

permanence, l'inspecteur soulève la question : est-il inéluctable et techniquement indispensable que les délégués soient ainsi tous rassemblés dans l'atelier des hommes couteaux ?

En fait, les délégués n'ont plus le temps de se préoccuper de leur propre sort. Ils sont polarisés sur l'avenir de l'établissement et les réclamations des salariés, souvent jeunes et peu formés pour ce monde industriel se distinguant du monde des boutiques et des petites entreprises de charcuterie et de salaisons du quartier des abattoirs. À cela s'ajoute qu'ils sont obligés de réagir à tout instant aux nombreuses conditions qu'on leur impose pour rencontrer un salarié, rédiger un compte rendu de réunion, se déplacer dans l'usine. À la demande de la direction, il faut préciser les questions soulevées sur les bons de délégation et les affecter aux diverses heures de délégation appartenant aux différents mandats, selon des distinctions et des répartitions imposées par elle.

L'inspecteur lui-même serait obligé de perdre son temps à trouver dans la jurisprudence et dans le code des réponses confuses à ces offensives et à ces restrictions. Il faut inverser la problématique. Finalement, un chapelet de procès-verbaux d'entrave est préparé sous l'œil vigilant de l'avocat des syndicats. Au bout de plusieurs mois de travail près de dix procédures sont envoyées au procureur, concourant à décrire cette concentration, ces discriminations et cette casuistique corsetant les libertés syndicales et les institutions représentatives. Dans cette entreprise, en un mot, il aurait fallu faire carrière de délégué comme on fait carrière dans l'encadrement de la salaison ou les ressources humaines.

Une autre entreprise déclinante, classée parmi les petites et moyennes entreprises, laisse le souvenir de curieuses relations du travail. Les tanneries V…, rue d'Anvers ne tannent plus les produits des abattoirs tout proches. Elles ne font plus que découper des courroies et des ceintures dans des cuirs tannés ailleurs. Les locaux gardent la trace de leur splendeur d'autrefois. Les bureaux sont exigus mais élégants, les murs ornés de boiseries et de vitraux de couleurs. Le PDG garde la marque des splendeurs passées. Il se déclare grand propriétaire terrien, en relation avec des préfets et autres notoriétés. Dans une longue conversation, de confidences en confidences, il me fait part de tous les malheurs qu'il affronte depuis que l'un de ses hommes liges s'est rebellé, se faisant désigner délégué, sans bien observer que je note très vite tous ses propos. Il s'abandonne, oubliant manifestement qu'il s'adresse à l'un des gardiens du temple de la représentation du personnel. Il m'annonce qu'il va encore davantage lui retirer sa confiance et lui faire subir en retour de nombreux malheurs, changements de travail, affectations à des fonctions mobiles et infamantes, etc.…

Avec le temps, entre les deux hommes, une longue hargne s'amplifie, également entretenue des deux côtés. Je l'observe de mon bureau. Le licenciement du révolté m'est demandé à plusieurs reprises, en association ou non avec des licenciements collectifs de faible ampleur. L'entreprise perd peu à peu ses forces. Il est évident que je ne laisse pas partir le délégué solitaire, indispensable à la survie des institutions représentatives, tout en accordant plusieurs départs de salariés âgés, par ailleurs découragés par le déclin de leur gagne pain. Le PDG a lui aussi l'âge de la retraite, mais aucun fils pour lui succéder. Il rêve de s'occuper tranquillement de ses domaines ruraux et de ses propriétés urbaines. L'antagonisme des hargnes trouve un sursaut supplémentaire dans l'une de ces campagnes électorales qui animent le pays et son vieux conflit droite/gauche rejoué chaque année à 50/50. L'antagonisme électoral réveille l'ardeur politique chez ce délégué et fait surenchère avec la bataille syndicale. Enfin libéré de sa livrée d'homme lige d'un grand seigneur et de toute crainte professionnelle, il trouve une joyeuse manière de faire monter encore davantage la colère de l'adversaire. Une bataille d'affiche va fournir un exutoire prolongé au conflit des deux hommes. S'en donnant à cœur joie dans sa conscience de classe aiguisée, il stocke un grand nombre d'affiches du candidat Georges Marchais, se lève tôt chaque matin, arrive dans le quartier avant tout le monde et colle. Trois mois après les élections, le mur d'angle le plus visible de l'entreprise, entre les rues d'Anvers et du Père Chevrier[189] est encore curieusement placardé chaque matin d'une affiche toute fraîche que Monsieur V vient arracher rageusement en arrivant. Ce n'est qu'à l'occasion de l'une des dernières charrettes accompagnant la fermeture de l'entreprise que je dois autoriser finalement le licenciement du délégué, assorti de primes de départ majorées de façon significative.

Un combat de deux personnalités jusqu'à la fin longuement programmée de l'entreprise n'est alors pas rare. Ces années 70 démontrent souvent l'isolement des militants, comme de leurs employeurs. Le personnel désigne la seule personne acceptant d'être candidate mais ne suit pas. Le délégué porte toutes les casquettes, délégué syndical, délégué du personnel, secrétaire du comité d'entreprise, militant politique dans l'entreprise. L'affrontement rebondit sur tous les sujets et à tout instant. Les réunions se confondent, reviennent plusieurs fois sur les mêmes problèmes, se tiennent en même temps. À l'opposé des stratégies montées dans les groupes et les grandes entreprises, plus personne ne distingue rien. Mais le glissement des rapports sociaux que l'on ne perçoit pas bien encore est déjà à l'œuvre. On est dans une période où le mouvement ouvrier majoritairement conduit par la CGT et le PCF, est animé par des militants qui assument de partout des cumuls dans les deux filières d'organisation du mouvement ouvrier. Le nombre des militants aurait dû se développer naturellement puisque les effectifs d'OS et d'ouvriers ne cessent de croître. Contrairement à la logique, c'est l'inverse qui se produit. Les militants ont beau faire, agir de façon volontariste, accomplir parfois des efforts surhumains, beaucoup de choses leur échappe.

Aux établissements M…, aux établissements S…, mais aussi dans beaucoup d'entreprises, les masses d'ouvriers déclassés sont l'objet d'une âpre concurrence. Des forces de dispersion forment un réseau efficace et bien

[189] C'est l'un des passages obligés dans mes tournées.

connecté. S'y trouvent la CFDT, les multiples structures d'extrême gauche, des gens du parti socialiste, des militants chrétiens non politisés. Le PS monte. Chaque matin le journal Libération, lu assidûment dans certains de ces réseaux, déverse son flot de hargne anticommuniste. Dans les petites entreprises, une importante partie de la classe ouvrière, largement immigrée, peu organisée ou sans perspectives, souhaite surtout se mettre à l'écart de ces combats épuisants et sans issue à court terme. Dans beaucoup d'entreprises, des délégués isolés le sont de plus en plus. Des percées de micro-syndicalisation apparaissent dans de toutes petites entreprises mais sont très fragiles. Par ailleurs, l'issue est toujours la fermeture de l'entreprise. L'évolution des techniques semble conduire au chômage comme à une fatalité. L'évolution des marchés est de plus en plus une mise en concurrence nationale et internationale. Défavorable à l'industrie en France, la concurrence est toujours la plus forte. Les jeux électoraux démoralisent aussi de plus en plus le monde ouvrier. Beaucoup veulent désespérer Billancourt et y parviennent. Le PCF et la CGT sont accusés de langue de bois. Mais ce sont plutôt des oreilles de bois qui se cachent au plus profond des ateliers sombres et mal équipés, comme ceux des tanneries V…

L'inspecteur est heureusement occupé aussi à des campagnes positives de développement des droits collectifs. Il pousse à la régularité des réunions de délégués. Dans les lieux moins conflictuels, il parle de leur circulation dans les ateliers, des distributions de tracts qui ne se limitent pas aux portails d'usines. Mais son activité est largement encombrée par le nombre très important des demandes de licenciements de délégués. De façon surprenante, je garde peu de souvenirs de telle ou telle procédure, n'ayant jamais de grands problèmes d'état d'âme. Savoir s'il est légitime de refuser aussi généralement ces licenciements ne me taraude pas. Les délégués menacés sont le plus souvent accompagnés de représentants d'unions départementales, d'unions professionnelles ou de l'union locale. Ils sont le plus souvent des interlocuteurs réguliers, quelques fois des interlocuteurs récents. Ceux qui découvrent tout ou sont de second ordre, tout en faisant aussi l'objet de procédures, trouvent facilement des témoins évoquant leurs premières prises de position et leurs premiers affrontements. Une activité moindre soulève tout autant d'animosité qu'un activisme important.

Pour la protection des institutions représentatives, nous sommes quelques-uns dans l'inspection à souhaiter faire un sans faute et protéger à 100 %. Les salariés qui se lancent dans cette aventure, ont parfois des défauts, un manque de culture juridique ou syndicale, des faiblesses dans les moyens relationnels. Ils ne doivent pas en souffrir. Cette volonté du sans faute pour l'inspection est évidemment une orientation prétorienne dans tous les sens du terme. Le terrain s'y prête facilement. En droit, nous sommes, dans le contexte d'une conception institutionnelle incomplète de l'entreprise. Une réaction de rééquilibrage est pour nous une évidence. Les rapports sociaux font apparaître une inégalité scandaleuse.

Alors que l'on veut organiser l'entreprise, l'employeur dispose d'énormément de pouvoirs et garde le droit de licencier. Le collectif de salarié n'a aucun droit de déposer l'employeur quelles que soient ses fautes. Drôle de démocratie ! Dans les lendemains de 68, cette situation est explosive et contredit la libération des comportements et des aspirations. Le droit de s'organiser en représentation du personnel est une affirmation forte du préambule de la constitution. Le quatrième livre du code, sans cesse retouché, donne sans cesse de nouveaux droits. Les délégués devraient à tout moment en faire les frais par des licenciements, par suite des tâtonnements de la jurisprudence et de la pratique. Tandis que la jurisprudence réaffirme nettement les prérogatives de l'inspection en matière de protection de délégués, il n'y a aucune raison de se comporter de façon craintive. Nous nous y donnons sans limite. Personne d'ailleurs n'ose vraiment nous le reprocher. Malgré la multiplication des recours contre nos décisions, lesquels semblent un jeu normal des employeurs, jeu de pression et de fragilisation des délégués plus que de l'inspecteur, nos décisions tiennent, sauf les cas de délégués cherchant à prendre de l'air ou jeter l'éponge au bout d'un certain temps.

C'est l'inverse de ce qui se passe pour les licenciements économiques de salariés non protégés. Pour eux, nous savons que nous ne faisons face à la situation que très faiblement[190]. En ces années de braise, celui qui se fait désigner à des tâches représentatives prend de gros risques et paye très cher de sa personne. Même les comités non syndiqués, qui se multiplient peu à peu, subissent les coups comme les autres, en particulier lors des licenciements collectifs. Des salariés placés sur une liste électorale pour des raisons de circonstance sont vite pris dans la tourmente. Ils doivent faire appel aux organisations syndicales et à l'inspection, quelles que soient la timidité ou les maladresses des démarches. Longtemps après, aujourd'hui encore, beaucoup de gens rappellent le temps bref de leur élection aux mandats représentatifs et gardent la marque de ce temps formateur durant lequel ils ont accédé à un rôle difficile, s'accordant un moment de dépassement de soi. Ils ont été propulsés à faire quelque chose, d'un degré de plus, à prendre en charge une dimension supérieure de la vie de salarié.

Dans ces procédures, il y a toujours cette question préalable : le délégué, objet de la procédure, résiste-t-il ? Ou bien veut-il conclure un départ négocié. Il faut avouer que la CGT tient assez bien ses élus et ses militants. Dans des quartiers comme Gerland et la Guillotière, le plus grand nombre résiste. Dans toutes les organisations, à la CFDT, à FO, à la CGT, une solidarité d'abord affective puis technique, éventuellement financière, se met en place, si cela est nécessaire, dès les mesures de mise à pied parfois.

Comme il y a toujours une faute, un petit quelque chose qui est reproché jusque dans les procédures économiques, ainsi que, bien souvent, une insuffisance

---

[190] De même, pour l'activité générale de contrôle. En terme d'effectivité du droit, notre intervention ne couvre selon les chapitres qu'entre 5% et 60% de la réalité repérable.

ou une inadéquation relative au poste ou aux qualifications requises, le syndicat fait invariablement ressortir les désavantages subis jusque-là par la personne et les freins à l'exercice des fonctions. Si le délégué veut rester, il y a toujours quelque chose pour bâtir une motivation administrative de refus. Enfin lorsque le délégué ou l'entreprise sont plutôt atones, l'intérêt d'ordre général peut toujours être invoqué pour maintenir l'institution représentative en place. Même si elle n'est pas brillante, celle qui existe vaut mieux que rien.

La seule difficulté pour l'inspecteur est de bien organiser ses auditions. Tout le monde doit pouvoir s'exprimer. Ensuite, il est prudent de trouver une rédaction suffisamment courte, concise, pleine, pour ne pas prêter le flan. Les recours devant la hiérarchie ministérielle ou devant le tribunal administratif donnent l'occasion de disséquer les formulations. Ceux-ci surviennent de façon à peu près automatique. Avec un peu de métier, on trouve toujours une rédaction particularisant la procédure au regard de l'entreprise et de l'histoire du délégué, et suffisamment générale pour permettre à la décision d'avoir de bonnes chances de tenir. Pourvu, toujours, que le délégué lui aussi, veuille bien tenir.

Au cours des nombreux mois séparant les différents niveaux de procédure, il arrive en effet que ces délégués menacés en aient assez de vivre les tensions qu'impose la fonction, de faire le même travail depuis longtemps ou d'avoir à affronter les mêmes chefs. La rupture a ses incitations fortes. Pour l'indemnité de départ, il y a même un barème occulte, au même titre que l'indemnisation renforcée des licenciements économiques ordinaires. Le départ d'un délégué fortement implanté vaut tant de dizaines de milliers de francs s'ajoutant aux indemnités légales et conventionnelles, celui d'un délégué débutant vaut un mois d'indemnité supplémentaire, etc.

Dans ces années 70, la conclusion la plus fréquente est cependant le maintien. Même pour les procédures économiques les délégués tiennent à rester jusqu'au terme des procédures de fermeture. Dans les procédures des plus dures années de crise, on arrive même à voir les dernières listes ne plus contenir qu'un petit reliquat de simples salariés accompagnant l'ensemble des délégués des différentes institutions. C'est dans ce contexte que je crois pouvoir dire aujourd'hui que je n'ai jamais dû accorder un licenciement sans l'accord conjoint de ce que l'on peut appeler les trois parties, l'employeur, le syndicat et l'intéressé. Il me semble également que je n'ai jamais subi de désaveu ministériel ne répondant pas à cette logique.

Ce n'est que plusieurs années plus tard que je parviens à comprendre et formuler la logique profonde de ce système du droit du travail à la française avec son volet représentatif. Au fond, dans un droit social vaste, développé et détaillé, il y a énormément de textes à faire appliquer. Mais il n'y a et il n'y aura jamais qu'un très petit nombre d'inspecteurs pour s'en assurer. En France, ils ne sont jamais guère plus de quatre cents en section pour les secteurs industriels relevant du ministère du travail[191]. Les contrôleurs du travail affectés dans ces sections ne sont jamais plus de six à huit cents[192]. En additionnant ces deux niveaux, cela fait entre mille et douze cents agents de contrôle pour le premier cercle de couverture systématique des entreprises. La judiciarisation croissante des rapports sociaux s'ajoute au déficit d'effectivité résultant d'un droit s'efforçant de fixer un grand nombre de règles régissant la vie quotidienne de treize puis quinze millions[193] de salariés affectés à des millions de mécanismes et d'équipements de travail, dans des millions de lieux de travail. Le nombre d'agents chargés du contrôle ne peut augmenter dans la même proportion que le nombre de situations de travail touchant les personnes relevant du droit. Les millions de salariés couverts devraient donc être d'abord capables de faire valoir eux-mêmes directement leurs droits. Mais on ne peut ignorer le climat de crainte subsistant de façon récurrente, quelle que soit l'idée que l'on a de faire valoir ses droits.

La possibilité de faire valoir ses droits peut même régresser. C'est ce qui se passe avec les reculs du système social apparaissant dans les vingt dernières années du XXe siècle. Dans beaucoup d'entreprises, un salarié demandant son droit est une personne qui ne joue plus la « raison d'entreprise », ni la solidarité ni le consensus. Un salarié qui demande est donc souvent un travailleur se préparant à partir ou à être expulsé. Il faut donc des intermédiaires. Ce sont les cinq cent mille représentants potentiels qui devraient correspondre en France au foisonnement d'institutions prévues par le code. L'inspecteur et le contrôleur du travail ne sont que la pointe d'une pyramide ne pouvant faire quelque chose de durable et d'efficace que de façon indirecte en animant et soutenant la mise en place de ces intermédiaires, les protégeant enfin, pour que la logique de l'effectivité du droit soit complète. Il n'est pas déraisonnable de penser que, si touffu soit-il, le système social, pourrait être correctement appliqué sans guère plus d'inspecteurs et de contrôleurs si ces cinq cent mille délégués étaient effectivement désignés, actifs, permettant aux simples salariés de demander normalement eux-mêmes le respect de leurs droits.

Malheureusement, même dans la phase croissante de leur histoire, les délégués ne sont souvent pas institués. Ils sont le plus souvent menacés et ils ont leurs limites. Les inspecteurs aussi. De ce fait, dans beaucoup de situations, pour ménager la survie de leur emploi, les salariés préfèrent rester tranquilles, et tolérer de multiples atteintes à leurs droits. C'est parfois grave. En tolérant, jour après jour, de nombreux petits reculs, on se réveille avec un système de droit obsolète, une bonne crise sociale suivie de crises économiques en cascade, et une fracture sociale qui n'est plus assortie d'aucun filet de sécurité. Dans le contexte de

---

191 Hors les agents affectés dans les ministères de l'Agriculture et des Transports.

192 En présentant ces distinctions, je ne prétends nullement que les deux mille cinq cents autres inspecteurs et contrôleurs ne font pas d'autres activités utiles au contrôle de l'application du code, bien au contraire.

193 Ces chiffres correspondent à l'extension du salariat relevant du secteur classique du ministère du travail entre les années 1970 et 2000.

l'inspection militante développée à partir de 68, une cohérence et une continuité de l'action culminent dans une attitude convenue de protection maximale des représentants des salariés.

Un symbole de cette connivence est parfois incompris de certains collègues. Pour l'inspecteur du travail, le défilé du premier mai est en quelque sorte le défilé du 14 juillet auquel se doit de participer un général d'active. Peu importe le lieu où il se place entre les banderoles. Même dans les phases les plus moroses de la crise qu'il faut traverser, il est bien plus qu'une fête rituelle. À l'opposé cependant du général d'active, il ne s'agit pas de se faire voir de ses supérieurs. En principe, j'ai plutôt l'habitude de remonter le cortège dans un sens puis dans l'autre. Outre les informations recueillies ici ou là, c'est l'occasion d'être symboliquement en accord avec les principaux alliés dans la mission. Ce n'est pas une permanence de plus, c'est une occasion rendant apparente, un instant, une connivence, une estime, une légitimité.

Ch.17 La vague des actions militantes

En février 73, de retour après deux ans d'absence j'ai toutes mes cartes en poche, selon l'expression consacrée. Cela signifie qu'un degré de cohérence est atteint. Mais je découvre encore tout. Je ne suis pas le seul, chacun faisant son chemin propre. Dans une direction désormais regroupée dans le quartier de la Pérallière à Villeurbanne, de nombreux jeunes contrôleurs et inspecteurs arrivent[194] avec leurs trajectoires et leurs cheminements de pensée. L'ambiance bouillonne. Les idées et les actions foisonnent. Chacun a ses originalités et ses proximités idéologiques tenant aux nouvelles générations post soixante-huitardes. À Lyon au début, tout au moins, la CGT rallie l'essentiel des arrivants. Mais à l'échelon national, la CFDT s'affirme comme la marée triomphante. En Rhône Alpes, cela produit des effets inédits avec deux exemples de collègues appartenant simultanément à la CFDT et au PCF[195]. Le monde est donc mouvant.

La cellule n'a que six ou sept adhérents. Sauf André Péru, nos anciens qui ont un passé militant important, n'y font qu'un passage rapide. Cela ne les empêche pas de rester présents dans le débat d'idées et dans les manifestations de tout type. Ils ont trop d'interrogations avec leur passé plus complexe, remontant à la Libération et aux années cinquante, ne s'accordant pas toujours avec nos ardeurs neuves. Pour avoir un peu plus de forces, la cellule est « interentreprises ». Deux ou trois agents de l'ANPE, s'y rattachent. Elle se renforce périodiquement de gens venant de Paris dans le cadre d'une affectation durant deux ou trois ans. L'agitation intellectuelle et l'engagement politique sont plus développés dans la région capitale. Avec une supériorité incontestable d'expérience et de discours, ils cherchent une cellule « d'accueil » qu'ils viennent « renforcer ».

Malgré les périodes de crue et d'étiage, la section syndicale est une entité beaucoup plus vaste et structurée. Elle atteint généralement une trentaine d'adhérents, ce qui est important pour un service d'une centaine d'agents. Elle a surtout la particularité d'inclure parmi ses membres actifs les catégories supérieures du personnel, contrôleurs et inspecteurs, fait extrêmement rare dans le syndicalisme privé, mais observé dans quelques administrations.

Dans le microcosme agité de la direction, ces appartenances multiples ne laissent cependant pas de place à ce que l'on appelle « la courroie de transmission ». On aurait pu en donner deux sens : le politique et le syndical dictent au professionnel et le politique au syndical. Au contraire, les niveaux plus élevés de toutes les hiérarchies internes ou externes sont plutôt l'objet d'une

---

[194] L'organigramme de la maison connaît beaucoup de mouvements. Les sections changent fréquemment de contrôleurs, le grade d'accueil de la plupart. Ceux-ci recherchent les sections intéressantes, non sans régler aussi quelques problèmes de proximité avec leur domicile. Un inspecteur peut changer de contrôleur tous les ans ou tous les deux ans, dans une section qui en compte deux à son effectif, en principe.

[195] L'un dans la Loire, Christian Paris et l'autre dans le Rhône, Raymond Pezzatti.

méfiance générale. Ce monde est suffisamment rajeuni, tumultueux, pour que toute velléité de transmission autoritaire éveille plutôt un réflexe de résistance que de compréhension. Au sein de la CGT, un groupe non négligeable est souvent aux premiers rangs des contestations des instances. À la CFDT, il est de bon ton de contester en corps les fédérations et la confédération. Au sein de la section locale, les communistes sont naturellement très actifs. Mais le développement des règles et des temps de consultation donnent nécessairement « du large ». On cherche l'ouverture à l'intention des nouveaux arrivants. Dans ce milieu de fonctionnaires, les militants à double carte sont très minoritaires. Ils ne sont pas les produits de la sociologie ni du sérail, comme dans les sphères supérieures de la classe ouvrière. Les effets de 68 se faisant fortement sentir, les éléments transfuges de la « bourgeoisie » sont nombreux et puissamment armés de réflexes de toutes sortes contre tout ce qui pourrait ressembler à la courroie de transmission.

La réalité de la vie syndicale ne tourne plus autour de la seule activité d'un délégué local soutenu par un petit nombre de cotisants, s'exprimant pour l'essentiel dans des discussions de couloir et quelques démarches auprès de la direction locale[196]. Désormais des bureaux syndicaux s'efforcent de constituer des points forts en contact avec le petit noyau de la direction parisienne. Ils projettent des mouvements locaux offensifs contre les politiques sociales insuffisantes du ministère. Ils se réunissent régulièrement et prennent appui sur des réunions de personnel, prises sur le temps de travail. Mai 1968 a montré le modèle à suivre avec un temps chaque matin ou chaque semaine, pour que tous puissent discuter de la suite à donner. Dans ces années, des réunions de personnel ou de syndiqués[197] ont l'ambition de se tenir une fois par mois. Il y a toutefois un grand nombre de mois où elles n'ont pas lieu. Lorsque des temps d'action et de grève se préparent, on les tient plus souvent, parfois deux de suite. On rattrape alors les réunions mensuelles non tenues pour faire monter la tension.

Dans ce temps où les « droits » sont à l'offensive, c'est une évidence et un acquis. Nous sommes très surpris et même scandalisés que nos directeurs départementaux résistent. Dans la débâcle des stabilités institutionnelles, ils cherchent à sauvegarder une apparence de pouvoir en imposant un certain formalisme. Les organisateurs de réunion doivent demander une autorisation qui est en fait une information. Elle sert à déterminer le lieu et l'heure. Mais il y a peu de variables. En général, une seule salle de réunion de la direction est suffisamment grande. La réunion ne devant mordre que d'une heure sur le temps de travail, il n'y a de choix qu'entre la fin de matinée ou la fin de journée. Directeur compris, tout le monde pense que c'est un dû ne pouvant être refusé

[196] Avant les années 68-70, il convoque l'assemblée annuelle de remise de cartes en janvier de chaque année et une ou deux fois par an, au moment des négociations budgétaires, une réunion préparant une grève nationale pour les salaires et les effectifs. Tous les deux ans, il participe à deux ou trois congrès départementaux ou nationaux.

[197] La nuance est importante en théorie mais peu en pratique.

compte tenu des traditions. Le directeur n'imagine pas qu'il puisse affronter son personnel sur ce domaine et que la hiérarchie supérieure puisse lui reprocher d'accepter[198].

Ces réunions s'ajoutant aux réunions du bureau, elles aussi effectivement prises sur le temps de travail, une crispation commence cependant à apparaître. Directeurs régionaux et départementaux s'efforcent de montrer à quelques signes qu'ils traînent les pieds, dans la situation de contrainte « démocratique » glissante qui leur est imposée. Un jour, ils tentent un refus, essayant l'argument que les assemblées générales du personnel ne sont un droit que tous les trois mois[199]. Toujours animés des ardeurs de 68, et d'une audace et d'une naïveté irrésistibles, nous lançons sans tarder un procès au tribunal administratif pour faire annuler ce refus. Il est perdu bien évidemment. Sans avocat, nous avons peu travaillé la question de l'inexistence en droit administratif des droits acquis par coutume ou par tradition. Mais une petite machine à écrire mécanique d'origine japonaise, achetée pour de petits travaux de secrétariat, fonctionne beaucoup. Ces actions juridiques servent à faire monter la pression. Encore moins habitués que nous à ces exercices, nos directeurs transpirent en rédigeant leurs mémoires en réponse, suppliant les services parisiens de la Centrale de les aider à préciser les argumentaires.

L'emballement de la vie syndicale n'est pas seulement interne et local. Avec les mois et les années, nous participons à un grand nombre de réunions supérieures et d'instances fédératives. Le petit groupe constituant le bureau participe à de nombreuses instances. Peu sont volontaires ou disponibles le soir pour aller à des réunions. À deux ou trois, nous sommes promus à leur cérémonial. Le plus souvent, le secrétaire général prononce un magistral rapport introductif. Il retrace la situation générale, toutes les grèves et les mouvements importants de la période. Il évoque la situation politique. C'est le plus souvent un communiste. Il développe enfin les perspectives d'action. Suivent les discours de certains des participants. On appelle cela faire son « intervention ». Heureusement quelques-uns ne disent rien ou font de brèves déclarations apportant une information sur ce qui se passe dans leur service. Il faut à chacun une grande capacité d'écoute. La réunion se termine par des décisions résumées par le secrétaire et un calendrier de choses à faire. Après de longues études universitaires de rattrapage, je vais à la découverte de ce style de vie collective

---

198 Un certain nombre de camarades, rares il est vrai, passent régulièrement au grade de directeur. Beaucoup observent qu'avec le temps, ils deviennent de plus en plus névropathes de leur image directoriale. Il nous paraît évident que, chaque matin, ils passent un certain temps devant leur glace à se demander quel regard le personnel va porter sur eux. Les contradictions de leur position ne sont manifestement pas faciles à résoudre. Ce que l'on sait par des confidences de certains ayant gardé ou non leur affiliation, permet d'imaginer ce qui se passe dans la tête de directeurs n'ayant pas l'expérience syndicale confédérée. Ils traversent de fantastiques crises d'ego, en particulier, suite à leurs affrontements avec les syndicats.

199 En plus de la réunion mensuelle des syndiqués, la réunion générale de personnel permet soit de faire une réunion intersyndicale, soit d'inviter les non- syndiqués. Mais personne ne sait distinguer les syndiqués des non-syndiqués, en raison du nécessaire respect de la liberté syndicale individuelle.

fort ancien. J'observe son efficacité, lui accordant un haut degré de bienveillance et de patience. Peu le ressentent comme une corvée ou une discipline pénible. C'est le cadre obligé de la lutte des classes.

Par ailleurs, il faut veiller à ne pas réduire son quantum général de travail. Les réunions supposent que le travail professionnel soit accompli sur d'autres plages de temps. Compte tenu des conflits engagés, on m'a à l'œil. Je me dois d'être un professionnel sans reproche quantitatif ni qualitatif. Aucune faute de conduite ne me serait pardonnée. Si je veux être libre de mes décisions et de mes comportements, il ne faut pas que l'on puisse me reprocher une erreur dans une décision à prendre ou un délai à suspendre. Mais cette tension est dans ma vision des choses. D'autres camarades sont parfois plus prompts à comprendre les limites humaines du militant.

Pendant au moins vingt ans, des milliers de réunions se succèdent, soutenant quelques actions mémorables. La vie syndicale locale est un constant ballet de réunions, de distributions de tracts, de manifestations rythmant les grands et petits évènements. Au-dessus de la section syndicale locale[200], il y a l'Union générale des fédérations de fonctionnaire[201], l'Union locale, l'Union départementale et l'UGICT, l'union des cadres. Cette dernière est boudée au syndicat du travail, les inspecteurs soignant leur union avec la base. Longtemps, nous sommes aussi infidèles à l'Union locale, plutôt attirés par l'Union départementale souhaitant la présence de contrôleurs et d'inspecteurs pour des raisons techniques.

Il y a enfin le mécanisme national. Peu de volontaires se pressent, là aussi. Par défaut, je représente la section de Lyon plusieurs années. Entre les années 1980 et 1994, je participe donc à de nombreuses réunions d'abord dans les locaux de la rue d'Aligre, à deux pas de la gare de Lyon et du TGV, puis à Montreuil[202]. Le grand frère parisien est un syndicalisme très vivant, toujours en avance d'une idée et d'une exigence. C'est d'abord une équipe fraternelle, parfois un peu

---

[200] Plus tard, un véritable syndicat local est créé, avec pleine personnalité morale.

[201] C'est un échelon national très important. Il négocie avec le ministre toutes les questions réglant la vie de la fonction publique. À Lyon, le bureau d'une section locale de l'UGFF se réunit une fois par mois à la Bourse du travail. S'y retrouvent des services départementaux faibles en effectifs mais travaillés par la CGT et n'ayant pas de vie locale propre comme l'ONIC, l'office des céréales. Il y a ensuite et surtout l'Équipement menant de gros effectifs de syndiqués, l'INSEE, et les Affaires Sociales, divisées en quatre branches la DRSS et la DASS, l'ANPE et le Travail. À l'occasion, l'un ou l'autre, est envoyé « suivre un syndicat », c'est à dire veiller à son fonctionnement. Il assiste parfois à des réunions curieuses, celles du syndicat de police par exemple, avant de passer à Force Ouvrière avec armes et bagages, puis de se reconstituer plus tard sous le sigle CGT, à la faveur de quelques mutations. Dans cette phase de son histoire, on y boit le champagne en faisant des photos de groupe. La discussion y prend un caractère militaire. Le secrétaire général donne facilement des ordres.

[202] Dans ces années, le TGV est un outil remarquable du développement du syndicalisme et de sa vision nationale. Des sections en sont privées, comme Marseille, Grenoble ou Poitiers, bien qu'animées et vivantes, faute de pouvoir rejoindre aussi vite les sièges syndicaux de la capitale. Le TGV est aussi un outil remarquable pour travailler. Avec quatre heures à traiter les affaires de sa section, pour peu que l'on emmène divers dossiers nécessitant un travail de rédaction, un militant peu compenser la journée perdue par décharge syndicale. Mais avec les sept ou huit heures passées dans les réunions syndicales cela fait de grosses journées. Les militants passent à côté de la réduction de la durée du travail.

autoritaire, animée par Jacky Forest et Jacqueline Braure[203]. Auprès d'eux, on trouve une flopée de jeunes. Si Lyon est une « ruche » syndicale, la direction de Paris l'est dix fois plus. Par ailleurs on y croise deux dizaines d'implantations fortes dans des directions du travail de province, avec des originalités, autant provenant des ANPE et quelques points d'ancrage dans les services des Affaires Sociales[204].

Une épopée se déroule en permanence. Impossible de résumer toutes les mobilisations, les discussions, les délégations au ministère, les manifestations nationales, les marches de Besançon avec les Lip, de Saint-Étienne avec Manufrance, toutes les grandes manifestations parisiennes auxquelles montent les syndiqués de province. Une histoire du syndicalisme dans un ministère est à rédiger. Une autre trame de cette histoire est le mouvement de regroupements et de fusions aboutissant, dans les années 1980, à l'ambition d'unifier tous les fonctionnaires d'État des affaires sociales avec les agents territoriaux des communes et des départements. Cette évolution suppose alors de prendre des distances temporaires avec l'UGFF, la fédération des fonctionnaires d'État. Elle conduit à une véritable crise interne culminant dans les années 90.

En fait cette histoire remonte loin. Elle a ses raisons. Le syndicat des services du travail s'appuie d'abord sur les contrôleurs, les catégories C et les non titulaires[205]. Mais depuis les origines et tout au long du siècle, le ministère connaît une histoire mouvementée d'évolution de ses compétences. Le champ du social hésite sur son extension. Pour simplifier, on assiste à une suite de séparations entre les domaines du travail et celui de la prévoyance sociale, suivies de réunifications. Le syndicat se trouve appelé à regrouper les agents qui gravitent dans cet ensemble mouvant. La logique de fédération et de fusion est d'abord menée entre les secteurs du travail et les directions régionales de la sécurité sociale. Elle se poursuit lorsque l'ANPE est séparée du tronc ministériel. Cette évolution est également tributaire de considérations particulières. À partir de 1968, quand arrivent les « jeunes » inspecteurs CGT, Jacky Forest traverse quelques déceptions avec ce que l'on appelle la politique des cadres. Il fait ce qu'il peut pour qu'un jeune inspecteur vienne tenir l'un des premiers rôles au sein de l'équipe nationale. Il obtient successivement la participation d'Anne-Marie Beziau et de Gilbert Dupraz. Mais leurs dévouements intenses à la permanence syndicale ne peuvent être durables. Ces jeunes inspecteurs ne sont pas prêts à une mise en disponibilité complète. Attachés à leur métier, ils ne veulent pas le troquer en échange du syndicalisme. Quelques années plus tard, il n'en est pas de

---

[203] Par la suite, avec les années, beaucoup d'autres visages restent à la mémoire, tous associés à l'ambiance de camaraderie régnant dans ces vieux locaux du XIXe siècle mis à dispostiton par le ministère, Colette Charbonnier, Josiane Compta, Christian Bertrand, Éloi Strubbe et tant d'autres.

[204] Les DRSS, directions de la sécurité sociale, devenues les DRASS, directions régionales des affaires sociales et les DDASS, directions départementales des affaires sanitaires et sociales.

[205] Il ne peut se préoccuper des inspecteurs regroupés presque exclusivement dans le syndicat autonome.

même pour les jeunes inspecteurs des affaires sanitaires et sociales sortis de l'école de Rennes ni pour de jeunes cadres de l'Agence nationale de l'emploi. Par ailleurs, au sein de la fédération, c'est l'ANPE qui détient le secrétariat général en la personne de Denis Troupenat[206].

La décentralisation des Directions des affaires sanitaires et sociales survient dans ce contexte, percutant les constructions syndicales antérieures, basées sur les variations de géométrie des ministères du Travail et des Affaires sociales. En plusieurs étapes, la plus grande partie des personnels des DASS est transférée aux conseils généraux. La logique de fédération et de fusion est alors poussée à l'extrême. La grenouille grossit en regardant quels sont les bœufs qui l'entourent. À la faveur des réformes du ministre communiste Anicet Le Pors et de l'ex-secrétaire de l'UGFF, René Bidouze, il apparaît un temps, en 1982-1983, que les trois fonctions publiques bénéficiant du même statut peuvent constituer une force puissante et organisée dans une seule fédération. C'est l'occasion de réaliser ce que Denis Troupenat s'efforce de faire depuis des années, élever les capacités d'engagement syndical tant sur les salaires et les statuts que sur les réformes de l'État et des services publics. À cette fin, D. Troupenat et la direction nationale engagent la toute petite Union des affaires sociales dans un mariage avec la puissante fédération des services publics territoriaux, communément appelée l'union des « communaux ». Alain Pouchol devient le secrétaire général des Services publics et Denis Troupenat l'un des membres les plus actifs du secrétariat de cette nouvelle fédération. De la notion de personnels d'État transférés aux départements on glisse à l'union avec les personnels des communes. Mais beaucoup ne se retrouvent pas dans ces pensées stratégiques. C'est le cas notamment des inspecteurs et des contrôleurs du travail. Ce vaste mouvement de regroupement conduit en fait progressivement le syndicalisme CGT du ministère à la cassure de 1994.

La crise aidant, le Parti socialiste renonce en effet aux grandes perspectives de 1981-1982. L'esprit des réformes d'Anicet Le Pors est abandonné, bien que subsiste le statut unifié des quatre fonctions publiques. La récession et les blocages budgétaires touchent les traitements et les recrutements de tous, mais beaucoup de camarades ne voient plus la dynamique de ce fédéralisme syndical et se replient sur des batailles par ministère et par service. Avec une certaine ingratitude, ils tendent à penser que l'amenuisement des capacités d'offensive syndicale et même l'origine de tant de reculs sont imputables à ces directions communistes, à la confédération et à ces unions et fédérations trop éloignées de leur base. Aux affaires sociales, les directions favorables à ces stratégies unifiées sont remerciées en 1994 au congrès de Courcelle-syr-Yvette.

Malgré les affrontements, les congrès sont l'occasion de véritables fêtes. Les cotisations soigneusement engrangées, permettent de les tenir une semaine

[206] Il passe son concours de contrôleur du travail en 1967, la même année que moi.

tous les deux ans. Ils se déroulent avec un rituel et des projets à faire basculer la planète. Les nuits de commission peuvent être longues. La section du Rhône veille généralement à présenter des amendements aux documents préparatoires. On demande ensuite des comptes aux congressistes. La vie syndicale garde des années 1900 cette magie des congrès. Tous les deux ans, ces temps forts reviennent à tous les niveaux, exigeant de grands efforts de préparation. Congrès confédéraux, congrès de l'Union départementale, congrès de l'UGFF départementale, puis nationale, congrès du syndicat départemental à partir du moment où la section locale se transforme en syndicat. Chaque instance se doit de consacrer du temps à étudier et discuter les textes. C'est souvent une demi-journée ou une journée entière, venant couper le travail, sur autorisation spéciale d'absence. Pour motiver autant que possible les simples adhérents, une assemblée générale est convoquée.

Les congrès politiques se préparent aussi avec une grande ardeur, tous les deux ans. Version négative, on discute peu à peu, et à tous les niveaux de l'abandon d'une série de formules antérieurement admises, la dictature du prolétariat, la doctrine philosophique statutaire et obligatoire, le centralisme démocratique… La seule formule ne réussissant pas à figurer au programme des disparitions est la théorie du dépérissement de l'État. C'est dommage pour nous, fonctionnaires d'État, qui avons une grande conscience de notre utilité pour la société. Les catastrophiques progrès du néolibéralisme et du social libéralisme en tirent une nocivité renforcée, facilitant les régressions sociales et le démantèlement des dispositifs publics chèrement construits dans le passé.

Version positive de ces discussions théoriques, on se passionne pour l'adoption du socialisme démocratique à la française. À tous les niveaux, il ne manque pas de camarades regrettant l'abandon de telle formule ou s'inquiétant des effets pervers de telle nouvelle formule. Là aussi des discussions d'inspecteurs du travail sur les documents préparatoires aboutissent à des amendements. Espérant faire avancer l'idée de quelque réforme, ils en sont friands. Pour les conférences de section et fédérales, ces préparations prennent un ou deux week-ends, du vendredi soir au dimanche midi. La conférence fédérale se tient avec solennité dans un gymnase de Vénissieux ou de Givors. Une très imposante tribune de vingt ou trente membres domine l'immense parterre. La masse des responsables locaux du parti, au moins trois cents personnes, est assise devant de grandes tables recouvertes de nappes de papier. Chacun brasse le dossier volumineux des documents préparatoires. Les conférences du Rhône sont probablement aussi imposantes que le congrès de Tours de 1921, assez émouvantes notamment à leur début et dans leur conclusion. Si l'on est très motivé ou si l'on a un peu d'ambition, on monte faire une intervention à la tribune. Un inspecteur s'y aventure parfois, assez écouté parce que bien connu par les délégués de son secteur de contrôle. Malheureusement le cérémonial est rigide et suscite des fractures. Au fil des années on assiste à des départs passionnés, amères ou mélancoliques de quelques intellectuels venant dire leur désaccord, et annoncer qu'ils ne sont plus candidats aux responsabilités ou qu'ils ne sont plus inscrits malgré eux sur les listes proposées. Dans les premières années, la discussion des amendements peine à s'engager. C'est cependant la chose qui intéresse au plus haut point ces intellectuels d'inspecteurs. Au troisième amendement débattu, les ouvriers de RVI[207] commencent à taper sur les tables en criant : « on a faim ». Il est en effet près de midi lorsque la discussion des amendements commence. Au bout de quelques années on bascule dans l'excès inverse. On passe des demi-journées à refaire très maladroitement des pages entières des Codes de la santé et du travail.

Ces congrès syndicaux et politiques s'intercalant, les militants ont parfois l'impression d'être toujours entre deux congrès. En cette époque où les mouvements sociaux et politiques sont en phase montante, cela parait naturel et indispensable. Avant 1981, nous avons devant nous, et non derrière, des jours d'espoir, une grande vague de nationalisation. Malgré la pression de la Communauté européenne, la situation est ouverte. L'opinion est dans une situation d'attente permanente. À peu près toutes les années, les élections permettent de penser que tout peut basculer d'un moment à l'autre. Conduite par Gorbatchev, l'Union soviétique donne encore des signes qu'elle peut se transformer de l'intérieur. Elle est un modèle globalement positif malgré les critiques que l'on se permet à son égard. Nous n'attendons pas un grand soir plein de barricades - l'expérience de mai 1968 nous en dissuade - mais un matin succédant à une grande nuit électorale portant le Programme commun à l'Assemblée et à l'Élysée. Même s'il tarde, l'avenir paraît un printemps durable et probable. Il faut mesurer les effets sur le moral de beaucoup de militants du développement des sections syndicales dans les grandes entreprises et dans la fonction publique et quelques fois celui des cellules. Délégués du personnel et des comités d'entreprise s'intéressent de plus en plus à la gestion et aux données économiques, autant que les cercles patronaux. On parle beaucoup du modèle yougoslave, de son système d'autogestion communale, de son fédéralisme. En développant les deux ordres distincts du syndicalisme et de l'organisation politique dans le quartier et l'atelier, il est facile de penser qu'enfin les hommes vont se prendre en main et avancer vers une nouvelle étape de la démocratie, dans les échelons stratégiques où elle sera efficace.

Dans ce contexte, des conflits mémorables se déroulent à Villeurbanne autant que sur le plan national. Une vigoureuse action nationale est imposée par la défense de notre représentante nationale, Anne-Marie Beziau, accusée d'avoir fait passer en force des procès-verbaux. On lui reproche aussi de s'être signalée dans la défense d'une entreprise luttant contre sa liquidation, Lip à Besançon.

[207] La plus grosse section d'entreprise du département, forte de plus de cinq cents adhérents.

Représentante nationale du syndicat général CGT des services, elle a fait une déclaration devant la presse, alors qu'elle est partie en délégation à la manifestation sans avoir reçu son autorisation d'absence. En absence motivée, elle est menacée du Conseil de discipline. Les mauvais coups sont permis, même les mesquineries[208].

Les militants de Lyon sont aussi les victimes d'une vindicte administrative persistante. L'affrontement des générations et la résistance de la hiérarchie à l'inspection militante fait tout particulièrement une victime de ces années mouvementées, Henri Stéphan, ou plutôt deux, par les répercussions que son affaire entraîne sur la carrière de son épouse, avec une férocité à déshonorer un ministère du Travail. La hiérarchie locale et l'administration centrale font corps pour se justifier. Comme dans une entreprise privée où le conflit s'envenime, le directeur départemental convoque l'ensemble du personnel de la direction pour défendre son point de vue. Le directeur régional éprouve le besoin d'adresser un rapport de trois pages à ses collègues pour justifier sa position. En face, toutes les organisations syndicales se retrouvent en grève nationale. Finalement Henri Stéphan est licencié et Odile Stéphan voit son contrat non reconduit. Ces faits sont tout à fait exceptionnels à cette époque, mais l'administration fait un exemple pour tenter d'arrêter la montée des actions militantes.

Curieusement l'antagonisme des relations au sein de l'inspection est porté, non par un directeur appartenant au syndicat autonome, mais par D… un ancien inspecteur ayant su afficher son autonomie idéologique dans le département. Henri Stephan est victime de son engagement dans les structures de la CFDT et de la façon dont il exerce les fonctions de contrôleur selon les courants d'évolution se développant parmi le service. Il le fait très franchement, sans les apparences de l'inspection se présentant comme le juste milieu entre les parties. Sous le couvert de ses inspecteurs successifs, il applique avec rigueur un droit protecteur des salariés. Mais il a le malheur d'être stagiaire et d'aller peut-être un peu vite pour s'exposer.

Au terme de son service militaire, invité par les services de l'ANPE à se présenter pour un emploi de contractuel à la direction du travail du Rhône, il est recruté en mars 1974, au terme d'un simple entretien, par D…, le directeur départemental, et affecté immédiatement en section sur la Presqu'île[209], avec l'obligation de passer rapidement le concours de contrôleur. Son épouse, Odile est recrutée dans les mêmes conditions, deux mois après, contractuelle sur vacances d'emploi de commis. C'est un temps de recrutements rapides destinés à redimensionner l'inspection et les directions du travail.

---

[208] La procédure disciplinaire engagée contre elle tombe en déshérence tant par l'importance des remous suscités dans les services qu'en raison de l'élection de Valéry Giscard d'Estaing à la Présidence de la République, amnistiant les faits reprochés.

[209] Une section de centre ville où abonde le petit commerce et l'artisanat.

Placé aussitôt dans une section tenue par l'un des jeunes inspecteurs de la nouvelle génération, Henri Stéphan commence trois jours plus tard ses visites, sans formation. Il a pour bagage une année universitaire de sciences et deux années de philosophie, puis quelques demi-journées passées à accompagner l'autre contrôleur de la section, Solange Eyer. La formation sur le tas s'effectue en discutant au retour de la tournée avec ses inspecteurs successifs, Raymond Pezzatti, Alain Chareyre, Annick Hermann, sa collègue contrôleur et, dans les couloirs, avec quiconque lui est de bon conseil.

Il ne tarde pas non plus à s'engager, ce qui est le courant général, au sein d'une confédération ouvrière. Avec un collègue enseignant, peu après son arrivée à l'inspection, il fonde l'Union locale CFDT du lieu de son domicile, à laquelle il participe, le soir après les heures de travail. La vie militante ayant ses logiques aspirantes, il devient un dirigeant de cette union locale, dans laquelle il tient des permanences, membre des organes de l'Union départementale, membre du bureau de la section syndicale CFDT de la direction du travail. Aux tournées de contrôleur s'ajoutent les journées de réunion prises sur le droit syndical, dans des conditions officielles. Personne ne lui reproche rien jusqu'au jour où deux affaires commencent à envenimer ses relations avec le directeur départemental qui passe par-dessus l'autorité de son inspecteur pour gérer lui-même le suivi de ce jeune agent et contrôler les affaires qu'il engage, soulevant des réclamations d'employeurs. L'atmosphère de la direction est déjà tendue par une série de désaccords opposant le directeur et les inspecteurs sur la conception du métier et sur l'engagement des agents de contrôle. Ces affaires en rajoutent.

Henri Stéphan ne sait d'ailleurs que peu de choses sur ce qu'on lui reproche puisque son dossier ne lui est jamais communiqué, même pas lors de ses deux procès successifs au tribunal administratif de Lyon et au Conseil d'État. En deux ans et demi de service, il ne connaît de façon précise que six points de désaccord avec son directeur : parmi eux notamment un refus de remettre un rapport favorable à un licenciement économique de salariés ordinaires sur lequel il a été chargé d'enquêter par son inspecteur[210] ; et une grève d'éducateurs spécialisés à propos de laquelle il intervient dans un institut médico-pédagogique. Les grévistes, ne le trouvant pas lors d'une délégation à la direction du travail, demandent à être reçus par le directeur et évoquent leur affaire et leur confiance envers Henri Stéphan, avouant qu'ils appartiennent à la même confédération syndicale.

Au terme de l'année de stage, D… refuse la titularisation. Après saisine de la Commission administrative paritaire, le stage est renouvelé pour six mois. Une telle procédure est exceptionnelle à l'époque. L'inspection militante locale ou nationale organise actions sur actions, n'imaginant pas que l'administration puisse

[210] Dans une petite entreprise assurant des marchés de fournitures de produit d'entretien à la direction départementale, il a conclu à l'absence de motif économique. Le directeur départemental lui ayant demandé de remettre un rapport en sens inverse, il s'y refuse.

passer à l'acte. Au sein de la hiérarchie, au contraire on pense que c'est le moment de faire un exemple. Le directeur local a le temps de s'assurer du dossier et de vérifier qu'Henri Stéphan ne modifie pas son comportement tant dans ses responsabilités syndicales que dans son activité de contrôleur. Au terme de la prolongation de stage, le 8 avril 1977, Henri Stéphan est licencié par le ministre Christian Beullac pour un motif moyenâgeux : « manque de loyauté envers la hiérarchie ». Le tribunal administratif de Lyon annule d'abord le licenciement, invoquant l'irrégularité de la procédure au motif de la non-communication du dossier. Sa décision est cassée par le Conseil d'État, le 16 mars 1979. Celui-ci refuse de se pencher sur les motifs de l'administration, refuse toute obligation de communication du dossier et considère que le stage ne s'étant pas conclu positivement, selon les déclarations de l'administration, le licenciement allait de soi. La loi d'amnistie du 4 août 1982 offre leur réintégration à Henri et Odile Stéphan, comme à tous les militants victimes d'un licenciement dans les années antérieures. Odile Stéphan la saisit, Henri préfère conserver l'emploi qu'il a trouvé dans la fonction publique hospitalière.

Dans cette période de développement des services, les syndicats locaux ont beaucoup à faire pour la titularisation des jeunes recrutés par vagues successives. Ce sont eux qui permettent à ces directions de prendre la taille qu'elles ont aujourd'hui[211]. Avec la montée du chômage résultant des vagues de licenciements économiques, les services de l'emploi des directions départementales sont en plein essor. Le recrutement le plus massif de cette période est la vague des vacataires « Barre ». Le système de vacations à cent vingt heures pour une longue durée, ne leur accorde pas le statut de la fonction publique, en violation flagrante de toutes les règles en vigueur. Le prétexte est qu'ils doivent passer des concours, mais le gouvernement ne les organise pas, bien qu'il reconnaisse la nécessité durable de ces effectifs pour faire face à la reconversion des chômeurs. La plupart de ces jeunes, des filles en grande majorité, ont le niveau Bac et une formation générale élevée pour les tâches auxquelles on les affecte. Les actions syndicales vont crescendo, jusqu'à une grève nationale et un célèbre casse croûte, sur les pelouses de la place de Fontenoy, une belle journée de juin. Des cars montent de toute la France. Dans le pique-nique organisé, la direction syndicale oublie seulement d'acheter des sandwichs sans viande de porc que puissent manger les premières « beurs » des services. Victoire ! Un examen spécial est organisé, assurant la titularisation à peu près générale. Beaucoup accomplissent ensuite des carrières les conduisant aux grades de contrôleur et d'inspecteur.

Dans l'affectation de ces nouveaux effectifs, l'inspection du travail est le plus souvent laissée pour compte. Elle perd même des effectifs, prélevés pour compléter les services de l'emploi. Les secrétariats sont grignotés, après avoir

---

[211] Pour Villeurbanne, le service passe de cent à deux cents personnes. Sont notamment recrutées dans ce cadre Lydie Ehrler, Françoise Brocard, Evelyne Grandviennot-Madignier, Rachida Badri, Anissa El Galai.

temporairement atteint le niveau de deux secrétaires par section pour trois agents de contrôle. Aux transferts vers les services chargés de l'emploi, s'ajoutent les départs non remplacés pour maternité ou d'autres motifs[212].

Pour réagir, plusieurs rassemblements ont lieu devant les portes de L'INTEFP[213]. Celui-ci reçoit régulièrement les ministres et leurs secrétaires d'État, entourés de leurs cabinets et de nombreux fonctionnaires. Si l'on a l'impression que Paris vous oublie, c'est le lieu idéal pour se faire entendre. Une conférence de J… inspecteur général, conseiller du cabinet du ministre de l'un des gouvernements de l'ère Mitterrand reste célèbre. Dans le grand amphithéâtre de l'institut, devant un parterre de jeunes inspecteurs, il est chargé de démontrer la valeur des politiques du nouveau gouvernement. Pendant une heure, son discours est ponctué par quatre-vingts manifestants vociférant derrière les portes du hall, tout le répertoire des chansons estudiantines : « dans un amphithéâtre, il y avait un conseiller qui disait… », « J… si tu continues, tous les fonctionnaires te botteront… » et de sonores quolibets du genre « J…, poil au … », bien perçus de l'intérieur par des auditeurs peinant à retenir leur sérieux. Les militants de l'époque gardent le souvenir très intersyndical de Madeleine Bleton, déléguée CFTC locale, criant à pleine gorge, elle aussi, ces chansons et ces « poils au … ». Une autre fois, plusieurs directions de France se joignent aux agents du Rhône, réclamant des effectifs, et bloquent le portail. Quelques gendarmes arrivent avec leurs motos mais ne font rien pour déloger les employés et les contrôleurs assis sur le goudron devant la barrière. Le secrétaire d'État de passage est contraint de pénétrer dans l'établissement par une porte dérobée donnant dans le parc Lacroix-Laval où il arrive en hélicoptère, avant de disparaître discrètement par les mêmes moyens. Nous en voulons beaucoup à ce gouvernement de gauche, si lent à s'intéresser aux problèmes de fonctionnement des services, ne leur apportant finalement que des réponses limitées et retournant dès le printemps 1982, au bout de neuf mois de pouvoir, à une politique de déflation bloquant les traitements.

La prise de position de ce gouvernement la plus manifestement différente de celles de ses prédécesseurs est d'accorder aux fonctionnaires le droit de débrayer une heure, avec retenue proportionnelle d'autant. Elle ne coûte pas un sou au budget de la fonction publique, mais c'est une avancée sans précédent pour l'expression directe et la démocratie syndicale due aux audaces de plume d'Anicet Le Pors et René Bidouze. Elle est immédiatement annulée lors de la première cohabitation de 1984 par la voie de l'amendement Lamassoure. Les agents de la fonction publique retombent alors dans le dilemme frustrant de devoir arrêter des journées entières ou de renoncer à la grève. Il est évident qu'aucun autre gouvernement que celui de l'union de la gauche n'aurait jamais

---

212 Leur multiplication est la conséquence naturelle de l'important rajeunissement de la moyenne d'âge.

213 L'Institut national du travail, de l'emploi et de la formation professionnelle est situé à une petite vingtaine de kilomètres, dans la banlieue lyonnaise, à l'opposé de Villeurbanne.

osé décréter une réforme aussi favorable à ses fonctionnaires[214]. Mais sa politique ne va pas jusqu'à l'amélioration de leurs traitements.

C'est alors qu'après plusieurs manifestations aux portes de Marcy-l'Étoile l'occupation de la DDTE du Rhône est déclenchée. Un jour, à la cantine des PTT de la rue des Roses, nous nous levons de table en disant « et si on occupait la DDTE » ? Quelques contrôleurs et inspecteurs accompagnés de deux ou trois secrétaires subissant particulièrement les sous-effectifs[215], sortent d'une réunion de bureau syndical. Ce genre de proximité entre les grades est l'un des phénomènes mettant en fureur nos directeurs. Ils sentent trop bien que leurs cadres sont proches de l'ensemble du personnel, qu'ils vivent les mêmes problèmes, mangent régulièrement ensemble, eux seuls restant à l'écart. Vite diffusée aux autres sections syndicales et à l'ensemble du personnel, la proposition prend comme une traînée de poudre. Dans un magasin du quartier, nous achetons un immense rouleau d'étoffe de quatre-vingts mètres de long et l'accrochons sur toute la façade de l'immeuble, bien en vue, au 6e étage avec l'inscription : « DDTE occupée. Il manque quatre-vingts agents à l'effectif ». L'occupation est débonnaire. Personne ne couche au bureau. Mais plusieurs arrivent une demi-heure avant l'heure. Chaque matin, une réunion se tient dans le hall de l'immeuble, impressionnant beaucoup les autres entreprises installées sur le site[216]. Le directeur départemental sait qu'il lui est inutile de faire décrocher la banderole. Nous en remettrions aussitôt une autre. Après plusieurs semaines de communications téléphoniques avec Paris, de démarches auprès des journalistes, des autorités préfectorales, d'appel aux unions départementales, de rendez-vous avec nos directeurs, quelques effectifs sont annoncés, en tout petit nombre, trois ou quatre personnes. Un gouvernement socialiste nous dirige. Mais il faut avec lui les mêmes méthodes qu'avec un gouvernement de droite !

Une autre action mémorable est la grève des statistiques. Le recrutement de nombreux jeunes et ces effectifs supplémentaires eux-mêmes créent une instabilité permanente. À peine titularisées sur concours, les nouvelles secrétaires demandent leur mutation pour les départements voisins dont elles sont souvent originaires. Elles utilisent les règles statutaires. Notre occupation des locaux et notre agitation permanente ont pour principal résultat de fournir en effectifs les

---

[214] Le ministère d'Anicet Le Pors se signale par une série de réformes tout aussi admirables et courageuses, imposant des règles démocratiques de fonctionnement à l'administration, souvent gênantes pour elle : l'obligation de motiver les décisions, de faire connaître systématiquement les voies de recours, de faire savoir le nom de l'auteur de la décision. En ajoutant l'unification des règles statutaires des trois fonctions publiques, alignées sur le niveau le plus favorable des fonctionnaires d'État, c'est la marque d'un ministre communiste à la française, cherchant à conformer les actes aux discours et allant jusqu'au bout d'idées promues au rang de droit contraignant.

[215] Dont en particulier Hélène Sanvicente, ancienne vacataire « Barre » à cent vingt heures. Elle est alors secrétaire de section avant de devenir, de nombreuses années durant, secrétaire de plusieurs directeurs départementaux successifs.

[216] L'immeuble étant loué par étage, quelques six cents salariés du privé regardent avec de grands yeux ces fonctionnaires se rebeller.

départements voisins, Ain, Ardèche, Drôme... Malgré le calme relatif de leurs agents, leurs directeurs ne restent pas inactifs pour réclamer aussi des rallonges. Un an après l'occupation, plusieurs sections fonctionnent à nouveau à demi-effectif. Cette fois, ce sont les secrétaires elles-mêmes qui décident un jour de refuser la remise mensuelle des chiffres des licenciements économiques tant que les sections ne sont pas pourvues de deux agents de secrétariat. Au lieu de se fâcher, de faire preuve d'autorité, de demander des sanctions à l'autorité supérieure, les inspecteurs, leurs chefs, les suivent. En guise de soutien, contrôleurs et inspecteurs se mettent à écrire à la main de nombreux courriers, faisant savoir à qui le veut qu'ils n'ont plus personne pour faire le travail. Les chambres patronales repèrent les meneurs, collectionnent les courriers manuscrits. Des employeurs bien intentionnés transmettent l'un des miens à un graphologue pour en faire l'analyse et faire circuler quelques commentaires sur mon caractère, source de leurs maux et de mes comportements « gauchistes »[217]. À regret, je n'ai jamais pu en avoir connaissance.

Plusieurs mois d'attente s'étant écoulés, S..., le directeur régional, somme les inspecteurs de fournir à nouveau toutes leurs statistiques. Leur transmission doit être considérée comme prioritaire sur le reste du travail. Ceux qui ne se plieraient pas sont menacés de suppression de la part variable de leur prime trimestrielle[218]. En réunion de service, la reculade est refusée. Deux trimestres consécutifs, nous sommes effectivement un certain nombre à perdre quinze cents francs environ.

Sans peur et sans reproches, nous entreprenons d'attaquer la sanction au tribunal administratif afin d'obtenir la restitution de ces primes. Ce n'est pas chose facile. Plusieurs collègues ne peuvent présenter un dossier au tribunal. La réduction de leurs primes a d'autres causes. Plusieurs ont des trimestres d'activité incomplets. Certaines sections n'ont pas particulièrement manqué de secrétaire tout en s'associant au mouvement. Au final, nous sommes deux inspecteurs[219] à signer le recours contentieux, comme par hasard les deux communistes les plus repérés. Michel Riva, un avocat rencontré dans de nombreuses affaires de nos secteurs nous donne quelques conseils, pour une procédure présentée de façon simplifiée, par lettre manuscrite. Elle met six ans pour aboutir au rappel de ces fameuses primes, avec les intérêts de retard. En les restituant par un arrêt du 18 février 1992, le tribunal considère qu'en nous supprimant totalement nos parts variables, l'ensemble de nos sujétions professionnelles a été mal apprécié.

[217] Avec une seule secrétaire à temps partiel, ma section est l'une des plus en difficulté. À la fin de la grève, l'affectation d'une seconde secrétaire à temps partiel, Véronique Sanchez est obtenue. Cette section ne retrouve jamais un effectif de deux temps pleins. Elle est assurée par Francine Palleyron qui en est longtemps la seule secrétaire.

[218] Dite de sujétion.

[219] Anne-Marie Jaudon et moi-même.

Peu après, un autre procès vient défrayer la chronique. C'est encore une affaire de primes d'inspecteurs. La cellule Ambroise Croizat manifeste son existence par des apparitions mi-clandestines mi-publiques. Ces années sont difficiles pour la vie de ses instances locales. Beaucoup de déceptions résultent des manques d'audace des politiques conduites par le parti socialiste. Une partie importante des réunions est occupée à s'en plaindre, une autre à faire le point des remises de cartes et à chercher les moyens de financer l'activité politique. Le PCF demande beaucoup à ses adhérents sous forme de timbres, de collectes, de fêtes et de ventes militantes. Malgré leurs modestes traitements de fonctionnaires, les inspecteurs sont parmi les adhérents fortunés. Pour contribuer à ces rentrées d'argent, une fois par an et un peu avant Noël, dans une salle de réunion, ils organisent une vente de livres militants avec l'aide de la Librairie nouvelle[220]. Cette vente est une sorte d'institution reconnue. Les amis et sympathisants savent qu'ils peuvent faire ainsi quelques cadeaux « engagés » pour les fêtes. Une autre tradition de la maison, est la vente de la brioche des rois du 6 janvier[221].

Celle de 1987 est à l'origine d'une mémorable affaire. Ces brioches sont devenues une habitude au point qu'en cas de retard, si le 6 ne tombe pas un jour ouvrable, des gens nous demandent si les brioches vont passer cette année. La recette est partagée entre une cause humanitaire et un versement de soutien à l'Humanité. L'année de l'affaire, elle finance « un bateau pour le Nicaragua » dont les forces Sandinistes peinent à chasser les Contras. Comme à l'habitude je vais chercher soixante-dix brioches chez le boulanger et je me retrouve dans l'ascenseur avec mon carton de brioches, en même temps que l'adjoint K…, et la secrétaire du directeur, tenant dans ses mains une grosse galette qu'elle se prépare à partager avec lui et le directeur. Souriants, nous échangeons quelques mots anodins sur nos festivités respectives, puis vers huit heures trente ou neuf heures nous passons à deux dans les bureaux. C'est le moment où l'on est sûr de trouver le plus d'agents présents. Nous sommes dans nos horaires de travail, comme le personnel, mais ne comptons pas nos heures supplémentaires et les agents ne sont

[220] Un établissement commercial bien implanté dans le centre ville, géré par un adhérent, fonctionnant en lien étroit avec la fédération départementale et les comités d'entreprise.

[221] Chaque semaine, le journal « Révolution » est également diffusé, retenu de préférence à l'Humanité dimanche jugée trop ouvriériste pour un public de cadres ou de fonctionnaires. Un inspecteur ou un contrôleur prend les numéros retenus, dans la boîte aux lettres de celui ou celle qui loge le plus près, après le passage du facteur. Ils sont proposés à quelques collègues curieux de son contenu ou pensant faire une bonne œuvre en soutenant la cellule. Cette vente se poursuit dans la direction durant vingt-quatre ou vingt-cinq ans. Enfin la cellule diffuse périodiquement un petit journal de son cru « L'écho politique de la DD », tapé sur la petite machine japonaise. Il a le don de mettre en colère le directeur local, en particulier L… qui reconnaît sa caricature dans des croquis de Wolinski repiqués dans l'Humanité. Cette vie politique locale est également rythmée chaque mois, par les réunions de la section de Villeurbanne, tenues dans un petit garage où l'on se gèle l'hiver. Sur un long mur, il est orné d'une fresque imitant l'œuvre de Picasso, « Guernica », avec ses horribles corps entremêlés. Elle est l'œuvre d'un artiste en décors travaillant au Théâtre national populaire. Deux cellules sont un peu particulières à Villeurbanne, la nôtre et celle du TNP que le célèbre directeur de troupe, R…, préférerait parfois ne pas devoir à affronter au sein de son personnel.

pas interrompus longtemps. Il faut vider le carton pendant que les brioches sont encore chaudes et attirantes ce qui demande de faire vite.

Ce 6 janvier 1987, la bouche vraisemblablement pleine de brioche, l'adjoint informe L…, directeur départemental de ce qu'il vient de voir dans l'ascenseur[222]. Une enquête très policière est aussitôt déclenchée. Suivant à l'odeur notre carton de brioches chaudes, le directeur adjoint interroge nos acquéreurs. Ne se sentant mêlés à aucune désobéissance coupable, ceux-ci lui répondent qu'ils ont fait comme d'habitude et ne découvrent que plus tard qu'il aurait été prudent de taire les noms des coupables d'une vente politique interdite dans des locaux administratifs

En fin de journée, Anne-Marie Jaudon et moi-même, les deux citoyens fautifs ayant transgressé la neutralité de leur fonction, sont convoqués dans le bureau du directeur. L'entretien est fixé à 17 heures, à mon retour d'un contrôle effectué aux établissements V... De fait, nous n'avons pas la possibilité de nous concerter sur la tactique à suivre[223]. Accusés de porter atteinte aux droits et libertés des fonctionnaires en faisant pression sur eux pour leur vendre des brioches politiques, nous répondons à L…, scandalisé, que c'est lui, le directeur, qui se rend coupable d'une atteinte aux droits du citoyen fonctionnaire sur les lieux du travail. À la direction du Rhône, d'autres ventes se produisent sans difficultés. Nous argumentons qu'une discrimination pénalise l'activité politique, puisque Madeleine Bleton, responsable CFTC, effectue dans les mêmes conditions une collecte pour les Petits frères de pauvres, dans les jours précédents Noël. De même, une secrétaire distribue, chaque année, dans les services, des caisses de champagne après les avoir obtenues à bon prix auprès d'un fournisseur.

L'affaire remonte à S…, le directeur régional disposant du pouvoir disciplinaire, qui nous sanctionne une nouvelle fois par la suppression de nos parts variables de primes pendant un semestre. Un second procès est engagé au tribunal administratif, présenté cette fois, en bonne et due forme par l'avocat consulté suite à la grève des statistiques[224]. Déboutés en première instance, huit ans sont nécessaires pour obtenir satisfaction devant la cour administrative d'appel. N'osant reconnaître à des fonctionnaires le droit à l'exercice d'une activité politique sur les lieux du travail, celle-ci se contente de nous rendre nos primes en déclarant la procédure disciplinaire irrégulière : le Conseil de discipline n'a pas été convoqué.

Un autre événement important de cette vie politique interne survient le 11 mai 1981. Ce lundi fait suite à une échéance électorale exceptionnelle, au sortir d'une nuit de fête diversement appréciée, certains la trouvant amère. Tout en digérant le recul historique du PCF à 15 %, supporté par la candidature de Georges Marchais, les communistes de la cellule Ambroise Croizat n'oublient pas

---

[222] Il est peu probable que cette secrétaire, ancienne syndiquée CGT, ait voulu allumer la mèche de la vindicte.

[223] L'un pense que l'aveu est la meilleure façon de calmer le jeu et l'autre, le refus d'avouer.

[224] Les frais du procès sont en partie payés par un chèque de solidarité du PCF de Villeurbanne.

qu'ils ont prévu depuis quelques jours la probabilité d'une victoire de la gauche. Dans un acte très politique, ils maintiennent le pot de la victoire qu'ils ont prévu.

T…, le directeur départemental maintient lui aussi la réunion de service des inspecteurs prévue ce jour-là. Son horaire chevauche celui du pot fixé une demi-heure avant la sortie des agents. Pensant à tout autre chose qu'à l'ordre du jour Les inspecteurs sont d'une dissipation inhabituelle et le font sentir par des remarques ironiques. T… persiste cependant à tenir son monde jusqu'à épuisement de l'ordre du jour, si bien qu'Alain Chareyre l'inspecteur responsable du groupe socialiste d'entreprise, finit par faire remarquer qu'il s'est passé quelque chose, la veille, en France, rendant assez vaines toutes les directives et les circulaires émanant du ministère précédent. T… reste imperturbable avec sa liste de questions à traiter. Il faut finalement passer aux actes. Rappelant qu'une festivité est organisée à laquelle ils ne peuvent manquer, inspecteurs et inspectrices se lèvent et quittent la séance, laissant directeur et adjoint un peu interloqués.

Ce pot est la réunion la plus réussie de toute l'histoire de la direction. Cent personnes au moins y participent. André Péru, le secrétaire syndical CGT à double casquette, l'introduit de quelques mots de satisfaction. Il est l'homme le plus populaire de la DDTE en même temps que le seul ancien resté fidèle à la cellule. Dans le cercle des inspecteurs, le verre à la main, les propos sont hésitants et interrogatifs. Dans les jours suivants, ils ne tardent pas à faire circuler des notes d'alertes, en particulier lors de la nationalisation du groupe Elf, engagée dès les premiers mois dans des conditions jugées inquiétantes. À l'automne, ils s'émeuvent des lenteurs à engager les réformes sociales. Avec les ordonnances Auroux du début 1982, précédent les lois Auroux, leur circonspection est renforcée.

Ch.18 Paradoxe : intense déception militante, surprenante moisson juridique

Plusieurs impressions demeurent de ces expériences militantes, leur diversité, leur cohérence. Inspecteurs et contrôleurs sont convaincus d'être beaucoup plus motivés pour la bonne marche de l'administration que l'administration elle-même et sa hiérarchie[225]. Celle-ci est trop imbriquée dans les combinaisons et enjeux de carrières, dans le respect craintif des règles et des rigueurs budgétaires. Pour réagir positivement devant les ardeurs de la jeune génération, elle a trop de traditions complexes à respecter avant de se positionner en fonction du service à rendre aux usagers conformément aux aspirations nouvelles. Au sein de la jeune génération, la cohérence l'emporte. Ceux qui ne partagent pas ses schémas de pensées présentent d'elle l'image de gens tiraillés entre des objectifs contradictoires. Mais c'est l'inverse. Si dans les dernières années de cette génération, il y a tension intérieure et extérieure ce n'est pas en raison des contradictions de son propre système mais du fait des réactions enclenchées contrairement à ses attentes, par ses adversaires et par la désillusion du public qui en résulte.

Notre attachement à une administration engagée dans le respect d'une loi entièrement orientée à la promotion ouvrière, puis à celle des salariés dans leur ensemble, est en convergence avec nos engagements syndicaux. Les meilleures impulsions de l'histoire du droit du travail proviennent sans contestation des périodes où le syndicalisme dispose de forces exceptionnelles au sein de l'antagonisme national. Notre époque en est un exemple. De même, dans nos observations quotidiennes, nous sentons que nos interventions d'inspecteurs sont efficaces si elles sont en correspondance, dans les entreprises, avec des salariés organisés et des sections syndicales en développement. Malgré certaines limites des hommes, il est clair dans le Rhône que des syndicats et des fédérations performantes nous soutiennent.

La cohérence est forte aussi entre le syndicalisme et les engagements politiques. Pour qu'un inspecteur, reste adhérent ou sympathisant d'un parti des majorités de droite, il lui faut avoir été agrippé par quelque curieuse circonstance. Quelques-uns, engagés ainsi, demeurent des anomalies dans le service local. À nos yeux, leur démarche s'explique par une ambition ou un pari de carrière, mais ils sont coupés de la grande majorité des collègues.

Expérimentant parfois les limites de l'action professionnelle, les inspecteurs lyonnais s'efforcent d'obtenir des modifications des textes qu'ils appliquent. Imitant les anciens de 1893[226], ils transmettent, à plusieurs reprises,

---

[225] Cette si vaste hiérarchie commençant au directeur départemental entouré de ses adjoints et s'étendant en une vaste pyramide, au sein de l'administration centrale, sans parler du cabinet. Jusqu'au ministre, il est possible de dire que quarante échelons hiérarchiques nous dominent.

[226] La relecture des rapports annuels de la Belle Époque le confirme.

des suggestions de réformes législatives aux députés de gauche du département, visant des points sensibles de l'exercice de leur profession. La plus notoire concerne la possibilité d'exiger la présentation des cartons de pointage et des documents préparatoires à la paye, réglée par un article d'une DDOS[227]. Cette question d'importance apparemment limitée sur le plan du Code du travail ne l'est pas pour nous, de grandes difficultés survenant dans certains contrôles. Un cabinet juridique de Saint-Étienne obtient un non-lieu dans une procédure au cours de laquelle un inspecteur dresse procès-verbal pour obstacle à fonction, après avoir réclamé en vain ces cartons. Saisie de ce problème, la MICAPCOR[228] reste enfermée dans des pinaillages juridiques et ne se décide pas à interpréter les textes avec audace. Les sections syndicales CGT et CFDT du Rhône envoient donc une proposition de modification de l'article L.611.1 du code à Mme Sublet, députée socialiste de Feyzin. Alain Chareyre, l'ancien secrétaire du groupe socialiste de la direction départementale, par ailleurs inspecteur de Feyzin, se fait un plaisir de la contacter pour lui faire quelques commentaires. Trois mois plus tard, lorsque fin juillet nous voyons arriver notre article de loi à peine transformé dans une DDOS, c'est un triomphe. Manifestement, il n'y a pas mieux comme pédagogie pratique des cohérences militantes.

De tout temps, le ministère du travail est ainsi d'une grande faiblesse dans sa capacité de soutien des services. Il ne sait pas donner d'orientations fermes à ses inspecteurs. Il hésite. Il est craintif. Il ne sait pas mobiliser ses agents pour aller de l'avant. Mais il sait les canaliser, au mieux dans des actions moyennes et mécanistes. Par définition, il est une excroissance jacobine dans un système gouvernemental dominé par des visions libérales. Sa timidité à dire les choses favorables au monde ouvrier, aux salariés, les promouvoir, est générale. Dans ce mutisme, les gouvernements de gauche rivalisent avec ceux de droite, craignant encore davantage les réactions négatives du patronat. Seules font exception quelques brèves périodes d'unanimisme dont sont issues les grandes avancées sociales[229]. Dans ces années de fermentation qui vont de 1968 à 1984, cette attitude frigide est particulièrement insupportable aux inspecteurs. Ils compensent ce manque d'orientation en les trouvant ailleurs.

Notre formation profonde au métier est donc fortement animée par notre réflexion et nos informations syndicales. Ce n'est pas que nous ayons un ministère syndical dominant dans nos têtes un ministère officiel. Mais nous trouvons les intuitions profondes de notre métier, du droit du travail et de ses avancées, mieux exprimées dans nos réflexions syndicales que dans les circulaires. Et comme il ne faut pas se limiter à des visions individuelles ou

---

[227] Loi portant diverses dispositions d'ordre social.

[228] Mission centrale d'appui et de coordination des services déconcentrés, au sein de la Direction générale de l'administration et de la modernisation des services. Elle émet des avis de doctrine administrative pour dynamiser et unifier l'activité des services d'inspection.

[229] Quelques jours ou quelques semaines en 36, en 68, quelques 18 mois en 45-46.

locales, ce n'est que dans le syndicalisme que nous pouvons atteindre une dimension nationale de l'évolution des choses du travail.

Sur le plan technique même, le ministère est d'une grande faiblesse dans ses méthodes de transmission et d'information. Il nous arrive fréquemment d'avoir connaissance de nouvelles circulaires par des employeurs. Ils les reçoivent de leurs chambres patronales avant qu'elles ne descendent par la voie hiérarchique officielle. Heureusement, il nous arrive de savoir qu'elles vont paraître par quelque tract dénonçant la nocivité de quelque élément de leur contenu. En temps normal, en effet, les organisations confédérales sont consultées ou à tout le moins informées des projets de décrets et de circulaires. Elles sollicitent donc l'avis de leurs techniciens naturels que sont les inspecteurs du travail. Plus un inspecteur est dans le circuit syndical, mieux il est informé sur les textes en préparation. Par cette voie, il peut faire remonter les points faisant difficulté, selon lui, pour qu'ils trouvent une solution positive dans une nouvelle rédaction. De même en quelques rares circonstances, les politiques de la place du colonel Fabien nous font monter pour un avis sur un projet de loi. Nous sortons de notre travail quotidien de fourmis pour vivre ce qui nous semble nos plus hauts moments d'intervention sur le système social. C'est grâce à l'imbrication de notre technicité d'inspecteur avec notre compréhension des positions syndicales ou politiques.

En cette époque où l'on s'assemble en congrès, deux fois tous les deux ans, pour reconstruire le monde par des programmes, les imbrications du syndical, du politique et du professionnel atteignent leurs sommets lors de leur préparation. Soit en cellule, soit en groupes syndicaux restreints, nous nous régalons de discuter les textes proposés. Ainsi plusieurs congrès confédéraux sont l'occasion d'activer un groupe de discussion chargé de trouver une solution à cette revendication centenaire des inspecteurs élus, traversant toute l'histoire syndicale française. Nous défendons évidemment la formule des inspecteurs recrutés sur concours, fonctionnaires bénéficiant des garanties de la fonction publique. Mais les métallurgistes et de nombreux responsables ouvriers relancent périodiquement la formule de l'élection par les salariés chère à Jules Guesde. Une année, pour ne pas toucher à l'inspection telle que nous la connaissons, nous parvenons à faire adopter une proposition de délégués élus à l'inspection du travail s'insérant au milieu du foisonnement des conquêtes concernant les représentants du personnel. Laissant intact le service public, elle aurait l'avantage de leur accorder un volume d'heures de délégations justifiées par le temps passé dans nos bureaux. À la grande inquiétude du patronat, nous imaginons aussi de leur attribuer la possibilité de dresser des procès-verbaux pouvant ensuite approvisionner nos propres procès-verbaux en faits et éléments matériels, par leurs constats. Bien entendu, bien qu'issue du programme du parti socialiste des origines, cette proposition n'est pas bien accueillie par nos ministres du Travail successifs ni de droite ni de gauche. Ce travail a cependant le mérite de toiletter enfin les programmes confédéraux et d'offrir une issue adaptée à la fin du XXe siècle à une idée ancienne quelque peu décalée par rapport à notre système jacobin d'inspection[230].

Malheureusement cette cohérence entre nos cadres militants de réflexion et nos mobilisations professionnelles finit par se heurter à un curieux phénomène historique. Plus on avance dans le temps, plus les programmes sont cohérents et s'adaptent à notre époque post-soixante-huitarde, plus nous découvrons que nous embrayons sur le vide. Avec le temps, viennent de multiples explications. Idées fausses, structures vieillies, langue de bois, nouveau syndicalisme et nouvelles émergences politiques, nouveaux attraits travaillant les nouvelles générations. Nous demeurons convaincus du contraire. Nos idées correspondent à une sociologie et une époque. Elles ne parviennent pas à inverser un phénomène planétaire. Y renoncer n'aurait pas changé grand chose non plus. Une vision profonde des évolutions montre que certains besoins de réformes sont aujourd'hui tout autant nécessaires qu'alors. En les recyclant et en les rendant plus flexibles, toutes les grandes acquisitions restent fondées sur l'inspiration du système social des cinquante dernières années.

Ces centaines de millions d'heures de réunions suivies par des dizaines de milliers de militants, ces centaines de milliers de tonnes de tracts répandues, ces actions ayant fait déferler des millions de manifestants dans les villes, ne servent donc pas à inverser le reflux. Des défilés immenses emplissent les rues de Besançon pour s'opposer à la liquidation de Lip, dans celles de Saint-Étienne pour Manufrance. Par cars et par trains, pour toutes les causes, des marées s'organisent dans Paris. Nous nous heurtons de plus en plus à un mur. Un monde d'indifférence se constitue autour de nous. De plus en plus de fils d'ouvriers n'osent plus dire qu'ils le sont. Nos enfants ont des hésitations à prononcer le nom de notre syndicat et n'ont aucune envie d'adhérer à un parti.

Au moins deux à trois dizaines de lendemains électoraux générateurs de déceptions et d'interrogations s'additionnent. La télévision fait défiler les nuits roses de 1981 et de 1997, les nuits d'effondrement du socialisme et du mur de Berlin. Nous sommes les témoins sans aucune illusion des proclamations de Boris Eltsine et de Georges Bush, juchés sur des chars ou des porte-avions se proclamant héros de la liberté et de la démocratie, mais multipliant les pluies de bombes sur des quartiers populaires ou menant aux plus sinistres effondrements sociaux de l'histoire. L'ancienne aire géographique de l'URSS voit sa population décroître à la vitesse de deux cent cinquante mille habitants par an, frappée par l'accroissement des suicides, de la mortalité et de l'émigration. Qu'avons-nous donc fait pour en arriver là en travaillant autant ?

---

230 À deux reprises, la seule pâle répercussion de cette idée est le recrutement d'inspecteurs du tour extérieur. Une poignée de syndicalistes peut ainsi entrer dans le corps de l'inspection.

Quelques générations d'historiens ont encore à creuser les raisons de ce retour en arrière. Les effondrements de la paix et de l'indépendance des peuples se conjuguent. La conscience de classe, dont on développait les principes dans les écoles syndicales et politiques, s'effondre en Europe. Et pourtant, dans l'hexagone au moins, la classe ouvrière a gagné des avancées sociales, pour elle et pour toute la société, un niveau culturel, la scolarisation de ses enfants jusqu'au Bac, une consommation de masse, des conditions de travail inégalées jusque-là. Elle les a conquises de haute lutte. Les inspecteurs du travail ont modestement contribué à les rendre effectives. Comme le disait notre passionaria de l'inspection : la classe ouvrière et le besoin d'inspecteurs ne sont plus désormais chez nous mais à Bhopal ou à Bogota.

Autre surprise, nous venons d'une époque où, pendant plusieurs décennies, toutes les réformes sont des assiettes que l'on ajoute sur une pile sans casser celles se trouvant dessous. Entre 1982 et 2006[231], on veut nous imposer un tournant historique, selon lequel le législateur, le patronat, certains partis et certains syndicats nous font croire que désormais la modernité et le progrès social supposent que pour rajouter désormais des assiettes sur la pile, il faut casser celles de dessous. Il n'y a pas pire tromperie pour des inspecteurs du travail missionnaires de l'ordre public social. À ce jeu là, on ne sait jamais où s'arrête la casse dans la pile. Beaucoup de collègues gardent une profonde amertume de cette évolution. Bien peu osent défendre l'idée qu'il y a des points où l'on peut avancer grâce à des reculs. Plus personne n'ose parler aujourd'hui d'appréciation globalement positive après l'utilisation qui en a été faite pour l'ancienne URSS.

En terme de bilan, deux seules questions sont importantes : avons-nous fait tout ce que nous pouvions ? Avons-nous été à la hauteur de notre tâche et de notre époque ? Sans hésiter, je réponds oui à la première question et non à la seconde. Avec du recul, il semble difficile de penser que nous aurions pu faire plus. Nous avons intensément consacré un temps énorme à soutenir les évolutions dont nous avons été les témoins. Entre le travail et nos pluri-militantismes, nous avons en partie épuisé nos forces. Nous avons réagi comme nous avons pu au blocage des traitements[232], contredisant nos aspirations à une expansion du niveau de vie devant prolonger les Trente glorieuses. Profitant des occasions offertes et de la situation trouvée, nous avons développé au mieux les moyens d'expression collective. En un sens, nous avons été de fidèles enfants de 68. Mais les possibilités et les aspirations immenses dégagées par les mouvements sociaux d'Europe, les mouvements de libération et la décolonisation des années 60 à 75 n'ont pas trouvé les répondants politiques et les débouchés à la hauteur des

---

[231] Première tentative timide de remise en cause, l'ordonnance des trente-neuf heures introduit la première modulation « Aubry », dernière tentative vaste, potentiellement systématique, la loi du 4 mai 2004, dite de modernisation du dialogue social.
[232] Notamment à partir de juin 1982.

attentes de nos générations. En particulier, nous n'avons pas su développer les structures et former les hommes politiques sachant, aux moments clés, prendre les initiatives et les décisions audacieuses qui auraient pu retourner la situation. Nous avons produit de petits gestionnaires pleins d'ambitions personnelles mais prudents, préférant prendre l'électeur dans le sens où il serait rassuré, plutôt que de le tirer vers la haut et vers la solution des vrais problèmes de la planète. Nous avons produit des Barre, des Balladur, des Raffarin, et même des Delors et des Mitterrand, sans parler de la cohorte des prétendus éléphants entourant ce dernier. Notre génération n'a pas fabriqué des Jaurès, des Croizat, des de Gaulle…

Pour notre défense, pendant toutes ces années, l'adversaire déconstruit scientifiquement notre génération et tout ce qu'elle fait, avec un maccartisme et un anticommunisme savamment distillé de partout par de nombreux canaux. Nous ne sommes pas en état de réagir à des structures trop puissantes pour nous, la trilatérale, les think-tanks américaines, les grands organismes financiers menant le monde… Leurs offensives visent non seulement le monde militant progressiste, répandu à travers les continents, mais aussi une certaine étape antérieure du capitalisme, incapable de répondre au socialisme[233]. À partir des années 70-80, tout est fait pour détruire la phase Keynésienne de son développement, ayant permis son essor industriel et l'apparition des classes moyennes. Des concepts exclusivement financiers et une vision macro-économique d'un autre âge redeviennent ensuite prédominants, entraînant le capitalisme industriel lui-même dans un chaos. Il n'est plus producteur que de ces fantastiques jeux monétaires construisant une bulle virtuelle au-dessus d'une économie industrielle en migration constante et d'une économie de subsistance de plus en plus souterraine.

Le chômage, la précarisation, l'exclusion culturelle aidant, notre génération de militants post-soixante-huitards se trouve assez vite limitée numériquement, séparée des franges actives de la société, malgré des résistances acharnées. De toute façon, on peut dire qu'il n'y a jamais eu plus de 10 % de révolutionnaires dans aucun pays du monde occidental. La crise trentenaire de la fin de siècle fait le reste en produisant une masse de plus en plus grande de déçus, de sceptiques, et d'abstentionnistes. Personne ne se soucie plus que la mer rejette mille cadavres par an sur les côtes de Gibraltar. Aucune perspective satisfaisante de développement économique, d'électrification et de scolarisation de consommation populaire… n'existe dans les pays du Sud, face à un Nord en proie à ses fractures sociales et à une insécurité croissante. Les drames et les contradictions s'amplifient. De plus en plus d'opérations de brouillages des opinions politiques

[233] Rien ne permet de dire aujourd'hui que les pays socialistes auraient été incapables de se transformer de l'intérieur. Pendant un temps, la tentative de Gorbatchev a marqué nos réflexions. Même en système capitaliste on sait que les tentatives peuvent échouer et qu'il faut les reprendre plusieurs fois. Le capitalisme a pour principal avantage de pouvoir procéder périodiquement à une destruction importante de ses structures et de ses moyens sans qu'on lui en fasse aucun grief. C'est dans sa nature de casser périodiquement du capital dans ses crises.

et syndicales sont l'effet d'un consensus médiatique trompeur. Bien qu'étouffés derrière une énumération permanente de crimes et de procès, les sujets d'indignation ne manquent pas. Mais les militants si ! [234]

Cependant, au virage des années 77-82, malgré la marée montante de la crise, la France et ses exceptions résistent. De partout ses militants battent le pavé. Étonnante contradiction, malgré la crise, le produit de cette résistance se traduit par un certain nombre de percées du droit emporté chaque matin par les inspecteurs du travail dans leur serviette. Le droit social évolue de façon contradictoire, mais pas seulement. Les magasins de bricolage connaissent un développement sans précédent. La France active compense partiellement les blocages du niveau de vie par des réalisations d'autosubsistance dans les domaines du logement, des vacances, du mobilier, etc.... Autre aspect de la résistance, une partie de la France licenciée bricole dans l'intérim, les petits boulots, le travail clandestin. Par mille formules, on ne se résigne pas aux sacrifices. On cherche à tenir, en attendant un jour meilleur et de retrouver un emploi moins déclassé que celui qui s'offre. Curieusement, les villages français donnent l'impression de prendre un coup de jeune. Avec leurs primes de départ, nombre de licenciés et de préretraités font de leurs mains de petits paradis, dans des vieilles maisons achetées ou récupérées par héritage. C'est le temps de l'astuce, de la débrouillardise, de l'adresse individuelle. C'est le temps de l'économie blanche, grise ou noire.

Mais dans les services du travail, une double mission se développe avec le contrôle de l'effondrement du travail et le maintien d'une veille active sur les conditions de travail des emplois subsistant. Nous assistons curieusement à un apogée du droit du travail en même temps qu'à un accroissement en valeur absolue du nombre de salariés assujettis. Dès les années 74-77, années d'engagement de la crise, malgré les contestations très vives qu'ils suscitent de la part de nos syndicats du ministère, trois textes de modernisation donnent le coup d'envoi. Les lois de codification des 2 janvier, 10 juillet et 15 novembre 1973 donnent aux inspecteurs et contrôleurs un air un peu moins archaïque. Ils n'ont plus à citer le décret de juillet 1913, à chaque visite. Sur la nouvelle trame, des

---

234 Ayant entrepris ces commentaires à partir d'un schéma autobiographique, je peux préciser, que la cellule de l'inspection et de l'ANPE du Rhône s'éteint dans le début des années 90. C'est l'effet secondaire de plusieurs promotions ou mutations. À l'occasion d'une élection cantonale, un peu comme un joueur de foot, je suis transféré politiquement sur les structures de la commune de mon domicile. Cependant l'activité syndicale de la direction départementale connaît toujours de brillants prolongements. Depuis quarante ans, elle maintient constamment une forte activité, malgré les opérations de dispersion tentées un temps par le directeur départemental L.... Celui-ci ayant détecté l'ennemi concentré dans la section centrale de renseignements, entreprend d'en changer le personnel. Une très forte résistance ne lui permet pas d'aboutir à ses fins. La section est alors activement conduite par Angela Di Gravio, Nelly Marion et un bureau toujours actif. C'est une lente évolution des tâches et des carrières qui déplace finalement les forces syndicales au sein de la direction du Rhône. De 1965 à 2004, cette section est un exemple remarquable du renouvellement à peu près constant de ses militants et de son équipe dirigeante, tout au long des années que j'ai pu l'observer.

moissons de modifications de détail viennent se greffer pendant vingt ans. Mais il y a plus que le détail. Au-dessus de la base recodifiée, la période de cinq ans s'étalant entre 1973 et 1984 apporte une série de réformes significatives[235], malgré la crise qui s'enclenche. Elles apportent un enrichissement important du contenu de nos contrôles et renouvellent la mobilisation professionnelle. Dans ces années-là, il y a réellement de quoi travailler en disposant d'outils nouveaux pour répondre aux plaintes ou aux accidents du travail.

L'une des premières séries de transformation est issue de la loi du 6 décembre 1976, relative à la prévention des accidents du travail et à l'amélioration des conditions de travail. Elle impulse tout un travail sur les grands chantiers du bâtiment avec les comités d'hygiène et de sécurité interentreprises et les comités d'hygiène et de sécurité particuliers des sous-traitants, avec la responsabilité des maîtres d'œuvre... Elle officialise et généralise nos initiatives antérieures prises à l'occasion des grands chantiers d'urbanisation des banlieues et des centres administratifs et commerciaux. Cette loi conduit surtout aux décrets du 15 juillet 1980 régissant la protection des machines mises en vente. Réalisée par des gouvernements de droite[236], cette réforme intègre les intuitions de la République jacobine et hérite du travail effectué en profondeur du temps de René Person, le maître à penser de nos générations pour les questions de la sécurité. À la suite d'accidents ou sans eux, nous avons enfin dans les entreprises les textes fondamentaux permettant d'imposer les mesures de sécurité les plus objectives. Avec ces décrets, les rigueurs de cette prévention, dès la conception des machines, passent mieux auprès des employeurs utilisateurs, en mettant en cause les fabricants et installateurs sans pour autant dédouaner leur propre responsabilité d'utilisateurs. Ils sont toujours finalement responsables du choix de l'outillage et des décisions touchant les conditions d'utilisation. Par la suite, cette réforme est d'un grand appui quand la rédaction des normes européennes vient tenter de déstabiliser la conception française de sécurité. Heureusement, Daniel Lejeune, un collègue issu de nos rangs, ayant bien intégré les leçons de René Person, préside alors, au titre de la France, au suivi de la négociation de ces normes. Malgré les pressions anglo-saxonnes tout orientées par des principes opposés, l'essentiel de l'esprit de juillet 1980 influence donc profondément les normes européennes. Mais on peut s'étonner de la brièveté de vie de cette production réglementaire de grande qualité. Ces décrets, les plus performants de l'histoire du droit du travail sur le plan de la technologie juridique comme de la productique auront vécu dix ans sous cette forme rédactionnelle, de 1980 à 1991. En outre, le ministère lance à leur sujet un important effort de formation

[235] Voir la liste des textes, en annexe.

[236] À la Centrale, un ancien inspecteur positionné à droite en est l'inspirateur et le rédacteur.

généralisée des agents. Il me permet de suivre les stages de formation permanente les plus adaptés de ma carrière[237].

Il est regrettable de devoir évoquer ici, au titre des « réformes », le vaste ensemble de textes modifiant les questions de l'intérim, des contrats à durée déterminée et des statuts précaires de toute sorte, en particulier les statuts de formation et de réinsertion. Ces sujets sont cent fois repris par la loi et la réglementation en une dizaine d'années, puis durant les trente années de la grande crise de fin de siècle. Ils sont à la source de l'extension de la fracture sociale dans le rapide mouvement de dégradation du droit du travail issu des Trente Glorieuses. Mais aux côtés de ces pans négatifs de l'évolution, la vague de réformes produit aussi les premiers textes sur l'égalité des hommes et des femmes, avec trois lois successives au moins en onze ans, les vagues de réduction des plafonds maximaux de durée du travail, le passage aux trente-neuf heures. Toutes ces questions contribuent à animer nos permanences et nos visites. Nous avons sans cesse dans nos cartables quelque chose de nouveau à faire appliquer et à discuter avec les employeurs et les représentants du personnel. Cette avalanche de textes rend beaucoup plus nécessaire ou supportable notre obligation de passer chaque année dans des entreprises connues, dépassant la routine des époques antérieures. Nous faisons de la pédagogie et de la formation en donnant benoîtement, au sein d'attitudes plus répressives sur d'autres points, des informations à des employeurs qui en attendent ou à des salariés jamais assez informés de leurs nouveaux droits. Nous sommes les professeurs de la nécessaire modernisation de la vie salariale.

Mais c'est surtout dans le domaine des institutions représentatives que se réalise la seconde grande relance de la modernisation du droit du travail français, encore malgré et grâce à la crise. Elle permet d'atteindre un seuil inespéré, inégalé et unique de développement du droit du travail. En un sens ce ne sont que les répliques sismiques du mouvement de 1968, étalées sur quatorze années. Obscurément et souvent dans la douleur, 45 et 68 construisent peu à peu un sommet de civilisation. C'est un peu la monnaie d'échange face aux blocages et à l'évolution négative des pratiques et du droit concernant la sécurité de l'emploi[238] et les restrictions salariales. Parfois controversées dans les services par certains camarades les jugeant en praticiens exigeants, les lois Auroux de 1982, constituent une pointe extrême de la transformation socialisée de la société salariale. Nous avons alors le bonheur de contribuer à leur genèse, non seulement en commençant à les faire appliquer avec énergie pendant quelques années mais aussi en contribuant à leur rédaction. C'est l'un des instants de ma carrière au cours duquel j'ai la plus grande perception d'un apport à l'édifice social, là encore par une superposition de l'activité militante et de l'activité professionnelle.

---

[237] Malgré mes études d'origine exclusivement littéraires je passe huit jours à m'initier, par exemple, aux techniques de commandes et de transmissions électriques, hydrauliques et pneumatiques.

[238] La régression du droit du contrôle des licenciements collectifs, surtout.

Dans la foulée de la victoire de mai 81, deux consultations[239] d'inspecteurs sont engagées. Ils sont convoqués comme techniciens experts à des commissions de travail. On prend bien soin de représenter les diverses sensibilités syndicales. À la demande du ministre et de Martine Aubry dirigeant ces travaux préparatoires au cabinet, elles doivent d'abord donner un avis sur le train de lois réformant le temps de travail, les congés payés et le travail éclaté[240]. Désigné par je ne sais quel processus ayant donné son mot au syndicat national, j'interviens dans le groupe de travail constitué par le ministère sur le temps de travail. Cette première consultation tourne court. Par crainte de difficultés devant le parlement, le gouvernement brusque les choses et sort les textes sous forme d'ordonnance. Les experts inspecteurs n'ont le temps d'être invités qu'à une ou deux réunions, présidées par Claude Chetcuti au cours desquelles ils ont toutes les peines à faire enregistrer quelques point de vue. Par la suite, ils ne reçoivent aucune nouvelle et découvrent un matin que les textes sont parus au journal officiel. Leur point de vue sur ce premier train de mesures est assez négatif. Ils sont en effet plus sensibles aux aspects pervers de ces premières dispositions sociales du ministère Auroux : validation d'un champ large offert à l'intérim, aux contrats à durée déterminée, ouverture d'une première porte à la flexibilité des horaires (les dérogations Aubry I). De leur point de vue technique, ces aspects négatifs sont lourds de menaces et il est dangereux de les mettre en balance avec les éléments positifs des trente-neuf heures, de la retraite à soixante ans et de la cinquième semaine de congés[241].

La préparation des textes sur les institutions représentatives prend une autre ampleur. Les organisations syndicales maîtrisent leur travail. Elles reçoivent une série de projets de lois et créent leurs propres commissions de travail, chacune de leur côté. Celle de la CGT se réunit à plusieurs reprises, rue Lafayette, dans les anciens locaux confédéraux. Un groupe auquel je participe, a pour secrétaire Lucien Chaverot, un métallurgiste, plein d'attentions pour les différents avis, y compris ceux des inspecteurs. Plusieurs éminences syndicales viennent apporter leur point de vue expérimenté. Les travaux intègrent les résultats d'autres réunions préparatoires menées par Maurice Cohen, le chef du bureau juridique, et plusieurs avocats parisiens dont Maître Bouaziz.

Plusieurs inspecteurs du travail CGT conjuguent leurs efforts pour faire apparaître les difficultés rencontrées dans le métier avec les textes en vigueur et

---

[239] Pour l'une c'est plutôt une tentative de consultation.

[240] Réduction et flexibilité du temps de travail, travail temporaire, travail à temps partiel, contrats à durée déterminée.

[241] Objectivement cette vague de production par ordonnance n'est pas négligeable : retraite à soixante ans, cinquième semaine de congés payés, la semaine de trente-neuf heures, conçue alors comme une première étape vers les trente-cinq heures. Mais François Mitterrand refuse de consacrer ces réformes par des débats parlementaires et leur vote sous forme législative ordinaire qui leur aurait donné clairement le caractère d'avancées populaires soutenues par la démocratie républicaine. Il les impose en se donnant un visage de président gaullien et surtout en craignant que le PCF ne s'en empare avant de pousser plus loin sa conception propre des réformes sociales attendues et des nationalisations.

suggérer des modifications susceptibles de faciliter l'activité des délégués du personnel et membres des comités d'entreprise. Je monte à plusieurs reprises à ces réunions, rédigeant dans le train telle ou telle version d'amendement. L'un vise par exemple la reconnaissance par la loi de l'unité économique et sociale d'entreprises artificiellement séparées pour échapper aux seuils d'effectifs. Nous n'inventons rien d'autre que ce que nous connaissons dans notre travail, avec les insuffisances de premières décisions de jurisprudence sur cette question. Ce projet d'alinéa repris par le groupe de travail, est finalement intégré dans les textes parus au second semestre de l'année.

Ces réunions préparatoires sont le lieu d'importantes discussions sur la réforme des règlements intérieurs et du pouvoir disciplinaire de l'employeur. La CGT n'en est pas demandeur. Avec un calme imperturbable, elle affiche le souhait de leur suppression. Mais le cabinet fait connaître ses choix et veut une refonte en douceur. Un compromis est finalement trouvé sur des propositions de Maurice Cohen et Maître Bouaziz. Un chapitre ajoute également une amnistie de tous les militants syndicaux sanctionnés et licenciés dans les années précédentes. Ils sont réintégrés après une procédure facilitant leur retour[242]. Enfin nous inventons un cinquième projet de loi concernant l'activité politique dans l'entreprise. Il faut, selon nous, officialiser la vie des cellules d'entreprise. Il aurait dû être le complément nécessaire de la grande vague de nationalisations industrielles et bancaires en train de se réaliser, ainsi que le second chapitre du projet de loi sur les libertés individuelles dans l'entreprise devenu finalement la loi du 4 août 1982. Bien évidemment, le gouvernement et sa dominante socialiste ne laissent pas passer cette proposition.

Un paquet de trois cents amendements ressort finalement de ce travail, validé par les instances de la Confédération. Une seconde phase de négociations s'engage ensuite pour le présenter au Cabinet d'Auroux et aux différents groupes de gauche des députés et sénateurs. N'étant pas parisien, je retourne à mes travaux d'inspecteurs, assez heureux d'une telle incursion dans le travail confédéral et dans ces relations exceptionnelles entre le syndicalisme et le pouvoir. Au terme d'un semestre de discussions préparatoires et de débats parlementaires, une centaine d'amendements préparés par notre confédération sont finalement intégrés dans les lois datées du 4 août, du 28 octobre, du 13 novembre et du 23 décembre 1982. La Vie ouvrière et la Revue pratique de droit social titrent : « Des lois CGT ».

---

[242] Mes souvenirs concernant les suites de cette partie des lois de 1982 sont minces pour ce qui concerne les syndicalistes du Rhône. Dans le département, la vigilance collective des inspecteurs avait empêché que des représentants du personnel ne soient licenciés sans qu'ils aient eu l'intention certaine de partir. Les cas les plus marquants pour nous furent les propositions de réintégration concernant nos deux collègues Odile et Henri Stéphan. Ailleurs des réintégrations ont été très attendues, l'inspection et les ministres ayant lâché des militants dont on n'aurait pas dû autoriser le licenciement.

Il est vrai que les projets qui nous sont soumis au départ par Martine Aubry et que je garde précieusement dans ma cave nous paraissent particulièrement atones. Les amendements qui sortent de nos réunions apportent des réformes donnant de réelles facilités et un nouveau souffle aux institutions représentatives. C'est enfin la première transcription législative de la citoyenneté dans l'entreprise. Les réunions du droit d'expression des simples salariés, depuis totalement oubliées, sont une révolution sociale venue trop tôt mais engrangée pour un siècle ultérieur.

Sur le moment, cette vision des apports des lois et ordonnances de 1982 n'est pas partagée par une partie importante de la petite cellule Croizat de la direction du travail du Rhône. Elle commence par se situer en désaccord avec une vision globalement positive de cette moisson législative. Dans l'hiver 1983, la fédération du PCF du Rhône organise une journée de travail de ses militants. Elle veut célébrer ces victoires et valoriser les possibilités de batailles envisageables pour exploiter et développer ces « acquis » du gouvernement d'Union de la gauche. Les inspecteurs communistes sont invités en bonne place. Stupeur ! Ils se mettent à énumérer les insuffisances des textes et étaler leur mécontentement à l'égard de ce gouvernement, ne craignant pas de faire entendre une sensibilité très décalée avec la perception d'une victoire populaire, avis assez général des participants à la réunion, pour la plupart délégués d'entreprise et militants politiques avertis.

Cet épisode conduit à évoquer aussi combien ces inspecteurs sont déçus à l'annonce de la composition du gouvernement d'union, dans les lendemains du 10 mai 1981. De leur point de vue, un tel gouvernement devrait lancer une politique sociale audacieuse. Le nom du ministre du Travail est celui d'un inconnu sur lequel planent les plus grands doutes. Après lecture de quelques journaux, il apparaît que Jean Auroux, maire de Roanne, nouveau ministre du travail[243], justifie son poste dans ce gouvernement par son appartenance à la CGT. Il est adhérent au syndicat des professeurs d'enseignement technique, par ailleurs dans la mouvance de l'union générale des fédérations de fonctionnaire à laquelle appartiennent les syndicats du travail. Cette justification nous paraît une imposture et un vol. C'est de plus une personnalité socialiste assez pâle et de second plan. Nous ne savons pas encore que derrière lui se profile Martine Aubry, la fille de Jacques Delors. Son ère commence dans les ministères sociaux, qu'elle domine pendant vingt ans, jusqu'à la fin de l'année 2000. Notre perception de la situation est que les socialistes n'ont aucun projet social d'envergure. Même si l'on accuse le PCF et la CGT de porter toutes les visions rétrogrades du XXe siècle, ils en ont un, voire une surabondance. Ce ne sont pas de simples projets d'accommodements ou de flexibilités réclamées par le patronat et largement

[243] Il sera ensuite, sous l'autorité de Pierre Bérégovoy, ministre des Affaires sociales et de la Solidarité nationale, ministre délégué aux Affaires sociales, chargé du Travail. Les nuances sont révélatrices de la fin de tout espoir de revoir un grand ministère du Travail.

célébrés depuis plusieurs années par la CFDT. Nos 15 % à la présidentielle nous sont amers. Ils nous valent cette impossibilité de détenir un ministère clé tel que le travail. C'est le résultat de l'antienne du déclin chantée sur différents tons par les mitterrandiens de toutes tendances et la majorité consensuelle anti-communiste. Pour nous le ministre du Travail qui aurait dû s'imposer est un Krasucki ou quelque autre grand nom de la CGT, comme en 1945. Voilà donc une nouvelle ère qui nous renvoie une fois de plus à notre travail de fourmis. Dès les débuts de l'été 81, malgré la victoire si longtemps attendue, les espoirs de société nouvelle alliant largement un secteur nationalisé amplifié à une remise en place de l'arrogance du patronat nous paraissent menacés d'étouffement par les veto socialistes.

Quoiqu'il en soit des désillusions et des déceptions, l'ensemble des évolutions législatives nous offre cependant, pendant plusieurs années[244], un élargissement de nos moyens et beaucoup de travail, du moins si l'on accepte de se faire l'interprète positif de la vague de 1982. Sur plusieurs œuvres législatives de l'époque, les équipes d'inspecteurs se partagent. C'est le cas notamment de la loi du 4 août et de la réforme des règlements intérieurs, boudée par certains. La culture individualiste permet que s'expriment les ressentiments et les multiples vécus négatifs résultant d'abord du malaise des effectifs, des faiblesses de la magistrature à suivre les procédures engagées, du renforcement du poids hiérarchique, du blocage indiciaire en section, etc.....

Sur la fin de ces années 80 et peu avant que j'achève mes vingt-trois années passées en section, j'ai la chance de participer à une troisième négociation suscitée par les révolutions juridiques de la fin du XXe siècle. Une mutation réglementaire du champ de la sécurité met fin à tout un système national autonome et l'intègre dans le dispositif européen. Quittant l'inspection vers le mois de juin 1992, je n'ai pas le temps de l'appliquer, mais j'assiste à sa conception. C'est encore un exercice à la fois syndical et professionnel, mettant en jeu nos conceptions professionnelles.

En nombre important, plusieurs dizaines, les inspecteurs sont invités à se porter volontaires pour s'intégrer dans un vaste processus de rédaction des normes, organisé dans plusieurs pays européens, tout particulièrement en France et en Allemagne. Des commissions nationales préparatoires doivent envoyer le résultat de leurs travaux à des commissions internationales. Avec une certaine finesse et une grande discrétion, le ministère s'efforce de mouiller l'ensemble des couleurs syndicales présentes dans le corps des inspecteurs, veillant en particulier à ce que participent ceux qui sont présumés les plus réticents à l'égard de la normalisation européenne[245]. Par un nouveau mélange d'occasions

[244] Jusqu'en juin 1986, on peut accorder cinq années à cette relativement heureuse période du « cartable rempli » des inspecteurs du travail.
[245] C'est à dire les membres de la CGT et les communistes.

professionnelles et de demandes syndicales, je suis ainsi amené à participer à la négociation de deux normes. En tant qu'expert ministériel, je suis intégré dans la commission nationale des machines de fonderie[246], et en tant qu'expert syndical, à la commissions nationale chargée de suivre la négociation de la norme des normes, la norme 414[247].

Étant nombreux à n'avoir aucune pratique de l'anglais, langue obligée de rédaction des projets et d'échange dans les réunions internationales, le ministère commence par nous fournir deux dictionnaires, l'un général et l'autre technique pour les termes du secteur industriel pour lequel nous sommes désignés[248]. Par ailleurs une formation par correspondance nous est offerte pour une remise à jour de nos connaissances en anglais. Nous relisons un peu de grammaire et de vocabulaire et faisons quelques devoirs. Les textes sur lesquels nous devons nous débrouiller à comprendre les nuances des problèmes de prévention sont particulièrement volumineux. Enfin, pour faire passer le message intégrateur, un stage est organisé au Centre Pierre Caloni de l'OPPBTP d'Orléans.

Avec mon regard d'ancien, formé dans le début des années 70, je garde toutefois une vision assez négative de cet immense corpus de normes, morcelé à l'infini. Ce ne sont plus ces textes généraux et simples, appliqués depuis près d'un siècle[249], permettant de faire face au plus grand nombre de situations avec quelques mots. Choisi avec soin, leur vocabulaire se plaisait dans une grammaire et une forme littéraire concise. Pour peu que l'on sache l'objectif « politique » de la prévention objective et du principe de précaution maintes fois affinés, on pouvait agir vite et dans tous les cas ou presque. Ces normes constituent au contraire un maquis, défini par type de machines, s'efforçant de lister tous leurs particularismes, devant donc régler des milliers de problèmes potentiels dans des milliers de textes d'un grand nombre de pages. À chaque évolution des types de machines, elles doivent être mises à jour[250], si bien qu'il faut chaque fois rechercher le texte applicable à la machine fabriquée telle année. Les machines étant de plus en plus complexes, souvent construites à l'unité pour chaque fabrication, le résultat est un dédale juridique imposant de fouiller dans des placards entiers de normes.

Pour les machines de fonderie, je participe avec Sylvaine Ribadeau-Dumas, du bureau CT.5, à une série de réunions convoquées au siège national de l'UIMM, à la Défense. J'apporte mon point de vue d'inspecteur au concert

---

[246] Le bureau CT5 invoque l'expérience que j'ai acquise dans plusieurs fonderies de Vénissieux, celles de V… et de quelques sous-traitants, connaissant de difficiles conditions de travail.

[247] Elle s'appelle au départ du groupe de travail norme NF EN 414, sécurité des machines, règles pour l'élaboration des normes de sécurité. Au terme du travail son nom devient norme UNM 45 G Sécurité des machines, Estimation du risque.

[248] En l'occurrence je reçois le dictionnaire idéologique de fonderie, français, anglais et allemand, édité par les éditions techniques des industries de fonderie, sous le patronage de l'association technique de fonderie, section ingénieurs et techniciens, un volume de sept cent cinquante pages.

[249] Dès le décret du 10 mars 1894.

[250] Si non le texte relatif au type antérieur n'est pas pleinement contraignant.

français. Il se déroule d'abord de façon assez éclatée entre des représentants patronaux et syndicaux, et divers membres de l'administration ou des caisses régionales d'assurance maladie. Le secrétariat est assuré par la partie patronale. Ensuite Daniel Lejeune et Sylvaine Ribadeau-Dumas bataillent au niveau supérieur, c'est à dire à la commission internationale, tentant de faire accepter là aussi les principes de sécurité objective. Mais ils ont besoin que des résistances se manifestent d'abord au niveau inférieur et détectent les points de faiblesse des textes.

Comme dans toutes les commissions spécialisées pour une norme « machine », le texte de travail est prérédigé par les employeurs fabricants de machine, peu nombreux et les chambres patronales représentant les utilisateurs, dans les différents pays européens. Pour la France, tous appartiennent à l'UIMM. Dès le départ, ce texte représente donc plutôt un compromis sur les protections raisonnables et économiquement admissibles. Toutefois poussés par des enjeux de protection commerciale les fabricants en provenance de pays dominants ont tendance à imposer les règles les plus élevées, difficiles à installer, afin d'éliminer les éventuels concurrents de pays nouveaux moins exigeants. De plus, ces chambres patronales sont obligées de tenir compte des accidents pouvant survenir et engager des responsabilités. Les règles imposées doivent donc être formulées de façon à être acceptables par les pouvoirs publics dont les représentants sont plus ou moins présents dès les rédactions initiales des projets.

Dans cette négociation, les inspecteurs experts doivent épingler les passages qui appellent encore des modifications. Au sein de cette commission française je n'ai pas de peine à rappeler le caractère absolu du respect de l'intégrité physique ou du nettoyage des atmosphères de fonderie empoussiérées. Cependant la rédaction de certains articles occasionne de longues discussions. Le plus difficile est de faire retirer les expressions que les négociateurs anglo-saxons on fait écrire préalablement de façon à peu près systématique selon lesquels fabricants et utilisateurs doivent proscrire les risques physiques ou les niveaux d'insalubrité inadmissibles, ce qui signifie, a contrario qu'il y en a qui sont admissibles juridiquement, ou raisonnablement acceptables.

Au sein même de la commission française, l'inspecteur français ne sait pas toujours s'il a des alliés. Il n'est pas sûr d'en trouver du côté syndical où l'on navigue à vue ou sur un petit nuage, quand il s'agit de formulation de principes[251]. Par ailleurs du côté de ces quasi-collègues que sont les représentants des caisses régionales d'assurance maladie, on est déjà très habitué à estimer le niveau de risque à partir duquel le service intervient, selon une logique d'assureur. Ils portent une plus grande attention aux difficultés de réalisation et aux questions techniques qu'aux principes et aux règles de droit pénal. Alors que l'on est en

[251] À cette commission des machines de fonderie, seuls viennent un représentant de Force ouvrière et un représentant de la CFTC.

train de définir des principes généraux, l'ordre public n'est vraiment un souci que pour la seule inspection du travail.

Entre janvier et octobre 1991, je suis donc également désigné pour suivre la rédaction de la norme des normes, la norme EN 414 relative à l'estimation des risques. À lui seul, son titre révèle que c'est une tentative des Anglais pour imposer leur conception de la sécurité à toute l'Europe. Ce texte doit constituer le chapeau général et la philosophie de tout le travail de normalisation européenne. Le choc le plus frontal entre les conceptions françaises et anglo-saxonnes doit se réaliser dans ces commissions également à deux niveaux. Les réunions du premier niveau auxquelles je participe se tiennent dans la tour Montparnasse, au siège de la CNAM[252] qui assure le secrétariat.

La première partie de ma tâche est d'apporter des éléments de compréhension à la Confédération sur un sujet peu connu d'elle, afin de l'aider à prendre une position. La littérature des directives et des normes européennes est particulièrement absconse et impénétrable. Mais la Confédération n'a en outre aucune idée a priori des mérites ou des inconvénients des différents systèmes de sécurité existant en Europe, ni de la sécurité objective ou subjective, d'ordre public ou privé, ou assurancielle... Influencés par les leçons de René Person, les inspecteurs du travail ont au contraire acquis une théorie claire et un certain flair à repérer les dangers d'une renonciation à la théorie française.

Je m'efforce donc de repérer dans les projets toutes les formules abandonnant les principes la sécurité objective. Au titre d'une opération d'évaluation et d'estimation préalable des risques, de nombreux passages du premier projet de la norme EN 414 admettent que puissent être tolérés des risques d'un certain niveau, seuls les risques apparaissant d'un niveau supérieur devant faire l'objet de mesures préventives. Cela signifierait que l'on tire une croix sur cent ans de prévention en France, mais aussi probablement dans quelques pays européens avancés n'ayant pas encore subi l'influence anglaise. Ce serait aussi renoncer aux avancées significatives des décrets français de juillet 80. Si l'on veut que la Communauté européenne reste attachée à un niveau élevé de sécurité, il faut qu'elle affirme que le risque zéro est une obligation de l'employeur et du fournisseur de machines, le non-respect de cette obligation étant sanctionnable par principe.

Dans cette commission comme dans les instances syndicales, la discussion naît de ce qu'il y a souvent une grande distance entre le principe et la réalité tant dans l'acceptation des salariés que dans les comportements des employeurs, des administrations et des tribunaux. Les uns et les autres mettent rarement les moyens nécessaires au respect du principe. Mais l'important est que le principe existe tout de même et soit juridiquement affirmé. Dans le cas inverse, l'effet de cette norme de principe sur l'évaluation des risques serait qu'un certain seuil de

---

[252] Caisse nationale d'assurance maladie.

tolérance aux dangers dits « mineurs » serait admis dans la construction de toutes les normes présentes et à venir[253].

Les discussions internes ont lieu avec Chantal Rey, animant le secteur revendicatif et Nathan Lipietz, coordonnant la présence de la CGT dans les commissions et sous-commissions du Conseil supérieur d'hygiène et de sécurité. Je suis conduit à expliquer ce qui se cache derrière ces problèmes de textes européens et de sécurité à la française. Je rédige ensuite une proposition de déclaration de principe présentée au secteur « revendicatif » qu'il veut bien retenir comme position de la CGT dans le travail de normalisation. Reste ensuite à essayer de faire modifier les textes.

Heureusement, au même moment, les représentants du bureau CT.5 du ministère s'arrachent les cheveux avec ce projet de normes dont la finalité est particulièrement contradictoire avec tous les principes appliqués depuis plusieurs décennies dans l'ensemble des travaux de rédaction de décrets, d'arrêtés et de circulaires du ministère. Ils s'inquiètent de présenter seuls, avec bien peu d'appuis, de saines conceptions de sécurité. La culture développée par l'équipe de René Person est encore vivante au sein de ce secteur de l'administration, mais il n'est pas facile de faire appel à longueur de pages et de négociations aux traditions internes d'un seul des ministères de la Communauté européenne. CT.5 bataille dur au niveau international, craignant que des positions trop souples ne se manifestent aussi parmi les négociateurs français, les désavouent ou les mettent en porte à faux. Le patronat aurait vu d'un bon œil que soient quelque peu contredites les positions rigides du droit français en matière d'obligation de risque zéro, de sécurité objective, d'obligation de résultat et de responsabilité dans le cadre de la normalisation, en prenant appui sur une conception technocratique d'estimation des risques.

Finalement, l'impulsion des représentants de ce bureau s'avère efficace et des modifications sensibles sont apportées aux textes initiaux. Soutenus par nos déclarations solennelles, préalablement tapées sur ma petite machine à écrire japonaise et reprises par un secrétariat confédéral, ils parviennent à maintenir fermement leur ligne de conduite. Ces modifications font dire à peu près l'inverse de ce que la norme était censée faire avaliser. Au terme de ces négociations, au lieu de constituer une sorte de déclaration solennelle de rupture avec le principe de précaution absolue, cette norme est une sorte de mode d'emploi pour des travaux rigoureux de normalisation. En outre ultérieurement, la conclusion de ces discussions conforte le ministère et le gouvernement français dans leur volonté de rédiger une transcription des normes européennes reprenant intégralement, dans des textes généraux, tout l'acquis du système réglementaire antérieur, y compris les décrets de juillet 1980. Si cette norme était passée dans sa version anglaise

[253] Dans le système que l'on construit alors, un travail permanent de normalisation doit s'instaurer puisqu'une nouvelle négociation doit s'engager chaque fois qu'apparaît une nouvelle machine susceptible de constituer un nouveau type de machine.

initiale, une sorte de principe de constitutionnalité externe aurait justifié au contraire, sur les années à venir, un démontage pièce par pièce, de tous les textes réglementaires français.

Le système français sauvegarde donc son droit de sécurité avec ses caractères généraux et objectifs, le maquis européen étant repris dans de nouveaux textes généraux. Pour l'avenir, les principes européens reprenant ces exigences, il est possible d'espérer, chez nos voisins, une lente dérive vers des droits positifs plus proches de nos traditions latines que de la « common law anglo-saxonne », du moins dans les matières de sécurité et de précautions sanitaires. Mal placé pour affirmer de façon péremptoire un jugement sur l'applicabilité de ce travail, je témoigne au moins des orientations que l'on a essayé de faire passer. Seconde impression, ces anecdotes marquent la fin d'une époque et le commencement d'une nouvelle beaucoup plus technique[254]. Je n'ai absolument pas touché à l'arrivée de ce XXIe siècle, ayant seulement travaillé quelques journées à sa préfiguration.

---

[254] Par les techniques juridiques employées, autant que par les technologies de toutes sortes utilisées par le monde du travail.

Ch.19 L'inspecteur de Vénissieux et du poids lourd, honte et passion

Après sept années sur Gerland et la Guillotière, je cherche à changer de section. Les délégués et les employeurs connaissent trop par avance mes méthodes de travail et mes « coups habituels ». Mon ambition est de devenir l'inspecteur de Vénissieux, l'une des deux grosses sections industrielles du département, précédemment accordée à deux reprises à un inspecteur promu directeur adjoint mais maintenu en section. Mais je suis très mal noté. Invité par la CAP à faire cesser les blocages subis depuis plusieurs années, le directeur du Rhône accepte de faire progresser ma note d'un quart de point chaque année, comme tous les agents « moyens » du ministère. Mais il refuse de rattraper mon retard, deux points au moins en dessous de la note de nombre de mes collègues[255]. Je dois donc attendre un tour de plus, c'est à dire trois ans, avant d'accéder à Vénissieux. À l'occasion d'une vacance de poste, en 1979 ou 1980, un collègue et ami, Michel Aviron-Violet, est retenu pour la section. Les circonstances font que je n'en ressens ni ennui ni préjudice. Dans la fonction publique, il faut toujours être patient pour arriver à ses fins.

En mai 1983, je reçois finalement la section de Vénissieux[256] mais sans le grade de directeur adjoint. Les pratiques du ministère évoluent et ne laissent plus d'adjoints en section, sauf exception. Ces derniers reçoivent désormais des postes de chef des services de l'emploi. S'ils ont de la chance, ils sont chargés d'animer l'inspection des gros départements. Cette section est composée de la ville de Vénissieux, son noyau essentiel, et de plusieurs communes ou cantons variant quelque peu au fil des ans. Aux cantons ruraux, à peu près sans industrie, de Saint-Laurent-de-Chamousset et Sainte-Foy-l'Argentière, sont ajoutées les communes de Corbas puis de Bron dont les zones industrielles sont contiguës à celles de Vénissieux.

J'arrive à quarante-deux ans sur ce secteur dont l'intérêt professionnel est supérieur du point de vue du contenu du travail. Cet intérêt croissant provient non seulement de la période que nous traversons, avec des législations modernisées et plus performantes à faire appliquer, mais également de la constellation de grandes entreprises composant le secteur et de la présence de l'établissement principal de la société L..., le constructeur de 90 % des poids lourds et des cars et bus français. Il emploie le tiers des effectifs salariés dont l'inspecteur de Vénissieux à la charge. Ce dernier est l'inspecteur du poids lourd.

---

[255] En septembre 1981, sur les vingt-sept membres de la promotion 71 à laquelle j'appartiens, six sont encore inspecteurs quatre ayant des activités syndicales notoires, treize sont directeurs adjoints, six, directeurs. La seule femme de la promotion a quitté cette administration. Pour devenir directeur, certains de ces camarades marqués par les turbulences de 68 et le syndicalisme, font le tour de l'hexagone ou des départements d'outre-mer, passent par Cayenne, Pamiers, Charleville, Nouméa et Saint-Denis-de-la-Réunion, n'obtenant pas les villes prestigieuses de la métropole.

[256] Pour y passer huit années, de 1983 à 1991.

Dans cette section, deux choses frappent le nouvel arrivant. De grands établissements apportent régulièrement un lot de problèmes touchant tout l'éventail du Code du travail et il faut traiter avec des interlocuteurs compétents et particulièrement respectables dans leur ordre. Par ailleurs le traitement des affaires provenant de l'établissement L... place régulièrement l'inspecteur dans des situations délicates. Ce qui s'y passe relève fréquemment de la passion ou de la honte.

La ville de Vénissieux héberge peu de petits établissements. Plusieurs industries emploient cinq cents, huit cents, quinze cents salariés dans un ou deux établissements. Plusieurs sont des fleurons de l'industrie lyonnaise. Certains établissements sont anciens, implantés à deux pas du centre de la ville depuis le début ou le milieu du XXe siècle, comme F..., les É... et R.... Le premier s'est récemment équipé de gigantesques machines et calendres pour traiter des toiles enduites. Le second usine des pièces approchant la tonne pour l'électrométallurgie sur du matériel ancien. Dans une autre zone industrielle, la S..., une filiale de V..., construit des wagons de marchandise pour diverses compagnies de chemin de fer à travers le monde. Parmi les établissements plus récents, la grande surface C..., connaît un développement exceptionnel de ses profits mais aussi des primes d'intéressement du personnel[257]. Mais il pratique aussi des méthodes de licenciement musclées, terrorisant un essaim de caissières à temps partiel sous la rude direction de la chef caissière, Mme R..., et d'un directeur couvrant de slogans les cloisons vitrées de son bureau. Il est aussi l'un de ces dirigeants qui refusent de répondre aux questions de l'inspecteur lui rendant visite. Mes permanences sont remplies de victimes venant de ce magasin, culpabilisées à l'extrême et fréquemment promises à la correctionnelle, les gendarmes étant sollicités quotidiennement[258]. Sur un parc de machines de plus en plus automatisé, les établissements G...D... usinent des pièces de grande précision pour l'automobile et le matériel de travaux publics. Des deux côtés de la table de négociation, les dirigeants sont de niveau départemental ou national. Durant plusieurs années, le PDG est le président de la métallurgie lyonnaise. Le secrétaire général de l'Union départementale CGT, Bernard Vivant, sort de l'usine, avant d'être promu secrétaire confédéral à Paris. Implantés ici, deux centres de recherche du textile et de la chimie appartiennent au groupe H... L.... Malgré l'importance des investissements qui y ont été réalisés, ils ne tardent pas à subir des regroupements destructifs.

---

[257] Plusieurs années plus tard, une autre politique sociale réduit ces primes considérablement.

[258] Au terme de mes années dans la section, cette enseigne me donne l'occasion ainsi qu'à plusieurs inspecteurs du Rhône de dresser dans des temps rapprochés une série de procès-verbaux pour marchandage. Après quelques plaintes de vendeurs remerciés, des enquêtes fouillées nous font constater que des entreprises fictives sont chargées de recruter des vendeurs qu'elles affectent dans les rayons de ces magasins avec des procédures d'approvisionnement, de vente et d'autorité entièrement maîtrisées par eux.

Les licenciements collectifs continuant de plus belle, je dois lier mon destin pour le meilleur et pour le pire, non plus à des entreprises de cinq à cinquante salariés du textile comme dans les monts du lyonnais des années 68-70, ni à des établissements de cent cinquante à quatre cent cinquante salariés comme à Gerland dans les années 73 à 83, mais à des plans de compression de cinquante à huit cents personnes, se répétant plusieurs années de suite et préparant des fermetures. Plusieurs de ces implantations vastes et respectables deviennent ensuite des parcs d'activité logeant des dizaines d'entreprises parfois importantes.

À Vénissieux, à la différence de ce que j'ai observé à Gerland dans les années 1973-1983, les salariés n'ont pas besoin de passer par l'inspection du travail pour comprendre qu'ils ont intérêt à découvrir l'union locale CGT. On y est communiste de père en fils et de mère en filles. Dans une ville dirigée par un maire communiste depuis plusieurs décennies, des gens en nombre suffisant informent l'ensemble de la population d'un certain nombre de choses nécessaires. La mairie fournit des locaux clairs, spacieux et centraux, non seulement à l'Union locale CGT, mais aussi à ses homologues CFDT et FO. Tentant à plusieurs reprises de faire la tournée générale, je trouve les portes de ces deux dernières difficilement ouvertes. Il me faut plusieurs tentatives de rendez-vous pour rencontrer un responsable. Au contraire, l'Union locale CGT a deux permanents[259]. Beaucoup de monde y passe. Ceux qui viennent voir l'inspection sont généralement accompagnés par elle ou par un délégué. S'ils viennent seuls, ils ont déjà un dossier ouvert auprès d'elle.

Ce qui frappe aussi, c'est que l'inspecteur n'a pas affaire à un ou deux délégués tentant de survivre difficilement dans l'entreprise. Sauf quelques cas, quinze à vingt délégués par entreprise l'attendent et risquent de juger son inertie éventuelle. Ils sont parfois quarante, et même cent cinquante aux établissements L.... En plus, dans chaque entreprise, il faut compter les personnalités dominantes des confédérations autres que CGT. Sur un carnet d'adresse, déjà difficile à tenir pour le syndicat dominant, il faut ainsi ajouter les quelques personnes qui se font aussi désigner sur les étiquettes minoritaires mais représentatives au niveau national. La CFDT possède un certain nombre d'équipes un peu plus étoffées qu'ailleurs, assumant les différents mandats dans les entreprises. Tous ces militants sont des gens qui frappent par leurs connaissances, leurs compétences professionnelles et parfois leur caractère. Ils sont à la fois délégués syndicaux, assumant différents mandats d'entreprise, militants politiques dans la ville et l'entreprise et membre actifs de l'Union locale. André Mazuir, par exemple, assume toutes ces fonctions avec une grande finesse d'analyse des situations et des possibilités d'action. Il remplit mes permanences accompagnant des isolés de la ville, sans oublier d'ajouter à la fin du rendez-vous deux ou trois problèmes

[259] Le secrétaire et un agent de secrétariat, Jeanette Nicod. L'Union locale est conduite par Daniel Buissonnet et Guy Fernandez, assistés par Daniel Souvignet.

relatifs à son entreprise, ne serait-ce que pour obtenir une confirmation de ce qu'il a trouvé lui-même en lisant dans les textes. Il n'a pas tellement besoin de moi, mais il s'assure de son interprétation et désire compléter, avec beaucoup d'attention, une culture déjà étendue sur beaucoup de sujets[260]. Autre exemple de compétence, Maurice Ketter, par ailleurs conseiller prud'homme, accompagne beaucoup de monde dans mon bureau. Dans les entrepôts frigorifiques où il travaille, il m'arrive également d'admirer son art oratoire lorsqu'il se lance dans des discours. Par moins vingt degrés, son patron et moi, frigorifiés, nous patientons à l'écouter dans ces cathédrales du froid qui résonnent sous l'effet de sa voie tonitruante.

Enfin selon une particularité originale de cette ville, respectant des orientations anciennes, plusieurs délégués sont aussi conseillers municipaux. Ils travaillent parfois dans les entreprises aux conditions les plus dures. Ils y mènent des conflits admirables. Exemple notoire, aux établissements V... A..., j'aimerai photographier, filmer, enregistrer, René Héritier profitant de ma visite pour monter sur une table de la cantine et haranguer quarante salariés médusés, par ailleurs tous immigrés plus ou moins analphabètes. À peu de chose près, il est le seul français de l'atelier. On y trempe des poteaux entiers dans de longs bains de galvanisation. Le hall est entièrement ouvert sur l'un de ses côtés. Dans une ambiance glaciale, au contact du métal froid, les gouttes de métal en fusion éclaboussent les opérateurs revêtus de cagoules et de lourds tabliers. D'autres délégués du personnel ou délégués syndicaux d'entreprises de Vénissieux, sont par ailleurs conseillers municipaux dans d'autres villes de l'Est lyonnais, M. Mardirossian à Décines, M. Pietrzak à Corbas.

À Vénissieux, le monde patronal rencontré est aussi d'une très grande qualité tant sur le plan des compétences de gestion que celui des relations humaines. Des cadres sont envoyés là par des groupes après plusieurs expériences de direction, souffrant parfois d'être embarqués dans une liquidation d'établissement. À la différence d'autres dirigeants à la même place, certains tentent d'agir sans cynisme et de manifester de grandes considérations humaines, jusqu'au risque de subir des jugements défavorables de leurs supérieurs. C'est le cas d'un directeur de la S..., M. V.... Pendant plusieurs années, je suis témoin du déclin progressif de ce grand établissement. Le wagon classique de marchandise ne se vend plus. Tandis que dans l'un des sites de Vénissieux, l'on fabrique des camions accaparant le transport des marchandises, on construit encore sur un autre site à peine éloigné de deux kilomètres des wagons transporteurs d'automobiles, pour les expédier à la sortie des chaînes de montage.

[260] Avec lui, je suis amené à lier des problèmes d'environnement à des questions de conditions de travail. Son entreprise rejette dans l'atmosphère soixante tonnes de CFC par an, en dégraissant des pièces métalliques.

Dans le monde de la métallurgie, ce travail est vraiment de la grosse cavalerie. La S... est une vieille entreprise locale croyant d'abord trouver sa survie en se faisant racheter par V..., alors grand investisseur « tous azimuts » de la métallurgie, possédant des centaines d'usine dans tous les secteurs aux quatre coins de la France. Mais V... décide de se recentrer sur l'automobile et de vendre la S..., pour un franc symbolique, à son plus gros concurrent, une entreprise du Nord ayant assez d'un site ferroviaire sur place. Durant plusieurs années, ce prix de cession, témoin de la braderie, demeure peint en grandes lettres sur le mur d'enceinte de l'usine, tandis que les plans de licenciements se succèdent. M. V..., le directeur de Vénissieux, se bat pour trouver des marchés de substitution et les faire accepter par sa direction générale. L'entreprise dispose de halls immenses. Elle se met à fabriquer des conteneurs maritimes donnant, un temps, une lueur d'espoir à laquelle le personnel s'accroche. Mais, les uns et les autres découvrent que le circuit général des marchandises mondialisées est orienté de l'Extrême orient vers l'Occident plutôt que dans le sens inverse. Le trafic maritime des conteneurs est donc défavorable à leur fabrication en Europe. Ils doivent être fabriqués là où ils sont remplis pour la première fois. Finalement ces conteneurs s'accumulent dans la cour de l'usine.

Appuyé sur des rapports d'expert comptable, le comité d'entreprise cherche de nouveaux marchés de substitution et pense à divers matériels de construction et de travaux publics. De tentatives en tentatives, j'autorise partiellement des vagues de licenciements successifs. Avec une certaine compréhension, dans une entreprise aux effectifs vieillissant, M. V... utilise les vagues de préretraites naturellement importantes et des reclassements externes qui mûrissent en fonction des candidatures volontaires. La négociation finale arrive et dure plusieurs journées. Une charrette énorme de délégués, tous CGT, sauf le représentant des cadres, est restée mobilisée, tous ensembles jusqu'au dernier souffle. Le directeur, les délégués, l'inspecteur, tout le monde s'est battu pour une survie, le plus longtemps possible, avant de basculer au dernier moment dans une conclusion indemnitaire conséquente. Avec un niveau de mobilisation syndicale élevée, dans cette ville et à cette époque, il n'est pas contesté que les procédures soient longues, donnent lieu à d'importantes consultations internes, à de fructueuses négociations indemnitaires. Dans les placards de l'inspection, les dossiers finissent par peser un poids impressionnant.

Dans ce monde généralement agité, l'inspecteur ne s'ennuie jamais. Il suit parfois des dossiers rocambolesques par la tournure caractérielle des relations sociales de certaines entreprises. Parmi toutes les affaires, en vingt-trois ans de contrôle, l'entreprise méritant la palme du rire est incontestablement la Société H... T... L'entreprise emploie environ quatre-vingts salariés. Ce sont en fait trois sociétés appartenant au même employeur[261]. Mon prédécesseur, dresse un procès-verbal pour entrave aux institutions du personnel par suite d'un usage abusif de la distinction juridique des sociétés. L'employeur perd son procès mais persiste de diverses manières dans ses attitudes, tout en consentant à des instances représentatives uniques.

Trois délégués, Ahmed Lemaini[262], Michel Gay et Pierre Fouillant se payent des parties de rire et de théâtre inimaginables avec la famille d'industriels dirigeant ces sociétés. Ses membres s'y prêtent presque consciemment. Dans ce bras de fer, les employeurs s'avèrent suffisamment tenaces, ainsi que le personnel pour que l'entreprise tienne plusieurs décennies dans un climat absolument fou. Presque chaque quinzaine, ces délégués me saisissent de plaintes concernant les actions antisyndicales qu'ils estiment subir avec leurs collègues. Cela me donne l'occasion d'assister, et même de participer de temps en temps, à ces séances de tragi-comédies. Elles se déroulent dans les bureaux vitrés et les ateliers devant tout le personnel observant avec hilarité les acteurs. Trois générations de patrons sont les hérauts de la pièce : le grand-père, le père et le fils. Mais seul le grand-père prend quelque décision que ce soit. Au terme de la pièce, c'est lui, âgé de quatre vingt neuf ans, qui ferme l'entreprise, aidé de son petit-fils, après avoir mis son fils à la retraite, plusieurs années auparavant. Le mécanisme du conflit repose sur le fait que l'entreprise est toujours divisée en trois entités dans les mêmes murs. Mais rien n'est séparé ni dans le travail, ni dans la gestion, ni dans le personnel, ni dans la direction.

Tous les bureaux sont constitués de cloisons de verre. C'est en fait l'atelier qui surveille en permanence les faits et gestes de la direction, des employés et de l'encadrement, épiant tout ce qui démontre l'unité économique et sociale. L'ensemble des ouvriers est bien informé du thème de la pièce qui se joue et appelle les délégués dès que quelque chose se passe dans les bureaux. De plus, si la direction s'aventure à profiter de ses moyens de surveillance pour assurer son autorité sur le personnel, il y a toujours un délégué pour survenir et crier aussi fort que l'employeur, le plus souvent le grand-père, lequel s'emporte dans des colères folles, tandis qu'ouvriers et délégués rient « sous cape ». Ces délégués savent très bien leur rôle. Ils poussent la tension par un jeu de réponses et de questions connues, excitant suffisamment la colère de leur interlocuteur[263]. Un jour, sur les conseils d'un expert-comptable, l'entreprise s'aventure à mettre en place des bons de fabrication pour contrôler les temps et faire un peu de gestion. Très solidaires et soudés entre eux, les délégués et le personnel débrayent ou menacent de le faire

---

[261] C'est un montage très classique : l'une fabrique, L… O…. L'autre commercialise, la Société d'exploitation H… T. La troisième, la Société H... T, loue le terrain et les locaux aux deux premières.

[262] Au terme de cette tragi-comédie, après plusieurs années de résistance, une fois licenciés, l'un devient restaurateur dans le quartier de la Bourse du travail à Lyon, un autre magasinier dans une zone industrielle de l'Est lyonnais, puis secrétaire de la Bourse de travail de Lyon, chargé du renseignement des visiteurs.

[263] Dans ces moments de colère, s'adressant aux délégués et parlant de l'inspecteur du travail, il m'appelle « votre communiste de Villeurbanne. »

à tout instant dès que la direction, toujours le grand-père, descend dans les ateliers, faire une remontrance ou donner un ordre. Dans leur travail, ces délégués se sont arrangés pour disposer de positions stratégiques pour savoir tout ce qui se passe et survenir à tout moment. Pierre Fouillant, notamment, au magasin des pièces d'outillage, reçoit fréquemment les collègues et surveille l'atelier par une petite fenêtre grillagée servant à donner le matériel aux ouvriers à travers la porte de son magasin.

C'est surtout pour des procédures de licenciement collectif que d'autres affaires donnent lieu à des péripéties animant mes journées. Les établissements T… tiennent un marché en or. Ils fabriquent des chaînes de convoyeurs roulants pour les bagages des aéroports, le tri postal et les centres de tri automatique des marchandises les plus diverses. Ils sont installés dans ce qui est depuis plusieurs décennies la principale rue industrielle du vieux Vénissieux, la rue Francis de Préssensé. Tous les cinquante ou cent mètres, de chaque côté une société remplit ses ateliers d'un personnel largement influencé par l'union locale, située à la Maison du Peuple, au bout de cette rue. Dans cette société, tout est essayé pour se séparer du maximum de syndiqués puis du délégué syndical, puis même pour se débarrasser des ateliers[264]. Dans les rapports réguliers de la société et de l'inspection, comme dans les procédures de licenciement, cela se voit comme « le nez au milieu de la figure » : la stratégie sociale passe par ces évictions. De déménagements en achats, dépôts de bilan et reventes, la vie de l'entreprise est rythmée par des licenciements économiques, malgré la vigueur et la persistance de ses marchés. En prenant les locaux et le personnel d'une autre entreprise, la société vient de Villeurbanne. Mais un dépôt de bilan permet de licencier la moitié du personnel. Les restants comprennent. Ils s'arment d'un syndicat implanté peu à peu jusque dans la maîtrise, et aussi d'une cellule du parti. Le personnel des établissements T…, bien conduit par le délégué syndical Jean Mardirossian, par ailleurs conseiller municipal et maire adjoint communiste de Décines, ne renonce pas à faire régulièrement grève pour relever les salaires, faisant appel à la médiation de l'inspecteur, médiation systématiquement refusée par la direction. Les licenciements recommencent avec des charrettes de neuf licenciements[265] incluant l'un ou l'autre des délégués ou les deux, Jean Mardirossian et un ouvrier plus jeune Alain Ney. L'inspecteur refuse. Le directeur régional délègue le suivi de l'affaire à mon prédécesseur à Vénissieux, Michel Aviron-Violet, adjoint chargé des recours. Il connaît donc bien l'entreprise et obtient la confirmation du refus par le ministre. La société porte l'affaire au tribunal administratif qui confirme aussi.

Par la suite la société revient à la charge. Elle entend sous-traiter et fait une nouvelle demande de licenciement collectif incluant à nouveau Jean

[264] Cependant la société persiste à garder son siège et ses bureaux d'études à Vénissieux.
[265] Dont la procédure est simplifiée et les délais écourtés, par rapport à des licenciements de dix salariés et plus.

Mardirossian[266]. L'inspection du travail observe assez facilement l'appel croissant à l'intérim, à la sous-traitance, aux heures supplémentaires, en particulier pour les ouvriers monteurs sur chantier. Le licenciement est à nouveau refusé pour tout le personnel actif ne cherchant pas l'issue honorable d'une préretraite ou d'un départ négocié. L'entreprise est alors vendue à un repreneur pour un prix très élevé mais qui continue à travailler pour T... C'est une opération cachant une continuité de stratégie commerciale et de politique sociale. L'entreprise dépose alors à nouveau son bilan pour obtenir plus facilement des licenciements du syndic. À nouveau, 50 % du personnel et 80 % des délégués sont licenciés, soixante sur un effectif de cent vingt personnes, même celui de Mardirossian. Ayant tenu jusqu'à l'âge d'une préretraite, il décide de cesser le combat. Finalement le précédent employeur, celui qui tient le marché des tapis roulant d'aéroport, rachète pour un franc symbolique sa précédente entreprise. Les aéroports s'équipent toujours auprès des sociétés de ce groupe.

Non loin, dans la même rue, les établissements D... sont le premier fabriquant mondial de briquets mais aussi l'une des deux seules entreprises dépourvues de représentation syndicale sur Vénissieux. Ils emploient une main-d'œuvre féminine, jeune, sans qualification, ne tenant pas à faire long feu dans de tels emplois[267]. Chaque matin, tout le monde se trouve rassemblé, en foule, devant le bureau de la contremaîtresse en chef, pour recevoir son affectation de la journée sur une machine ou un banc de machines. Un certain nombre de machines, préparées la veille ou dans la nuit, sont prêtes pour façonner, imprimer et remplir les lots de briquet de la journée. Lors de chacune de ses visites, l'inspecteur ne voit donc jamais fonctionner les mêmes machines. De temps en temps un agent d'entretien, nouvellement arrivé ou fraîchement intégré dans la maîtrise, ose se risquer aux élections de délégués du personnel. Il vient furtivement poser quelques questions à ma permanence. Elles ont généralement un impact plus individuel que collectif. Peu après, il abandonne ses mandats électifs ou quitte l'entreprise.

Pendant de nombreuses années, l'affaire est florissante. Mais quelques années après mon arrivée, elle s'engage dans une stratégie de délocalisation vers l'Extrême Orient. Les techniques de gestion du social sont les mêmes que chez T... Mais je n'ai pas d'interlocuteur du côté des salariés. De ce fait dans les procédures, faute de soutien interne dans l'entreprise, je ressens au plus haut point la difficulté de la situation d'équilibre de la terreur dans laquelle je me trouve avec ma propre hiérarchie, risquant de ne pas soutenir mes décisions. À cette époque, mon directeur est L... Nous sommes en train de croiser le fer suite à « l'affaire » des brioches. Il est en train de réduire mes primes trimestrielles. Nous préparons nos dossiers respectifs pour le tribunal administratif.

---

[266] Entre temps le délégué Alain Ney profite de l'une des phases de recours pour négocier son départ, cherchant un avenir meilleur.

[267] Pour une grande part des jeunes filles habitant la ZUP des Minguettes toutes proches.

Pour supprimer par étapes le site de Vénissieux et réduire le personnel permanent, D… commence par utiliser le très fort turn-over. Il utilise un grand nombre d'intérimaires et de salariés en contrat à durée déterminée. Simultanément, il installe la sous-traitance sur des sites d'Asie du Sud-Est. Dans les procédures de licenciement collectif, un noyau de salariés permanents s'éveille. Le comité d'entreprise se réveille aussi et contacte l'Union locale. Sur mes conseils, il invite un cabinet d'experts comptables spécialisés. Nous sommes quelques inspecteurs commençant à nous immiscer dans ces raisonnements économiques relatifs aux systèmes parallèles de dépense pour la force de travail. Nous appuyant sur un stage de formation suivi à l'INTEFP, nous nous mettons à lire les bilans. Sur plusieurs années, nous cherchons les lignes comptables faisant apparaître la masse salariale, les fabrications extérieures et les appels à l'intérim. Les coûts salariaux de l'intérim sont évidemment plus lourds que ceux des salaires directs. Dans l'intérêt de l'emploi, du maintien de la cohérence des sites, il est alors facile de justifier des refus.

Mais il faut être prudent et ménager des décisions de refus partiel. Dans le cas de la Société D…, mon inquiétude est grande de savoir qui veut partir et qui veut résister. La représentation salariale n'est pas fiable. Il me faut entendre les individus. Toute cette alchimie bien acceptée de quelques inspecteurs est de l'hébreu pour mon directeur. Il me faut pourtant lui rendre compte, le préparer à ma décision qui va heurter l'entreprise. Finalement, l'ambiance de résistance tient. Ma décision, collant d'assez prêt aux demandes du personnel, passe favorablement le cap de l'approbation par L…, même si nous sommes en train de croiser le fer au tribunal administratif, sur d'autres sujets.

Ensuite viennent les recours ministériels. C'est une autre affaire. Les instances chargées de préparer et rédiger les rapports destinés à l'administration centrale ne peuvent procéder comme la section d'inspection. Ils ne sont pas aussi facilement suivis dans leurs orientations. Pour la Société D…, L… ne peut recommencer à son niveau le travail d'écoute individuelle que j'ai effectué. Il est aussi dans l'impossibilité de démonter mon enquête attestant de l'importance de l'intérim et des délocalisations en cours. De plus dans cette affaire de licenciement de salariés ordinaires, comme dans tous les licenciements de délégués, il ne souhaite pas se faire mal juger par le monde syndical lyonnais, et critiquer mes décisions. Je suis donc amené à vérifier à nouveau l'état des résistances individuelles. Un certain nombre de personnes s'ajoutent à celles qui ont déjà demandé leur compte. Un compromis de second niveau maintien quelques refus tout en élargissant le licenciement. Finalement l'équilibre de la terreur interne au service s'avère favorable aux salariés dont j'ai la charge[268].

---

[268] Dans les procédures de licenciement, les décideurs locaux avouent assez souvent leurs stratégies d'externalisation, à leurs interlocuteurs de l'inspection ou des directions du travail. Ils déclarent ne pouvoir faire autrement, souvent mal à l'aise, étroitement surveillés par leur personnel mais aussi par leurs sièges. À la direction départementale aussi on est gêné. Dans de nombreuses autres procédures, en revenant sur nos décisions

La plus haute activité que je dois assumer dans ma carrière se présente pendant huit années sur cette section de Vénissieux et consiste en la charge du contrôle d'un grand établissement industriel. De 1983 à 1991, je suis en effet l'inspecteur du plus gros établissement français fabriquant des poids lourds et des cars et bus, l'établissement de Vénissieux de la société L...[269]. Il s'avère que je suis, ici, l'observateur de la passion qu'ont les salariés pour la défense du poids lourd et de leur entreprise, mais aussi de l'acharnement mis à démanteler ce site industriel et cette immense collectivité de travail.

L'histoire de cette entreprise explique le caractère acerbe de ses relations sociales. Mise sous séquestre à la Libération, elle est alors dirigée, quelques brèves années, par des gens proches de la CGT et du PCF. Pendant la période de la guerre froide, les acteurs et les soutiens de cette direction temporaire sont ensuite brutalement éliminés. Dans le cadre d'une vaste opération de contre-épuration, quelques cent cinquante délégués et militants sont licenciés en peu de temps avec l'autorisation de l'inspecteur du travail. En 1968, R... est occupé. Mises dans un autre ordre, les lettres de son nom forment le mot « Liberté », trônant sur la façade monumentale d'un bâtiment de plusieurs centaines de mètres de long[270].

Dans une enceinte bien close et gardée par des « portes », c'est une sorte de ville industrielle contenant plusieurs usines ayant chacune sa direction, ses délégués du personnel, son CHS-CT. Le comité d'établissement et les syndicats sont communs au site, donnant une énorme cohésion à son personnel ouvrier. Une hiérarchie de directions des ressources humaines veille sur le calme fragile ou le trouble régulier de cet ensemble[271]. Celle du siège s'est éloignée en un lieu sûr à Lyon, quai Claude Bernard, à distance des revendications et des mouvements de

---

de refus ou en cisaillant dans des listes que nous avons sauvées avec difficulté, directeurs et adjoints ne peuvent s'empêcher de faire allusion aux pressions patronales et ministérielles qu'ils subissent. Il est certainement plus facile de faire acte de courage au niveau de l'inspecteur, qu'à celui du directeur. Toujours est-il qu'à une ou deux exceptions prêt nous sommes souvent déçus du manque de fermeté de nos directeurs et adjoints alors que les preuves sont criantes que ces industriels démontent sans vergogne l'emploi de nos bassins industriels. Nos banlieues se préparent des jours difficiles. Tous ces emplois filent en Asie du Sud-Est, en Europe centrale. Avec des coûts salariaux aussi élevés, l'Allemagne défend beaucoup mieux ses emplois. Ces transferts préparent des années noires. Il va falloir inventer le RMI et les stages parking. La fracture sociale va devenir un thème à la mode, excuse facile pour conversations de préfectures et discours électoraux.

[269] En fait le site est à cheval sur les communes de Vénissieux et de Saint-Priest. La direction Commerciale, le Centre des études et recherches, et l'usine des Ponts et des Essieux se trouvent sur Saint-Priest, contrôlés par un autre inspecteur, soit à peu près deux à trois mille salariés. Je ne contrôle que les huit mille salariés situés sur Vénissieux proprement dit et le centre commercial des véhicules d'occasion.

[270] C'est l'arrière fond d'imposants meetings, porte A ou porte B, dont les photos sont précieusement conservées et des discours d'Albert Rivat, ancien résistant, militant syndical historique de l'entreprise. J'ai la possibilité de l'interviewer sur sa vision de l'inspection. *« Comment est perçu le fonctionnement de cette institution de la Libération au début des années 1980 ? » 100 ans d'inspection du travail*, supplément « Service public », juillet 1992.

[271] Mon rôle dans les micro-grèves qui se déroulent à peu près chaque semaine, quinze ouvriers d'une équipe une semaine, trente personnes d'un bâtiment un autre jour, se limite à faire une fiche de statistique. La préfecture les demande parce qu'elle et moi en entendons parler, mais dans les services, personne n'intervient.

foule : le personnel ouvrier a l'habitude de défiler dans « les grands bureaux » pendant les heures de travail. En dessous du directeur du personnel du siège, le directeur des ressources humaines du site et les chefs du personnel de chaque « bâtiment » se concertent en permanence, pour savoir comment réagir. En outre, il y a aussi deux directeurs fonctionnels, celui de la formation et l'ingénieur de sécurité du site, M. G.... À lui seul, il est un État dans l'État, toujours très courtois avec moi, même lorsque ma visite doit conduire à dresser un procès-verbal à l'un des directeurs. Je veille à entretenir les meilleurs rapports. Nous avons besoin l'un de l'autre. J'accrois son autorité en participant aux réunions interentreprises qu'il organise avec les délégués du CHS pour discipliner les sous-traitants du site, nombreux dans les moindres recoins de bâtiments, laissant tomber des marteaux du haut des charpentes ou encombrant les allées et bâtiments de leur matériel et de leurs chantiers.

On aurait bien aimé que je me limite à n'être qu'un inspecteur des questions d'hygiène et de sécurité. Mais ce n'est ni mon profil ni le défi que j'ai à relever. Ces directions complexes et le ministère conjuguent leurs contacts pour traiter certains sujets directement à Paris, court-circuitant mon échelon, sans l'informer ni le consulter. Je ne sais pas si le dialogue est positif entre l'échelon ministériel et l'entreprise, mais en dehors des questions de sécurité, force est de constater qu'au niveau de l'inspection, toutes mes demandes se heurtent à peu près uniformément pendant huit années à des réponses négatives.

J'ai cependant de nombreux atouts pour être informé assez vite et intervenir sur toutes les questions. Je suis seul pour agir et décider, mais j'ai au moins cent cinquante paires d'yeux et d'oreilles qui furètent partout où elles le peuvent. Et dans l'établissement j'ai en face de moi, au moins une douzaine de dirigeants chargés du personnel et de freiner mes ambitions de contrôle. On pourrait me croire en situation d'infériorité. C'est l'inverse. Dès lors que ma stratégie est d'être à l'offensive pour faire appliquer une législation sociale en développement. En face de l'inspecteur, les directions sont le plus souvent paralysées dans l'attente des réunions au cours desquelles elles apprennent la conduite à tenir en fonction des directives de leur hiérarchie. En contrepartie des avantages stratégiques dont je dispose, la rapidité de décision et d'intervention, la position d'offensive, j'ai pour handicap le fait de devoir effectuer plusieurs centaines de mètres à deux kilomètres, à pied ou en voiture, entre l'instant où je franchis l'une des portes soigneusement gardées et le lieu que je veux visiter. Pour arriver au but, Il me faut donc de dix à vingt minutes. À pied, je marche d'un pas rapide et digne et en évitant de prolonger les conversations avec les gardes et quiconque, tandis que sonnent partout les téléphones avertissant que je suis dans l'enceinte. En outre dans cette ville de bâtiments, d'ateliers et de bureaux, il n'est pas toujours facile de trouver le lieu précis où intervenir.

J'ai un grand nombre d'indicateurs pour procéder à une préparation minutieuse de mes apparitions. Mais même avec eux, pour jouer honnêtement le jeu, je reste laconique sur le moment et le point exact de mes passages. Dans ce monde prompt à bavarder sur ses contacts avec l'inspecteur, il est trop à craindre que quelqu'un ne dérape et que le message codé soit entendu de l'encadrement sur mes prochains objectifs de chasse. Malgré le contexte difficile, j'arrive ainsi à faire des visites surprises permettant de prendre sur le vif des situations de fait et des témoignages de première main. Ce sont choses difficiles dans un établissement de huit mille personnes où beaucoup de propos et beaucoup de démarches sont préparés d'avance en fonction de conflits récurrents. Au bout d'un certain temps, la direction se montre très inquiète de ce que ses propres cadres, pourtant soigneusement tenus en main, peuvent lâcher comme information. Un jour, elle sort une note interceptée par les représentants du personnel : les cadres ont pour consigne de ne me parler sous aucun prétexte et de ne pas répondre à mes questions, afin de ne pas laisser transparaître des éléments préjudiciables à une défense ultérieure devant les tribunaux.

Le plus surprenant c'est que, dans cette entreprise appartenant au groupe nationalisé V…, phare de la question sociale en France, sous un gouvernement de gauche, élu dans un élan populaire peu commun, on ne craigne pas de faire figure de bloc de résistance aux demandes sociales. La société L… n'en est plus, comme la société R… dans les années 75, à tenter de monter des syndicats fascisants. Mais face à son interlocuteur principal, la CGT, et même face à l'inspection du travail, sa réponse est à peu près toujours « non ». « Non » aux moindres de mes lettres, même celles engageant le moins de grands principes de représentation du personnel. Non à mes remarques sur l'appel à des contrats précaires, non à des lettres visant simplement à résoudre à l'amiable un cas social évident. Du moment que le salarié passe par l'inspection du travail, il se prive même de pouvoir discuter à l'avenir avec la direction. On oppose ostensiblement la voie hiérarchique interne à la voie représentative et même à la voie administrative externe.

Les délégués reçoivent en outre des séries de lettres disciplinaires et les salariés qui ont le malheur de se montrer un peu en leur compagnie, ou sont définis comme tel par leur encadrement doivent craindre de se retrouver sur les listes à venir de licenciement économique. Ceux-ci ne cessent, en effet de venir à maturité, chaque année, comme des fruits tombant de l'arbre à la saison convenue. Dans un contexte de lutte sournoise pour ou contre la réduction des effectifs du site, il faut tout faire pour isoler les délégués du personnel, créer un climat de crainte dans le personnel et neutraliser l'inspecteur et tout ce qui pourrait freiner le plan à long terme de réduction du site. Bien entendu une telle attitude ne peut qu'armer contre la direction, le collectif ouvrier et les syndicats par ailleurs très structurés, acculés le dos au mur[272].

---

[272] Plus que tous les autres, ce chapitre se limite à décrire la vision que je peux avoir suite à mes contacts de travail. Mais tout est conservé aux archives départementales et peut être à nouveau analysé avec un autre point de vue. Les dossiers de l'inspection concernant cette entreprise et son site de Vénissieux sont les mieux

De fait, le climat que j'observe est marqué, à tout instant, par cette régression permanente non seulement des effectifs ouvriers mais également des effectifs des employés, des techniciens et des cadres de la fabrication. Beaucoup de moyens sont employés pour y parvenir. À de nombreuses reprises, je suis surpris de constater combien les cadres ne croient plus à leur filière poids lourds et à leur entreprise. Alors que les transports par route se développent, ils considèrent que leur activité est menacée en France. Au même moment les concurrents étrangers, les Allemands, le Suédois et même l'Italien, résistent et conquièrent des parts de marché, notamment Mercedes. Cette dernière marque, en particulier, est bien soutenue par les réflexes nationaux de sa clientèle nationale. Des industriels allemands sont connus pour être capables de refuser une marchandise livrée par un véhicule français ou japonais. En France, au contraire, les transporteurs se font un plaisir d'exhiber leurs cars et camions Mercedes. Ils en attendent une estime renforcée de leurs clients. À l'opposé, animés par le syndicalisme, les ouvriers sont des militants, des résistants du poids lourd français, en même temps que de leur syndicat et éventuellement de leur parti.

Le climat social de cette entreprise est donc une guerre intestine permanente. Dans cette guerre, par son action ou son inertie, l'inspecteur du travail est un atout des uns ou des autres. Tous ont conscience, en surestimant même le fait, que les positions de l'inspecteur varient en fonction de sa couleur. D'ailleurs, les directeurs départementaux successifs du Rhône ne trouvent pas toujours des volontaires de leur goût pour aller travailler sur ce front. Les années 1960 à 1980 sont en fait une longue période au cours de laquelle se succèdent deux inspecteurs CGT, avec une alternance de trois ans assurée par un inspecteur CFDT, considéré également comme engagé. Ce sont en fait trois décennies d'inspecteurs militants influencés par le vent de 68.

Mais à défaut de pouvoir imaginer un avenir positif au site, dans la ligne de la grande époque des R...[273], la direction poursuit de façon inflexible la dispersion de certaines fabrications vers d'autres sites. On voit même, un jour, des plans tendant à installer sur les lieux une cité olympique dans l'hypothèse où la ville de Lyon serait retenue pour recevoir les jeux. Dans ce contexte, toute négociation positive est refusée au syndicat dominant.

Pour l'entreprise, l'avenir du site de Vénissieux semble attendre une redéfinition complète et une vente de terrains. Dans un premier temps elle tend à en faire un vaste lieu de stockage de pièces de rechange et un regroupement de quelques ateliers d'essai pour de nouvelles fabrications. Ainsi, pendant mes années vénissiannes, les immenses ateliers de montage des camions deviennent un

---

conservés du département. Je ne cherche pas à substituer ma relecture des évènements aux analyses de chercheurs, historiens ou juristes, qui pourront mieux faire la part des choses et apporter des précisions. Je ne peux m'étendre non plus outre mesure, bien que je puisse citer des masses de faits et d'éléments sur ces huit années.

[273] Correspondant à l'essentiel des Trente Glorieuses.

gigantesque lieu de gestion et de stockage des pièces de rechange des anciens modèles. Le hall de montage des cars et bus se vide peu à peu en faveur d'une usine d'Annonay. Le Hall 26 sert à des essais de carrosseries synthétiques qui seront ensuite sous-traitées dès que l'on aura défini les bonnes méthodes pour les réaliser. La fonderie comportant en fait deux fonderies, l'une de fer et l'autre d'aluminium, voit ses fabrications décroître rapidement et passer en sous-traitance, pour une grande part. La forge n'est plus que l'ombre d'elle-même, bien qu'elle garde encore deux ou trois gros outils en activité. Dans les grands bureaux, des services stratégiques se développent, en particulier les services « des achats ». Cela veut dire simplement que de petites équipes veillent à faire produire par de nombreux sous-traitants des portefeuilles de fabrications externalisées. Les fabricants sont tenus étroitement sous la menace de perdre les marchés, soit en cas d'apparition d'un moins-disant, soit en cas de défaillance technique.

Pendant au moins six des huit ans que je contrôle l'établissement, les plans sociaux se succèdent selon un rythme annuel. À mon arrivée je trouve un établissement de près de huit mille personnes. Je le quitte avec un peu plus de cinq mille. Il se transforme profondément. Mais les hommes qui mènent cette guerre restent étonnement les mêmes. Sauf sur un point, qui constitue, en un sens, la plus grande victoire de la direction, à entendre ses réactions feutrées : les effectifs ouvriers majoritairement influencés par la CGT étant les plus gravement touchés, la majorité du comité central bascule au profit de la CFDT. C'est l'effet de la perte relative de poids du plus grand établissement de l'entreprise et celui de l'augmentation relative des employés, techniciens et cadres. Des évolutions diverses se produisent aussi dans d'autres grands sites de fabrication. Une nouvelle majorité composite mais en tout cas hostile à la domination de la CGT s'installe à la tête des œuvres sociales.

Pendant cette période, mon activité est d'abord sous-tendue par un certain nombre d'affaires d'hygiène et de sécurité. La plus intéressante soulève à la fonderie la question de la protection des automatismes. Un accident survient sur la ligne 17. Dans ce sous-ensemble de six cents à huit cents personnes qu'est la fonderie, cette ligne de fabrication remplace plusieurs autres antérieurement supprimées. Elle est l'un des derniers grands investissements engagés sur le site. Toutes les phases de fabrication sont automatiques et intégrées. Des chariots attachés comme les wagons d'un train tournent sans cesse en circuit fermé. Avec des temps de démarrage et des temps d'arrêt, ils montent et descendent dans tous les étages de l'installation. Ces chariots sont des moules se chargeant de métal en fusion. Ils sont transférés d'étages en étages pour le moulage puis le refroidissement jusqu'au décochage. Un jour, l'ouvrier d'entretien Peno se fait prendre et mutiler dans une zone de ces mouvements automatiques entre des parties fixes de bâti et des parties mobiles d'un tapis de la chaîne. Il a le bras arraché. Je fais application, il me semble, des nouveaux décrets du 15 juillet 1980, en trouvant suffisamment d'éléments pour évoquer la responsabilité de l'utilisateur, le directeur de la fonderie et non le vendeur de l'installation.

Le procès-verbal ayant parcouru lui aussi toutes les étapes de son voyage à travers la direction du travail et le parquet, la 5e chambre correctionnelle de Lyon organise une de ses séances, in situ, dans le cœur de la machine elle-même. Elle prévoit d'avoir quelques difficultés à comprendre un mécanisme si complexe et à se faire expliquer ce qu'est cette immense machine de plusieurs étages, employant plusieurs dizaines d'ouvriers. Ayant repoussé l'idée d'envoyer un expert ou l'un d'entre eux, les juges sont là, au complet, avec greffier, avocats, témoins et l'inspecteur. Ils ont envie de prendre l'air. En fait, ils viennent se remplir les poumons de la poussière qui se dégage de la ligne en de nombreux endroits. Très compacts, pratiquement sans ouvertures, éclairés nuit et jour, les lieux sont noirs de sable, celui qu'on appelle le « noir » de fonderie. Comme l'accident est grave, il n'y a heureusement pas de grande inquiétude à avoir sur l'issue du procès. La condamnation est à peu près certaine. Les seules questions posées sont celles du niveau des responsabilités et de la gravité des peines.

Tel est l'heureux sort de l'un de mes premiers procès-verbaux dressés à l'encontre de l'une des directions de cette société. Ce n'est malheureusement pas le cas de bien d'autres. Le parquet a une fâcheuse tendance à enterrer les poursuites pénales concernant un employeur aussi important. En huit ans, je dois lui en proposer une douzaine, fort peu au regard de la multitude des problèmes susceptibles d'entraîner des poursuites que je traite. L'ensemble fait au moins cent vingt pages de rédaction et requiert des semaines et des mois de travail. Avec les annexes, il pourrait constituer un bel opuscule, sur des chapitres très divers.

L'un d'entre eux fait suite aux sollicitations d'un groupe de femmes du service des achats se plaignant de discrimination par rapports à leurs collègues masculins. Ceux-ci sont qualifiés acheteurs plus facilement qu'elles. Elles sont défavorisées tant par les portefeuilles d'achat accordés que par le niveau des salaires et la qualification reconnue. Pendant plusieurs heures, j'auditionne. La hiérarchie m'explique les systèmes de répartition des portefeuilles, les équipes chargées de les exploiter, avec des niveaux de classification, de rémunération et d'organisation. J'entends des collègues masculins de ces acheteuses reconnaissant la discrimination, dont l'un des rares délégués CGT du personnel des « grands bureaux ». Une rétrospective des carrières de ces femmes et de celles des hommes conduit à admettre des propensions à l'ascension, quasiment nulles dans certains cas, favorables dans d'autres. Malheureusement le parquet classe ma volumineuse littérature. Suite à de longues discussions en réunion de délégués du personnel, ce travail aboutit cependant à des évolutions positives pour les intéressées.

Un autre volumineux travail nécessite plusieurs semaines de contrôle. J'appelle à l'aide les contrôleurs de la section. L'objectif est de constater d'éventuels abus dans l'emploi constant de plus d'un millier d'intérimaires. Il faut feuilleter une masse de contrats d'intérim, une dizaine de registres d'entrées et de sorties du personnel, remplis de la première à la dernière page, sur lesquels des mentions précisent que chaque individu remplace le plus souvent un absent. Mais il s'avère qu'il n'y a pas de lien entre les postes des absents de longue durée et ceux des intérimaires, toujours les mêmes, dont seuls les contrats sont renouvelés artificiellement. En fait, un surcroît de travail s'étale sur une période de plus d'un an et demi de développement du marché du poids lourd. Un nombre impressionnant d'infractions est relevé mais il n'impressionne pas le procureur. Pour mener une procédure contre le plus gros employeur de l'agglomération, il faut que parquet et juges du siège aient le temps et considèrent l'affaire comme stratégique. L'appel massif et durable à l'intérim ne l'est pas. C'est l'un des souvenirs les plus négatifs de ces années d'inspecteur : voir le peu de cas que les autorités judiciaires font de notre travail. Beaucoup de procès-verbaux lyonnais sont classés dans toutes les sections. Le parquet de Lyon est plus motivé par les dossiers financiers et les affaires de fausses factures. Il n'accorde qu'un petit pourcentage de son temps à ces délits en cols blancs touchant le monde du travail.

Beaucoup de grands travaux d'inspecteurs sont des travaux d'Hercule. Ils supposent un ou deux ans pour recueillir les éléments, sans parfois aboutir à un procès-verbal. Pour citer un exemple, je quitte la section sans achever une affaire de discrimination syndicale atteignant, une équipe de représentants du personnel éliminés durant des années des promotions vers la catégorie des cadres. Le chef de file de ces victimes est Jean Lacroix. Quinze ans plus tard, il m'apprend que l'affaire, poursuivie par la voie de la citation directe, est finalement jugée en leur faveur. Mes premières enquêtes ont été très utiles. Elles m'ont fait débarquer, un jour à l'improviste, dans différents bureaux, ayant au préalable bien pris soin de m'assurer de tomber au bon moment, au bon endroit, sur les personnes acceptant de témoigner à leur poste, d'éléments précis attestant de ces discriminations. Pas facile de trouver ainsi trois ou quatre personnes au milieu de cinq mille autres. Elles ne seraient pas venues à ma permanence pour en faire autant et n'auraient pas été dans le contexte me permettant de visualiser les faits.

Durant ces années je vis presque quotidiennement en contact avec cette entreprise. Elle occupe le tiers de mon temps. Le souvenir le plus vif reste attaché aux plans de licenciements qui se succèdent chaque année. Ils forment sur mon bureau et dans mes placards comme des strates géologiques de sédiments superposés. Les étapes de chaque plan précédent se poursuivent tandis que la nouvelle couche arrive. Pour commencer, les délégués me contactent pour sauver du naufrage un certain nombre de simples salariés pris dans les filets des listes annoncées. Par ailleurs dans une entreprise de cinq à huit mille personnes, atteinte d'un fort vieillissement, du fait de l'arrêt des embauches, il n'est pas impossible de trouver quatre ou cinq cents personnes volontaires pour bénéficier des incitations au départ. Entrés à quatorze ans, ayant accompli vingt ou trente ans de travaux répétitifs, ingrats et subalternes, des salariés aspirent à changer de vie. Les préretraités des années antérieures font des envieux. Mais il y a aussi tous ceux qui résistent, les six ou sept mille autres qui ont emprunté pour leur logement, se satisfont de l'équilibre trouvé pour gagner leur vie. Parmi eux se trouvent toujours un petit nombre de personnes fragilisées pour diverses raisons, tombant dans le panier des victimes annoncées. Après quelques tentatives infructueuses pour en sortir par la voie hiérarchique, elles tentent le tout pour le tout, avec les délégués, pour obtenir un repêchage. Les délégations se multiplient. Le médecin du travail, l'inspecteur, le maire de la ville, sont mis à contribution.

Pendant que se déroulent ces démarches individuelles, le dossier principal du plan dit « social » est traité à Paris. Tandis qu'il est en cours de négociation, les bureaux parisiens et le directeur départemental se gardent bien de me mettre au courant des dimensions économiques et des mesures sociales de reclassement, de crainte que des informations ne filtrent en direction des syndicats et des intéressés. Il est seulement toléré que l'inspecteur signale quelques cas sociaux. La haute administration en soumet la liste à la direction. Celle-ci refuse toutefois quelque modification que ce soit de la liste établie par elle, s'enfermant dans une attitude quasi offensée, comme si elle n'était pas capable d'avoir préalablement détecté elle-même tous les cas sociaux. Ministère et inspecteur ne sont pas autorisés à tenter une autre définition du cas social, voire à émettre un doute sur l'appréciation de ses critères. D'ailleurs ces listes sont préparées de longue date. Une section de gestion informatique spéciale de ces exclus programmés est constituée sous l'appellation de section 6158. S'y retrouvent des salariés placés en situation de démobilisation progressive, y compris des élus et militants du personnel. Dans les cercles syndicaux, on parle de mouroir. Un atelier spécial est réservé pour des gens mutés en préparation de leur départ. Sans travail, ils y sont livrés à eux-mêmes. Ailleurs, certains sont rattachés à cette section 6158 sans être encore séparés de leurs collègues de travail mais peu à peu privés aussi de travail.

Selon les années on arrive ainsi à la résistance des « dix-sept » puis des « vingt et un »... Ces pauvres gens, souvent peu brillants sous l'angle de la santé, de la qualification ou sous tout autre rapport, entrent dans un chiffre dont l'effet est presque magique. Sous cette nouvelle appellation, ils deviennent collectivement célèbres. Pendant des mois et même des années ils sont interviewés, photographiés, font les titres des tracts, de la presse syndicale et même du grand quotidien local, Le Progrès. Par tous les cheminements possibles, l'administration est saisie et sommée de faire quelque chose. Elle finit par promettre des démarches. Mais il y a une grande différence entre oser apprécier la notion de cas social et oser ne serait-ce qu'une parole de véritable fermeté à l'égard d'une entreprise nationalisée. L'administration n'aime pas évoquer alors les moyens financiers importants précédemment accordés pour le soutien de l'emploi ou le crédit accordé à l'entreprise, voire les retards importants de paiement aux URSSAF. En fait, aucun n'est repêché. Dix-sept ou vingt et un au départ, ces appellations sont toujours utilisables plusieurs années plus tard.

Il faut dire qu'à part ces personnes brisées dans le désastre, pouvant basculer dans l'exclusion, auxquelles s'ajoutent un nombre non négligeable de candidats au départ se faisant des illusions sur leurs possibilités de refaire une vie professionnelle, la grande masse des victimes de ces prétendus plans sociaux ne sont pas ceux qui partent. Ce sont les jeunes des banlieues qui ne trouvent plus de bureaux d'embauche ouverts[274]. Cependant, au sortir du lycée professionnel, leur seule perspective est de rentrer sur des postes de fabrication à L... ou dans les zones industrielles voisines. Beaucoup de ceux qui acceptent de partir auraient bien voulu voir leur poste repris par un plus jeune. À court et moyen terme, avec leurs six cents à huit cents suppressions de postes, chacun de ces plans sociaux sont la préparation d'une augmentation de quelques pour cents de délinquance ou de dérives psychiatriques des garçons des Minguettes et autres quartiers populaires, condamnés au chômage. Trente ans plus tôt, on a fait venir leur grand-père et leur père du Maghreb. On a ensuite accordé des milliers de regroupements familiaux. On ne veut plus se préoccuper de ces milliers de jeunes nés sur le sol ou venus avec leur mère.

Pour l'inspecteur, se profile ensuite la seconde strate de la procédure, la charrette habituelle des délégués. Il retrouve sa pleine compétence. La direction plaide en général un seul argument : il ne faut pas que les délégués se sentent protégés par un statut exorbitant. À plusieurs reprises, cependant elle corse la chose en mêlant des procédures de licenciement disciplinaires aux procédures économiques. Des actes de résistance vigoureuse se produisant durant les procédures, facilitent l'opération.

Une année, la direction crée une agence de reclassement anticipant sur les décisions administratives attendues, une Association pour le reclassement du personnel, l'ARP. Elle est installée de façon spacieuse dans « la ferme », un bâtiment de la zone industrielle appartenant à l'entreprise, non loin de la porte C et des locaux du comité d'établissement et des syndicats. C'est l'une des actions majeures de l'entreprise pour faire passer les licenciements. Mais c'est aussi une provocation en plein déroulement de la consultation du comité. Pour soutenir la résistance et s'opposer à l'activité de sape réalisée par cet organisme, les syndicats organisent une grande action de protestation musclée. Les locaux de cette association sont visités par un imposant défilé conduit par tous les délégués. Au cours de la visite, quelques tiroirs de bureaux sont visités. Dans l'un, les visiteurs trouvent un fichier du personnel de l'entreprise et notamment une liste de gens destinés au plan de licenciement en cours. On y lit des appréciations dans une colonne, au regard des noms de ces victimes que l'on se promet d'aider dans leur reclassement. Les mentions sont édifiantes et devraient favoriser les contacts avec de nouveaux employeurs : « caractériel, barjot, désynchronisé, handicapé,

---

[274] À l'exception d'une poignée de jeunes sortant d'écoles, de une à quelques dizaines, qui sont tout de même recrutés, même dans les années les plus noires.

militant syndical, va à l'église le dimanche, communiste ». C'est naturellement le signal pour une hausse de la tension et un débordement de la manifestation jusque-là bien maîtrisée. Quelques pièces de mobilier sont malmenées. Les portes des bureaux de l'association sont murées avec des moellons. La presse est immédiatement sollicitée par les organisations syndicales pour dénoncer le scandale.

La direction au contraire, croit enfin l'heure venue pour tenir la possibilité de licencier quelques-uns de ces délégués si résistants. Mais il ne faut pas passer d'abord devant l'inspection du travail. Bien encadrée par ses avocats et ses équipes de ressources humaines, elle monte un grand procès lui permettant ensuite d'imposer une décision à l'inspecteur, jugement à l'appui. Au même moment, Une stratégie semblable est utilisée à l'encontre des « dix de Renault », pour quelque fait semblable survenu à Billancourt. Neuf délégués de L... sont poursuivis devant le procureur et inculpés pour dégradation de biens mobiliers et immobiliers, vols de documents, atteinte à la liberté du travail[275]. Dans cette inculpation se retrouvent le secrétaire du syndicat, le secrétaire du comité d'établissement, des membres des CHS, dont sept travaillant à la fonderie[276]. Tout se passe en dehors de l'inspection du travail, qui assiste en spectatrice. Mais cela se passe aussi dans la rue. Le jour de l'audience, c'est « l'usine morte à Vénissieux ». Toute la CGT à l'échelon national, secrétaires confédéraux, dirigeants et personnalités des métallos et de nombreuses branches, appelés en renfort, réalisent l'une des grandes manifestations de l'histoire de la rue lyonnaise. Trente mille personnes défilent dans Lyon et rejoignent « les vingt-quatre colonnes », le monumental tribunal correctionnel, près de la cathédrale. Au sortir du délibéré, les neufs sont relaxés et la direction condamnée aux dépens. Pour les habitués des prétoires, il paraîtrait que la direction a commis une erreur de stratégie en ne plaçant pas ses adversaires en mise à pied conservatoire. Cette précaution appliquée par Renault à Billancourt, serait le détail ayant permis d'aboutir au licenciement des « dix », autorisé par l'inspecteur du travail et le ministre, après condamnation de la chambre correctionnelle.

En pleine procédure de licenciement collectif, cette fois entièrement dans les mains de l'inspection du travail, une autre affaire de même nature, se déroule à la fonderie. Ce département très important de l'établissement de Vénissieux est touché chaque année par les réductions d'effectif. Le voyant menacé de

---

[275] Marc Blain, Antoine Di Ruzza, Robert Pietrzak, Marcel Coutaz, Jean-Marie Bertoux, Robert Mandrand, Pierre Scuderi, Azzout Mohand, Serge Bonnaz.

[276] Au même moment le syndicat CGT fait placarder une affiche selon laquelle vingt-huit de ses militants, tous mes principaux interlocuteurs habituels, sont soit inculpés, soit licenciés soit en procédure de licenciement. Avec photo en médaillon, y figurent, outre les neuf, Robert Pollet, Marc Meunier, Charles Mazari, Michel Coste-Chareyre, Rabia Chelloug, Chantal Morel, Noël Laurent, Françoise Navarro, Louis-Marc Chagnard, Jacques Figuet, Marcel Berthier, Robert Guiguet, Gilbert Boumeriche, Lucien Lazzarini, Gérard Vinolo, Denis Ligonnet, Georges Perrot, René Gielly, Claude Bonnaz. Seuls deux militants de premier rang de l'établissement n'y figurent pas : Robert Pellegrin, Annie Jambon, Pour chacun, nos rencontres fréquentes, dans mon bureau ou dans les ateliers, mériteraient un paragraphe particulier.

disparaître dans un avenir proche, les délégués organisent, avec les salariés du bâtiment, une nuit chaude consistant en une occupation des ateliers avec soudage des portails[277]. Grâce à une demande de dix-sept licenciements de délégués, j'ai droit, cette année là, à une étude approfondie de la carrière de ces militants, devenus pour la plupart des figures historiques pour leurs camarades[278]. Ce sont des ouvriers n'ayant parfois pas dépassé le CAP dans leur formation initiale. À force de meetings, de réunions syndicales, de réunions de comités, de congrès syndicaux, et de luttes constantes, ils sont devenus bons orateurs, analystes économiques, inventeurs de mouvements de protestation originaux. Robert Pietrzak, par exemple, entré à dix-huit ans derrière son père, au lendemain de son apprentissage, suit sa première grève durant sa première journée de travail, un débrayage ayant lieu dans l'atelier. Par la suite, il n'en manque pas une. Il gravit toutes les étapes des responsabilités ouvrières dans l'entreprise, syndicales comme politiques. Depuis quelques années, chaque fois qu'une contestation survient entre la direction et le syndicat[279], il collectionne les lettres d'avertissement et les mises à pied. Quand les défilés intérieurs s'organisent vers la direction c'est une grande armoire au visage bon enfant, derrière laquelle tout le monde se range, dans les montées en délégation aux grands bureaux. Ainsi que quelques autres, c'est donc lui que l'on voit et dont on note le nom pour identifier les auteurs de faits à déférer en justice. Connexité des appréciations à l'égard des élus et de celles concernant leur productivité et leur qualification professionnelle, rupture de contrat ayant pour effet de décapiter l'organisation ouvrière, un inspecteur aux qualités moyennes trouve facilement plusieurs raisons de refuser de tels licenciements. Les jeux sont plus complexes lorsque l'on arrive aux derniers de la liste, nécessairement moins mis en avant dans les relations conflictuelles.

Cette année là, l'un de ces dix-sept élus, Marcel Berthier, repéré lors du soudage des portails, est placé par la direction dans une procédure de licenciement disciplinaire concurremment aux motifs économiques[280]. Il me faut donc

---

277 Dans la nuit du 3 au 4 novembre 1986, la veille d'une réunion du comité central devant traiter du projet de licenciement.

278 Presque tous affectés à la fonderie, il se trouve qu'ils sont parmi les plus revendicatifs de l'établissement

279 Notamment dans les modalités de fonctionnement des institutions représentatives.

280 L'imbroglio juridico-judiciaire est révélateur du climat et des méthodes observables dans une entreprise à capitaux d'État, mais appliquant des politiques de ressources humaines semblables en tout point à celles en vigueur dans certaines entreprises du secteur privé. Marcel Berthier est une force de la nature comme excellait à en recruter le bureau d'embauche de L... dans les années 60 et 70. Il fait partie de ces ouvriers ruraux « ramassés » chaque matin par car depuis des décennies dans le Bas-Dauphiné. Il a vingt-neuf ans. Il a été embauché à dix-neuf, après un apprentissage dans le secteur artisanal de la machine agricole. Il est sur la liste des personnes dont la suppression de l'emploi est demandé. Mais dans le cadre d'une action menée par deux ou trois dizaines de délégués et militants, il est le seul convoqué à un entretien de mise à pied immédiate pour avoir soudé les portails de la fonderie. Un huissier, Maître A..., convoqué sur les lieux durant cette nuit d'incidents, l'a repéré. La Caisse régionale d'assurance maladie est également saisie d'une action « M. C... chef de bâtiment contre Berthier », pour coups donnés avec le genou aux parties intimes, ayant entraîné une déclaration d'accident du travail, lors des incidents entourant la tentative de réouverture des portes. Marcel Berthier est également

permettre à chacun de faire valoir sa version des graves incidents survenus durant ce soudage de portes et ensuite, dans la nuit au cours de laquelle quelques bousculades permettent à un cadre d'invoquer un accident déclaré à l'infirmerie voisine, par suite de coups volontairement donnés. J'organise une confrontation sur les lieux, dans le contexte nocturne où se sont effectués les opérations de soudure portant atteinte à l'entreprise et à ses bâtiments puis les incidents. Je veux être sûr de trouver l'équipe ayant assisté aux évènements et aux échanges de coup. Les uns affirment qu'ils sont assénés volontairement. Les autres qu'ils en reçoivent autant et qu'on se tient arc bouté pour former une muraille avec les corps, afin d'empêcher les assaillants de venir reprendre la maîtrise des portes et briser les soudures. En face, une importante cohorte de cadres et d'agents de maîtrise, directeur de bâtiment en tête, tente de former un éperon humain enfonçant la muraille humaine adverse. C'est la bousculade, un combat sorti du De Bello Gallico de Jules César, sans glaives, lances, flèches ou boucliers, mais où les genoux et les coudes peuvent créer quelques douleurs et contusions à certaines parties sensibles dans les deux camps. L'enjeu de cette nouvelle guerre n'est plus l'empire ou l'indépendance mais le droit de propriété de l'employeur ou celui de protéger l'outil de travail menacé de liquidation. Les archives départementales, avec toutes les procédures et même mes notes manuscrites nocturnes, attendent les historiens souhaitant récrire l'histoire.

Pour ce qui concerne cette seconde couche géologique envahissant mes placards, ces évènements sont clos par un refus général des licenciements tant disciplinaires que purement économiques[281]. Mais une nouvelle couche sédimentaire vient aussitôt s'entasser sur elle. Ma décision fait l'objet d'un recours hiérarchique, occasion de résumer à nouveau toute l'enquête dans plusieurs rapports de l'inspecteur et des directeurs adjoints du département et de la région. Puis, le ministre ayant confirmé partiellement, des recours au tribunal administratif sont déposés. L'année suivante, nouveaux rapports des mêmes, alors que le plan social suivant s'ouvre déjà avec ses premières phases désignant de nouvelles victimes.

Suite à ces décisions, comme beaucoup de mes collègues, je rédige des dizaines de rapports tous plus volumineux que les précédents. Le ministère nous suit le plus souvent, les tribunaux aussi dans des proportions importantes. Même sans grand espoir de faire basculer les décisions, la direction de cette entreprise, comme les autres, tient à ces longues démarches offensives. Faisant durer les procédures, elles sont nécessaires comme justification pour la perspective des

---

convoqué pour un avertissement après avoir fait signer une pétition contre les licenciements en un lieu et une heure non autorisés. Enfin il est en prud'hommes pour non-paiement d'heures de délégation de membre du CHS par suite de la dénonciation d'un accord antérieur. Finalement l'inspecteur du travail refuse son licenciement le 18 février 1987. Suite au recours de la direction, le ministre Philippe Séguin autorise un licenciement pour motif disciplinaire le 6 août 1987. Le tribunal administratif de Lyon casse cette autorisation le 7 juin 1988. Marcel Berthier est réintégré le 13 juin. La direction saisit le Conseil d'État qui confirme la décision lyonnaise.

[281] Sauf peut-être un ou deux délégués consentant à leur départ pour de nouveaux horizons professionnels.

plans suivants. Elles visent aussi l'épuisement de l'adversaire. Un certain nombre de délégués finissent par sortir des effectifs en touchant quelques indemnités négociées entre temps. De plus les structures syndicales s'épuisent dans les démarches administratives et les efforts financiers exigés par les recours. D'un côté les licenciements leur font perdre des adhérents. Les salaires à la portion congrue, ne facilitent pas la rentrée des timbres. Mais les dépenses de défense syndicale sont de plus en plus élevées. Constamment sur la défensive, les syndicats ne parviennent pas à se remettre en situation d'offensive, notamment sur les salaires ou pour réagir aux entraves devant les tribunaux correctionnels. Chez L... cet amoindrissement est particulièrement visible sur le plan des structures du PCF interne à l'entreprise. Dans les années 1980, la section du PCF est l'une des plus grosses sections de la fédération du Rhône avec plus de cinq cents adhérents. Mais ces revers des plans de restructurations aboutissent à une grave crise et à sa quasi-disparition. Lors de la reprise de l'activité arrivant dans les années suivantes, l'établissement n'embauche plus d'effectifs directs permanents mais des intérimaires. Ce sont autant de salariés ne pouvant pas prendre leur carte syndicale.

Au bout de toutes ces années, pour ce monde ouvrier engagé dans la défense de son industrie, comme pour l'inspecteur du travail, le plus insupportable est de voir que le gouvernement de la gauche, tant attendu, laisse faire. Sorti du retournement électoral de mai 1981, il est un rebond tardif des évènements de 68, mais les trahit par son inertie et le retournement de ses orientations. Les communistes tiennent des portefeuilles significatifs mais mineurs, aux Transports, avec Charles Fiterman, à la Fonction publique, avec Anicet Le Pors, à la formation professionnelle, avec Jack Ralite. Il en sort une série de réformes intéressantes. Mais ils sont soigneusement tenus à l'écart des fonctions clés du social et de l'économique, alors qu'ils sont porteurs d'une vision radicalement différente. Les ministres socialistes ont en main les destinées du gouvernement d'union et n'ont pas une politique industrielle offensive. Ils laissent se poursuivre une débâcle déjà largement engagée. Leur politique de nationalisation n'est pas un fer de lance pour une politique industrielle et sociale. Quelques années après avoir fait les plus grandes nationalisations de l'histoire, à peine cinq ans, on voit arriver les dénationalisations. C'est incohérent, et un gâchis inimaginable à long terme. De même sur le plan social, l'essentiel de la trace de ces gouvernements à dominante socialiste est un accommodement au libéralisme mondial. Pierre Bérégovoy, ministre des Affaires sociales avant d'être ministre de l'Économie et des finances, est peut-être le seul, par son suicide, à avoir donné le signal de la perception de l'impasse[282]. Comme le révèle l'ère

[282] Il tente une réflexion sur le statut de l'inspection du travail dans un discours d'inauguration de l'INTEFP. Bien que nous n'ayons jamais eu beaucoup d'informations sur ce suicide, je serai tenté de penser qu'en accomplissant ce geste, il est le ministre le plus honnête de l'ère Mitterrand, face à la débâcle créée par une absence de politique industrielle et sociale.

Aubry qui dure vingt ans, les ministres de cette période n'ont aucun vision constructive globale du droit du travail et du droit social. De plus, à son départ, Martine Aubry laisse ce ministère dans un état avancé de pourrissement. Elle ne prend guère le temps de venir le visiter et de penser un peu à son fonctionnement, à son organisation. Le drame est que le virage de la rigueur de début 82 fait tourner le dos aux possibilités de 81 et par elles aux espérances toujours vivantes de 68. C'est à peine dix mois après le 10 mai 1981. Il est trop facile de dire ensuite qu'il n'était pas possible de faire autrement. On a fait des choix. Ce virage est bien identifiable, au moment où les congressistes CGT de Lille[283] vont voir Pierre Bérégovoy, pour lui demander, en plein congrès, de revenir sur son plan de rigueur. De ce moment là date le début de la grande désespérance sociale et politique que nous devons ensuite gérer pendant vingt ans, entraînant la démoralisation multiforme de la classe ouvrière.

Ces souvenirs sont rédigés vingt ans plus tard. Dans le cas de la société L…, aurait-il été possible de faire autrement ? Une autre politique industrielle et commerciale du secteur du poids lourd et des cars aurait-elle été possible ? Avec une analyse globale, en intégrant les effectifs des sous-traitants, il n'est pas sûr que l'on produise le nombre de camions sophistiqués vendus aujourd'hui avec moins de main-d'œuvre en valeur absolue. Les qualifications sont cependant profondément différentes[284]. L'expatriation est discutable. De même que la volonté de retirer ce type de vocation industrielle aux grands ensembles urbains fourmillant de bras inoccupés pour ces qualifications, notamment dans les banlieues. Mais ces bras demanderaient à être sensiblement remobilisés par des perspectives de hauts salaires, accordés aux travaux directement productifs. Le mouvement de concentration des grands producteurs mondiaux est un autre problème, ainsi que la conservation du leadership des ensembles nouvellement créés. La politique industrielle de nos ministères a une fâcheuse tendance à les abandonner à d'autres. En l'occurrence, la filière poids lourds semble servir de monnaie d'échange pour conserver un pied dans celle de la voiture particulière. Dans ces logiques boursières, le respect des collectifs de producteurs et la logique des biens à produire ne sont pas pris en compte. Il est manifeste qu'une population mondiale croissant de six à huit milliards, en un demi-siècle, n'a que faire d'une concentration des producteurs de poids lourd et de cars et bus sous deux ou trois enseignes. Mais ce qui manque, à Vénissieux comme à Lyon, sur le Quai Claude Bernard, et à Paris dans les ministères, c'est une volonté politique. Le problème est de savoir si une autre volonté politique suppose un autre régime que le capitalisme tel que nous le connaissons et si une inspection du travail peut-

[283] Ils viennent d'écouter, la veille au soir, la 9e symphonie de Beethoven, signe d'une évolution significative de cette classe ouvrière marquant son grand appétit de culture aux lendemains de l'accès au pouvoir de ses dirigeants, pour la première fois depuis trente ans.

[284] Une grande entreprise et une branche savent aujourd'hui organiser des transferts de formation et de qualification.

être, si peu que ce soit, un grain de sable dans le fonctionnement paisible de cet ancien régime. Même sans poser une question aussi ambitieuse à moyen terme, cette inspection est-elle une institution autorisée à poser des questions et à favoriser un système d'économie mixte tel qu'il a existé au lendemain de 45, jusque dans les années 80, et continue à justifier des chapitres entiers du Code du travail. Cette conclusion résultait du moins des prérogatives confiées en matière de contrôle des licenciements des salariés ordinaires. Elle demeure avec le contrôle des représentants du personnel. Par sa seule existence, ce type de contrôle suppose que l'entreprise soit autre chose qu'un collectif de capitaux mais un ensemble à cheval entre deux systèmes économiques et sociaux, associant une logique de capitaux avec des logiques de production de biens et services utiles et une logique des salariés pouvant avoir leur propre vision de l'entreprise, de son utilité, en même temps que de leurs intérêts propres.

À l'heure où ces lignes sont écrites, V… a acheté K…, un petit constructeur américain de poids lourds, il a vendu une partie importante de son capital à Z… qui a reçu la maîtrise d'ensemble. Z… vient de vendre ses secteurs Fonderie et Ponts & Essieux à une entreprise de Chicago, A… M…. Toutes ces combinaisons n'ont rien à voir avec une politique industrielle. Ce ne sont que des jeux d'actionnaires. Elles ont surtout des répercussions négatives sur les ensembles humains ayant la charge de ces productions essentielles. De la part des actionnaires, elles signifient un certain désintérêt pour la cohérence de la dimension sociale et industrielle de l'entreprise et des investissements financiers qui leur sont nécessaires.

Ch.20 Comment rendre les avancées durables ?

Après des années d'inspection, impossible d'oublier ces hommes sortis vivants de l'enfer de catastrophes au travail : ce grand brûlé entendu dans un pavillon d'Édouard Herriot[285], pris dans l'explosion d'un atelier de dégazage de wagons à Grigny. Ou cet ouvrier d'entretien broyé dans un malaxeur de sable de fonderie remis en marche de façon intempestive alors qu'il en burine l'intérieur[286]. Il s'en sort avec de multiples fractures au bassin, au thorax, aux membres. Le sectionneur de l'alimentation électrique aurait dû être équipé d'une condamnation en position d'ouverture. C'est souvent à l'occasion d'intérims de collègues en vacances que nous avons les accidents les plus extraordinaires. La coutume interne veut que celui qui commence l'enquête la mène à son terme. D'autres travailleurs ont moins de chance. Tombés dans l'enfer, ils y restent, tel cet homme mort enlisé dans une trémie de remplissage de camions. Il doit débloquer du sable agglutiné par le gel. L'inspecteur fait poser de grosses grilles sur les trémies. Il faut laisser passer les matériaux mais non le corps d'un homme. Ou encore ces deux techniciens de l'O…, retrouvés dans l'ascenseur au pied de la tour métallique de Fourvière. Une chute de plus de cent mètres leur a provoqué un gigantesque « coup du lapin ». Le câble porteur était entretenu selon les techniques d'un ascenseur enfermé à l'intérieur d'une colonne de béton. Il travaillait en fait dans les conditions d'un téléphérique de montagne. J'ai encore l'image de ces deux cadavres blafards allongés sur une table, à côté d'un monceau d'aiguilles de métal rouillé, petites comme des aiguilles de sapin, ce qui reste du câble.

Ce sont surtout les chantiers du bâtiment et des travaux publics qui apportent leur lot. Après avoir arpenté les tours des Minguettes en construction, je longe dans les deux sens, les tranchées puis les tubes du futur métro de la ligne D. Sur ces chantiers, comme dans ceux de voirie ou de construction de zones industrielles, des accidents sont liés au développement d'engins de levage d'un type très maniable, les grues télescopiques à flèche relevable, capables de déplacer et mettre en place des charges dans une grande variété de positions. Grâce aux premières applications informatiques utilisées sur les chantiers, de nouveaux moyens de sécurité apparaissent, les contrôleurs d'état de charge, les fameux CEC, de petits ordinateurs prolongés par des contacteurs et des appareils de mesure placés en différents points de la grue. Ils sectionnent tous les mouvements de l'appareil franchissant les limites des coefficients de sécurité, en raison de la longueur de la flèche, de la position des vérins porteurs ou du poids de la charge, s'ils mettent en péril la stabilité de l'ensemble.

---

[285] Le principal hôpital de l'agglomération ayant un service spécialisé de soin des grands brûlés.

[286] Accident traité à la F…, à Givors, à l'occasion d'un intérim.

Mais c'est encore le démarrage de fabrications limitées et un temps d'expérimentation. Cette électronique peine à fonctionner dans les conditions des chantiers. Les conducteurs d'engins les débranchent souvent parce qu'on leur demande de réaliser des manœuvres dans des conditions s'éloignant des conditions idéales pour lesquelles ils sont conçus. En outre ces dispositifs coûtent chers. Pour des engins approchant ou dépassant le million, ces CEC sont un coût supplémentaire de cinquante à quatre vingt mille francs. Majorer le prix d'une grue de 5 à 8 % pour des dispositifs débranchés par les ouvriers est dissuasif. Enfin le bon état de fonctionnement et l'état de marche effective sont difficiles à contrôler. L'inspecteur et le vérificateur de sécurité arrivent après un accident ayant sérieusement endommagé la grue. C'est le coût de l'arrêt de chantier, celui des matériels et matériaux endommagés, plus que la réparation des dommages causés aux salariés qui font surmonter finalement les inerties. La chute d'une grue avec sa charge endommage encore plus les ouvrages que les personnes.

Chose courante, quelques accidents importants font découvrir les risques et les solutions à l'inspecteur. La généralisation des ces sécurités vient ensuite. Sur ces appareils, les automatismes deviennent peu à peu la seule façon de respecter véritablement l'article 22 du vieux décret du 23 août 1947. Des enquêtes épineuses sont nécessaires pour savoir d'abord si les appareils sont bien munis des CEC, si ceux ci sont bien des meilleurs et derniers modèles. Il faut rechercher les preuves de ce qu'ils sont en fonctionnement au moment de l'accident. Les moindres indices de ce qui s'est passé avant l'accident, mais aussi pendant et après, peuvent mettre sur la voie. Les traces de roues dans le sol sont-ils ceux des premiers secours ou ceux de l'engin ? Le dégagement rapide de tant de charges est facilement l'occasion de maquiller les faits dans la terre meuble, notamment sur les chantiers de charpentes métalliques. Les maçons passent après les charpentiers. Lorsque ceux-ci sont en l'air et posent leurs poutres, le sol n'est pas définitivement remblayé et bétonné. Dans ces travaux, les charges pondéreuses sont nombreuses. Les forces à fournir augmentent considérablement selon la distance à laquelle il convient de faire les manipulations. Les conditions de stabilité sont d'autant plus délicates à assurer que les appareils ont des bases réduites. Le cas extrême est la grue à tour qui effectue des travaux d'Hercule à des distances étonnantes à partir d'un pied de charpente de deux mètres par deux. Ensuite, lorsque je marche en forêt, tous les arbres me paraissent des grues à tour. Leurs branches sont des flèches portant haut dans le ciel, des tonnes et des tonnes, avec des moments de renversement sensibles sur des pieds de quelques décimètres carrés. Une culture d'inspecteur conduit à voir l'univers autrement.

Mes deux sections successives comportant des laboratoires pharmaceutiques et des hôpitaux m'imposent un autre centre d'intérêt. Sur le 7e arrondissement de Lyon, je contrôle des laboratoires vétérinaires, une fondation d'analyses médicales, des hôpitaux privés. Sur la section de Vénissieux et Bron, trois hôpitaux publics, psychiatriques, cardiologiques et neurologiques occupent plusieurs milliers de salariés sur un domaine de plusieurs hectares. Dans ces derniers l'inspection n'a de compétence que pour l'hygiène et la sécurité, mais c'est un travail important, grâce à la participation aux comités d'hygiène et de sécurité. Malheureusement, en dehors de la collaboration des médecins du travail, je ne trouve guère d'interlocuteur motivé du côté des directions. Elles sont entravées par les contraintes budgétaires du ministère lui-même. Pourtant de graves problèmes se font jour. L'administration des S… compte sou par sou sur les dépenses de personnel. Il faut faire tout, sans moyen ou à peu près. La dynamique de prévention progresse lentement.

La difficulté de dialoguer se manifeste en particulier sur la question des effectifs de médecins du travail. Ils ne peuvent voir les personnes exposées avec une fréquence suffisante. La définition de leurs postes ne correspond pas avec les règles d'indépendance définies par le code. Contrairement à la réglementation, ils sont également médecins de réforme des S…, ce qui est susceptible de dénaturer leur rôle au regard des agents. Le refus de la direction générale et du médecin en chef du service d'envisager une évolution sur ce sujet me donne l'occasion d'accrocher la plus grosse prise de mon histoire de chasseur de patrons. Aux S…, un inspecteur général des affaires sociales assume alors le rôle de plus gros employeur du département. Mon procès-verbal sur les moyens et l'organisation du service de médecine du travail est bien évidemment classé par le parquet mais occasionne quelques remous dans l'atmosphère feutrée du siège et dans celle assez peu conflictuelle du CHS-CT de l'hôpital.

Parmi les problèmes de sécurité abordés, c'est le temps où l'on prend conscience des risques d'hépatites et de Sida, ces maladies professionnelles du monde médical non encore couvertes par les tableaux. Mais elles relèvent de la catégorie des accidents du travail. Le personnel se pique avec les seringues ou se trouve en contact avec du sang contaminé. Des blessures bénignes survenues au travail ou dans la vie privée, le week-end, font courir de grands risques. Au niveau national, des décès sont constatés dans la profession. Par ailleurs, l'immense problème du port des malades incapables de se mouvoir, lorsqu'il faut faire les lits ou les soins, multiplie les lombalgies et des incapacités professionnelles rampantes. Les lève-malades sont rarement achetés et peu employés. Les directions rechignent à dégager des postes spécialisés de brancardiers. D'autres risques apparaissent dans les services employant des rayonnements ionisants. Les malades passent. Ils risquent beaucoup moins que les agents employés de longues années à proximité des aiguilles de radium. Dans les laboratoires, tout un champ d'action s'ouvre aussi aux vérifications des hottes et des systèmes d'aspiration, aux appareils de lavage des mains, au port des gants, à la suppression des pipettes « à la bouche » pouvant conduire à ingérer des liquides dangereux. Tous ces problèmes imposent un fonctionnement plus actif des CHS, le développement des politiques de formation, ainsi que la transformation des équipements et des locaux. La prévention est une question de moyens, mais également de changement de priorité, si l'on cherche des effets durables et fiables.

Dans un tout autre domaine, la loi du 4 août 1982 et la réforme des règlements intérieurs ouvrent un vaste chantier. Un autre monde du travail, encore à inventer, est en jeu, dont il faut s'assurer l'effectivité et la durée. Les premières années, c'est une somme énorme de travail. Plus motivées que d'autres, certaines sections d'inspection donnent des heures de travail, en corps constitué. Les secrétaires de section sont mises à contribution avec les agents de contrôle. D'une section à l'autre, on porte des appréciations très variables sur l'intérêt de ce travail. Cette loi symbolique accorde à l'inspection du travail des compétences et un pouvoir nouveau de nature quasi juridictionnelle. Elle fait un pas en avant sur le terrain sensible des libertés individuelles dans l'entreprise. Elle sort subitement de l'ombre tout un fatras de vieux textes réactionnaires qu'il faut rénover. Mais on peut légitimement douter que cette rénovation ait un effet réel et bénéfique sur la vie quotidienne au travail. Le formalisme d'un texte affiché sur les panneaux, ne maîtrise pas les relations de travail.

Il exige cependant dans l'immédiat une « force de frappe dactylographique », exceptionnelle et un volumineux travail de contrôle et de relecture. C'est heureusement, l'époque du remplacement des machines à écrire électriques. Les services voient arriver les premiers micro-ordinateurs de secrétariat, les « Marie-France » de la société des machines Bull, alors nationalisée, symbole de modernité équipant l'Éducation nationale et les ministères. En groupes de travail, des inspecteurs se mettent à rédiger des « bibles d'observations type » expérimentées pour la première fois sur le contrôle des règlements intérieurs. Un travail répétitif et astreignant s'ensuit pour la lecture de ces textes de cinq à trente pages. Il faut ensuite une relecture minutieuse des rectifications, après réponse des services du personnel ou des conseils juridiques des employeurs, pour s'assurer que les demandes sont suivies d'effet. Pendant ce temps, dans les ateliers et les bureaux, les aspirations rattachées de façon lointaine aux vagues d'opinion issues de 68 montent très insensiblement, ainsi que des prémices de résistance à l'arbitraire patronal[287]. De toute façon, l'inspection militante à laquelle appartient cette génération d'inspecteurs et de contrôleurs est en alerte, sensible au caractère autoritaire des clauses les plus inadmissibles. Mais elle l'est beaucoup plus que les salariés individuels et même les élus les plus pointus en matière de défense individuelle. Pendant quelques années, le courant s'accroît avant de se raréfier et de tomber dans l'oubli. Une génération de

[287] Malgré les institutions de 1936 et 45, l'entreprise est toujours une monarchie absolue hésitant à devenir une monarchie constitutionnelle. Les représentants du personnel ne disposent toujours que de prérogatives consultatives. L'employeur est maître du droit de justice sur les comportements et du droit de vie et de mort sur le contrat de travail.

circulaires et une jurisprudence particulière sortent de cette loi emblématique suscitant un développement de la citoyenneté au travail.

Au départ, les inspecteurs acceptant de bon gré ce travail de bénédictin ont l'impression de prêcher dans le désert. Rares sont les interlocuteurs syndicaux qui acceptent d'y perdre du temps. Il faut donner beaucoup explications avant d'obtenir difficilement un avis préalable du comité d'entreprise ou d'établissement, en principe obligatoirement consultés. Au contraire les services des ressources humaines, croient voir le sol s'effondrer sous leur base, et s'organisent pour résister à ces assauts libertaires. Eux aussi disposent d'ordinateurs et de formules types. Leurs projets de règlements rénovés introduisent un certain nombre de clauses sibyllines nous paraissant livrer à nouveau les salariés, pieds et poings liés, à leurs griffes disciplinaires.

Pour ma part, j'envoie des dizaines de demandes de modifications, parfois rédigées dans le train, en montant ou en en redescendant pour des déplacements syndicaux. Le cours normal de semaines déjà chargées et dispersées par toutes les sollicitations ne permet pas ce travail. Mieux vaut s'enfermer chez soi, une journée entière pour traiter le paquet reçu pendant une quinzaine. On prend une série de ces volumineux projets, avec leurs annexes de sécurité[288]. On met sur une feuille le membre de phrase auquel il est fait opposition, après l'avoir numéroté, et la formule de la bible, additionnée d'un brin d'introduction et de motivation particulière correspondant à l'entreprise. La réponse vient parfois plusieurs mois après. Il faut replonger dans le paquet des instances, rédiger une seconde lettre approuvant ou contestant la rectification proposée. Certains employeurs ne cherchant pas à se battre sur ce terrain, jugé mesquin, suppriment purement et simplement les phrases contestées. D'autres, défenseurs du pouvoir patronal, mènent comme nous de véritables guerres de principes, reprennent sous une forme ou sous une autre des clauses aussi terribles ou légèrement atténuées. Au terme, il faut bien conclure et accepter ces règlements ayant force de loi dans les rapports salariaux[289]. Dans certains cas, des recours hiérarchiques redoublent le travail. Espérant pousser la hiérarchie à aller parfois au-delà de ce qu'elle aurait souhaité, l'inspecteur rédige son rapport. Au ministère un bureau organise des stages de formation et rédige des circulaires-recueil ainsi qu'un périodique diffusant les clauses acceptables ou hasardeuses. Il y souffle un certain vent de liberté. Un certain consensus d'inspiration assez progressiste circule entre lui et les sections d'inspection du travail les plus motivées.

On peut s'interroger sur la portée de ces combats menés avec l'aide éminente de nos secrétaires et de nos « Marie France ». À l'ère industrielle déclinante, ils ressemblent, à ces conflits de casuistes du Moyen âge. Cette mission est toutefois l'un des pouvoirs les plus élevés jamais confiés aux

---

[288] Lorsque, dans un second temps, celles-ci s'ajoutent.

[289] La revendication syndicale demeure en principe l'abrogation des règlements intérieurs.

inspecteurs français sur le monde du travail, après bien entendu, le pouvoir de contrôler les licenciements économiques. Cette tâche est encore un appui pour la théorie d'une inspection généraliste à la française. Si le règlement intérieur avait été aboli lors de la fameuse négociation préalable aux lois Auroux, il n'y aurait peut-être rien à regretter. Mais il est maintenu. Un compromis trop modeste s'est imposé entre les demandes patronales d'un maintien du vieux pouvoir disciplinaire et les demandes de liberté des salariés. Du moment qu'il existe, il ne faut pas regretter que dans chaque section, l'inspecteur devienne une sorte de mini-chambre de contrôle constitutionnel du droit interne d'entreprise et une sorte de magistrature des libertés au travail.

Certains salariés veulent pouvoir être des militants du « poids lourd français », de la « machine outil », de la « vie en pull », de la « pharmacie homéopathique ». Cela devient l'une des libertés individuelles, à côté de la liberté syndicale. De même, les sautes d'humeur, les conflits de caractère, les incidents de la vie en collectivité, ne peuvent relever de l'arbitraire. Il faut pouvoir en être protégé. Des employeurs veulent que les salariés soient engagés, corps et âme, au bien de l'entreprise, telle qu'ils la voient, selon leur volonté quotidienne et selon une information descendante maîtrisée par eux seuls, dans les journaux d'entreprise, dans l'organisation hiérarchique. Ils choisissent les actes et les propos qui doivent être tolérés ou non. Les conseils de Prud'hommes jugent à posteriori. Le procès disciplinaire et la sanction sont un préalable à leur procédure. Seule l'inspection peut juger ces textes a priori et sanctionner les clauses figeant les conséquences des actes et de l'expression des opinions au travail, celles qui tentent de dégager la responsabilité patronale, d'instaurer des pratiques abusives d'autorité[290].

Une autre innovation de la loi du 4 août 82 est le droit d'expression dans les entreprises. Le silence, l'oubli, le scepticisme et l'inertie sont tombés sur cette réforme. Dans mes courriers consécutifs aux visites d'entreprise des années suivant 1982, j'utilise régulièrement une ou deux observations types demandant la négociation et la mise en place de ce droit du personnel. Mes demandes n'ont pas inversé le cours de l'histoire. Selon la loi, l'employeur doit proposer au comité d'entreprise un document d'organisation de cette expression, puis faire en sorte que les réunions se tiennent effectivement, enfin conserver des comptes rendus. Mes observations entraînent quelques effets momentanés, souvent parmi des personnels ETAM[291]. Dans ce public, cette forme de réunion passe parfois plus facilement que les réunions syndicales. Elle peut répondre à des dysfonctionnements hiérarchiques. Puis l'institution s'est endormie d'un profond sommeil. Elle ressortira certainement un jour. D'autres formes de médiation des conflits sont plus en vogue aujourd'hui. Les difficultés de la vie individuelle et de

[290] Les fouilles des personnes et des vestiaires, pour ne citer qu'un exemple.

[291] Employés, techniciens et agents de maîtrise, relevant d'un certain nombre d'avenants spécifiques aux conventions collectives de branche.

la citoyenneté au travail ressurgissent sous d'autres formes. Par exemple, le harcèlement moral ne laisse pas indifférent le législateur, ni l'inspection, curieusement chargée d'enquêtes concernant des rapports très privés, sans parenté avec les missions originelles d'ordre public. Le salarié est si peu invité à faire valoir son opinion ! Sa marge d'action est si faible, alors que celles de son employeur et de son chef sont si omniprésentes !

En 1982, ces sujets connaissent une évolution positive, alors que les grands chapitres du droit du travail connaissent de premiers signes d'érosion. En 1986, à l'occasion d'une première alternance politique, une véritable lame de fond destructrice commence. L'inspection est d'abord privée de ses prérogatives symboliques et importantes en matière économique. Durant trois décennies, entre cette date et le moment où ces lignes sont écrites, tout le droit du travail est ensuite fragilisé. La précarité des conquêtes sociales s'infiltre non seulement à travers la précarité des contrats, mais également dans les principes du droit, avec l'autorisation des négociations collectives en deçà de la loi. La suppression de l'autorisation administrative de licenciement est la première fracture forte, au sein d'un droit imprégné de puissance publique, développé de 1892 à 1945, encore élargi jusqu'en 1982. Elle produit dans les services un effet d'implosion, de nombreux collègues se sentant mal à l'aise et impuissants devant la force de la crise.

Appartenant à une génération ayant profité de la montée du droit social pendant la majeure partie de sa carrière, je n'ai que peu vu les effets de cette crise, dans le cours de mes activités. Je ne veux pas entreprendre l'histoire de cette régression. C'est un autre sujet que je n'ai pas le cœur à aborder. Il se trouve d'ailleurs que je suis muté, peu après l'enclenchement de cette phase généralisée de recul, sur d'autres créneaux connaissant une poursuite tardive de leur construction, l'action en faveur des handicapés. Comme beaucoup, je ne peux que poser la question du pourquoi de ce mouvement de clôture de cinquante ans de progrès social[292].

[292] 1936-1986.

Ch.21 Le centenaire de l'inspection du travail, puis le virage

1992 me donne l'occasion d'un premier passage par l'histoire du droit social. Depuis quelques années, à l'inspection de Lyon, nous avons la conscience peut-être un peu vaniteuse de vivre des temps héroïques et historiques du progrès social et du droit du travail. Un inspecteur est toujours tenté de voir dans l'affaire qui lui tombe entre les mains une affaire de principe devant faire avancer le droit et le rendre célèbre. En réalité, au bout de quelques années, d'affaire de principe en affaire de principe, il s'aperçoit qu'il est toujours en début de chaîne et que d'autres récupèrent la gloire qui lui échappe. À moins qu'il ne se pousse dans quelque filière d'intellectuels supérieurs, courant après quelques hommes sachant faire valoir ce qu'ils font. Ceux-là regardent souvent le corps des inspecteurs de haut, tout en invoquant leur ancienne appartenance pour soutenir leur ascension dans ces sphères[293]. Mais tout en continuant à être des acteurs de l'histoire sociale, la plupart des inspecteurs continuent à vivre obscurs, au jour le jour, au rythme des besoins des gens.

La majorité de l'équipe lyonnaise des années 70 est privée, soit de ces débouchés glorieux, soit d'évolution hiérarchique. C'est peut-être la suite d'un trait d'origine locale, une sorte de défaut caractériel géographique. On y demeure facilement besogneux, se plaisant aux zones modestes. Avec nos faibles traitements, nous nous considérons comme de petits cadres de base de la fonction publique. Mais cela ne nous empêche pas de croire à l'exemplarité de nos destins. Nos papiers, nos chronos, nos dossiers renferment des trésors d'histoire et s'accumulent dans d'étroits couloirs d'archives, parallèles aux couloirs de l'immeuble tout en longueur. Y sont enfouis des trésors de vie et de souffrance ouvrière et citoyenne, des milliers de hauts faits de la puissance publique d'en bas. Nous rêvons qu'un jour ces papiers soient ouverts et nous rendent justice, même si nous ne sommes plus là pour l'entendre.

Dans quelques bas de placard, nous trouvons aussi de vieux fascicules pleins de textes évocateurs, constituant la collection des bulletins de l'inspection du travail des années 1893 à 1940[294]. Au cours de nos « récréations collectives » de couloir, nous en lisons parfois un extrait à voix haute. Et nous nous interrogeons sur la façon de reprendre un archivage que les services du département et de la région ont abandonné depuis 1899, date des derniers

---

[293] Certains sont tentés de se faire aspirer dans la carrière universitaire. Sauf exception, ils endossent des profils très moyens. La méthode consiste à s'attacher d'abord quelques cours que l'université confie à des praticiens.

[294] À cette date ils sont ignorés de tous. Pour orner un rayon de leur bureau, certains directeurs les gardent à cause des reliures. Mais dans de nombreux départements, à l'occasion de déménagements, ils sont le plus souvent jetés, personne ne sachant à quoi ils peuvent encore servir. Racheté chaque année dans sa nouvelle édition, le Dalloz, suffit. En 1999, le comité d'histoire ne retrouve que six directions sur cent vingt, capables de déclarer qu'elles gardent une collection, du bulletin de l'inspection des années 1893 à 1940, le plus souvent incomplète.

versements de l'inspecteur divisionnaire Eugène Barral[295]. Interpellé par les sections syndicales sur le devenir de nos archives, le directeur départemental confie à son fidèle Rantanplan[296], le directeur adjoint chargé de l'animation des sections, la mise en application de la récente circulaire relative aux archivages[297]. Il joint les archives départementales et municipales, mais ses tentatives sont éconduites. Il prend alors contact avec l'œuvre locale des Sans abris qui prévoit d'envoyer un camion, pour transformer nos trésors en vieux papier à recycler.

C'est le signal d'une mobilisation syndicale supplémentaire. Nous devons sauver nos mètres cubes d'archives. Un appel au secours est lancé à l'institut d'histoire CGT en voie de création. Pour les syndicats, il installe un archivage privé dans un local commercial situé derrière la Bourse de travail. Par crainte de l'arrivée du camion des Sans abris quelques déménagements clandestins transfèrent une partie de nos cartons vers ce magasin, protégeant de la destruction quelques-unes des aventures nous paraissant les plus significatives. Je sauve notamment le dossier de la fermeture des L…A… de 1974, d'énormes classeurs des établissements C… de Vaise, des dossiers de L…

Plusieurs années passent. Ces cartons, trop volumineux pour le petit archivage syndical, sont réexpédiés à la direction du travail. Un déménagement et deux inondations du sous-sol surviennent avant qu'une procédure d'archivage se mette en place à la direction du Rhône. Des dégâts importants sont notamment provoqués par une crue de la Rize, une résurgence du Rhône passant en égout, sous Villeurbanne non loin de la direction départementale. Le sous-sol contenant le monceau des archives est situé au-dessous du niveau de crue. Un torrent s'engouffre et noie le bas des palettes de cartons. Plusieurs dizaines de cartons sèchent deux mois d'hiver dans le grand escalier de ma maison et survivent aux diverses destructions. Dix ans s'écoulent entre le premier sauvetage du camion des « Sans abris » et les premiers envois aux archives départementales. Même alors, je dois, un jour, interpeller sans succès O…, directeur départemental délégué, devant une benne partant pour la déchetterie. Il m'explique qu'il est impossible de rouvrir cette benne. Le camion commandé est déjà en route. Elle contient ce que la direction et le service des archives ont décidé de ne pas garder, en particulier les remarquables chronos du rédacteur le plus pointu de l'école lyonnaise des années 1970-1980[298]. Peu après, une autre palette, sauvée des eaux et de la benne, part aux archives départementales mais c'est là qu'elle est détruite. C'est une décision du tri de réception qu'on n'a jamais osé m'avouer ni me justifier lorsque j'ai fait mon enquête. J'en conserve pour preuve le bordereau

---

[295] C'est ce qui est découvert plus tard aux archives départementales. Ce premier divisionnaire est en poste dans la région de 1885 à 1917.

[296] Surnom attribué par une bande dessinée, œuvre d'un agent doué pour la caricature, ayant circulé dans la direction.

[297] Circulaire du 10 octobre 1989.

[298] R. Pezzatti, déjà cité.

d'envoi, numéro 3272, affecté par les archives départementales elles-mêmes. Cette palette contenait notamment le dossier des L... A.... De notre époque héroïque et des précédentes, beaucoup est donc perdu, y compris des cartons essentiels, notamment les dossiers de la C... à Vaise et une grande partie de ceux du 7e arrondissement. Les historiens risquent de douter un jour de l'importance industrielle de la ville dans ces années.

Au printemps de 1990, la question historique rebondit cependant au dernier jour d'un congrès syndical tenu à Dinard. Lors du repas précédent le départ, nous nous trouvons trois ou quatre inspecteurs[299]. Il nous semble subitement percutant pour le ministère que notre organisation lance l'idée de célébrer le centième anniversaire du 2 novembre 1892, année de création de l'inspection dans la forme que nous lui connaissons. À l'occasion, le ministère serait interpellé par une bataille syndicale réactualisée sur la nature de l'inspection du travail. Cette perspective est approuvée par nos instances syndicales spécifiques et par la fédération des services publics dont nous faisons partie. J'ai alors plus de vingt ans de contrôle dans les jambes. Malgré la perpétuelle nouveauté du métier, je commence à sentir la difficulté de me renouveler sans cesse. Chacun a ses limites. Depuis un an ou deux, rédigeant chaque fin de mois les états d'activité, je compte le nombre de ceux que j'ai déjà remis à la hiérarchie, et ceux me restant à remplir jusqu'à la retraite. Celle-ci est encore éloignée d'une petite dizaine d'année. Me reconvertir sur une mission syndicale du centenaire de l'inspection est un projet qu'il m'est facile d'accepter, d'autant que je participe à son élaboration.

L'objectif est de faire parler quelques anciens avant qu'ils ne décèdent, de faire une histoire des conceptions syndicales sur le service, de rapprocher nos inspecteurs syndiqués et nos syndicats locaux des instances interprofessionnelles de chaque département. Nous ne sommes plus quelques inspecteurs auréolés par la rareté, comme dans les années 68-70, mais une centaine. Il faut compter les anciens promus dans les grades supérieurs. Il y a aussi cent à deux cents contrôleurs syndiqués. Une cinquantaine d'implantations sont plus ou moins stables dans les départements. Des problèmes se posent parfois avec des incompréhensions réciproques. Parmi les salariés, certains s'illusionnent sur la fonction, sur les possibilités et les limites de l'inspection. Si un jeune inspecteur CGT débarque dans un département, des maladresses peuvent se commettre de part et d'autre. On fait souvent erreur sur ce que cela change ou pas.

Nous rédigeons un projet d'intérêt public autour de cette célébration et nous demandons aussitôt au ministère un financement spécifique, temporaire et exceptionnel, associé à la libération de mon poste. Le poste est accordé mais non le financement. En juin 1991, tandis que j'engage le travail à mi-temps puis à plein temps, sous la responsabilité de la Fédération des services publics, celle-ci

[299] Philippe Portmann, alors permanent national à l'UNAS, chargé du secteur travail, Pascal Rennes permanent au secteur confédéral Droits et libertés.

passe un accord avec une agence de publicité chargée de collecter des contrats. Ils seront honorés lors de la publication des ouvrages que je dois par ailleurs rédiger avec la participation des collègues. Nous ne faisons que reproduire ce que font ou ont fait d'autres syndicats et le ministère[300] à diverses reprises.

Malheureusement tout marche si bien dans le lancement de cette publicité et de cette mission qu'elles suscitent une immense jalousie. Talonné par notre initiative et interpellé par les autres syndicats internes, le ministère peine à lancer à son tour son projet de célébration. Il doit nommer plusieurs « Messieurs centenaire » successifs. Ceux-ci n'atteignent leurs objectifs qu'avec décalage. Les affiches, les médailles, les cuvées du centenaire sortent en 1992. Mais la grande manifestation ministérielle est renvoyée au début de 1993. Ce sont surtout les sommes récoltées par l'agence de publicité conventionnée par la Fédération qui éveillent la plus grande convoitise. Les directions des sièges sociaux de La Défense l'accueillent avec tant d'intérêt et sortent si facilement leurs chèques[301], que le ministère décide d'intenter un procès aux dirigeants de la fédération. L'administration déclare subitement qu'elle n'admet plus qu'un syndicat se donne des moyens publicitaires. Surtout pour fêter le centenaire du service, personne ne doit plus sortir du rang et mobiliser salariés et inspecteurs sur l'importance historique et l'avenir de cette inspection créée pour soutenir une société respectueuse des droits de l'homme au travail. Pour étayer sa position devant le tribunal et semer un peu plus la crainte dans les directions syndicales, le ministère publie une circulaire leur interdisant tout appel à des ressources de publicité.

Deux de nos dirigeants, Alain Pouchol, le secrétaire général, et le trésorier, sont interpellés, passant deux nuits en garde à vue. Comme la justice ne fait rien à moitié, l'instruction joint dans une même procédure tous les partenaires de cette agence de publicité, une organisation des pompiers de Paris, la fédération syndicale CGT de la police et l'organisation du RPR de Paris. Au terme de plusieurs mois de procédure correctionnelle, la chambre sort une curieuse décision en demi-teinte : les autres partenaires de l'agence de publicité sont déclarés victime de ses agissements. Seuls les responsables de la fédération syndiquant les inspecteurs du travail sont déclarés complices, à cause de leur centenaire si percutant pour le ministère, et condamnés eux aussi à de lourdes amendes. La décision prend soin de décider des amendes et de la prison avec sursis qui vont être amnistiées du fait de l'élection présidentielle survenue dans le même temps, et ne prononce pas de peines complémentaires pouvant menacer leurs droits civiques[302].

---

300 Avec l'aide de contrats de publicité, la CFTC réédite périodiquement et distribue gratuitement un manuel d'hygiène et de sécurité. Des fédérations CGT d'autres ministères publient des annuaires. En 1933, le ministère du Travail finance partiellement son annuaire par de la publicité.

301 Elles pensent en tirer ensuite argument pour faciliter leurs relations administratives.

302 Ce jugement aurait pu avoir les plus graves conséquences pour la carrière de nos camarades et leur possibilité même de rester dirigeants de nos syndicats. L'amnistie suivant l'élection présidentielle de 1995 survient heureusement peu après le prononcé du jugement. Aucun appel n'est donc lancé par la fédération et ses avocats.

Ces poursuites auraient pu contraindre la mission CGT du centenaire à s'interrompre. Mais vu la longueur et l'incertitude des procédures, nous la poursuivons en toute bonne foi pendant dix-huit mois. Nous publions le fameux ouvrage honorant les contrats de publicité non dénoncés. Bien que sollicités par l'administration qui aurait bien voulu voir nos structures ruinées en même temps que déshonorées, dans leur grande majorité, les employeurs annonceurs tiennent bon.

Dans l'ensemble des départements, nos propositions de colloques sont bien accueillies. Cinquante réunions et colloques ou conférences départementales sont tenues dans les Bourses du travail de province et de région parisienne. Journaux, radio et télévisions régionales leur font écho. J'interviewe plusieurs de nos célébrités, René Person, déjà gravement malade, Jacques Lévy[303]... Je recueille aussi des propos d'anciens n'appartenant pas à notre syndicat, mais sensibles à la cause du monde ouvrier, tel Jean-Baptiste Desgouttes, ancien inspecteur et directeur adjoint à Saint-Étienne. Pour des articles, je sollicite des inspecteurs et contrôleurs témoins d'épisodes marquants de la vie du service. Nous dévoilons quelques traits des heures sombres au cours desquelles le service ne brillait pas dans la collaboration avec l'occupant. Nous présentons quelques comparaisons mettant en valeur l'exceptionnalité de l'inspection française au regard des premiers droits du travail promulgués par Bismarck en 1891 ou par la monarchie de Suède en 1889. Finalement, une revue de cent soixante pages intègre ces éléments ainsi que les publicités. « 100 ans d'inspection du travail », numéro spécial de la revue de la Fédération est distribué gratuitement à quarante mille exemplaires. Une autre revue, également distribuée dans les services, au début de la mission, reproduit en fac-similé les trois premiers bulletins de l'inspection du travail[304]. Je rédige enfin un troisième ouvrage qui aurait pu s'intituler « Inspection, le noyau dur », avec une relecture syndicale de l'histoire française de l'inspection et une comparaison des différentes inspections européennes. Faute de moyens, ce travail reste dans les cartons. Il faut d'abord payer les frais du procès.

Le clou de cette année est évidemment la grande manifestation du ministère, en janvier 1993. Elle conclut le centenaire, au plus haut niveau de la République. L'objectif secret de notre décision de congrès du printemps 1990 à Dinard se réalise. Elle se déroule dans les salles de congrès de la grande arche de la Défense. De ma vie, je n'ai vu autant de mains se tendre vers les coupes de champagne servies par une administration. Nous sommes plusieurs milliers

---

Mais il faut voir combien cette procédure a pu avoir alors un effet déstabilisateur pour notre centenaire sans parler des menaces qu'elle a fait peser sur les finances générales de nos organisations.

303 Directeur adjoint au ministère sous les ordres de Pierre Laroque, il participe à la fondation de la Sécurité sociale. Il est ensuite directeur de la Caisse nationale de la sécurité sociale.

304 *1892-1992, pour lancer le débat*, supplément au N° 8 du Service public Magazine d'octobre 1991, édité à dix mille exemplaires, avec deux introductions : *Mon travail est une mission, un inspecteur du travail témoigne*, Roger Montcharmont, et *Je me souviens*, Françoise Brocard.

d'auditeurs et de convives. François Mitterrand, entre dans la salle, soutenu sous les deux bras par ses gardes du corps. Il prononce un discours promettant une grande réforme de l'inspection et la fusion des trois services de l'agriculture, des transports et du travail[305]. Cette séance mémorable nous permet d'entendre le représentant du patronat à la tribune, subtilement amené par un journaliste sur la question des sanctions pénales. Il reconnaît qu'elles sont justifiées, à l'égard des mauvais employeurs et qu'elles doivent être bien évidemment appliquées. Cette immense salle de deux mille places résonne longuement de nos applaudissements. Nous oublions un instant les classements sans suite de procès-verbaux et la difficulté de faire passer l'idée d'une inspection chargée d'un ordre public social. Pour cette génération militante, ce centenaire est l'occasion de rappeler à un niveau plus élevé que de coutume une certaine conception que nous avons cherché à faire accepter toute notre vie[306].

Cet intermède d'un an et demi, passé sous le statut de permanent syndical, me conduit à un virage. Il se traite dans les deux derniers mois de 1992, rue de Grenelle, dans le bureau de Jean-Paul Montois, conseiller au second cabinet de Martine Aubry. Avant une seconde alternance, ce ministère n'a plus que quelques mois à vivre. Il souhaite régler rapidement des problèmes qu'il ne voudrait pas se voir reprocher d'avoir trop laissé traîner. Je n'ai pas l'intention de rester permanent syndical, bien qu'il me soit arrivé d'imaginer de travailler dans des organismes spécialisés pour le syndicalisme[307].

Après vingt-trois ans d'inspection vient le moment d'entrer dans le processus hiérarchique, ce que je n'ai jamais exclu des perspectives. J'ai longtemps pensé n'être pas pressé. Les circonstances finiraient bien par arriver. M'étant intéressé aux questions d'inspection du travail autant qu'au contrôle économique, je peux aussi bien m'intégrer dans des fonctions de directeur adjoint « emploi »[308] que dans celles d'adjoint « travail ». Mais la hiérarchie m'a fait une telle réputation qu'elle n'imagine pas que je puisse exercer loyalement une fonction considérée comme « politique » et sensible. Par ailleurs, bien que j'aie toujours signé les formulaires de mobilité proposés chaque année aux inspecteurs

---

[305] Dans les mois suivants, lors du passage aux actes, cette réforme est préparée avec très peu de moyens. Nos collègues de l'agriculture et des transports constatent qu'elle leur fait perdre de nombreux avantages, voitures de service, accès gratuit aux transports publics... Les agents des secrétariats sont restitués sans remplacement à leurs services d'origine. Ils s'insurgent, faisant capoter une réforme conçue dans la logique économique des années Mitterrand et d'un alignement par le bas des services publics européens. Plus de douze ans plus tard, cette fusion est toujours attendue.

[306] Sur le fond, la conception de la réforme de l'inspection alors envisagée est nettement en repli par rapport à celle résultant des réformes de 1945 et que nous développons de 1968 à 1886.

[307] J'aurais pu animer des formations d'élus du personnel, des formations économiques ou des stages sur les normes européennes de sécurité. Les représentants que je connais à la confédération ne sont pas tentés. L'équilibre économique s'avère difficile à trouver. La demande assure mal la rémunération d'un nombre croissant de formateurs. On s'enfonce dans la crise du système représentatif avec la réduction du nombre des grands établissements.

[308] Dirigeant un secteur d'aide à l'emploi ou à l'insertion.

remplissant les conditions de promotion, elle prend sur elle de juger que je ne suis pas mobile[309].

De façon courtoise, Jean-Paul Montois me reçoit dans un petit bureau de la rue de Grenelle. Je suis assisté d'une oreille syndicale, Marie-Claude Gaudin. La CGT entend bien faire les choses et soutenir l'un de ses « cas », le dernier problème sensible du Rhône, affublé d'une réputation horrible. Malgré des ministres de gauche poussant à la réconciliation[310], d'autres entretiens précédents se sont mal passés. Depuis 1981, cela fait dix ans que des solutions auraient pu être trouvées. Mais la hiérarchie locale est restée invariablement négative, ne souhaitant pas déjuger ses prédécesseurs. L'administration centrale n'a pas voulu faire preuve d'autorité, attendant des changements d'hommes et des départs en retraite. Cette fois, l'entretien doit permettre de me trouver un débouché de carrière. Je n'ai nulle idée de ce que l'on va me proposer.

Une solution est déjà préparée entre Jean-Paul Montois et les deux directeurs locaux. Il s'agit de me proposer de diriger la COTOREP[311] du Rhône, un poste tenu jusqu'à présent par un contrôleur mais qu'il faut désormais placer à un autre niveau dans ce département[312]. Le ministère pense que cela devrait me convenir compte tenu des idées reçues sur ma personne. Ce poste est créé pour moi, ne m'imposant pas de quitter ma ville. Même s'il est atypique pour un directeur adjoint, il est entendu, si je l'accepte, qu'il entraîne le passage « effectif et rapide » à ce grade. Gage de réussite, B..., le régional de Lyon, me considère comme sympathique parce que, jeune inspecteur stagiaire, il a visité son premier CHS avec moi. Lui et Y..., le directeur départemental de Lyon, veulent sortir ce service d'un état de crise permanente. Cette COTOREP est à l'état d'abandon depuis un an. Elle a besoin d'un pompier en raison de graves dysfonctionnements. Impatient de la voir réorganisée, le Préfet a nommé un agent de l'ANPE, missi dominici campant dans les locaux. Il est entendu également qu'une fois ce poste tenu pendant un certain temps, je pourrai reprendre mon chemin dans la hiérarchie, comme mes collègues de promotion. Je souhaite en effet rattraper le temps perdu.

Par ailleurs l'administration n'a aucune crainte à m'affecter là. Ce n'est pas un poste politique où l'adjoint risque de prendre des décisions hasardeuses face aux licenciements et aux plans sociaux. Enfin, le départemental, a déjà su

---

309 Je signe la formule acceptant n'importe quelle poste hiérarchique en France, excluant, il est vrai, les postes d'outre-mer.

310 Avec ce gouvernement comprenant des ministres communistes, voilà des années que je demande qu'un inspecteur communiste à qui l'on reproche ses engagements syndicaux et politiques ne soit pas exclu des perspectives de promotion. Peu après mes procès devant le tribunal administratif, j'effectue une démarche solennelle de demande de suspension des hostilités auprès de C..., le directeur régional auteur de la réduction de mes primes. Je suis reçu accompagné d'un témoin. Assis devant un bureau vide, il tient des propos évasifs et fuyants. Aucune tentative d'apaisement ne vient.

311 Commission technique d'orientation et de reclassement professionnel des personnes handicapées.

312 Depuis des années toutes les COTOREP sont dirigées par un contrôleur, exceptionnellement par un inspecteur. Après mon arrivée dans ce poste, rien ne change sur ce point.

travailler favorablement avec un autre adjoint communiste, particulièrement exigeant sur le plan des orientations données à son travail. J'accepte, ayant déjà suffisamment alourdi l'emploi du temps des commissions administratives paritaires. L'entrevue s'achève rapidement. Comme dans les vieilles négociations d'autrefois il est promis, de part et d'autre, d'enterrer les malentendus et les blocages[313].

A cette date, je sais peu de choses des problèmes des handicapés. Je crains même d'être affronté à des situations pénibles devant la misère physique et humaine de tant de gens. Le plus souvent, un inspecteur du travail considère ce champ du droit comme mineur. Mais puisque l'on me propose ce déblocage, je l'accepte sans calcul particulier. Le plus important est que je sois déterminé à jouer le jeu des responsabilités de service et du travail avec un directeur ayant le pouvoir réel dans toutes les matières traitées par son adjoint[314]. Je n'éprouve aucune inquiétude à devoir m'intéresser à des questions de ressources humaines, de procédures et de techniques administratives ou financières. C'est un défi nouveau. La suite me permet de constater que je trouve satisfaction à cette tâche, sans compter mon temps et mon énergie. Je crois même trouver un réel plaisir à faire une expérience de « manageur ». Je dois chercher à rendre positives les situations et les décisions même difficiles de l'administration. L'accepter suppose que l'on sache les limites des moyens dont on dispose mais aussi que l'on ait la volonté de valoriser ce qui existe, de le faire servir au mieux des usagers et du personnel. Lors de notre première rencontre, la seule question que me pose Y… est de savoir si j'accepte de travailler avec des CES[315] et des vacataires, situations boycottées par mon organisation syndicale et réprouvées de façon générale par toutes celles du ministère. Il est évident qu'en assumant la responsabilité du service, je le prends tel qu'il est.

Sur le plan des engagements syndicaux, j'ai fait mon temps. J'entame un atterrissage en douceur. On me laisse achever la mission syndicale du centenaire. Les procès engagés contre nous n'ont jamais touché mes interviews, ni mes écrits ni les colloques. La grande manifestation ministérielle se réalisant avec retard en janvier 1993, on me laisse prendre mon nouveau poste fin février. Les handicapés du Rhône et la remise en ordre de la COTOREP attendent déjà depuis dix mois. Ils attendront trois mois de plus. Quant à mes différentes responsabilités syndicales, je les quitte progressivement jusqu'en janvier 1994, date du Congrès de Courcelle-sur-Yvette. C'est le moment où une majorité de contestataires et de militants d'extrême gauche chasse à peu près tous les militants communistes de la direction nationale sortante. Pendant les deux ou trois ans qui suivent, je

---

313 Rien n'est dit cependant du procès des dirigeants de la fédération concernant le financement de la mission du centenaire. Il se poursuit encore pendant un an et demi. Nous avons manqué une occasion. Un report de ma décision, pour ce motif, n'aurait pas menacé l'issue de la négociation.
314 Alors qu'un inspecteur dispose d'un pouvoir propre quoiqu'en pense son directeur.
315 Agents non-titulaires sous contrat emploi-solidarité.

m'attache seulement à ce qu'aient lieu quelques réunions syndicales régionales des cadres des services extérieurs[316].

Ce qui m'importe, dans ce passage, c'est qu'il n'ait aucun rapport avec les carrières conduites par l'ambition dont j'ai vu maints exemples. Je donne mon accord pour accomplir un nouveau métier au sein du ministère parce qu'il est difficile d'assurer celui le plus captivant qui soit, avec la même combativité et la même capacité de renouvellement pendant trente-sept années de carrière. Le cas des inspecteurs ressemble à celui des instituteurs. J'ai vu d'admirables enseignants ayant la charge de mes enfants, même leur dernière année précédant leur départ en retraite. Mais cette performance n'est réalisable que pour un nombre limité. Pour la plupart, il est préférable de se renouveler dans une nouvelle tâche. Il en est de même pour les inspecteurs. Ce renouvellement m'est offert dans la sécurité de l'emploi, grâce au statut de la fonction publique et à la largeur du champ d'activité de ce ministère. C'est une grande chance. À dix ans de la retraite, je commence une nouvelle vie, regrettant seulement que l'administration n'ait pas su lui donner plus de durée puisqu'elle ne me permet finalement d'exercer ce nouveau métier que cinq années.

Réalisée dans ces conditions, cette évolution m'accorde de garder une certaine réserve pour ce système hiérarchique si longuement observé, favorisant les carrières précipitées. Jusqu'aux années 75-80, le ministère pêche par l'inertie d'une hiérarchie fondée sur l'automaticité des promotions d'instituteurs entrés là pour échapper à la condition enseignante. On met à la place un carriérisme de petite envergure[317], coiffé par un autre carriérisme, celui d'une énarchie en quête permanente des allées du pouvoir[318]. J'ai pu finalement échapper sans dommage à ce carriérisme fébrile, mais sans en perdre totalement les avantages terminaux. Ils sont l'essentiel. Une carrière atypique n'est pas non plus sans plaisir, avec de longues années d'inspection, un bref intermède syndical et dix années intéressantes et originales de placard hiérarchique.

Au lieu de cela, j'ai observé que beaucoup de mes camarades, aspirés très jeunes, n'ont pu acquérir la même maturité ni un peu de sérénité. N'ayant pu

---

[316] Directeurs départementaux et directeurs adjoints.

[317] Même avec ses rallonges constituées par les grades d'adjoints et de directeurs, la pyramide accessible aux inspecteurs est étroite. L'accès à l'inspection générale est exceptionnel. Pour la rémunération, très peu d'anciens inspecteurs parviennent aux échelles lettres.

[318] Mes quelques années passées dans les couloirs de la Centrale m'apprennent à distinguer quatre couches au sein de cette population issue de l'ENA. Il y a les grands destins politiques, ministres, premiers ministres, présidentiables, puis les gens naviguant entre les secrétariats et les directions des cabinets, des grandes administrations et entreprises publiques, associant quelquefois des strapontins éjectables de secrétariats d'État. Ils aspirent à rejoindre la couche supérieure. En dessous, vivent assez bien mais avec quelques désillusions, des professionnels de la haute administration, des gens passant d'une direction de la Centrale à une autre, accomplissant des mobilités dans des établissements publics de premier ou de second ordre. Enfin même issue de l'ENA, il y a la quatrième couche, les fac totum, les petits directeurs et chefs de service. Ils se complaisent à rédiger les textes réglementaires et analyser les jeux complexes d'ascension de ceux qui les ont éliminés. Mais le fait de savoir ce qui s'y passe leur donne un plaisir essentiel. Il faut ajouter à ces jeux constants de couloirs ceux tout aussi complexes des inspecteurs généraux, chaque administration ayant ses rites.

l'acquérir dans le métier d'inspecteur, choisi cependant pour son intérêt multiforme et, en principe, par un certain attrait pour la chose sociale, ils n'ont pu la trouver ni la conserver dans les fonctions hiérarchiques confiées ensuite. Dès les premières difficultés ou dès qu'ils ont eu l'impression d'avoir fait le tour de l'inspection, souvent assez superficiellement, ils ont été happés par un départ sans retour vers d'autres tâches qui ne sont pas sans importance. Peu mûris et peu formés à la complémentarité des champs du code, ils ont cru parfois apporter le divin message de l'inspection mais s'en sont détachés assez vite. L'inspection et le Code du travail sont le véritable ciment et la justification de la prise en main des autres sous-ensembles de la maison « travail et emploi ». Avec un parcours long, il est plus facile de le comprendre et de donner du sens aux nouvelles tâches. Tout en passant parfois par diverses paranoïa, certains des carriéristes les plus ambitieux se sont enfoncés dans des tâches de gestion sans vision générale, ne tardant pas dans nombre de cas à jouer les désabusés dont l'art est de naviguer entre le cynisme et le compromis la main sur le cœur.

Assumée de longues années à travers les difficultés et les affrontements « sur le fil du rasoir », une carrière d'inspecteur devrait conduire autrement à des fonctions diversifiées, intégrant les contradictions de l'emploi, sans déjuger l'inspiration centrale du travail. On peut être un cadre non désabusé ni cynique des secteurs de l'emploi, de la politique de la ville, des handicapés, de la formation professionnelle… Avoir tenu le conflit du travail dans des périodes successives de l'histoire sociale où les succès définitifs et durables sont rares est une expérience irremplaçable. Il y faut peut-être de l'acharnement, certainement de la constance. Même social, le XXe siècle reste jusqu'au bout un siècle libéral.

Au lieu de cela si l'on glisse très tôt le petit doigt dans le processus de carrière, il faut courir toujours plus vite, ne pas s'arrêter. Combien enchaînent les mutations de deux ans en deux ans, au pire tous les quatre ou cinq ans, poussés par les visites d'inspecteurs généraux et les inscriptions aux tableaux. N'ayant pas craint de me faire distancer dans la compétition, je n'ai jamais eu à me poser la question de savoir comment je pourrais rester vingt-cinq ans directeur adjoint, éternel porte valise d'un plus ambitieux ou d'un plus caractériel que soi. Je n'ai pas été usé non plus. L'administration use ses équipes de gestionnaires. Les plans pour l'emploi se succèdent chaque année, semblant toujours faire du neuf mais répétant les vieilles recettes, sans parvenir à endiguer le flot montant du chômage, de la désinsertion et de la précarisation. Celui-ci est le résultat obligé de la grande crise trentenaire et du refus de mettre en cause les actuels principes fondateurs de l'économie. Afin d'échapper au constat d'échec général, se transformant en échec des efforts personnels, des collègues prennent des postes en se demandant déjà quel poste suivant, ils pourront ensuite briguer. Devenus des apatrides permanents, ils sont là en pensant à être ailleurs. Et comme cette belle machine promotionnelle se grippe, avec le gonflement des pyramides, un vivier de déçus se crée au cœur de l'armée mexicaine.

En cette année 1992 de réorientation, devant ce spectacle maintes fois analysé, je reste insensible aux problèmes des affectations futures, mais non à la griserie de la responsabilité et du pouvoir. Celui qui m'est donné est modeste. Arrivant au bureau l'un des premiers dans les sept heures et demie, pour échapper aux embouteillages, j'ai l'impression d'être un petit patron de PME. Il y a toujours quelque chose à organiser. Il faut passer d'un problème de droit à un problème d'animation du collectif, puis à un problème de personnel et à une question de matériel informatique. Parfois une cloison est à déplacer, un stéthoscope à accrocher au mur. On n'a pas d'agent d'entretien ni les moyens de faire appel à une entreprise. J'apporte le tournevis, le pied de biche et le bleu de travail. Une partie du personnel est surprise d'arriver en plein chantier. Syndicaliste n'ayant pas encore rendu tous mes mandats, j'ai droit à des grèves, certains étant mécontents de quelques-unes de mes décisions. Je prononce des discours pour les pots de départs en retraite. J'embauche et même je licencie[319] ! En ces temps, la COTOREP et la politique en faveur des personnes handicapées évoluent très vite. J'ai le hasard d'y passer les cinq années où l'engouement pour l'amélioration de la situation des handicapés offre la situation la plus ouverte de la période suivant la loi du 30 juin 1975[320].

Autre élément non négligeable, justifiant ma satisfaction de toucher enfin ce seuil, j'échappe à une marginalisation lente et définitive. Terminer une carrière au dernier indice d'inspecteur n'est pas une situation enviable. Même parvenus au 7e échelon de fin de grade, des collègues connaissent des années de gêne[321]. En débutant, on ne sent pas de suite les limites. Après les petits budgets d'étudiant, le traitement plein pendant l'année de stage est une amélioration sensible. Les premières années, on sait encore vivre modestement. On est « tout feu tout flamme ». Mais le temps passe. Pour l'importance du travail, le stress supporté, le niveau des décisions prises, on se dit que l'administration n'est pas généreuse. Puis les enfants grandissent, vont à l'université, parfois dans une autre ville. Cette fois le traitement ne suffit plus, même si rentrent deux mensualités de fonctionnaires. Peu pourtant, c'est étonnant, pensent ou disent que l'administration se moque de ses inspecteurs en les laissant à ce fameux niveau d'indice d'un cadre A amélioré[322]. Les années de blocage des traitements de

---

[319] Des agents à statut précaires, privés malheureusement des règles de la fonction publique.

[320] C'est la période où l'AGEFIPH monte en charge et constitue un matelas de financement permettant de soutenir le démarrage des Plans d'insertion des travailleurs handicapés. Tout le monde se penche sur la question des handicapés. En juin 1992 le Conseil économique et social rédige un rapport de cent soixante pages. En décembre 1992, le ministère rédige un rapport en deux volumes sur la situation des COTOREP, en novembre 1993, la Cour des comptes rédige un rapport de cent quatre-vingts pages au Président de la République sur les politiques sociales en faveur des personnes handicapées adultes. En octobre 1995, la Commission des affaires culturelles, familiales et sociales de l'Assemblée nationale rédige un rapport de soixante cinq pages. Je suis à la COTOREP du Rhône de février 1993 à avril 1998.

[321] Je peux citer le cas de L..., Dont le conjoint garde des enfants à domicile ou fait quelques ménages ou de M…, seule avec un enfant, bouclant ses fins de mois avec difficultés, des années durant.

[322] En 1945, il rivalise avec celui des admis à l'ENA.

l'après guerre puis celles de la pause de rigueur lancée par Bérégovoy, début 1982, finissent par produire une érosion énorme et une situation profondément injuste. Tous comptes faits, après un certain temps d'accès à la maturité, la fonction mériterait plusieurs milliers de francs supplémentaires par mois. L'administration pense apporter une réponse avec son régime de primes qui s'accroît un peu au fil des ans. En cette fin de XXe siècle, un fonctionnaire est en quelque sorte volé sur la juste rétribution de son travail élémentaire. Il attend plus que des primes. S'il parvient dans les derniers mois à passer dans un grade supérieur et gravir un dernier échelon, toutes ses années de vie active volées commencent à obtenir une réparation partielle dans le temps de la retraite. Cela suppose que le régime de retraite spécifique[323] prenne en compte ses dernières promotions. Au terme d'une vie de travail assidu, il est donc impératif qu'un inspecteur gravisse les échelons de sa hiérarchie. C'est un très mauvais système de reconnaissance. Mais il s'impose et me conduit moi aussi, durant les dernières années, à attendre quelques changements de grade. Cela semble un dû.

---

[323] Malheureusement, miné par la réforme Raffarin déconnectant les indices des retraités de ceux des agents en activité. Mais le calcul de la retraite sur la dernière promotion est finalement sauvegardé. Imaginerait-on un adjudant chef ou un colonel dégradé à son départ en retraite au motif que la moyenne de sa carrière correspond à un grade inférieur ?

Ch.22 Une administration très particulière mais précaire

A partir d'un lundi 25 février 93, directeur adjoint en puissance à une échéance de quelques semaines, je prends possession du bureau exigu du contrôleur, découvrant une administration très particulière. J'ai un secrétariat constitué de bric et de broc. Il me faut dix-huit mois pour obtenir une secrétaire qualifiée[324]. Le service occupe soixante quinze personnes environ. Il est composé de façon hétéroclite. La COTOREP est une administration inter-administrative. Tous ses agents viennent de directions ou de services différents, tenant à garder toutes les attaches possibles avec leur administration d'origine. Ils ne sont là que pour remplir leur tâche, sans se priver de contester l'autorité qui les dirige localement. Celle-ci leur en donne les raisons, apportant chichement les moyens de travail. En fait beaucoup de ceux qui sont là, j'en suis le premier, sont envoyés à la COTOREP parce qu'on ne veut pas d'eux ailleurs. On les a casés au loin pour des raisons diverses. Dans mon cas, c'est parce qu'on ne veut pas d'un militant politique dans un poste jugé plus politique. Pour les autres, il y a toute une panoplie de raisons, des affrontements avec les chefs successifs, des appréciations longuement défavorables, des dépressions dans un ou plusieurs postes précédents…

En contraste avec ces particularismes originels, les agents se retrouvent aspirés dans un monde militant spécifique. Être à la COTOREP signifie se dévouer, généralement sans remerciements[325], à la cause des personnes handicapées. De fait bon nombre des agents de tous grades, malgré les raisons qui les ont fait entrer en conflit dans leur administration d'origine et y être mal jugés, deviennent assez vite des militants de la cause. Certains appartiennent à des associations de soutien aux handicapés. Ce militantisme est particulier au regard de celui que j'ai connu dans les instances syndicales et politiques. Dans ces dernières on peut dire que les militants cherchent à se défendre eux-mêmes ou à améliorer leur sort, tout en se vouant à la cause ouvrière ou populaire. Dans le milieu des militants du monde handicapé, la plupart oublient leurs soucis propres pour se dévouer gratuitement pour autrui, n'étant pas eux-mêmes handicapés ou n'ayant ni enfant ni parents handicapés. C'est un militantisme spontanément altruiste.

Parmi les agents de la COTOREP, il y a évidemment des personnes handicapées. Il y en a même beaucoup. Mais accédant à cette étape de leur vie professionnelle, elles ont tendance à considérer qu'elles sont sorties d'affaire et qu'elles doivent désormais s'occuper de moins chanceux qu'elles. L'entrée dans l'administration leur a donné l'insertion professionnelle. Ils sont redevenus des hommes et des femmes comme les autres.

---

[324] Grâce à l'arrivée de Danièle Bosser.

[325] En terme de perspectives de carrière.

Les militants d'association désignés à la commission sont aussi sans cesse dans nos murs, consacrant durant plusieurs années une ou plusieurs demi-journées hebdomadaires à venir débattre des droits à accorder à chaque personne présentant un dossier. Je pourrais développer sans fin l'histoire de ces militants admirables, à commencer par le docteur Joseph Réty, entré comme médecin de la COTOREP à l'âge de sa retraite de médecin du travail. Dans les années de guerre, il perd une jambe. Après ses études de médecine, il fonde la section lyonnaise de Handisport, avec une table de ping-pong installée dans son jardin. Handisport grandit. Cette section lyonnaise ramène quatre médailles d'or aux jeux paralympiques d'Atlanta. Il m'arrive de circuler avec lui dans des entreprises ou des ateliers protégés. Les handicapés rentrés dans ces ateliers après avoir passé une visite médicale devant lui, n'oublient pas qu'ils ont été compris, écoutés et orientés. De même, le représentant patronal à la commission, lui-même père d'une enfant lourdement handicapée, n'est pas là pour défendre les intérêts du patronat. Il est désigné pour apporter sa pierre, avec le patronat, à l'édifice de solidarité et d'insertion en faveur de la cause. Des militants sont envoyés par les associations des aveugles, par celle des paralysés de France, avec toutes les difficultés résultant de leur handicap, lorsqu'ils viennent siéger. Des syndicats de salariés ont aussi leur âme dévouée à la réinsertion professionnelle des accidentés et à la solidarité avec les travailleurs âgés et diminués.

Cet appareil de la commission est un vaste monde, avec une multitude de structures, parfois des querelles de chapelle. Il n'y a rien de tel que les querelles des sourds. Ils s'entredéchirent au sujet des langues particulières permettant aux entendants et aux malentendants de se comprendre. Les non-voyants ont aussi des clivages vieux de deux cents ans et des difficultés à se fédérer, ayant monté des établissements sur des bases tantôt confessionnelles tantôt laïques. Enfin beaucoup de structures ont pignon sur rue et des moyens financiers non négligeables, même s'ils ne sont jamais suffisants. Une partie de mon travail est de faire apparaître dans le tableau de bord de la réunion plénière de la commission les quelques deux milliards de francs, versés chaque année dans le département par les budgets les plus divers, avant toute collecte de dons. Ces sommes attirent évidemment des convoitises. Après quelques années d'expansion correspondant à l'époque de mon passage dans la fonction, ces aspects budgétaires verront des jours plus sombres.

La seconde originalité de cette institution est d'être issue d'une loi manifestement post-soixante-huitarde[326]. Le dernier quart du XXe siècle en produit ainsi trois ou quatre pour différentes catégories de personnes en difficultés. Celle-ci fusionne des commissions et des services existant antérieurement, mais ses principes et ses modalités de fonctionnement sont

[326] Dans la débâcle juridique suivant les années 90 et 2000 beaucoup de caractères décrits ici au sujet de cette institution sont malheureusement abandonnés par différentes lois.

profondément marqués par mai 68. Bien que conçue et votée par un parlement et un gouvernement de droite, la loi du 30 juin 1975 pose le principe que le pouvoir de décision appartient à la commission, laquelle est composée des représentants des personnes handicapées, des organisations syndicales et des administrations assumant un devoir de fournir une égalité de statut aux personnes victimes d'un handicap quelconque. Il y a fusion de tous les handicaps mais aussi de toutes les composantes de la nation assumant une dette envers elles. De plus la COTOREP a la charge de la reconnaissance de l'ensemble des droits tendant à accorder une égalité de fait pour vivre et travailler comme tout autre citoyen, à condition que les personnes handicapées se reconnaissent elles-mêmes handicapées et veuillent faire reconnaître cet état par la collectivité, ce qui n'est pas toujours facile.

Il en résulte deux conséquences : on accorde des droits de façon dissymétrique, avec d'un côté des payeurs débiteurs, les administrations, le patronat, et de l'autre, des bénéficiaires. C'est une inspiration assez semblable au système du Code du travail français accordant des droits aux salariés pour l'essentiel à la charge des employeurs détenteurs du pouvoir économique et financier. Dans la réalité, un grand écart persiste évidemment entre la théorie formulée par la loi et les applications définies par les décrets ainsi que les moyens fournis par les financeurs. De fait, ceux-ci s'accordent la part belle dans la commission, corsetant les droits attribués par une série de règles écrites ou non-écrites et des budgets limités.

La seconde conséquence est que le chef de service de l'administration compétente, que je suis, n'a aucun pouvoir de décision ou presque, sur la plupart des prestations fournies. C'est vraisemblablement la raison pour laquelle, au ministère, on a jugé bon de ne jamais confier la conduite des COTOREP qu'à des fonctionnaires subalternes, malgré l'importance des effectifs et des dépenses mises en jeu, malgré le nombre des procédures. Cette situation dure depuis plus de quinze ans. Peu de volontaires se présentent pour tenir ces postes. Pour assurer la présidence de la commission, les directeurs départementaux du travail et des affaires sanitaires et sociales alternent chaque année, sans passion. Mais ils n'y font pratiquement aucune apparition. Ils chargent des cadres B de les représenter. Ceux-ci se dévouent dans les limites de leurs possibilités.

Par ailleurs certains financeurs n'ont qu'une hâte, retirer le personnel qu'ils ont pu prêter, réduire leurs financements et reprendre leurs pouvoirs de décision et de gestion en obtenant du Parlement la modification du statut de telle ou telle prestation. C'est ce qui se produit, durant mes années de présence sur ce champ d'activité, lorsque les conseils généraux obtiennent de soustraire aux COTOREP les compétences concernant les personnes âgées et la prestation de dépendance, appelée jusque-là « allocation de tierce personne ». Ces partenaires manifestent même parfois des empressements indécents à devancer la loi. Le Conseil général et le secrétaire général de la préfecture du Rhône, M. D…, réussissent ainsi à faire passer cette réforme dans les faits avant le vote du Parlement par le biais d'un

« accord » s'avérant assez défavorable aux bénéficiaires, inférieur à celui défini par la loi quelques mois après.

J'arrive donc, sans pouvoirs, dans une administration qui n'en est pas tout à fait une, avec la mission de trouver les raisons d'une désorganisation grave. Beaucoup d'agents se considérant exclus d'un sort normal, affectés dans un placard, s'accrochent à leur statut d'origine, résistant parfois aux ordres, attendant toute décision favorable d'un autre supérieur hiérarchique. Par ailleurs, le pouvoir de fait sur chaque décision appartient aux jeux complexes d'une commission qui, dans le Rhône, est exceptionnellement développée. Elle se réunit en effet entre quatre et six fois par semaine, avec des dossiers mis à l'ordre du jour des séances par type de prestation.

De plus, si la COTOREP du Rhône est extraordinairement riche en militants participant régulièrement à ses décisions, elle l'est aussi en « personnel technique », c'est à dire en médecins, assistantes sociales, psychologues, prospecteurs placiers de l'Agence nationale de l'emploi... Ils assurent chaque semaine des permanences dans les locaux ou à l'extérieur. La crise, ouverte depuis dix-huit mois à deux ans, n'a pas pour seule origine l'arrivée de l'informatique dans la gestion des dossiers. Elle vient aussi de la dimension du département[327], de la complexité des étapes de procédure et du nombre des intervenants. Pour traiter chaque année des dizaines de milliers de dossiers, l'informatique est indispensable, mais le programme s'élabore progressivement, de version en version. Des milliers de demandes s'accumulent pendant que l'on change les versions du programme ainsi que les machines informatiques départementales insuffisantes. Les périodes de panne et les retards sont tels que des manifestations de handicapés ont lieu devant le service, provoquant l'émotion naturelle du préfet, lequel envoie son émissaire justifiant le désespoir du directeur départemental. Au passage, le contrôleur chargé de la gestion du service est promu dans un autre département, sans être remplacé.

En fait, la partie la plus importante de la panne vient de ce que s'affrontent deux logiques : celle d'une gestion plus rigoureuse des dossiers dans un système informatique rigide, et celle d'une grande richesse d'attention professionnelle et militante aux problèmes des handicapés. Médecins, psychologues, assistantes sociales, leur apportent beaucoup, chacun avec sa déontologie. L'informatique et les pratiques demandent une mise à niveau sur le plan technique mais aussi par rapport à cette ambition. Il suffit qu'un dossier soit dans les mains d'un médecin ou d'un technicien, sans que les précisions sur son mouvement dans le service

---

[327] Avec un million et demi d'habitants, on peut considérer que cent cinquante mille personnes relèvent d'une façon ou d'une autre des procédures du handicap. Celles-ci n'étant accordées pour la plupart que pour une durée limitée de deux à cinq ans, cette petite administration doit gérer un flux annuel dépassant les trente cinq mille décisions, avec quatre-vingt personnes, dont quatre ont la signature, quatre secrétaires et secrétaires adjointes, mais pas le directeur adjoint. Pendant mon passage, assurent cette fonction de secrétariat, Marie-Hélène Delorme, Muriel Oliveri, Odette Roland, Anne-Marie Charrousset, Marie-Françoise Dujon, Jacqueline Gavoile.

soient inscrites sur la machine pour que les difficultés surgissent. Les autres techniciens le recherchent en courant de placards en placards. Que l'on ait quelque mal à contacter telle ou telle personne handicapée, le dossier est considéré comme perdu, tandis qu'il reste inscrit en machine. Le demandeur revient demander où en est son dossier. On ne sait que lui répondre. S'il est apparemment perdu, à son grand scandale, on lui en fait un second. Les convocations et les actes d'instruction se multiplient. Par ailleurs chaque demandeur peut faire plusieurs demandes simultanées ou successives concernant des droits différents, suivant des procédures différentes. Des dossiers dormant parfois depuis un an ou dix-huit mois, réapparaissent ainsi. D'autres COTOREP, privées de médecins ou de psychologues, réunissant souvent très peu de commissions, parfois une seule par mois, n'ont pas de problèmes. Elles pratiquent une gestion administrative simplifiée, informatisée ou non, prenant leurs décisions au niveau du seul secrétariat administratif. Elles les valident ensuite, à la pile et par défaut, lors de la réunion mensuelle. On remet alors des listings aux représentants de la commission sur lesquels sont inscrites toutes les demandes considérées comme acceptables par les secrétaires. Les représentants désignés peuvent seulement faire sortir un dossier accepté ou non accepté qui n'a pas reçu le sort qu'il devait.

Tout mon rôle et toute mon ambition sont de maintenir un traitement aussi approfondi et personnalisé que possible, avec des prestations de spécialistes, tout en mettant à niveau le traitement informatique. Cela suppose que l'on constitue des outils de gestion à la hauteur, malgré l'état des finances d'une administration demeurée pauvre[328]. L'essentiel du mérite en revient aux personnels de secrétariat réalisant, avec ténacité, l'énorme masse de saisies informatiques et les milliers de rangements dans les casiers où doivent être retrouvés à tout moment les « dossiers papiers », les fameuses « carcasses » vertes. Le système repose en effet sur l'existence simultanée d'un dossier informatique et d'un dossier papier. Il faut donc que les personnels « techniques » acceptent de se plier à certaines règles dans les circulations physiques des dossiers et des demandeurs.

L'une des difficultés de fonctionnement des COTOREP vient aussi du caractère partagé de leur animation. L'équipe des contrôleurs, des secrétaires administratives et le directeur adjoint, venant de deux administrations différentes, doivent se prêter à un travail assidu et méticuleux de pilotage de ces mécanismes, tout en n'ayant aucune raison de travailler facilement de concert, parce qu'ils n'ont pas de culture commune. Tout les sépare, la formation, les carrières, les systèmes de notation et de promotion, les statuts… Les moyens matériels,

[328] L'illustration la plus flagrante de cette pauvreté permanente est la suivante : depuis toujours, les COTOREP sont un service public privé de budget de timbres, bien qu'elles aient pour mission de convoquer chaque année des milliers de gens. Il serait élémentaire qu'elles le fassent avec un minimum de garanties pour elles-mêmes et les usagers, dans des procédures durant des mois. Mais elles sont dans l'incapacité de payer les envois avec accusé de réception.

machines, locaux, papeterie… sont fournis par les directions du travail, mais les cadres B, contrôleurs du travail et secrétaires administratives de l'action sanitaire et sociale, ainsi que le personnel de secrétariat doivent être fournis en principe par moitié par les deux administrations. Les manquants sont toutefois nombreux. On affecte des gens malades ou non encore arrivés. Il faut donc bricoler pour des remplacements en principe temporaires, en fait permanents. Mon arrivée, celle d'un chef du niveau d'un directeur adjoint doit permettre de réclamer l'affectation effective de ces agents et de les conserver. Cette bataille dure cependant les cinq années que je passe dans le service.

En attendant l'arrivée des manquants, le travail est assuré par des précaires pour une part très importante. Pour faire face à la crise, mon prédécesseur a recruté des vacataires et des gens sous contrat « emploi solidarité », des CES. Par ailleurs le Conseil général décide de retirer une petite équipe de personnel lui revenant parmi les anciens personnels de la DASS[329]. Les deux administrations du travail et des affaires sanitaires et sociales n'ont pas de titulaires pour les remplacer. Il faut donc recruter encore du personnel précaire. Nous faisons appel à des RM^istes en recherche d'insertion.

La présence de ce personnel précaire pèse sur toute cette période. En son sein, se trouvent des personnes de plus de cinquante ans. On ne peut les licencier pour d'évidentes raisons sociales. Dans une première période d'ailleurs, les directives sont souples et l'on peut continuer à recruter des vacataires plus jeunes, avec l'espoir de leur faire réussir des concours. Le souci d'améliorer la situation des COTOREP est manifesté par un rapport du ministère sur l'état des COTOREP de décembre 1992. Il est permis d'imaginer que l'on va vers un plan exceptionnel d'intégration. Dans les années 80, les vacataires « Barre » ont bénéficié d'une formule de ce genre. Mais l'administration devient intraitable. Des circulaires font pression sur les directeurs locaux pour éliminer ces formes d'emploi violant toutes les règles. Avec les années, une tension syndicale énorme s'instaure dans la direction du Rhône. Des procès au tribunal administratif sont engagés. Je participe à la rédaction des mémoires en défense mais je suis aussi très au courant de la genèse des mémoires introductifs d'instance. Grâce à quelques mesures exceptionnelles de titularisation, nous réussissons peu à peu à faire entrer plusieurs précaires dans les effectifs. Quelques derniers cas demeurent cependant particulièrement insolubles. L'idée vient de les faire héberger d'abord au sein de l'ADIPSH, notre Équipe de préparation et de suite du reclassement, logée dans l'immeuble, puis dans une association pour handicapés, LADAPT, qui accepte nos demandes pressantes parce que nous entretenons avec elle de bons rapports

[329] Lors de la scission de la DASS et des services transférés au département, sur les instances du préfet, le Conseil général nous laisse trois ou quatre agents, compte tenu qu'il est membre de la COTOREP et fait instruire par elle plusieurs prestations qu'il accorde aux personnes handicapées. Mais il ne cesse de montrer sa volonté de faire cesser cet état de fait.

dans le cadre du plan d'insertion des travailleurs handicapés. Elle est conduite à beaucoup souffrir d'être mise en cause dans les procès qui nous sont intentés.

Tant qu'Y... est à la tête de la maison, je traite directement ces soucis constants de personnel, avec son appui. Notre priorité est de moderniser le service, le sortir de la crise, développer ses outils informatiques, quitte à accepter la poursuite de quelques entorses à certaines règles. Nous profitons des vacances pour recruter encore des élèves ingénieurs comme vacataires de brève durée. Dans le cadre de leurs mémoires d'études, ils conçoivent des programmes pour diverses améliorations et pour sortir des tableaux de bord à partir des données inscrites dans nos machines départementales. Puis, en construisant un serveur vocal, nous tentons d'alléger la charge du travail téléphonique du service. Celui-ci empiète sur le temps de traitement des dossiers et le pénalise. Ce serveur fournit non seulement des renseignements généraux[330] mais répond aussi à la question individuelle et confidentielle tant de fois posée : « où en est mon dossier ? » Il est le premier de ce type installé dans une COTOREP. Nous faisons appel aux services d'une petite entreprise extérieure[331] que les plans de modernisation de l'administration du ministère de la Fonction publique veulent bien financer par une subvention exceptionnelle.

Une partie importante du travail de modernisation et de réorganisation concerne le personnel et sa répartition sur le circuit des dossiers. Au départ, certains agents sont spécialisés sur certaines de ses étapes. Un audit interne mené par François Rabourdin, organisateur de la direction régionale permet de préparer diverses réformes d'organisation. Durant trois mois, il passe plusieurs demi-journées par semaine à écouter longuement toutes les composantes du service. Plusieurs axes de réorganisation sont retenus : améliorer l'accueil du public, objet de tiraillement entre les agents des secteurs géographiques, résorber le bureau spécialisé dans l'enregistrement des demandes, source de démotivation et de blocage d'un certain nombre de personnes. Un grand nombre de mesures souhaitées par les uns et les autres et susceptibles de faire sauter des bouchons sont préparées. Au terme de ces mois de réflexion, il faut passer aux actes. Bien que répondant à beaucoup d'attentes, les propositions de l'audit commencent par déclencher la grève, une grève contre un chef qui était, il y a peu, l'un des leaders syndicaux de la maison. Finalement, une partie des réformes est remise à plus tard. Une autre est mise en œuvre par étapes. On accepte de temporiser.

Nous ne sommes cependant qu'au début du chantier d'accélération des procédures. Aidé des secrétaires, titulaires du pouvoir de signature, responsables des commissions, collaboratrices immédiates de l'adjoint, aiguillonné par la mise en place du tableau de bord, il faut rechercher chaque semaine et chaque mois quelles sont les procédures qui freinent. Une fois les circuits informatiques

---

[330] Rédigées avec Odette Roland, quelques questions clés permettent de faire passer à nos interlocuteurs une synthèse des principaux droits des personnes handicapées.

[331] Dirigée par un ingénieux concepteur de programmes d'accueils automatisés, Jean Charbonneau.

améliorés, ce ne sont plus les étapes de saisie qui sont en cause, mais les passages en visites médicales et techniques et en commission. Tantôt les attentes devant telle équipe médicale s'engorgent, tantôt celles pour passer les dossiers devant telle commission. Les commissions ont au moins trois formations très étanches entre elles, avec des membres d'origines différentes. Malgré la réforme unificatrice de 1975, les COTOREP ne sont pas fusionnées dans leur organisation interne. Celle du Rhône fonctionne avec six ou huit formations aux compétences spécifiques. Rien n'est simple en raison de leur nature inter-administrative, des institutions qui doivent être représentées ici ou là, mais aussi en raison des prestations complémentaires que chaque personne handicapée peut demander. Certains dossiers doivent passer devant tel type de commission et devant telle équipe médicale, d'autres devant d'autres et même certains devant plusieurs. Pour les visites médicales, faute d'avoir admis et financé le principe de l'appartenance des médecins à la fonction publique, il y a cinq ou six statuts de médecins tous payés de manière différente par une administration employeur différente. Au bout de trois ans d'efforts pour huiler les rouages et batailler sur les délais de chaque étape, la COTOREP du Rhône parvient à stabiliser son délai moyen de traitement entre trois et six mois pour ses quelques trente cinq mille demandes. C'est une prouesse fantastique. Certains dossiers passent en une semaine pendant que d'autres demandent encore près de douze mois. Au bout de quelques mois de performance, les délais se rallongent à nouveau. C'est qu'une demande pèse lourd, celle des personnes atteintes de handicap mental dont le nombre s'accroît. Les procédures les concernant sont plus longues en raison des réactions spécifiques de ce public mais aussi d'un trop petit effectif de médecins psychiatres. Des files d'attente irréductibles s'allongent pour cette étape absolument indispensable de la procédure.

Devant ce paysage organisationnel, je suis le défenseur d'une vision commune et d'une réorganisation aussi unificatrice que possible. Mais je n'ai pas le pouvoir de procéder à l'unification des structures. L'un des meilleurs signes de reconnaissance et de satisfaction qui m'est accordé vient de Catherine Dardé, directrice départementale des affaires sanitaires et sociales. Devant des membres d'une inspection générale, elle déclare un jour que la COTOREP du Rhône est entrée dans une ère de bons rapports entre ses deux composantes essentielles du travail et des affaires sanitaires et sociales. Avec son tableau de bord, son répondeur automatique, les réformes issues de l'audit interne et sa grande taille, le service devient le passage obligé de nombreuses inspections générales, au rythme de deux ou trois chaque année, Elles se penchent sur l'amélioration des COTOREP en France. Se fondant sur notre très riche équipe médicale, l'une d'entre elle vient démontrer que des économies pourraient être réalisées par les pouvoirs publics versant diverses allocations si l'on acceptait d'accorder un budget de fonctionnement capable de payer normalement un nombre important de médecins, sur un budget et un statut unique.

Dans le Rhône, une vingtaine de médecins, un petit nombre à temps plein, la plupart à temps partiel, étudient attentivement tous les dossiers. Les convocations pour une visite sont fréquentes, quoique non systématiques. Les inspecteurs généraux mettent aussi le doigt sur les incohérences des multiples statuts, des modes de rémunération et la précarité statutaire empêchant, sauf dévouement insigne, d'obtenir une stabilité du corps médical des COTOREP. Malheureusement, le repositionnement statutaire des médecins de COTOREP, dont la situation est l'une des plus misérables et des plus injustes qui soient, n'est pas un problème social à régler pour le ministre et pour le gouvernement en place en 1998. Les conclusions de cette inspection générale se perdent dans les sables. Quelques économies de petite ampleur sont prises par arrêté, retirant un peu plus tôt le bénéfice de l'allocation d'adulte handicapé à certaines personnes handicapées rentrant dans le statut de retraités.

Ce problème de l'amélioration du statut des médecins subsiste plusieurs années après mon départ. Pendant toute la durée de cette inspection générale, je ne me prive pas d'ouvrir largement mes dossiers et mes statistiques pour montrer son urgence. Je viens de perdre l'un des meilleurs médecins que j'ai recrutés deux années plus tôt. Devant l'impossibilité de prévoir une amélioration de sa situation, il s'est découragé et s'est décidé à évoluer vers la médecine du travail plus rémunératrice[332]. Quelques mois après mon départ, le second médecin que j'ai recruté dans des conditions semblables ne tarde pas à suivre la même voie. Ce sont des exemples des gâchis d'efforts et de compétence dont est responsable une administration refusant de se donner des moyens élémentaires de fonctionnement.

Au cours de ces diverses réorganisations, je me fais évidemment le défenseur de l'idée que la commission est l'outil commun de ses composantes et qu'il vaut mieux être généreux que de travailler dans la rareté. Je fais désigner le maximum de membres. Avec soixante quinze à quatre-vingts membres délibérants dont vingt-cinq ou trente assidus, le Rhône tient sans peine six ou sept séances délibérantes par semaine. D'autres départements se plaignent de ne pas trouver de volontaires suffisamment dévoués. Après avoir fait désigner au maximum une douzaine de membres, soit disant sûrs, ils n'arrivent qu'avec peine à disposer de trois à six personnes, une ou deux fois par mois. Pour cela je dois outrepasser de façon prétorienne quelques insuffisances des arrêtés fixant les modalités de composition[333].

---

[332] Il arrive dans la fonction après une longue expérience de médecine libérale, avec une vive compréhension des composantes de la fonction : assurer une fonction d'expertise juridique équitable, mais aussi dynamiser et motiver les personnes vers une réadaptation, tout en leur ouvrant des perspectives positives, parfois au moment d'un grand désarroi. Malgré la situation matérielle très insatisfaisante, il avait montré un réel dévouement aux personnes handicapées, sans compter son temps, durant son passage dans le service.

[333] Ces arrêtés accordent à certains départements un doublement ou un triplement des membres des collèges, en particulier ceux des organisations syndicales et des associations de handicapés. Sans contestation de personne, j'applique pendant ces quelques années un triplement correspondant bien à la réalité du département mais non défini par l'arrêté. Si je n'avais pas procédé ainsi plusieurs confédérations syndicales n'auraient pas été intégrées, ni un grand nombre d'associations de handicapés particulièrement actives.

Il en est de même pour les équipes techniques. Malgré les tendances au désengagement des différentes administrations employeurs, je suis toujours à la recherche d'effectifs. À la faveur d'un départ en retraite, l'ANPE me retire l'un de ses deux conseillers prospecteurs placiers. Je tente de le remplacer par un interlocuteur désigné dans chaque agence locale. À la faveur encore d'un départ en retraite, la direction du travail, ma propre administration, me retire un poste d'assistante sociale. Je dois batailler plusieurs années pour obtenir son remplacement par une assistante sociale spécialisée pour les handicapés du milieu psychiatrique. Le plus gros établissement psychiatrique du département est intéressé par la création d'un tel poste, très nécessaire pour faire la jonction entre nos deux institutions. Il finit par réussir à détacher l'une de ses assistantes sociales, mais à temps partiel. Horrifiées par la crise que traverse le service, les psychologues AFPA ont fui la maison. C'est ce que je constate à mon arrivée. Leur retour dans nos locaux me demande une somme inimaginable d'efforts de persuasion et de réinstallation. Ils n'aboutissent qu'à l'occasion d'un déménagement dans de nouveaux locaux.

Un des évènements importants de ces années est le déménagement de la direction départementale du travail du Rhône et par voie de conséquence de la COTOREP. Indépendamment de toute l'énergie qu'il y consacre durant trois ans, Y… associe ses adjoints à ses choix. Dans une carrière d'adjoint, c'est une occasion exceptionnelle que de pouvoir créer un lieu définissant bien un service face à son public, capable de répondre aux besoins dans le présent et de durer dans le temps. Dans le prolongement des réflexions germées au moment de l'audit interne du service, je propose l'image d'une COTOREP « étoile » qui apparaîtrait dans l'architecture. Cette administration très particulière l'est non seulement par les perspectives d'avenir et de réinsertion qu'elle doit offrir aux personnes handicapées, mais aussi du fait de sa composition multipartite et de ses fonctions multiples. Un soir, chez moi, je dessine une COTOREP « bâton », où les bureaux et les fonctions sont alignés comme les dents d'un peigne, le long d'un grand couloir, celui dont nous sortons dans un bâtiment fatigué et triste. La coordination n'y est pas facilitée. Les longs déplacements y sont multipliés. Puis, je dessine un immeuble de rêve largement vitré, où la direction du travail serait construite au-dessus d'une COTOREP bâtie en rond autour d'un espace d'accueil et de circulation, à l'image de sa réalité institutionnelle. L'architecte trouve ces images astucieuses. Il décide de donner plus d'épaisseur aux deux étages prévus pour la future COTOREP. En améliorant ses façades, il crée deux bulles permettant partiellement de structurer les lieux en étoile : au rez-de-chaussée, l'accueil et la salle d'attente sont entourée des salles de commission et d'équipe technique, tandis qu'au premier étage, différents secteurs géographiques ou administratifs entourent la classothèque des dossiers. Une fois le déménagement réalisé, nous nous retrouvons dans une immense COTOREP attirant la jalousie des sections d'inspection du travail moins bien loties en mètres carrés. Dans les années 1995-

1998, la COTOREP du Rhône est la mieux installée de France, avec les meilleurs effectifs, l'équivalent, toutes catégories confondues, des effectifs totaux d'une direction départementale moyenne de l'époque.

Tant que je bénéficie de la dynamique voulue et acceptée par Y..., les dix-huit premiers mois de ma présence dans ce service, je ne cesse de recruter, soit par structures interposées soit sous forme précaire, au titre des deux directions du travail et des affaires sociales. Ce faisant, nos stratégies diverses de titularisation, menées en permanence réussissent plus ou moins. En outre, quelques titulaires sont affectés. Nous réussissons parfois des coups mémorables, par exemple celui de faire passer un stagiaire handicapé, entré au titre d'une formation, devenu vacataire, puis titulaire, au bénéfice des emplois réservés, dans des années où c'est une chose à peu près impossible. C'est un autre exemple manifeste de cette administration peu respectueuse de ses propres règles, heureusement redressé depuis. Le ministère du Travail, chargé de la gestion de l'insertion professionnelle des handicapés se devrait d'être exemplaire comme employeur embauchant des handicapés à réinsérer. Or il ne recrute alors que des gens valides provenant de l'armée et cherchant une seconde carrière après leurs années d'active. Ainsi, alors que je cherche à intégrer dans les emplois de titulaires une personne gravement handicapée, compétente, entrée au service comme vacataire, je dois employer divers subterfuges pour parvenir à mes fins. Ce faisant, je découvre que cette année là, en un temps de paix consolidée depuis plus de soixante ans, le ministère décide de recruter au titre des emplois réservés vingt et un militaires en attente de reclassement, sur vingt-trois postes réservés. Autre petit pas mémorable, celui par lequel nous faisons entrer par contrat « emploi solidarité » une personne handicapée mais titulaire d'une licence en droit[334], réussissant rapidement une intégration en catégorie C, grâce à une opération de titularisation exceptionnelle. À peu près tous les vacataires du service parviennent ainsi à la titularisation, sauf les deux plus anciennes ayant atteint l'âge de cinquante ans avant leur recrutement[335].

Deux tâches, encore, me prennent du temps. Depuis 1975, le fonctionnement des COTOREP n'a guère été un souci du ministère. L'énorme machine administrative fonctionnant à travers toute la France travaille sans formation. Les savoirs sont acquis sur le tas, de bric et de broc, avec de grandes inégalités et parfois des variantes significatives d'un département à l'autre. Dans l'état de misère imposé à ce secteur, c'est quinze ans après la fondation des

---

[334] Réjane Payre, qui assure des fonctions de renseignement juridique correspondant tout à fait à ses aptitudes.

[335] Tous ces emplois précaires sont parfois d'un apport inattendu pour la modernisation du service. C'est ainsi que nous parvenons à développer les rentrées de contributions à l'AGEFIPH, tâche nous incombant, grâce à l'inventivité de stagiaires CIF (contrats insertion formation). Les méthodes de contrôle des déclarations sont repensées par l'un d'entre eux, Guy Renaud, lui-même handicapé. Plusieurs années de suite, les rentrées de fonds croissent de façon importante. Nous avons alors notre mini direction fiscale à l'intérieur de la COTOREP. Lorsque à notre grand regret le ministère se désengage de cette mission, l'AGEFIPH envoie quelqu'un récupérer nos méthodes de travail.

COTOREP que l'on commence à s'interroger sur leurs besoins d'encadrement, de documentation et de formation[336]. Un recueil de l'ensemble des textes juridiques concernant les personnes handicapées paraît indispensable. Ceux-ci sont disséminés dans plusieurs codes depuis le Code du travail, jusqu'à celui de la fonction publique[337]. Plusieurs mois nous sont nécessaires pour collationner les textes et en faire un polycopié[338]. Il est mis à disposition des agents, des membres délibérants et des techniciens, sans oublier un exemplaire pour la « mission travailleurs handicapés » de la Centrale.

Une autre fonction mobilise particulièrement l'adjoint subitement placé sur ce poste considéré jusque-là comme d'intérêt secondaire[339]. Les COTOREP sont coiffées par une instance d'appel siégeant dans le service lui-même, la CDTH, Commission départementale des travailleurs handicapés. Le Conseil d'État vient de lui reconnaître la qualité de juridiction administrative spécialisée, leur demandant de statuer sur le fond et de ne pas se contenter de casser les décisions de première instance[340]. On en est encore au stade des balbutiements et des anomalies graves à redresser.

Un secrétariat d'une seule personne à temps partiel procède à l'enregistrement et à l'instruction préalable des recours contre la COTOREP dans ses séances « travail »[341]. Un juge professionnel vient du Palais de justice pour assurer la présidence[342]. Initialement cette commission de recours avalise à peu près systématiquement les décisions de la COTOREP, déboutant le demandeur en des termes laconiques et non motivés. À la faveur d'un changement de personnes, arrive à la présidence de cette commission Madame Marie Franceschini, une ancienne avocate entrée dans la magistrature, après avoir été une spécialiste de affaires de droit du travail sur la place de Lyon, au temps de mes années d'inspecteur. Les modalités de fonctionnement sont peu à peu revues. La CDTH entend systématiquement les demandeurs en séance avant de délibérer. Elle commence à réformer un certain nombre de décisions de COTOREP. Les premières décisions du Conseil d'État imposent de renvoyer la décision finale à la

---

336 Un premier stage régional de formation des agents de COTOREP est organisé par le CIF (centre interrégional de formation) en 1997. Jusque-là, les seuls stages de formation ayant existé à ma connaissance avaient eu lieu lors de la mise en place de la loi de 1975, vingt ans plus tôt.

337 En passant par ceux de la sécurité sociale, de la santé ou de l'intérieur.

338 C'est un gros travail de compilation et de mise en page entrepris avec l'aide de Yves Drutel.

339 Il récupère des tâches jusque-là éparpillées entre les directions régionale et départementale. C'est le cas de la fonction de membre délibérant de la CDTH.

340 Par une décision du 29 mai 1987 puis deux autres du 1er mars et du 6 octobre 1995.

341 Pour la COTOREP section affaires sanitaires et sociales les recours s'effectuent auprès du tribunal du contentieux de l'incapacité siégeant à la DRASS, la direction régionale des affaires sanitaires et sociales.

342 Des personnalités remarquables sont alors désignées à cette commission avec voie délibérative, en particulier le docteur Danièle Henny, un partenaire précieux et d'un grand dynamisme du Plan départemental d'insertion des travailleurs handicapés. Elle est à l'origine des actions en faveur des personnes atteintes d'épilepsie. Y siège aussi un représentant des associations de personnes handicapées, Bernard Gaudon, lui-même gravement handicapé, appartenant à l'APF, l'association des paralysés de France. La commission comprend également un représentant patronal et un représentant salarié.

Commission de COTOREP ayant statué une première fois. Voyant d'un mauvais œil cette immixtion dans leur intime conviction, les formations de la COTOREP section « travail » manifestent des résistances. Elles peuvent donc bloquer toute évolution du dossier. Les motivations demandent un gros travail de formulation. Représentant le directeur régional du travail avec voie délibérative, je réalise ce travail sous la conduite du magistrat qui préside. Il faut ensuite assurer un minimum de communication en direction des quatre-vingts membres de la COTOREP. Un bulletin périodique interne est rédigé, reprenant les points sur lesquels une évolution est souhaitable, et transcrivant les décisions significatives de la CDTH et du tribunal de l'incapacité. Méprisables aux yeux de beaucoup, ces fonctions de directeur adjoint chargé d'une COTOREP, m'amènent à exercer ainsi une véritable fonction de magistrature administrative[343].

La séance plénière annuelle de la COTOREP est également un moment important, imposant de faire le point sur l'état de l'organisation, les délais et les moyens de fonctionnement. Le Préfet se souvient bien qu'un incendie s'est produit dans cette petite administration chargée d'un public sensible et tient à s'assurer des améliorations apportées. Pour la préparation de la séance, je rédige un projet de discours à son intention. Je rassemble également les éléments servant alternativement à l'intervention du directeur du travail ou du DDASS. Je prépare enfin ce que je dois exposer, à mon tour. Pour l'essentiel, je commente le tableau de bord annuel et un volumineux cahier résumant nos statistiques et nos améliorations. Au fil des années, il prend de l'ampleur, s'appuyant sur les programmes inventés chaque été par nos élèves ingénieurs vacataires, il parvient même, au bout d'un certain temps, à tirer de premières analyses statistiques sur les besoins en places de foyers, d'ateliers et de centre d'aide par le travail. Les organisations de parents d'enfants handicapés attendent ce rapport pour appuyer leurs revendications auprès des pouvoirs publics concernant les places de foyers et d'ateliers à ouvrir. Ce sont pour eux des aveux utiles. Eux aussi créent d'ailleurs, leur propre cellule départementale d'analyse des besoins insatisfaits.

Dans ces semaines de soixante heures, le directeur adjoint accomplit beaucoup de travail de prospective, d'organisation, de management. Mais c'est l'ensemble du service qui fait des miracles, des miracles humains bien entendus. On voit, certains jours, des personnes effondrées sous leur handicap se révéler et reprendre leur vie en main, à partir de l'attribution d'un stage ou d'une aide. On observe des volontés surmontant les difficultés de façon admirable, venant trouver un peu d'attention dans cette grande machinerie humaine. Derrière ses

---

343 On peut s'interroger sur le cumul de fonctions que cela suppose Pour ne jamais intervenir deux fois sur le même dossier, je ne préside jamais une commission de COTOREP du secteur Travail. L'une des faiblesses de la COTOREP du Rhône est qu'aucun des deux directeurs départementaux ne l'honore jamais de sa présence en cours d'année. Ils n'apparaissent qu'à la réunion plénière annuelle justifiant également la venue du préfet de région et du département. Par une loi postérieure, le législateur revient sur cette situation en intégrant ces CDTH dans une chambre spécialisée des Cours d'appel.

procédures, ce grand appareil administratif se double d'une volonté militante diffuse et secrète. Il offre des milliers de propositions. Pour solutionner de nombreux problèmes de vie, elles permettent de redevenir « comme tout le monde ». Pour vivre et travailler dans nos sociétés urbaines contemporaines, des dizaines de milliers d'individus ont besoin de ces passages administratifs obligés pour se reconnaître et se faire reconnaître et pour justifier de statuts et de prestations.

À l'intention des handicapés, le système français a institué un carrefour ou tout peut en principe être défini et accordé avec des passerelles d'un droit à l'autre, d'une structure à l'autre, d'un niveau de gravité du handicap à un autre. Ces passages supposent des financements importants des pouvoirs publics. Il est inévitable qu'une autorité publique trace des frontières[344]. Afin que ce système public fonctionne, reste humain, soit animé d'un souci de garantir des droits, une certaine passion peut saisir un directeur adjoint du travail et de l'emploi. Les éléments négatifs que j'ai pu affronter ne m'ont pas empêché d'y passer l'un des moments les plus passionnants de la seconde phase d'une carrière d'inspecteur.

Les ratées du système, les délais incompressibles et lourds à supporter n'invalident pas la nécessité de l'institution. Dans les meilleurs moments, la COTOREP du Rhône parvient à un délai moyen supportable pour le traitement d'un flux annuel de trente cinq mille décisions. C'est un travail énorme. Il faut intervenir dans la distribution d'une dizaine de droits et prestations principales, plus vingt-cinq types de services, au moins, en comptant les sous-catégories de prestations. Je ne crois pas que ce serait un progrès que d'abandonner ce système unifié, de le tronçonner, pour le distribuer entre les financeurs de prestations. C'est un recul que de revenir à la décision administrative classique d'une collectivité territoriale, comme cela s'est produit pour la prestation dépendance. Dans le contexte de la construction juridique et politique française, malgré ses limites, le système construit par la loi de juin 1975 reste l'un des exemples administratifs les plus avancés d'un régime démocratique. Si des critiques sont justifiées, elles ne résultent pas de la façon dont le système a été conçu, mais de ce qu'on n'a jamais voulu lui donner les moyens de fonctionner convenablement. Négligé par la superbe d'un corps d'inspecteurs n'y voyant qu'un domaine mineur, il n'a connu qu'un régime de misère administrative et de misère d'encadrement.

[344] Entre ce qui relève du handicap ou n'en relève pas, entre les différents seuils de handicap. Compte tenu qu'il s'agit d'un domaine touchant intimement à la définition des droits des personnes, et vu que tous les étages locaux et nationaux ont des responsabilités dans la construction et le financement de la solidarité envers les personnes handicapées, il semble normal que ce soit une administration d'État qui ait la responsabilité de ce carrefour juridique obligé. Certains diront qu'il s'agit là d'un réflexe jacobin.

Ch.23 Être responsable d'une politique pour créer et développer

Dès 1991, une quinzaine de départements se dotent de plans d'insertion des travailleurs handicapés. Arrivé dans le Rhône un an et demi plus tard, je comprends vite qu'il est indispensable de s'inscrire dans cette nouvelle ère des programmes en faveur des handicapés. Si non, je vais être distancé dans la compétition. Pour prendre des distances avec la misère des COTOREP et des politiques d'insertion de la plupart des directions départementales, tout passe par Paris. Mais Paris n'a pas non plus de moyens. Une première demande de financement que nous adressons, Y… et moi, montre que nous n'avons encore rien compris. Nous demandons des moyens pour améliorer le fonctionnement et l'accueil de la COTOREP. La réponse n'est pas négative. On nous offre un poste supplémentaire pour conserver un collègue standardiste non-voyant, Xavier Welkamp ayant réussi le concours de contrôleur du travail, en lui confiant une fonction d'accueil approfondi[345].

Mais à l'extérieur du service, les appels au secours pour des financements proviennent constamment de sections de réinsertion recevant des handicapés en recherche d'orientation. C'est le cas notamment de la SSIP[346] de l'association LADAPT et du centre de rééducation de Sainte-Foy-l'Argentière. Ces deux organismes ont mis au point une méthode prenant les personnes atteintes d'un grave accident, précocement, presque au sortir de la table d'opération, et les mettant de suite dans la disposition psychologique de se demander quelles sont leurs possibilités de reclassement. Elles évitent ainsi de longs mois d'errance et de dégradation du moral à travers les chemins sinueux des procédures de COTOREP et de Sécurité sociale. Aidées dans l'étude de leurs motivations potentielles par des logiciels informatiques, elles reçoivent des conseils éclairés de l'animatrice, sous le regard vigilant de l'ergothérapeute du service de suite et de réadaptation de l'hôpital. Des exercices très concrets sont offerts dans un atelier de travail du bois ou dans un centre virtuel de magasinage où l'on teste les douleurs traumatiques en montant de petites pièces dans des casiers avec une échelle de plus en plus haute. Dans un autre atelier, aussi propre qu'une salle de gymnastique, trône un moteur de deux chevaux Citroën, sans la moindre trace de poussière ou de graisse. Celui qui en a peut-être rêvé toute sa vie peut s'amuser un mois durant à le démonter et le remonter en se demandant ce que son handicap lui permet d'accomplir désormais. Chacun peut ainsi imaginer une nouvelle vie

---

345 Sa mission est d'écouter les personnes handicapées et de les informer, ce qu'il fait avec une grande disponibilité. Son installation effective entame une longue suite d'efforts laborieux pour l'aménagement d'un poste informatique convenant à un non-voyant, notamment son accès à la machine départementale sur laquelle sont saisis tous les dossiers de la COTOREP.

346 Section spéciale d'insertion professionnelle de l'ADAPT, conduite alors par Christine Bergeron et l'ergothérapeute responsable du service de rééducation de l'hôpital, Jean Louis Ruet.

professionnelle. Dans le même temps des contacts sont pris avec des employeurs pour des stages.

Malheureusement aucun financeur ne veut prendre en charge durablement ces expériences de réinsertion non encore inscrites parmi les rééducations classiques[347]. De leur côté, le ministère et l'AGEFIPH[348] ne veulent assurer que des concours temporaires, le temps de démontrer l'efficacité des méthodes et de chercher des financeurs, lesquels en fait n'existent pas. C'est un cercle vicieux. Tous les ans ou tous les dix-huit mois, ces structures sont menacées de fermer.

En ces années fastes pour la cause du handicap, des fonds sociaux européens nous apportent cependant un renfort inespéré pour démarrer un PDITH[349]. Un tel plan est chargé de promouvoir et de soutenir des institutions innovantes d'insertion. Heureusement pour nous, fin 1993, nos homologues italiens laissent en déshérence une série de crédits européens. Ils sont englués dans les opérations « manipuli [350]» qui déstabilisent, quelques années durant, nombre de structures consommatrices habituelles de ces crédits. Je suis appelé en catastrophe par Jean-Philippe Coquard pour monter un dossier. Il occupe au ministère un poste hybride placé entre la direction gérant les crédits européens et la Mission nationale des travailleurs handicapés. Il annonce que le ministère serait d'accord pour retenir le Rhône dans la deuxième vague de ces plans d'insertion, nous octroyant la modique somme de sept cent cinquante mille francs. Elle ne représente que le quart ou la moitié du financement de la moindre structure mais elle ouvre la porte des autres financeurs institutionnels. L'AGEFIPH double au moins la mise de l'État, faisant souvent beaucoup plus. En fin de parcours, la Communauté européenne apporte enfin une mise égale à tous les financements nationaux trouvés. À notre intention, J. P. Coquard ramène de Bruxelles trois millions de francs renouvelables sur deux ans, non consommés en Italie. Il faut donc en trouver autant en France, sachant que la doctrine et le discours antiétatique sont bien relayés par le gouvernement français et par le ministère, sur injonction de la Communauté. L'État est l'ogre gaspilleur et malhonnête, consommateur inefficace des impôts des citoyens. En fait, une partie de ces impôts est habilement subtilisée par Bruxelles avant de redescendre par des dédales obscurs vers Paris, pour qu'elle atterrisse finalement sur quelque porteur associatif privé ayant l'agrément de la Commission. En quelques jours, il faut donc trouver, non seulement des crédits nationaux, mais aussi une structure intermédiaire ayant une réputation vierge.

---

347 Normalement financées par les caisses de sécurité sociale.

348 Association pour la gestion, la formation et l'insertion des personnes handicapées, créée par la loi du 10 juillet 1987. Elle est un fond paritaire recevant les contributions patronales que les agents de l'État et en particulier, dans ces années 1993-1997, ceux du pôle handicapé et de la COTOREP, prélèvent auprès des employeurs n'employant pas le quota de personnes handicapées fixé par la loi.

349 Plan départemental d'insertion des travailleurs handicapés.

350 Opérations « Main propre » de la justice italienne remettant de l'ordre dans le fonctionnement de l'administration et dans les milieux politiques.

Heureusement, depuis un an ou deux, le département connaît une germination spontanée de bonnes volontés. Il en sort des colloques s'intéressant à la cause des personnes handicapées. Un premier a suscité la naissance d'une association appelée PHARE, « Personnes handicapée à la recherche d'un emploi ». Le patronat lyonnais en organise un second, intitulé « Biennale de l'insertion des travailleurs handicapés ». Il se tient dans les premiers mois de mon arrivée, faisant l'inventaire de diverses expériences positives. À cette occasion, le patronat met en selle ses propres structures d'insertion, les OIP[351], le GIRPEH[352]... Sa méfiance est totale à l'égard de tout ce qu'il n'influence pas directement, en particulier les EPSR[353] qu'il s'efforce de concurrencer parce qu'elles ont la mission de présenter des candidats handicapés aux entreprises qui doivent en recruter. À l'annonce de ces promesses de fonds européens, tout le monde se déclare ouvert à l'idée d'un plan départemental. Le patronat lui-même ne veut pas perdre la possibilité d'accroître son influence sur ce secteur, tout en voyant d'un mauvais œil l'influence déterminante de l'État et la volonté de l'adjoint de la COTOREP de tenir un rôle d'animation centrale. Mais le principe de voir PHARE assumer un rôle important ne lui déplait pas, d'autant qu'il en assure la présidence et maîtrise plusieurs postes de son conseil d'administration par des représentants d'entreprises privées.

Entre Noël et la mi-janvier, en trois semaines pendant lesquelles chacun est en principe absent, il faut donc obtenir la convocation de l'association et convaincre son président de ne pas laisser perdre ces fonds européens dont la réservation doit être réalisée très rapidement. Le président, un employeur à la retraite fort actif, Henri de Jouffray, et une majorité de membres de Phare comprennent que ces fonds sont bons à prendre quelles que soient les conditions à remplir. Malgré les réticences, les convaincre n'est pas difficile. Ce qui l'est plus, c'est que le plan que nous avons à peu près dessiné dans ses grandes lignes, J. P. Coquard et moi-même[354], réponde aux appétits des uns et des autres. Pour satisfaire quelques-unes des composantes de PHARE, il contient six lignes d'actions. Sur le plan comptable et financier, il doit ensuite être mis en œuvre de façon théorique, par l'association elle-même. Mais elle n'a aucun appareil administratif pour le faire. La direction départementale du travail prête donc un comptable et fait le travail. Il ne reste au président qu'à signer, avec une certaine grimace compréhensible.

Pendant deux ou trois ans, une suite de difficultés énormes en résulte auprès du trésorier payeur général, puis des membres de Phare. Dans les

---

[351] Organismes d'insertion professionnelle chargés de recevoir les demandeurs d'emploi handicapés et de leur proposer un emploi ou toute aide leur permettant d'accéder à un emploi. Appelés Ohé Rhône et Ohé Isère, ils fonctionnent grâce aux fonds récoltés par l'État auprès des employeurs et reversés aux AGEFIPH.

[352] Groupement interprofessionnel Rhône Alpes pour l'emploi des handicapés.

[353] Équipes de préparation et de suite du reclassement, privées ou publiques mises en place par l'État, l'ANPE et diverses associations de handicapés selon une histoire déjà vieille d'une dizaine d'années.

[354] Afin qu'il corresponde aux principaux axes d'insertion retenus par le ministère.

premières années, personne ne déplore l'annonce de ces subventions majorées, mais leur versement effectif s'avère une sinécure. Il est alors facile d'accuser la direction départementale et son adjoint de tous les maux résultant de l'impréparation du système. Malgré mes navettes entre Villeurbanne et la Trésorerie de la rue de la Charité, les fonds sont bloqués entre Bruxelles et celle-ci. Avec beaucoup de patience, le comptable trouvé auprès de la COTOREP apprend à établir et faire établir les multiples papiers que les prestataires d'insertion doivent remplir dans la forme voulue par les directives européennes et le contrôleur financier de la dépense locale. Rien n'y fait. Ce dernier nous reproche de transgresser diverses règles communautaires, découvertes entre temps, et celles formulées par son ministère. Nous sommes pris au piège de circulaires européennes touffues et d'un style difficile à décrypter et interpréter. Au ministère, tant auprès de la mission pour l'insertion des handicapés que de celle gérant les fonds européens, personne ne peut nous porter secours[355]. La trésorerie apparaît beaucoup plus émue par le strict respect des règles de la comptabilité publique que par les difficultés d'insertion des personnes handicapées et la rémunération ponctuelle de ceux qui s'y emploient. Elle pratique un zèle juridique inflexible. Le Rhône est l'un des trois départements français où les PDITH rencontrent des difficultés à obtenir les souplesses que suppose leur lancement et la bonne cause des handicapés. La direction départementale est dans le collimateur. En pratiquant, en toute bonne foi, quelques méthodes critiquables de définition du porteur du projet global, la bonne cause des handicapés ne fait qu'en rajouter un peu. Mais elle vient, à point nommé, pour le Trésorier payeur général voulant montrer du doigt la gestion de la direction, à une époque où les crédits qu'elle gère prennent chaque jour une ampleur de plus en plus phénoménale, comme cela se doit en période de crise[356].

Nous ne pouvons faire autrement que de porter ce PDITH à bout de bras. PHARE n'a ni l'envergure, ni la sérénité interne, ni des moyens propres pour conduire un plan départemental censé pousser une politique dans un département connaissant plus d'une centaine de structures d'insertion et devant se soucier de vingt à trente mille handicapés orientés vers le travail. Accusée de vouloir infantiliser les structures extérieures, la direction départementale doit cependant veiller à la coordination des objectifs et au bon usage des fonds, tous directement ou indirectement d'origine publique. Dans un système démocratique est-ce une structure privée ou un organisme public qui doivent animer une politique des

---

[355] Hormis cette impossibilité de soutien dans les questions financières, il faut souligner l'aide reçue de la mission des travailleurs handicapés de Paris pour les questions d'orientation et en particulier l'accueil trouvé auprès de Bérangère Desbans, Marc Lelièvre, Elisabeth Gosselin et le chef de cette mission, M. Vilbois. Responsable local, c'est avec un très grand profit que je suis intégré dans les réflexions faites par cette mission, en cette phase d'expérimentation.

[356] À Lyon, en outre elle a un compte à régler avec la direction départementale du travail qui vient de faire passer en force le financement des comités locaux pour l'emploi, avec un « ordre à payer du préfet », procédure honnie des TPG.

financeurs publics en faveur des handicapés ? Là aussi, nous sommes en pleine maladie néo-libérale du système social.

Pour soutenir quelques efforts de communication et disposer d'une secrétaire, PHARE, petite association privée sans ressources, pleure une misère de crédits auprès de l'AGEFIPH. Elle ne doit son propre fonctionnement qu'à la participation gratuite et aux apports non chiffrés de ses membres : la secrétaire est hébergée dans des locaux de l'ANPE puis dans ceux de la COTOREP. L'ordinateur est fourni par les uns, papiers et crayons par d'autres. Lorsqu'il s'agit ensuite de recruter une véritable coordinatrice du PDITH, il est évident que PHARE n'en a pas la carrure. Après beaucoup d'hésitations, la coordonnatrice recrutée reste salariée de LADAPT, un organisme plus puissant dont elle provient. PHARE devient un lieu de discussion sur les besoins des handicapés. Entre temps, des crises à répétition doivent être surmontées. De plus, dans un contexte de croissance des soutiens aux handicapés, la distribution des financements n'est jamais assurée pour le moyen et le long terme et toujours complexe.

Pendant au moins trois ans, cette histoire du PDITH défraye la chronique du monde handicapé par suite des blocages de la Trésorerie générale, mais ne nous empêche pas de développer beaucoup de choses, à travers mille difficultés. Tout le monde participe à cet esprit créatif. Pourtant, nombreux sont ceux qui ne sont pas sûrs de recevoir leur paye à la fin du mois ou leur financement en fin d'année. Des structures d'aide aux handicapés sont fréquemment mises en difficulté, à la limite de la cessation de paiement. À cette époque où coexistent l'Euro et les monnaies nationales, la dévaluation lente du franc fait qu'une structure qui s'est engagée pour une action d'un certain coût n'est finalement rétribuée qu'à 95 ou 98 % de ses dépenses, deux ans après.

En fait, on nous demande d'être des développeurs en nous forçant à jongler avec l'impossible et nous développons effectivement toute une nouvelle branche de l'action sociale et de la formation professionnelle en faveur de l'emploi d'une catégorie d'exclus. Mais le gouvernement refuse de financer, de légiférer et même de rédiger des textes réglementaires. Avec un million et demi d'habitants et trente cinq mille demandes en COTOREP, un département comme le Rhône reçoit du ministère la même somme symbolique qu'un département de trois cents ou quatre cent mille habitants décomptant sept ou dix mille demandes. Cette somme symbolique sert seulement à nous dire : « allez-y ». Quant aux financements complémentaires, certains départements comme l'Ain, disposent d'un lobby puissant et adroit et reçoivent beaucoup plus de la Communauté européenne et de la Région. La région Rhône-Alpes offre en ce domaine un bel exemple de clientélisme. Avec le tiers de la population régionale, le département du Rhône reçoit 10 % du budget annoncé en faveur des handicapés, tandis que deux ou trois départements s'en partagent les deux tiers et que trois autres départements ne reçoivent rien du tout. D'ailleurs ce budget semble surtout servir pour des effets d'annonce politique. En fin d'année, des sommes importantes restent souvent non dépensées.

Quelles que soient ces difficultés, le PDITH se développe en de multiples directions. En cinq années, il pousse diverses techniques d'insertion professionnelle et intègre dans sa dynamique un grand nombre d'acteurs. Au départ, seuls fonctionnent quelques pôles d'innovation et quelques structures traditionnelles. Les malades mentaux bénéficient déjà de Messidor, une structure ayant impulsé une dynamique nouvelle. LADAPT s'appuie sur un centre de rééducation classique pour créer sa SSIP. Pour les non-voyants, une association nouvelle, la FIDEV développe des insertions dans les créneaux de l'informatique. Les grandes structures nationales, sont bien implantées mais évitent les situations de monopole local. À la différence de ce qui se passe dans d'autres départements, l'ADAPEI donne l'exemple d'une conception décentralisée faisant confiance à l'AGIVR, l'ALGED, Saint-Léonard[357], leur laissant une grande indépendance. Des structures importantes d'ampleur régionale tiennent d'autres créneaux : les infirmes moteurs cérébraux pour l'ARIMC, l'enfance et les sourds pour l'OVE. Même l'entreprise d'intérim Ecco, dispose d'une mission dynamique spécialisée dans le placement des personnes handicapées.

Malgré les difficultés de financement et les inévitables conflits de concurrence ou de chapelle, je trouve toujours une multitude de bonnes volontés prêtes à aller de l'avant. Par la richesse du réseau existant ou par l'envie d'aventures nouvelles, le directeur adjoint du pôle d'insertion des travailleurs handicapés du Rhône est un homme heureux. Le PDITH permet de faire démarrer une série d'actions faisant défaut ici et, il faut le dire, bien souvent aussi en France.

A partir de l'expérience de la SSIP de Sainte-Foy-l'Argentière, la première création lourde est une action en faveur des traumatisés crâniens. Après de graves accidents, souvent liés à la circulation, ces personnes sont restées dans le coma plusieurs semaines ou plusieurs mois. Elles ont toutes les apparences de la normalité mais leurs troubles de la mémoire et du caractère les rendent incapables de se réinsérer sans une stratégie particulière et une aide importante. L'analyse de leur situation part du cas d'un élève ingénieur accidenté de la route entre l'écrit et l'oral, à la sortie d'une grande école. On lui accorde tout de même son titre d'ingénieur, mais il a perdu la mémoire de tout ce qu'il a appris dans ses études. Il est bien entendu incapable de trouver un emploi de ce niveau. L'insertion de ce type de handicap suppose l'acceptation des conséquences dramatiques de l'accident et un long parcours dans des emplois modestes avec un espoir d'ascension professionnelle lente et limitée. Avec le petit noyau de personnes investies dans le plan départemental, nous décidons de démarrer une structure

[357] Ces quatre associations apportent leur aide aux enfants et adultes handicapés psychiques.

capable de recevoir quinze personnes par an, atteintes de ces troubles[358]. Seule parmi les structures existantes, LADAPT accepte de se porter sur une mission aussi difficile, sa section de Sainte-Foy-l'Argentière traitant déjà quelques cas de cette nature. Avec les financements du PDITH, les angoisses budgétaires s'ajoutent aux difficultés du travail. Les crédits viennent ou ne viennent pas. Nous passons des semaines et des mois terribles. Je dois rédiger et signer des courriers sans aucune valeur juridique, qui pourraient m'être reprochés dans n'importe quelle procédure : j'invite les responsables à poursuivre le travail les assurant que les crédits viendront, alors que je n'en ai aucune certitude. L'hôpital engagé dans cette expérience exige des assurances pour ne pas l'arrêter.

Nous abordons ensuite un handicap aux conséquences inverses. De très nombreux épileptiques ne bénéficient d'aucune aide locale. Seul existe un centre éloigné d'aide par le travail, destiné exclusivement à des personnes en grande difficulté et ne pouvant espérer pour l'instant une insertion professionnelle. Un grand nombre de cas intermédiaires ont tendance à régresser faute d'intervention adaptée. La stratégie d'insertion est l'inverse de celle exigée par les traumatisés crâniens. En dehors de leurs crises, les personnes épileptiques ont des capacités assez voisines de la normale. Cependant, même si leur mal est stabilisé, elles continuent à effrayer un voisinage craignant à tout instant le retour des crises. Il faut donc apaiser et préparer les uns et les autres, les informer des moyens de prévenir les crises, et surtout redonner de l'audace et une volonté de se réinsérer aux intéressés. Beaucoup peuvent ainsi achever des études, accéder à une qualification. Cet effort est d'autant plus nécessaire que certaines épilepsies fréquentes à l'adolescence s'estompent à l'âge adulte tandis que d'autres surviennent tardivement mais peuvent bénéficier de traitement médicamenteux. Une structure est recherchée, trouvée puis financée. Les docteurs Henny et Revol réunissent une équipe et construisent une méthode qui fait école en France.

Autre exemple, grâce aux progrès de la médecine, le nombre de non-voyants régresse mais celui des mal-voyants, les amblyopes, s'accroît. Les personnes perdant de plus en plus la vue sont dans une situation très handicapante sur le plan de l'emploi. Une rééducation diversifiée est nécessaire. La FIDEV se propose pour organiser plusieurs stages. Les méthodes tâtonnent. Un centre de réinsertion est ouvert, bénéficiant du soutien financier très modeste du PDITH. Précédemment les victimes de ces handicaps étaient dirigées vers des internats à Montpellier ou en région parisienne.

La maladie mentale est un autre important ensemble de handicaps pour lequel nous tentons de développer des aides à l'insertion professionnelle. Des détériorations des équilibres psychiques se multiplient liées pour une grande part aux conditions de la vie urbaine, à la désorganisation du tissu économique et à

---

[358] Chaque année, la région voit huit cents nouvelles personnes atteintes de ce type de handicap. En raison de la gravité de leurs troubles, un tiers seulement d'entre elles peuvent bénéficier du stage que nous créons.

beaucoup d'autres causes. Ces maladies et ces problèmes s'associent à la montée des exclusions sociales dans les quartiers de banlieue. Ils se diffusent aussi dans tous les milieux urbains et socioprofessionnels, pesant sur les phénomènes d'insécurité. À la préfecture, le responsable chargé de la politique de la ville et des banlieues signale notamment les navettes effectuées par de nombreux jeunes entre la prison, l'hôpital psychiatrique et des retours difficiles dans les tours des ZUP.

Les services classiques de l'emploi et les hôpitaux ne peuvent faciliter un retour à la vie active sans propositions adaptées. Par ailleurs, ni les personnes victimes de maladie mentale ni leurs parents ne sont en état de développer des associations spécifiques de soutien à ce type de handicap. Elles ne sont pas davantage prises en compte par les autres associations de handicapés. Très peu est donc fait à leur intention, malgré d'immenses besoins. Le pourcentage des dossiers de COTOREP ayant une composante psychiatrique ou mentale est estimé au-dessus du seuil des 50 %, pesant sur les procédures de la commission. La durée même de ces procédures est en moyenne beaucoup plus longue, en raison des hospitalisations successives interrompant l'instruction.

Le PDITH tente donc de soutenir une coordination des assistantes de quartier, des personnels soignants spécialisés et des personnes chargées de faire des propositions d'emploi. Mais les résultats tardent. L'axe de travail le plus marquant consiste à soutenir une coordination des trois grands hôpitaux psychiatriques du département pour le travail d'insertion professionnelle. Un département spécialisé, l'URSP, s'organise dans et hors les murs pour faire effectuer des travaux de nature professionnelle soutenant une lente remise au travail, puis propose des stages en entreprise. Le plan départemental soutien également d'autres pistes plus spécifiques, notamment le travail d'associations se préoccupant d'un retour au travail des malades du Sida, les tri-thérapies leur donnant désormais des chances de survie. Tous ces efforts touchant au handicap mental ne sont cependant qu'une goûte d'eau dans la mer.

Dans cette période d'effervescence correspondant aux années de création des PDITH, une ou deux dizaines de projets pourraient encore être cités. Mon bureau est l'un des carrefours où ils sont imaginés et se discutent. Un autre carrefour important est le petit local de la coordination du PDITH situé dans un autre immeuble du quartier de la Pérallière, à quelques centaines de mètres de la COTOREP. Celle-ci tente de jouer un rôle d'évaluation des besoins. Partis d'un PDITH de quelques six millions de francs, nous parvenons en quelques années au niveau des douze à quinze millions. Mais la recherche des fonds devient une fonction de plus en plus périlleuse. On bute sur une crise de croissance des financements. Pour chaque action, on nous impose de faire appel à des financeurs multiples qu'il faut associer : L'AGEFIPH, la Communauté européenne, le Département, la Région, l'État. Parmi ces financeurs, une petite guerre de défausse se développe. Avec la montée des sollicitations, un terrible jeu de course poursuite s'instaure. Aux organismes demandeurs, chaque financeur déclare ne s'engager que si un autre s'engage avant lui, aucun ne voulant être le premier. Certains tentent de définir des lignes d'actions qu'ils considèrent comme de leur ressort et surtout d'autres qui n'en sont pas. Il y a aussi cette fameuse règle selon laquelle aucun financeur ne veut se charger de soutenir durablement une structure. Tout le monde prétend soutenir l'innovation sociale. Mais une fois que l'innovation montre ses résultats et qu'arrive la durée butoir de deux ans la définissant, que fait-on ? Malgré l'énormité globale des financements en faveur des handicapés, le travail d'insertion professionnelle est pratiquement une mission sans budget durable, hormis les budgets alloués aux centres de rééducation professionnelle agréés par la Sécurité sociale. Au milieu de ce foisonnement d'expérimentations, c'est une grande victoire d'obtenir pour les traumatisés crâniens, la première création du PDITH du Rhône, la seule et unique reconnaissance de section nouvelle du département reconnue au budget des rééducations professionnelles. Et quelles tractations n'a-t-on pas vues pour que ne soit retenue qu'une série limitée de structures dans des conditions budgétaires draconiennes ! Finalement, après plusieurs années exigeant beaucoup de travail, vient la tentation de penser que l'on a affaire à des politiciens d'opérette. De Bruxelles jusqu'au Département ils veulent tous financer l'innovation mais pas un ne veut sortir un sou sur un budget durable d'insertion professionnelle des handicapés.

Enfin la plupart de ces actions mettent en synergie plusieurs opérateurs. De petites guerres intestines apparaissent pour savoir qui va être la tête de file. Avant de commencer le travail, des questions de leadership sont à régler. Certaines grandes structures n'ont pas de peine à trouver leur place dans les différents cas de figure. Mais certaines petites structures mènent d'énormes batailles pour s'imposer. Dans une situation de morcellement extrême, certaines d'entre elles sont ingérables, tant pour des raisons d'équilibre que pour des raisons de renouvellement de leurs dirigeants. Dans ce monde associatif, règne un girondinisme aigu, l'esprit de service public passant parfois après l'intérêt de boutique. On n'est pas en terrain naturel de service public ni au cœur des grandes influences du syndicalisme fédéré. Dans le militantisme syndical on est guidé par quelques grands clivages. Si l'on s'appuie sur une volonté de dépasser les conflits, on arrive à s'entendre sur quelques lignes logiques de compréhension et d'action. Mais dans ce monde du handicap, tous les mondes coexistent avec une multitude de tout petits centres de décision tenant souvent à une ou deux personnes. Cette maladie infantile de la cause coexiste avec de grandes structures telles que l'ADAPEI, L'APF ou LADAPT. Les PDITH ont à trouver des candidats opérateurs dans cette infinité de micro-structures comme dans les grandes associations. Il en résulte parfois une fragilité extrême aboutissant à de sérieuses difficultés, des fermetures et des mises à l'écart, à propos desquelles les pouvoirs publics doivent prendre leurs responsabilités. Comme il n'y a pas de continuité du côté des hommes représentant l'État dans ce domaine, il est difficile de mettre en œuvre une politique fédératrice des structures ni d'élever les compétences et les capacités de direction. Dans certaines structures, cette mise à niveau s'effectue spontanément mais dans d'autres, après quelques premières décennies de croissance fondées sur un seul homme, des crises sont longues à dénouer.

Un autre élément déplorable est que le ministère ne veut pas créer en son sein un encadrement et des compétences durables pour la politique destinée aux handicapés et aux COTOREP, alors qu'il s'agit d'un champ interministériel ayant des spécificités fortes. Ce qui domine dans ces services est la gestion des mises au placard, la déshérence et l'absence d'affectation aux grades de direction. Les directeurs s'en occupent « en plus d'autres choses ». Bon nombre d'agents, affectés là, ne font que passer, bien contents d'en sortir. La population en conclut que l'État n'est pas bon sur ce champ d'action et qu'il faudrait confier la mission à d'autres échelons du service public. Cette mission étant ouverte à un besoin latent de clientélisme, des candidats sont intéressés. L'homme politique reçoit facilement une famille souffrant d'un problème de handicap. Savoir tirer une sonnette efficace est électoralement utile, mais personne n'est plus là lorsqu'il faut financer les structures.

C'est ainsi que durant ces cinq ans passés à la COTOREP du Rhône, dans une période de développement de ce champ du travail et des affaires sociales, je reste le seul directeur adjoint occupé exclusivement à cette tâche en France. Je vis des années exaltantes, mais après mon départ, celui qui me remplace s'empresse de demander que l'on complète son emploi du temps et sa carte de visite par d'autres missions. Bien que devant travailler des journées de dix à douze heures pour répondre à tout, je ne fais donc pas école. Peut-être était-ce le travers d'un lyonnais besogneux que de s'être trop passionné sur un objet si limité. Dans une période particulièrement faste, je crois au contraire avoir donné une bonne mesure à la définition de cette tâche[359].

---

[359] Je devrais citer tous ces nombreux visages rencontrés au service de la cause des handicapés. Le PDITH du Rhône est un monde de cent à deux cents professionnels, plus autant de bénévoles. De grandes figures, fondateurs et dirigeants historiques, beaucoup de professionnels compétents composent une fresque impressionnante. Outre ceux déjà évoqués, tout en commettant trop d'oublis, je dois citer MM. et Mmes Sylvain Gachet, Laurence Garnier, François Leduc à l'AGEFIPH, Tesse, Valette, Jacques Madignier, à l'ADAPEI, Beghoul à l'ARIMC, Richard Atlan à l'ANPE, Jean Simon à l'APF, Gabriel Lunven, Buisson, Antoine Dumas à l'ADIPSH, Nicollet à l'ALGED, Monique Boisrivent à l'ALPES, Mazille, Nathalie Paris, Olivier Borius à la FIDEV et dans les associations d'aveugles, Vernier à l'ANPEDA, Lucien Boisson à la CGT, Royer au CEREF, Dominique Rongione au Conseil régional et à la mairie de Lyon, Pierre Anglaret au CREAI, Philippe Guyon au CFEU, Jean-Michel Lacondemine au CAT de Laroche, Christian Cayre à la Lyonnaise de banque, Bénévent au CRACIP, Augier-Astolfi, Philippe Vayne à l'URSP, Georges Fabre, Drevet à l'AMI, Colette Ampli à Exa formation, Michel Franchiti, Éric Baccolini à l'OVE, Georges au GCAT, Yves Benoit-Catin au GIL, André Laval et Édith Samouillet au GIRPEH, Méchous à Handicap international, Chevriau à Industrie service, Anne-Marie Curial à l'IMPRO N.D., Vincent Véry, René Baptiste à Messidor, Pierre Deleuze, Pierre Salomon à Ohé Rhône, Claude Vernet à Rhône-Poulenc.

Ch.24 Les directeurs passent, les adjoints doivent accepter d'en faire autant

À cette activité intense d'organisation et de développement je tiens cinq ans sur la lancée de la confiance accordée par Y... et sur nos intuitions mises en commun. Lui et moi, nous sortons la COTOREP de son marasme. Nous la réinstallons dans des locaux exceptionnels. Nous démarrons le PDITH et le développons avec ses innovations. Mais Y... part au bout de dix-huit mois. Ma situation se fragilise. Chaque nouveau directeur a tendance à considérer que ce qui a été effectué avant lui est à revoir. À leur arrivée, il m'est difficile, voire impossible, d'obtenir une heure d'écoute. Le responsable de service que je suis voudrait pouvoir expliquer ce qui a été fait, ce qu'est cette immense machine assortie désormais de son outil extérieur. Mais impossible de faire comprendre comment on a avancé par étapes et quelles étapes restent à entreprendre[360] ! Après un an de mise en œuvre pour le PDITH et deux ans de chambardement pour la COTOREP, ces deux ensembles sont en pleine phase de stabilisation. Ce qui a été fait ne mérite pas d'être balayé.

Ensuite à partir de fin 1997 et dans les premiers mois de 1998, la politique du moment n'est plus au développement ni des COTOREP ni des PDITH. Il faut faire avec ce que l'on a, normaliser les situations, aligner les plus favorables pour faire monter un peu les moins favorables. Nous sommes dans le haut de la gamme. Nous ne pouvons que supporter des réductions. Dès les derniers mois de M. Vilbois à la tête de la mission pour l'insertion des travailleurs handicapés à la Centrale, le ministère décide de « piquer dans la caisse », c'est à dire de récupérer des fonds auprès de l'AGEFIPH. Par diverses retouches réglementaires, il lui transfère des charges incombant à l'État depuis de nombreuses années[361]. Reposant en grande partie sur le budget de l'AGEFIPH, les PDITH voient leurs marges de manœuvres réduites d'autant. Enfin le lobby des parents d'enfants handicapés manque de places financées dans les foyers et les CAT. Pour obtenir ces places, il fait le forcing et organise une grande manifestation nationale à Paris, au Champ de mars. Celle-ci étant très réussie, ils sont entendus et obtiennent un

---

Pour les représenter tous, deux développements à titre d'exemple : Nelly Mianne : la société d'intérim Ecco lui accorde un plein temps pour se préoccuper des personnes handicapées. On peut être surpris : un tel altruisme de la part d'une société d'intérim. Pour la réinsertion des personnes handicapées, pourquoi y renoncer ? De nombreuses années, Nelly Mianne reçoit personnellement beaucoup de personnes handicapées, arrive à en dépanner plus d'une, aidée de ses collègues des agences ordinaires de la Société. Elle est aussi un visage marquant de PHARE.

Pour le démarrage et le développement du PDITH, Alain Mor, directeur du centre de LADAPT, rue Domer à Lyon, ne se ménage pas non plus. Il accepte de se lancer dans les expériences les plus audacieuses, notamment celle concernant les traumatisés crâniens. Avec les difficultés financières du PDITH, je lui fais passer de très mauvaises années. Nous franchissons les écueils les plus infranchissables avec la même volonté de réussir.

[360] À mon départ, une dernière réforme demande encore quelques étapes d'organisation, la remise en route de la section chargée des emplois du secteur public.

[361] Le complément de salaire des emplois protégés en entreprise, par exemple.

plan pluriannuel réorientant prioritairement les dépenses de l'État en direction de la version « affaires sociales » des COTOREP au détriment de la version « travail ». Les beaux jours de l'insertion professionnelle s'obscurcissent. La conception du secteur du handicap, telle qu'on l'a connue depuis 1975 est inversée.

En plus du contexte politique national, il est inévitable que, passés les premiers mois de création, des difficultés surgissent au PDITH départemental. Il faut fonctionner dans la durée avec des moyens de coordination et une animation politique mal acceptée par quelques-uns. Ce poste d'adjoint et ces fonctions dont personne n'aurait voulu au départ deviennent un enjeu de pouvoir externe. Mais il n'y a pas que cela. Depuis qu'ils sont secondés d'un directeur délégué, les directeurs départementaux[362] ont un souci, celui de ne pas avoir de directeurs adjoints trop importants, surtout pas celui de la COTOREP. À Lyon, ce dernier est favorisé par le nombre de mètres carrés dont il dispose, les effectifs enfin obtenus, leur interministérialité, ses bonnes relations avec la directrice des affaires sanitaires et sociales. Cette problématique d'autorité se conjugue avec les tentatives de freinage de mon poste émanant de l'extérieur.

De fait l'AGEFIPH voit mal l'animation des PDITH par les directions départementales du travail et de l'emploi. Elle considère comme siens les fonds qu'elle met pour moitié dans les actions de ces plans, alors qu'ils sont totalement issus d'une redevance définie par la loi, collectée par l'État et joliment appelée « contribution » du patronat[363]. Celui-ci veut se tailler la part du lion dans le paritarisme apparent gérant les fonds. Il lui faut verrouiller les velléités de l'État s'il veut mener la danse.

Le seul texte dont on dispose pour le fonctionnement des PDITH est d'ailleurs une « quasi-circulaire ». Toute cette politique a son origine dans une note d'invitation n'ayant jamais été formalisée comme une circulaire, rédigée d'ailleurs dans un style soixante-huitard, sauf pour certains éléments qui sont une pâle copie des circulaires européennes : il faut faire avec les particularismes locaux, des partenaires à géométrie variable. Toutes les figures organisationnelles sont admises.

Au premier semestre 96, l'AGEFIPH se met à exiger des directeurs départementaux des audits d'évaluation des PDITH. Elle finance entièrement ces audits en échange d'un copilotage théorique accordé à l'État. Des cabinets privés sont mandatés, tous défenseurs discrets de l'orthodoxie libérale. Au terme de leurs consultations, ils proposent comme premier choix des formes privées d'animation et de gestion. Le PDITH du Rhône n'ayant pu démarrer qu'en s'engageant dans une grave crise de définition des modalités de paiement, s'est placé en contradiction avec certaines exigences de Bruxelles et de la comptabilité publique

[362] Qui, pendant des années, ne se bousculent pas pour venir à Lyon tenir une direction réputée difficile.
[363] Alors qu'il s'agit d'une pénalité correspondant aux embauches non-effectuées.

nationale. Dans ses auditions, l'audit n'a aucune peine à trouver des mécontents. Son consultant, une jeune femme fort dynamique, se contente d'interroger les sept directions des structures-pilotes financées par la première étape du PDITH. Parmi eux se trouvent un ou deux opposants affirmés, sachant réclamer les avantages de la politique nouvelle mais prompts à dénigrer l'État et sa tutelle. Dans ses conclusions, l'audit peut charger facilement la direction départementale et son adjoint. Nous partons d'une situation tendue résultant de l'organisation de PHARE, empêtrée au même moment dans une rupture de contrat. PHARE est en train de se séparer de sa seule permanente positionnée sur un poste de secrétariat chargé de communication. Le PDITH doit mettre en place une structure appelée « coordination » et recruter, sur un autre profil, une forte personnalité capable de faire le poids face aux directeurs, aux formateurs et aux agents d'insertion dans les actions du plan. S'appuyant sur les conclusions de l'audit, l'AGEFIPH impose une coordination séparée de la DDTEFP, implantée physiquement à une certaine « distance de sécurité ». Elle impose bien évidemment aussi une structure privée pour porter la gestion de la coordinatrice. Une autre solution, plus conforme aux besoins d'une réelle politique d'insertion des handicapés ne serait pas impensable. Au même moment, pour une fonction identique, l'État entreprend d'intégrer les coordonnateurs de formation professionnelle dans les directions départementales et leur accorde un statut de contractuels de la fonction publique.

En réalité, sous ces questions institutionnelles, on commence à régler un débat politique dans l'obscurité et au coup par coup. Avec leurs missions de garantie des droits des personnes, et de régulation des attributions de deniers publics, les COTOREP sont bien situées dans l'enceinte de l'État. Mais, au sein des conseils généraux, dans le patronat, de profondes convoitises cherchent à récupérer leur mise, à rapatrier les systèmes de décision, les enquêtes sociales et médicales, la gestion des dossiers. Les PDITH sont des lieux d'impulsion des actions, de rassemblement des financements. C'est là aussi que s'évaluent les résultats. Ils attisent les convoitises. Dans un contexte d'infinie multiplicité des acteurs et d'entrelacement des financements publics et sociaux, ils ne peuvent être animés que par l'État. Mais des forces influentes tirent vers la privatisation ou la décentralisation et le ministère prend plusieurs décisions qui sont des capitulations : il abandonne le contrôle et la recette des contributions des employeurs. Il imagine de réduire son financement des EPSR[364] en se déchargeant sur le financeur privé de ses obligations dans le placement spécialisé. Il envisage même, un temps, de faire financer les améliorations et le fonctionnement des COTOREP par l'AGEFIPH. C'est une dérive véritablement scandaleuse mais qui n'émeut pas grand monde, y compris dans le milieu spécialisé du handicap.

Durant cinq ans, tant que j'assure la conduite politique du PDITH, ce mouvement n'en est qu'à ses débuts. On parvient à un compromis qui n'est pas

[364] Les organismes spécialisés de placement s'occupant des handicapés au lieu et place de l'ANPE.

toujours clairement exprimé mais qui reste la ligne : la coordination hébergée par une structure privée est une coordination opérationnelle et technique tandis que l'animation politique revient à la DDTEFP et à l'adjoint de la COTOREP. L'AGEFIPH fait cependant sentir son droit de veto potentiel. On tâtonne sur les compétences. La conduite des actions n'est pas facile, mais on s'en sort au jour le jour. De plus, du côté de l'État, deux échelons se superposent, le départemental et le régional. Les directions régionales s'efforcent de raviver leur leadership, instituant des procédures plus voyantes de répartition des fonds transitant par elles. Les PDITH et les directions départementales sont soumises à leur autorisation préalable et restent des parents pauvres avec des budgets d'État en baisse. Les actions sont de plus en plus soumises aux marchandages de l'AGEFIPH et des autres financeurs. Il devient difficile de continuer à élargir la panoplie des insertions et des formations offertes aux personnes handicapées. Lors de mon pot de départ, Vincent Véry, président fondateur de Messidor, un responsable aux grandes qualités et au dévouement exemplaire, lit un petit poème de sa composition écrit pour la circonstance. Il stigmatise avec humour le décalage entre les espoirs que je tentais de faire lever et la rareté des fonds effectivement obtenus.

Au milieu de ces difficultés, il ne m'est pas facile de vivre avec la méfiance avouée de M…, le second directeur départemental que je reçois pour chef. Il me déclare un jour qu'il m'a « mis en examen » ainsi qu'un autre de ses adjoints[365]. Il est difficile d'arriver à aborder les questions de fond et de s'entendre à leur sujet sans arrière-pensées. Avec Y…, je finissais souvent la journée en montant dans son bureau vers 19 heures 30. Nous traitions deux ou trois questions me permettant de prendre des décisions. Avec M…, sourcilleux de superviser mon travail et d'un tempérament naturellement inquiet, je dois venir avec un projet de lettre. Mais impossible d'aborder les problèmes dans leur ensemble. Impossible de jeter d'abord un coup d'œil en diagonale sur le texte. Il prend son stylo à bille et commence par modifier le début de la première phrase, sans se préoccuper de savoir si l'élément qu'il souhaite se trouve à la fin de la ligne. Comme le temps est compté et que je suis tenace, on passerait son temps à chipoter. Finalement, l'entrevue se termine en modifiant quelques mots puis il doit me laisser faire ce que j'avais prévu.

Je dois reconnaître que dans la mise en place de la nouvelle formule du PDITH, c'est à dire la coordination remplaçant PHARE, il me suit largement lors d'un choix décisif : je souhaite prendre pour coordinatrice la personne que je considère comme la responsable la plus affirmée du département, ayant conduit l'une des meilleures expériences, la SSIP de LADAPT et de l'hôpital de Sainte-Foy-l'Argentière, Christine Bergeron. Heureusement disponible au moment de ce recrutement, elle appartient à la structure d'insertion la plus solide, tant par ses

[365] M… T… qui ne tarde pas à préférer faire ailleurs une autre étape de carrière.

méthodes que par ses assises techniques. Mon chef est réservé, fait quelques remarques. Il craint des difficultés à gérer les relations de travail avec une force de caractère et une volonté exceptionnelle. C'est au contraire ce qui me fait retenir cette candidature. Je n'aurai pas à m'en plaindre. Nous menons ensemble des projets importants notamment nos recherches de partenariat avec les banlieues difficiles. Nos tentatives n'aboutissent pas toutes, mais plusieurs actions prenant en charge des jeunes sont des réussites. Une distinction s'établit. Mon domaine est la politique de développement, le sien l'animation et l'opérationnel sur lequel je ne cherche pas à empiéter, tout en partageant le mien. Nous travaillons ensemble lorsque de nouveaux créneaux sont à ouvrir, des méthodes à préciser, s'il faut convaincre des directeurs, des structures et des financeurs.

À mon grand étonnement, M… me suit sur un autre terrain très sensible, lorsque nous sommes empêtrés dans un procès au tribunal administratif intenté par les agents précaires que nous employons encore et que nous faisons héberger dans une structure extérieure. Sans oublier la nature de service public d'État qu'est la COTOREP, j'imagine une ligne de défense partant de la reconnaissance de la multiplicité des décideurs rassemblés en son sein ainsi que de la multiplicité des financements et des mesures décidées par elle. Autour d'un noyau central de personnel d'État, j'en conclus que plusieurs opérateurs majeurs peuvent et doivent apporter leur concours en personnel. C'est déjà le cas manifeste des agents de l'équipe technique. Ils travaillent en son sein, sous les statuts de l'AFPA, de l'ANPE, du Conseil général, sous statut hospitalier. Pourquoi n'en serait-il pas de même d'une partie du personnel administratif ? En lisant devant moi le mémoire en défense que je lui ai préparé M… fait grise mine mais il le signe. Ce n'est que la description de la situation de fait à laquelle nous contraint l'administration centrale, en refusant depuis cinq ans de trouver un moyen d'intégrer ces personnels précaires. Le tribunal administratif refuse de nous suivre, réaffirmant l'obligation d'unité statutaire du personnel administratif[366] des COTOREP. Au terme de ce procès, et de nombreuses années d'attente pour ces deux personnes de plus de cinquante ans, l'une peut finalement partir en préretraite, l'autre obtenir un statut contractuel.

Après quelques mois, M… s'en va, sans cérémonie. Avec l'arrivée d'un troisième départemental, en la personne de C…, mes malheurs ne cessent pas. Homme de grand charisme, il est parmi tous les directeurs que j'ai vu passer, en trente-cinq ans, à la direction de Lyon, l'un des deux ou trois à la hauteur du poste. Mais dans son plan de travail, son premier problème est d'installer son directeur délégué O…. Il n'est pas de savoir quelle doit être sa collaboration avec l'adjoint de la COTOREP. La fonction est alors créée dans l'armée mexicaine en développement pour offrir de nouveaux débouchés de carrière au corps. Par

[366] Et de lui seul, puisque l'encadrement, les commissions et les personnels techniques et médicaux sont tous dispersés entre divers décideurs.

malheur, ce directeur délégué est fort ambitieux et se juge à l'importance de l'effectif sous ses ordres. Il se dessine un domaine prenant ceci et cela aux adjoints, étant entendu qu'il y a déjà six adjoints à la direction du Rhône. L'équipe de direction se dessinait auparavant entre le directeur et ses adjoints. Outre les segments de mission retirés, il faut désormais qu'un certain nombre de relations passent par le filtre du directeur délégué, faute de quoi, c'est pour lui le malaise et l'état d'âme.

Pour ce qui me concerne, son objectif du directeur délégué est de me reprendre les dossiers d'organisation et de gestion du personnel et, c'est à dire l'essentiel de mes fonctions à la COTOREP. Celle-ci doit rentrer dans le rang, sans considération pour le caractère inter-services de ses équipes. Elle est pour lui, telle que j'en suis responsable, un État dans l'État. Il ne se passe pas de semaine sans qu'il soit question de me reprendre un peu de mon activité. Nos entretiens se concluent ainsi : « ça, c'est moi qui fait. » Ce processus se met en place alors que la COTOREP connaît de nouveaux soubresauts et que je suis dans d'importantes difficultés de santé. Après quatre années de travail à soixante heures par semaine s'est ajoutée une campagne électorale difficile[367]. Mon rythme cardiaque passe alors en fibrillation permanente. Six mois après cette campagne, lorsque cette nouvelle direction arrive, je suis en arrêt maladie tandis qu'une grève du zèle s'installe dans l'un des secteurs administratifs[368]. Cette grève a pour origine des changements de personnes entre les secteurs, décidés juste avant mon arrêt. J'ai tenté de rétablir les forces d'un secteur plus faible, en lui affectant une ou deux personnes.

En effet depuis les premiers jours de mon arrivée et plus de quatre années, un secteur perd ses agents en permanence pour des raisons diverses[369], tandis que les deux autres n'ont pas de peine à garder leur équipe. De plus, des discussions divisent constamment les trois secteurs : malgré toutes les concertations tentées, chacun considère que son volume de dossiers le défavorise, et réclame des rééquilibrages, ces arrières pensées générant des insatisfactions renaissant périodiquement. Fin 1997, ne pouvant obtenir un consensus sur un nouveau rééquilibrage, je suis obligé de réaliser une réaffectation autoritaire, soulevant évidement le désaccord de l'un des secteurs. Ses agents décident d'accomplir rigoureusement les procédures par ordre d'arrivée des dossiers, suspendant toutes les accélérations de ceux pouvant être instruits rapidement et envoyés sans retard à la décision de la commission. D'importants gains de délais disparaissent. Ces dossiers « faciles » attendent désormais que soient aussi prêts tous les autres, longs et complexes. Les placards s'engorgent aussitôt, tandis que les commissions

367 À l'occasion des municipales de 1995.

368 La partie administrative du service est divisée en trois secteurs se répartissant le traitement des dossiers sur la base d'un découpage géographique, chaque secteur est dirigé par un cadre B ayant le titre et les prérogatives de secrétaire de la commission

369 Retours aux services de la DASS à Lyon, mutations pour d'autres villes, départs en maladie, etc....

demandent du travail s'étonnant d'être convoqués pour des poignées de dossiers. Alors que je suis à mon domicile, c'est donc à nouveau le désastre. Mon absence n'interrompt pas le fonctionnement du tableau de bord informatique, montrant que tout s'aggrave. Il faudrait aller dans les placards, mesurer la hauteur des piles et comparer les secteurs. Serait-ce utile puisqu'une équipe ne veut plus rien accélérer ?

Jugé d'abord sur la durée des délais d'exécution, c'est comme si je n'avais rien fait depuis mon arrivée. Mon nouveau chef trouve donc la COTOREP à nouveau en feu. De mon domicile, je tente une demande de rendez-vous pour expliquer ce qui se passe. Mais impossible de se voir, ni pendant mon arrêt, ni à mon retour. O… et C… ont décidé d'organiser une réunion pour tout remettre à plat dans l'organisation de la COTOREP, alors qu'il faut seulement rediscuter quelques décisions de renfort mal acceptées.

Je comprends qu'il me faut partir. J'ai accompli cinq ans dans le poste. Au même moment de nouveaux modes de gestion de l'encadrement sont définis par la ministre, faisant des directeurs et adjoints des agents à durée déterminée, pour cinq ans difficilement renouvelables. Je suis de ceux qui sont a priori destinés à un transfert. Par ailleurs, il n'a jamais été admis au niveau national qu'une COTOREP puisse être dirigée durablement par un directeur adjoint y consacrant tout son temps, fut-elle composée de quatre-vingts personnes dont vingt médecins et dix cadres techniques. Celle du Rhône doit rentrer dans le rang. La belle époque du développement des politiques en faveur des handicapés s'achève. On ne veut pas tout casser. Mais il faut que les handicapés se contentent de ce qu'ils ont obtenu et n'en demandent pas trop. Par des sous-entendus fréquents, on considère qu'ils ont beaucoup plus que les autres catégories d'exclus. En additionnant toutes les prestations chiffrables, on souligne qu'ils ont obtenu à eux seuls plus que les jeunes en difficulté et les chômeurs, pris tous ensemble, soit une population beaucoup plus considérable. Mais dans les chiffres on intègre les frais d'hospitalisation et de vie, une masse très importante, alors que les efforts d'insertion professionnelle proprement dits n'en sont qu'une infime partie.

M. Vilbois, le chef de la mission pour l'insertion professionnelle des handicapés part pour une sous-préfecture très ordinaire de l'Ouest. Avec son départ disparaît l'idée que l'interministérialité de ce champ d'action doit être tirée en avant par une logique de professionnalisation de la réinsertion, que la masse des aides à la vie et aux soins doit être entraînée par une politique permettant de travailler et de gagner sa vie comme tout être humain. Ce recul est consacré par la ministre elle-même, avec la création d'une mission du handicap intégrée dans la partie « affaires sociales et santé » de son ministère, tandis que la mission pour l'emploi des travailleurs handicapés est mise en veilleuse. La plupart de ses responsables la quittent, le jeu des carrières l'emportant comme souvent sur la continuité. Une fois de plus, l'administration ne sait pas stabiliser ses compétences concernant le handicap.

Tout en me disposant à laisser la place à de plus jeunes, j'achève quelques travaux lancés antérieurement. Par ailleurs, le GIP INTER[370] m'envoie, pendant huit jours, avec un collègue de la direction de Lille, à Erevan, proposer des transferts de compétence et de techniques pour l'insertion des handicapés et la création d'entreprise, en République d'Arménie. Le Fond monétaire international subordonne ses prêts à un certain nombre de réformes. Nous imaginons que ce pays pourrait créer des ateliers protégés, développer des associations de handicapés, s'appuyer sur un partenariat avec des structures françaises. Mais entre deux avions hebdomadaires chargés de porter la valise diplomatique, nous ne réussissons à travailler que huit à dix heures. La semaine est surtout occupée par une magnifique tournée touristique et une série de fastueux repas émaillés de toasts et de vœux en tous sens. Ces espoirs de coopération sombrent peu après dans les remous résultant de l'assassinat du Président de cette République.

Je n'ai pas encore fini ma carrière. J'ai encore cinq ans devant moi. Que me reste-t-il à faire ? Je suis au tableau d'avancement d'adjoint de classe fonctionnelle. Plusieurs tentatives de contact dans les départements voisins me démontrent qu'aucun directeur ne souhaite s'embarrasser d'un quinquagénaire avancé. N'atteignant pas cinquante ans, pour la plupart, ils préfèrent mener leur barque avec des adjoints plus jeunes. Seuls sont tolérés quelques adjoints anciens déjà bien implantés. C'est C…, mon départemental, qui me parle le premier de m'expédier éventuellement au comité d'histoire. Est-ce un nouveau poste où mettre une personne dont on n'a pas envie ailleurs ? Peu importe. Je rédige une page et demie de propositions en forme de programme de travail. C'est effectivement un nouveau placard doré, une mission à construire, mais un placard tout de même. À l'occasion de ce transfert, le directeur de l'administration générale et de la modernisation[371] me retire du tableau d'avancement, sans que ma hiérarchie locale ne manifeste beaucoup de pugnacité pour obtenir que cette mutation se réalise de façon plus positive. Le militant communiste de trois décennies espérait une réintégration dans la voie normale. N'étant attelé à aucune écurie[372], il reste un marginal du sérail et repart vers un quatrième métier, totalement différent des précédents. Ces rebonds sans aucun intermède d'inactivité et de chômage sont un des grands avantages du statut de la fonction publique, et d'un ministère gérant de vastes horizons thématiques et historiques[373].

[370] Groupement d'intérêt public pour le développement de l'assistance technique et la coopération internationales. Sous une forme déguisée c'est en fait un département de la Centrale chargé des relations internationales avec d'autres ministères du travail.

[371] Il est cependant à l'origine de la création du Comité d'histoire, l'ayant activement soutenu lors de sa mise en place.

[372] À son départ pour l'INTEFP, Y… ne m'a pas emmené avec lui.

[373] Un avantage annoncé, trente ans plus tôt par l'inspecteur A. Chambonnet.

Ch.25 Une autre expérience de la fracture

Une fonction accessoire reçue pendant ce temps passé à la COTOREP, est d'un grand impact sur ma vision des difficultés extrêmes rencontrées par beaucoup de gens, au terme de plusieurs décennies de crise. L'inspection du travail m'a fait voir la destruction de la France industrielle. Me voici plongé dans les décompositions sociales que celle-ci a engendrées.

Conformément à la loi de 1988 instituant le RMI[374], le préfet du Rhône demande qu'un certain nombre des hauts cadres de ses services assurent des vice-présidences ou des présidences dans l'une des quatorze CLI du Rhône, les commissions locales d'insertion. Je me fais d'abord longuement tirer l'oreille. Mais un jour l'occasion vient. Y… me fait sentir que la remise en ordre de la COTOREP est bien avancée et que je ne peux plus reculer. Mon collègue Charles Reydellet part en retraite et abandonne celle de Vaulx-en-Velin. C'est officiellement une vice-présidence mais le président en titre, Maurice Charrier, maire de la ville et conseiller général du canton, a des raisons idéologiques pour ne venir que rarement aux séances. Il considère que les mesures d'insertion ne sont pas le vrai remède à la crise. C'est en installant des entreprises et des emplois que l'on résoudra le problème des exclus. Nous nous estimons l'un et l'autre, ayant eu des occasions de rencontres militantes antérieures. Je ne suis pas loin de penser la même chose, mais je me dois de trouver le système utile, en attendant que le plein emploi revienne. Pendant près de deux ans, je préside donc cette commission, une fois par mois.

Dans son inspiration, la loi du 1er décembre 1988 est un chef d'œuvre de ce siècle social finissant. Avec un certain nombre d'autres revenus minimaux visant des catégories particulières d'exclus, il assure à tous un filet de sécurité d'un niveau légèrement inférieur au seuil de pauvreté. Ce revenu n'est pas sans point de contact avec l'allocation adulte handicapé sur la distribution de laquelle je suis chargé de veiller à la COTOREP, ce qui ajoute de l'intérêt à ma participation à une CLI. Par ailleurs, le système exige l'implication des trois étages des pouvoirs publics, État, département et communes. Cette loi requiert enfin l'engagement de partenaires associatifs bénévoles, associés aux décisions concernant les parcours d'insertion. Ce sont encore des aspects soixante-huitards, comparables à ceux de la loi du 30 juin 1975 instituant les COTOREP. Mais le chantier de démolition de ces aspects démocratiques est déjà engagé par le Conseil général du Rhône cherchant à réduire les prérogatives de ces commissions en les éloignant du suivi effectif des RMIstes et de leurs contrats d'insertion. Il veut ne leur laisser qu'un rôle d'avis sur les politiques locales de réinsertion.

Dans le département, mais à Vaulx-en-Velin surtout, une longue crise s'est installée. Les assistantes sociales y mènent plusieurs mois de grève du zèle sur le

---

374 Revenu minimum d'insertion.

contenu de leurs fonctions. En tant que vice-président de CLI, j'ai l'occasion d'assister à une réunion départementale houleuse des professionnels médicaux et sociaux auxquels les responsables du Conseil général présentent leur nouvelle politique et leurs instructions. Sous les ors du grand salon de la préfecture, plusieurs représentants de ces professionnels déclarent leur refus de suivre cette politique contraire à leurs missions. Les choses rentrent toutefois dans l'ordre par l'usure des résistances.

Au départ, je trouve cependant une commission fonctionnant encore tel qu'elle le doit, passant un à un les dossiers avec attention. Le vice-président que je suis ne signe pas les contrats, en aparté et en tête-à-tête avec l'assistant social chef du Conseil général, sans entendre personne, mais en séance, après chaque étude des cas. Cette commission de Vaulx-en-Velin se compose d'une série de voix éclairées permettant de connaître réellement les problèmes des personnes suivies et leur aptitude à répondre aux sollicitations de réinsertion. Elle comprend des militants admirables y siégeant régulièrement. Le responsable de la régie de quartier[375], un conseiller municipal représentant ses collègues, une militante de l'ACO[376], longtemps conseillère municipale non communiste de la liste du maire communiste, Madame Ghislaine Chassine. Présente dans des associations familiales et culturelles rayonnant dans les quartiers de la ville, elle connaît personnellement de nombreux RMI^{stes} et peut porter une appréciation à l'appui des avis des assistantes sociales. Le responsable local de l'Agence nationale de l'emploi vient avec les dossiers des demandeurs d'emploi. Tout ce monde est actif, pose des questions, donne un avis sur les quatre-vingts à cent dossiers que l'on étudie à chaque séance.

Les assistantes sociales correspondantes des RMI^{stes} se succèdent, présentent leurs dossiers, cherchent à ne pas perdre de temps et quittent la séance. Il y a des échanges d'un grand intérêt, des explications sur les efforts ou les difficultés de certains cas. Entre les assistantes sociales des deux institutions, la Commune et le Conseil général, la répartition des dossiers est très inégalitaire. Les trois assistantes du Centre communal d'action sociale de la mairie croulent sous la charge énorme des célibataires sans enfant. Leurs collègues du Conseil général suivent les RMI^{stes} chargés de famille ou les célibataires ayant des enfants à charge. Elles sont vingt-trois. Mais le secteur de Vaulx-en-Velin du Conseil général n'arrive pas à stabiliser ses assistantes. Plusieurs débutent ou sont de passage. La commission joue un rôle unificateur utile. Elle soutient et encourage les assistantes qui ont un rôle difficile dans beaucoup de dossier ne permettant pas souvent de voir progresser les gens concernés. Elle infléchit parfois le travail en évitant de le déjuger. Elle allonge ou raccourcit un contrat ou un délai de réponse

---

[375] Une association embauchant des personnes en difficulté pendant un certain nombre d'heures, soutenue par diverses subventions mais faisant payer ses services un prix modique et fonctionnant comme une entreprise de bâtiment et d'entretien.

[376] Action catholique ouvrière.

imposé à un RMIste, signe de sévérité ou d'encouragement. Il lui arrive de rajouter une proposition d'accompagnement suggérée par le responsable de l'ANPE ou tel membre associatif. Pour donner plus de poids, le président porte une inscription manuscrite sur le contrat. En douceur, attentif aux psychologies et aux drames rencontrés, ce travail immense est possible si le président veille à maintenir tout de même une cadence rapide de présentation des dossiers, accélérant lorsqu'il n'y a rien à ajouter ou laissant libre cours à l'expression des points de vue lorsqu'il y a des interrogations.

Malheureusement, l'assistant social chef de circonscription considère ce mode de fonctionnement comme une perte de temps. Soutenu par sa direction de l'hôtel du département, et soi-disant pour soulager la CLI qui n'a rien demandé, il organise des « pré-CLI », traitant d'avance les dossiers avec ses assistantes, en dehors de tout regard extérieur, tant les autres composantes des pouvoirs publics que les militants associatifs. Le procédé fait manifestement double emploi. Il dissuade les assistantes de venir à la commission. Peu à peu celles-ci se mettent à déléguer l'une d'entre elles pour présenter les dossiers. La CLI ne sait plus rien de concret. Dans une seconde étape, la technique consiste à déclarer que la CLI ne doit revoir que les dossiers repérés en pré-CLI pour justifier une mesure grave ou un appel du bénéficiaire ou en cas de désaccord entre le demandeur et son assistant social. Enfin, arrive la solution finale pour vider la CLI de ses prérogatives. L'assistant social chef déclare que son vrai rôle est de ne discuter des plans d'insertion qu'une fois par trimestre, ainsi que de la façon dont les opérateurs extérieurs chargés de stages d'insertion ou d'accompagnement font leur travail. Mais sur ce terrain, les CLI font double emploi avec d'autres commissions plus représentatives des différentes composantes socioprofessionnelles de la ville, notamment les commissions désignées pour les schémas de développement urbain.

Finalement, les désaccords de ce chef de service avec ma conception du fonctionnement d'une CLI et de sa présidence sont tels qu'ils me font demander mon changement. À plusieurs reprises il manifeste en séance des manières manifestement discourtoises à l'égard du président et du représentant de l'État que je suis, déclarant que l'on perd son temps ou demandant à écourter les séances, parce qu'il est pressé. Afin d'éviter que les réunions ne dégénèrent en conflit ouvert, et après avoir présenté mon rapport au Préfet sur ces difficultés, je profite d'un mouvement dans les présidences, pour demander à travailler sur une autre CLI, celle de Vénissieux, autre banlieue difficile, cherchant un titulaire. Je garde cependant des souvenirs très forts de ces célibataires en errance, de ces personnes de la cinquantaine, souvent des femmes encore chargées d'enfants, alignant les « galères », désespérant ou cherchant à les surmonter, avec l'écoute attentive de ce professionnalisme social aux compétences multiples. Un autre élément de ces populations en difficulté est remarquable. Vaulx-en-Velin héberge de nombreux réfugiés politiques, parfois architectes, médecins, enseignants, ayant fui avec une partie de leur famille Kaboul, Bagdad ou je ne sais quel autre point chaud de la planète. Dans ces commissions on a une vue en diagonale de ces groupes sociologiques et de ces HLM, ayant flambé certaines nuits de violence et gardant leur trop plein de problèmes et souvent leurs mystères. Dans certains groupes entiers, en effet, les assistantes hésitent à se déplacer, ne pouvant prendre trop de risques avec l'insécurité ambiante.

À Vénissieux, l'équipe composant la CLI est tout aussi admirable. Cette commission est également composée de gens de qualité, attentifs aux dimensions générales ou individuelles des personnes en difficulté. C'est une conseillère municipale chargée de suivre ces problèmes à la Mairie, militante syndicale d'un grand hôpital public ou le sénateur communiste Guy Fischer, également conseiller général, futur vice-président du Sénat. Dans cette enceinte locale, c'est moi qui préside ; il est le vice-président. Il ne rechigne pas à prendre des après-midi sur son emploi du temps pour écouter ces personnes en grandes difficultés tout autant qu'il sait sacrifier une partie de son dimanche matin à vendre l'Humanité dimanche sur la place de la mairie. Il intervient activement autant qu'un simple membre sur les cas individuels. Élu municipal de longue date, ancien instituteur sur la commune il connaît beaucoup de gens. Il n'est pas rare que les pères de certains RMI^stes^ soient de ses anciens élèves, les problèmes de désinsertion étant localisés dans des familles ayant fait souche ici.

Dans cette commission, l'assistante sociale chef de la circonscription est attentive à entretenir de bons rapports avec le représentant de l'État. Mais avant mon arrivée, les modalités de fonctionnement de la commission ont déjà perdu le contact avec l'ensemble des dossiers. Après la séance, je dois signer des paquets de contrats sans savoir vraiment ce qui se passe et sans que la commission n'ait rien vu ni entendu. La commission sert de séance d'avertissement à l'intention de personnes résistant aux efforts des assistantes. Elle cherche à faire un travail de conviction, incitant les bénéficiaires à une amélioration de leurs démarches. De ce fait, les séances prennent un tour un peu négatif. On ne voit plus les dossiers de ceux qui se redressent et se réinsèrent. Nous assistons cependant à des rencontres surprenantes, creusant en présence des intéressés, des dossiers douteux ou des refus de s'intéresser à des propositions convenables des assistantes. Cette jeune femme, par exemple, diplômée pour une profession offrant des possibilités certaines d'emploi mais refusant de quitter le voile au travail, des commerçants forains restant bénéficiaires de nombreuses années, avec des revenus non mesurables, des membres de familles manifestant des signes extérieurs exceptionnels de progression des revenus mais comprenant curieusement un attributaire pour conserver la couverture sociale d'une partie du clan. Des doutes s'installent parfois sur des personnes pouvant avoir des liens avec des mafia et des trafics locaux. Les procédures de contrôle sont manifestement défaillantes ou inexistantes.

J'essaye à plusieurs reprises d'obtenir que l'on passe également en séance une partie des dossiers restés en marge des efforts de suivi. Beaucoup de contrats ne sont ni signés ni discutés en commission. Là comme à Vaulx-en-Velin, une grande partie du système du RMI est déconnecté du processus de réinsertion qu'il est censé mettre en place. Faute de moyens et de personnel, les failles du système sont importantes et ce n'est pas la prise en charge exclusive auquel le Conseil général est promis par des projets de réforme qui peut les réduire. La société a contracté une maladie très profonde. Dans le ressort de chaque commission, les carences concernent plusieurs centaines de personnes et un pourcentage très important des bénéficiaires[377]. Les différentes instances de l'État, la politique de la ville, la direction des affaires sanitaires et sociales, la direction du travail, les services de la justice, sont bien nécessaires pour soutenir les efforts des communes et du Conseil général.

Dans une société qui a implosé, l'éclairage de cette législation et de ses processus administratifs est complémentaire de ce qu'un inspecteur du travail a pu voir dans sa carrière. L'implosion résulte, pour une grande part, de ce que la société ne sait plus tenir son droit du travail ni réagir sur les deux versants du panorama social. Il y a ceux qui continuent à vivre sur le versant officiel du travail, ont la chance de connaître encore le droit du travail, parfois avec difficulté. Et il y a les autres pour lesquels on aménage un espace de non-droit, malgré une apparence d'organisation administrative. Ces marges ne sont pas tout à fait un non-droit total. Le XXe siècle aménage une série de systèmes de ressources et divers montages d'obligations, de rapports sociaux dégradés, un véritable espace spécifique chargé de légitimer en fin de compte l'éclatement de la société et de canaliser les débordements risquant d'en jaillir. Le système du RMI devrait être une porte d'accès au travail. En fait, on peut se demander si par ces systèmes de traitement de la pauvreté et par ces revenus minimums on n'a pas rajouté sous le socle du droit de travail un premier socle de droits, devenu le vrai fondement de l'ensemble du système social. De même, derrière les systèmes de formation professionnelle permanente, on a construit au-dessous du système normal d'enseignement, un soubassement du même type assurant à chacun un premier droit au rattrapage, pour exister par le travail.

---

[377] Dans chacune des deux CLI auxquelles je participe dans ce milieu des années 90, le nombre des bénéficiaires est d'environ treize cents sur une population de soixante quinze mille habitants des villes-cantons concernées. Le nombre des contrats réalisés et effectivement suivis s'élève à cinq ou six cents. Il faut les revoir en séance en moyenne tous les six mois.

Ch.26 Bilan d'une génération d'un âge d'or du droit social en plein monde libéral

Le 1er janvier 1998, j'ai passé trente deux ans dans les services. Me voilà expédié sur un dernier et quatrième métier au sein du ministère[378]. Pour travailler comme permanent à plein temps au Comité d'histoire des administrations du travail, de l'emploi et de la formation professionnelle, je n'ai rien d'un chercheur. Praticien des contrôles, amateur de visites en entreprises, je crains de passer du temps à fouiller des cartons dans des salles d'archives. L'histoire est l'une de mes façons de regarder la réalité, mais je n'ai aucune formation d'historien. J'ai seulement un faible pour les perspectives gaulliennes regardant les évènements au travers d'une lentille historique et géopolitique allant de la préhistoire à nos jours. Mes connaissances ne sont liées qu'à une pratique. Si je suis renvoyé au monde de l'histoire, c'est que cette pratique a vieilli, face à la montée des jeunes générations plus techniciennes, peut-être moins politiques, mais mieux formées à l'Université. Les générations de l'inspection du travail des années 1965 à 1971 dont je fais partie, ont pour ligne de conduite le résultat à atteindre et une volonté d'agir à partir de textes très généraux le permettant, pourvu que l'on sache ce que l'on veut. En 1998, beaucoup de choses ont déjà changé.

Mon arrivée au comité d'histoire est proposée par ma région d'origine pour faire de la place dans la hiérarchie intermédiaire. Je fais des propositions à Claude Chetcuti, président du comité d'histoire, qui les lit d'un œil favorable. Ce comité a pour but d'éveiller une préoccupation historique au sein des services. Mon seul atout est d'avoir déjà une expérience de cette nature, sous d'autres clés de lecture, après dix-huit mois à la mission CGT du centenaire de l'inspection du travail. Avec une vision ministérielle, cette fois, il faut faire le lien entre le passé et les soucis présents des collègues en activité. Une culture de service est à développer. L'histoire des organisations, des hommes et des tâches qui ont fait le ministère pendant près d'un siècle balbutie encore. Le champ est vaste, avec les multiples domaines d'intervention du ministère et de ses organes périphériques, notamment l'ANPE et l'AFPA. Le temps manque pour tout faire.

La proposition qui m'est faite me plait parce qu'il s'agit à nouveau de créer à partir de rien[379]. Le comité ne fait que démarrer, à la différence de celui de la Sécurité sociale ayant déjà plusieurs dizaines d'années d'existence. Tout est à

---

[378] Pour résumer, durant deux ans et demi comme prospecteur placier, contractuel de service de main-d'œuvre, mon travail s'apparente à de la prospection « commerciale » associée à des tâches de ressources humaines. Puis j'accomplis vingt-trois ans d'inspection et cinq années de direction d'un service de l'emploi, après un intermède syndical de dix-huit mois pour le centenaire de 1892. Il me reste à accomplir quatre ans et demi au Comité d'histoire.

[379] Dans trois de mes affectations, cette vieille administration française n'est pas avare de nouveautés et confie des responsabilités d'innovation : dans les services de main-d'œuvre, notre jeune équipe expérimente de nouvelles méthodes à l'origine de la création de l'ANPE. À la COTOREP je dois créer une position nouvelle d'adjoint. Au comité d'histoire, je suis le premier chargé de mission affecté.

faire pour développer des moyens d'expression d'une culture ministérielle interne. On travaille sur de l'impalpable, de l'inutile. C'est souvent la réaction des collègues. Ceux qui s'intéressent aux activités déployées par le comité n'y participent que s'ils en ont envie, s'ils trouvent un peu de temps à perdre. Autant que possible, il ne faut pas leur demander du travail. Tout est gratuit, dans tous les sens du mot. Ces éléments de culture professionnelle ne sont utiles qu'au second degré. Un gros corps de services et de missions multiformes, en évolution constante, a besoin de garder une mémoire de ses actes passés, des courants d'idées, des étapes dans les pratiques administratives et le droit, toutes choses expliquant les pratiques ou les exigences actuelles. Le but du comité est aussi de distraire, de réunir des anciens, d'apporter un peu de plaisir à prendre du recul, à rappeler des anecdotes sur des questions techniques parfois ardues.

Malheureusement, l'administration ne se donne pas les moyens et ne semble pas avoir la volonté de faire travailler son comité d'histoire. Le programme n'est pas facile à réaliser. La comparaison avec les homologues des ministères de la Culture, des Finances ou de la Défense révèle une misère à faire pleurer. Nous sommes trois, un président à la retraite, un cadre administratif de la Centrale et un chargé de mission, des boys scout devant bâtir une maison avec un canif et une ficelle. Le plus souvent, point de secrétariat : une vacataire à temps partiel est renvoyée à son chômage au bout de trois mois. Il faut de longs mois pour obtenir son remplacement. Pour les locaux, deux petits bureaux dans la DAGEMO[380], réduits à un seul à la faveur du désamiantage de la tour. À Paris où je monte un ou deux jours par semaine, j'ai une table de quatre vingt dix centimètres par soixante de côtés. La solution trouvée m'est assez favorable : une bonne dose de télé-travail avec un ordinateur portable.

C'est surtout l'absence totale de budget qui freine. Seule nous est accordée une certaine liberté pour quelques frais de déplacements. La moindre étude dépend d'une décision de la DARES[381]. Nous n'avons aucun moyen de dédommager des étudiants de leurs frais s'ils travaillent sur des mémoires avec nos groupes de travail. Un budget de communication égal à celui de la plus petite direction régionale du travail aurait été quelque chose de paradisiaque.

Enfin le fonctionnement de l'équipe est difficile. À l'exception du président qui est à la retraite, il s'agit d'un placard où l'on met des agents dont on ne veut pas ailleurs. L'atmosphère de cette équipe et de certaines réunions est électrique et tient souvent de l'exercice de défoulement psychiatrique. Je garde en tout cas du président Claude Chetcuti le souvenir d'une personne au bon cœur, malgré l'horrible réputation qu'il s'est attirée auprès de certains et dont je suis marqué jusqu'à mon arrivée au comité. Il cherche toujours à arranger les choses, dépense une énergie relationnelle énorme. Il a en outre une mémoire d'éléphant, se

[380] Direction de l'administration générale et de la modernisation des services

[381] Direction de l'animation de la recherche, des études et des statistiques.

souvenant, dans les moindres détails, de l'histoire de centaines d'inspecteurs, avec les dates d'affectation et de promotion. Il a une grande vision de l'évolution des structures de l'administration.

Dans cette ambiance je suis un provincial affairé à des activités allant du travail manuel de reprographie à la conception et à l'organisation de colloques. Je n'ai aucune ambition de rivaliser avec les intellectuels supérieurs remplissant Paris, ni de m'insérer dans les querelles propres aux hautes sphères administratives, où les enjeux de carrière prennent toujours un caractère d'intérêt général, influençant les destinées de la chose publique. Mais il n'est pas sans intérêt de les observer de près. Il me reste seulement à gravir les deux dernières marches d'escalier de la carrière, ce qui est un programme ambitieux, en espérant bénéficier comme mes collègues de promotion des dignités et de l'honorabilité finale. À cette fin, le président Claude Chetcuti obtient ma réinscription au tableau de classe fonctionnelle quelques semaines avant que ce grade ne disparaisse, du fait du décret du 1er août 2000, le nouveau statut des inspecteurs[382].

Le comité d'histoire ouvre de nombreux chantiers. Pour constituer une mémoire des carrières, un questionnaire est envoyé à tous les collègues anciens ou en activité. L'objectif est de créer un annuaire des agents du corps de l'inspection du travail[383], en attendant de faire de même pour d'autres corps. Pour commencer à recueillir de la mémoire orale, je procède à quelques interviews dans les services extérieurs mais les moyens manquent pour dactylographier les enregistrements. Par ailleurs Pierre Maclouf, un universitaire réalise des interviews de personnalités ayant dirigé l'administration centrale. Pour les agents du terrain, je tente d'utiliser un logiciel d'enregistrement et de transcription automatique de la parole, avec un ingénieur équipant des cabinets collectifs d'avocats et de médecins. Mais c'est un échec. Les voix vieillies de nos anciens ne se prêtent pas à donner des ordres à un ordinateur de dictée. Au bout d'un quart d'heure, le logiciel et la machine ne parviennent plus qu'à transcrire des bribes incompréhensibles et se mettent en panne.

Dans quelques régions ou départements, des groupes de travail réunissent des agents en activité ou retraités volontaires. C'est une création fructueuse. Sur huit points du territoire, de bonnes relations se nouent avec des universitaires et leurs étudiants. Dans certains départements, avec une curiosité et un œil neufs, leurs mémoires retracent la vie des services[384]. Ils repèrent certains cartons d'archives intéressants. L'archivage n'est cependant pas un point fort des

---

382 À la faveur d'une prolongation de six mois au-delà de la date à laquelle j'aurai pu prendre ma retraite, j'obtiens enfin mon avancement au grade de directeur du travail. Compte tenu d'une mutation de dernière minute des effectifs théoriques de la DRTEFP Rhône-Alpes à ceux de la DAGEMO, le traitement imputable à cette dernière promotion me parvient un mois après que j'ai accompli mes derniers jours de travail effectif. En matière de promotion, je garde le rôle du repêché du dernier quart d'heure.

383 Il n'a pas pu être réalisé à ce jour.

384 Quelques-uns de ces mémoires figurent en annexe, dans la bibliographie. Certains montrent bien les différences ayant existé entre les générations de l'avant et de l'après 1968.

directions du travail et de l'emploi. Certaines n'archivent rien, d'autres, très peu. L'avenir de la recherche historique est hypothéqué. Quelques progrès sont faits, ici ou là. Deux champs apparaissent pour une communication externe et interne : certains de nos travaux sur les fondements du droit du travail et l'origine de l'administration du travail peuvent intéresser des enseignants du secondaire, chargés de l'instruction civique juridique et sociale. Par ailleurs, la découverte de certains textes anciens de droit du travail ou de récits concernant la vie et le fonctionnement des services méritent d'être diffusés de façon succincte et rapide, dans l'attente de la création d'un véritable périodique. C'est l'origine des bonnes feuilles de la MICAPCOR et du CHAT, adressées par Internet à toutes les directions et aux principaux services de l'administration centrale.

Enfin quelques colloques et conférences offrent à un public encore réduit de belles heures pour évoquer un passé rattaché à des problèmes d'actualité. La première occasion est la marche mondiale des enfants travailleurs. Le BIT est en train de rédiger à leur intention une convention relative aux formes extrêmes d'exploitation. En mai 1998, pendant que ceux-ci achèvent leur tour du monde à Paris et Genève, la question est abordée, une journée durant dans le grand amphithéâtre de l'INTEFP, à Marcy-l'Étoile. En attirant quelques conférenciers et en publiant un supplément à ses cahiers, le comité cherche à rompre le silence médiatique sur cette question originelle. En décembre de la même année, un autre colloque intitulé « 68, trente ans après » est l'occasion d'une matinée mémorable au cours de laquelle les anciens dirigeants confédéraux André Bergeron et Henri Krasucki[385] soutiennent à la tribune deux thèses diamétralement opposées. Pour le premier, il n'est rien resté de Mai 68. Pour l'autre, les trente années suivant ces heures de fièvre en ont été profondément ensemencées, produisant des réformes inespérées et un sommet de la civilisation humaine, sous la poussée du mouvement social.

Dans le prolongement de ces tâches d'animation, je fais une incursion modeste dans la recherche et la production d'outils de recherche à l'intention des étudiants et chercheurs. Le CHAT[386] édite des cahiers et des suppléments de ses cahiers. Parmi eux, les « Sommaires des bulletins de l'inspection du travail », sont une base utile pour toute étude juridique sur la première moitié d'un siècle de droit du travail. J'entreprends enfin trois études tirées des rapports annuels de l'inspection du travail, publiés par l'administration dans les premières années. D'admirables textes rédigés par la première génération d'inspecteurs méritent d'être connus et mis en valeur. Plus que d'écrire moi-même des pages nouvelles sur l'histoire de la Belle Époque, je prends plaisir à rendre accessible ces documents qui devraient rester dans les classiques de notre culture sociale.

---

[385] Également invité, Edmond Maire décline l'invitation.

[386] C'est finalement le nom retenu pour abréger l'intitulé officiel du CHATEFP, le comité d'histoire des administrations du travail, de l'emploi et de la formation professionnelle.

Enfin le comité d'histoire est un lieu idéal pour une réflexion sur l'effectivité du droit. Le droit du travail est par excellence un droit devant se traduire dans la vie des ateliers et n'ayant d'intérêt que s'il permet une avancée effective des comportements et des droits quotidiens. Il est intéressant de repérer, par exemple, si la loi de 1892 fait reculer réellement le travail des enfants ou si la première réduction législative aux dix heures quotidiennes transforme effectivement la durée du travail et les comportements industriels. C'est ce que je crois avoir fait apparaître à travers trois études basées sur ces rapports des inspecteurs divisionnaires de la Belle Époque[387].

Au moment ou je prends ma retraite, le comité n'existe plus juridiquement depuis plusieurs mois faute de reconduction de son arrêté constitutif. La maladie de son président aidant, un grand sentiment d'abandon y règne[388]. En dehors de quelques expériences fécondes démontrant qu'il est possible de le faire vivre, ce comité d'histoire n'arrive pas à naître véritablement. Ces quatre années permettent d'affirmer qu'il y a une histoire du système social français au XXe siècle et que c'est un enjeu de la mettre en valeur. Cette autobiographie d'un inspecteur des années 1960 à 2000 souhaite en témoigner.

On ne dispose pas encore de beaucoup de lieux d'étude comparative de l'histoire française de l'inspection et de celle de ses homologues étrangères[389], de même que pour l'histoire des droits du travail. Mais les trajectoires des différentes générations d'inspecteurs et les différentes histoires des ministères chargés du travail sont cependant d'un grand intérêt[390]. Ces histoires sont d'abord dépendantes des sautes d'humeur du mouvement social. Elles le sont aussi des grands projets et des synthèses sociales des classes dirigeantes successives. De ces deux composantes résultent des poussées qui tardent souvent. Les conflits à épisode ne sont pas toujours immédiatement résolus. C'est ainsi qu'à mon avis, le mouvement de mai 68 ne connaît pleinement tous ses développements juridiques qu'avec les évolutions législatives de 1982, soit un décalage de vingt-quatre ans. Elles dépendent ensuite du contexte national. La conflictualité fondamentale des rapports de travail comme les traditions issues de la Révolution française marquent tout particulièrement, chez nous, le droit du travail et ses pratiques, sous l'éclairage d'une culture nationale d'ordre public et d'une forme de pensée cartésienne, généraliste et universaliste.

---

387 Une première étude regroupe et commente les statistiques ministérielles sur le travail des enfants entre 1893 et 1913. La seconde est une réflexion sur la notion d'effectivité et l'effort d'application du droit du travail entre 1893 et 1937, à partir des résultats affichés de l'inspection pour cette période. La troisième retrace la genèse et l'histoire de la première grande réduction de la durée du travail, imposée par la loi du 30 mars 1900.

388 Au moins dix-huit mois sont nécessaires après mon départ en retraite pour que ce comité parvienne à mener une existence un peu plus normale, grâce aux efforts de Michel Lucas et Dominique Guyot.

389 Invité en juin 2001 au centenaire de l'inspection du travail de Limbourg en Allemagne, je cherche si d'autres comités d'histoire d'un ministère ou de l'inspection du travail existent ailleurs qu'en France. Je n'en trouve aucun. Seule l'Algérie a l'idée d'un musée social auprès de son école des inspecteurs du travail de Rouïba.

390 Ou des ministères portant d'autres appellations mais ayant en charge le travail et l'emploi.

Notre droit est né des mouvements de la société survenus dans les deux derniers siècles et encore davantage dans le XXe siècle, frappé de deux horribles conflits mondiaux avec leurs répercussions en chaîne, et des grands clivages idéologiques issus de la révolution de 1917. Elle se répercute aussi sur toute l'Europe occidentale. Jusqu'à la chute du mur de Berlin, le droit français se construit sur trois grandes stratifications : le socle originel, un droit public contraignant, se constitue jusqu'en 1914. Il est ensuite recouvert par les grandes novations de la Libération. Enfin la strate issue de 1968 accorde les sommets de la socialisation d'entreprise, en même temps que les avancées individualistes du statut du travailleur dans la société.

Dans ce contexte, l'inspection du travail connaît curieusement une grande stabilité de 1893 à 1973, qui se poursuit encore ensuite. Elle met notamment un temps énorme à prendre conscience des novations de 1945. Les a-t-elle jamais vraiment appliquées ? Au décalage des mentalités et du droit, répondent dans les années 80 de profondes transformations internes faisant émerger un ou plusieurs édifices dans l'édifice : les missions relatives aux institutions représentatives, les secteurs de l'emploi et de la formation professionnelle, sans parler de sous-secteurs tels que ceux des handicapés et de la politique de la ville.

Mais, dans le dernier quart du siècle on se met à défaire autant qu'à construire. Dans cet ouvrage, mon propos est de montrer les pratiques administratives mises en place dans la période d'expansion de ce système social. Il n'est pas de faire l'inventaire et l'analyse des démantèlements survenus ensuite. Je reste un inspecteur de la construction, n'ayant pas vraiment vu fonctionner de près la phase de démolition, si ce n'est l'abandon en 1986 des compétences en matière de licenciement économique. Certains resteront insatisfaits que je ne tente pas d'expliquer les processus politiques et juridiques soutenant ces démantèlements. Sur le moment même où ils se réalisent, c'est une œuvre impossible. Ceux-ci sont déjà engagés dans les périodes que je décris, mais alors on résiste, la kalachnikov verbale à la main. Mon retour sur le passé essaye de conserver la trace de la ligne haute puis de la résistance, pensant que cela peut être utile à ceux qui feront le XXIe siècle, cherchant à poser des bornes à la démolition ou à reconstruire sur de nouvelles bases et à un certain nombre d'acteurs ayant vécu le dernier tiers du XXe. Notre système a été bien adapté à une société industrielle en expansion mais se révèle fragilisé et peu adapté à résister à une société tertiarisée et numérisée. Il est difficile d'imaginer quel droit social et quelle inspection du travail, s'y reconstruiront.

Quelle n'est pas cependant notre surprise, à l'occasion de quelques recherches préparant le centenaire du ministère de 2006, de découvrir la solidité du principe d'ordre public dans les systèmes du travail français successifs, depuis le plus profond Moyen âge. Déjà en germe dans le droit des communautés de métiers suscitées par la monarchie de l'Ancien régime, la révolution l'étouffe dans le monde du travail au profit de la liberté de l'artisanat et du commerce[391]. Mais à la faveur de la loi de 1841, il renaît timidement et se développe à partir de la fin du XIXe siècle. La Communauté européenne peut bien tenter de le faire disparaître à nouveau, il ne manquera pas de réapparaître sous peu. Ce n'est qu'un exemple. Les tentatives d'inverser la dissymétrie du droit du travail, toujours favorable et protecteur de l'une des parties ne manquent pas non plus mais ne sont pas durables. Le phénix renaît de ses cendres.

Cette phase de crise fait que, désormais, des pans entiers du code sont minés de l'intérieur ou d'une applicabilité réduite en raison de la multiplication des formes de précarité institutionnalisée. C'est le grand défi de ce début de siècle. Que restera-t-il des merveilleuses constructions de ce siècle social par excellence qu'est le XXe siècle et au cours duquel les inspecteurs ont vécu comme un second âge d'or[392], des années 1968 à 1986 ? Ils sont alors en symbiose avec la société industrielle et avec l'apogée de la classe ouvrière sur le point d'être démantelée. Ils sentent les coups de pioche dans leurs réflexions comme dans leurs motivations et leurs efforts pour développer ce droit et normaliser la vie ouvrière et salariale dans les entreprises, les grandes comme les petites et moyennes, le secteur artisanal et les commerces. Ces coups de pioche retentissent parfois aussi sur leur métier. La crise collective qui en résulte se manifeste autant par l'acceptation des processus de fuite hiérarchique offerts par l'administration que par la difficulté à comprendre l'évolution du statut et des corps d'inspecteur et de contrôleur.

Le statut d'août 2000 vient consacrer une évolution préparée depuis quarante ans. Il ne fait que transcrire le fait que 90 % des inspecteurs passent les trois quarts de leur vie dans les secteurs de l'emploi. Une administration du travail réduite à un corps d'inspecteurs purs et durs peut-elle s'imaginer ? Même si les effectifs en section d'inspection sont doublés, comme cela est revendiqué probablement à juste titre, l'inspecteur en section ne continuerait à représenter que la moitié du cadre A de l'administration du travail. La carrière de l'ensemble des

---

[391] Deux thèses universitaires en cours d'achèvement et de publication sur les communautés de métier du bâtiment de la région parisienne et sur le travail féminin à Lyon aux XVIIe/XVIIIe siècles, révèlent l'importance des contrôles des maîtres gardes exercés en des formes écrites proches de celles des procès-verbaux des inspecteurs bénévoles issus de la loi de 1841, puis de ceux des inspecteurs de 1893. Ces découvertes récentes montrent que la notion d'ordre public social, est très profondément inscrite dans la réalité française avec son État national. Elle a son origine dans la politique royale du XIIIe siècle chargeant les communautés de métiers d'assurer l'ordre public du roi dans les professions. Elles connaissent un lent développement puis un point culminant aux XVIIe et XVIIIe siècles. Des fonctions d'inspection sont alors réellement et périodiquement exercées, étonnamment semblables à celles de l'inspection d'aujourd'hui, à la différence qu'elles sont exercées par des particuliers à l'égard de leurs collègues, avec toutes les ambiguïtés et les dérives de corruption que cela rend possible. La Révolution française dissout ces pratiques en même temps que les corporations. Ces systèmes d'inspection et d'ordre public réapparaissent à peine cinquante ans plus tard. Il faut à nouveau cinquante ans pour connaître la forme qu'ils ont aujourd'hui, à partir de la loi de 1892. Robert Carvais, Paris II CNRS et Jean-François Budin, Lyon II.

[392] Un âge d'or n'est reconnu comme tel qu'ultérieurement.

inspecteurs, continuerait à se dérouler, en moyenne, à 50 % dans les fonctions d'emploi.

Il faut ajouter à cela les menaces pesant sur la nature généraliste des fonctions. Elle demeure une tradition bien ancrée tant dans les concepts du droit du travail que dans les pratiques du modèle social français. Ce trait est souvent présenté comme isolé dans le monde. Mais cela est contestable. La plupart des inspections du tiers monde sont encore plus généralistes que la notre. Elles représentent l'avenir, sur les lieux où sont les chantiers du droit du travail à construire. La France est parfois isolée dans la poursuite de son processus démocratique propre. Elle est souvent rejointe ultérieurement et de façon inavouée par ses voisins. En 1892 elle est encore une République encerclée. Son principe de précaution, pour ne prendre qu'un exemple, imaginé à cette époque là, issu en grande partie de pratiques du droit du travail, fait école après avoir été ignoré et méprisé par nos voisins.

Il est impossible de faire des pronostics. Mais le bilan personnel ou collectif est réalisable. La question a déjà été évoquée ici ou là. Appartenir à la génération du second âge d'or de l'inspection n'a pas été une promenade facile. Il a fallu parfois traverser des années d'équilibre de la terreur. Cet âge d'or repose en partie sur le fait qu'une certaine image de l'inspection la présente comme une fonction militante, en symbiose avec les militantismes en voie d'institutionnalisation[393], dans le monde ouvrier, dans le salariat mais aussi dans la société civile. Mais sur une longue durée et sur des effectifs importants, il est difficile de tenir une image militante. Que sont devenus les leaders de 68 ? On caricature leurs évolutions ultérieures. Que sont devenus les jeunes inspecteurs de 1968 ? Les statistiques sont éloquentes. Un certain nombre s'est attaché avec une certaine durée à la fonction initiale. Sauf de rares exceptions, ils terminent tous leur vie professionnelle avec le grade d'adjoint ou de directeur. Nombre d'entre eux ont effectué plusieurs dizaines d'années dans ces grades de débouché. Un petit nombre n'y ont passé que les six mois nécessaires avant le départ en retraite avec des ressources plus décentes. L'image n'est pas toujours vécue confortablement.

Sur le plan des fonctions exercées et de l'image qu'ils se sont fait des missions, une grande fatigue est parfois ressentie. Des désillusions personnelles convergent avec les désillusions de la société politique et de la fracture sociale des vingt dernières années du siècle. Les inspecteurs et les contrôleurs ont l'impression qu'on s'est moqué d'eux. Mais ils ont tout de même maintenu les trajectoires des shérifs en 2 CV Citroën ou en 4 L Renault. Ils sont restés des bâtisseurs de systèmes sociaux et des promoteurs d'application effective. Au point

[393] Développement numérique, développement des moyens, transformation en une culture, processus de formation et d'apprentissage organisés.

qu'il a fallu les faire taire. Les ordonnances de 86 et le retrait de l'autorisation de licenciement en est l'exemple majeur.

On s'est aussi moqué d'eux au point de vue des traitements et du statut social. Ils ont perdu l'image de notables, méprisés par les énarques et leur prise de distance statutaire. Mais ils ont fait face en bâtisseurs-bricoleurs de leurs maisons de ville et de campagne. Ceux qui se sont attachés aux carrières lentes, ayant laissé de côté les ambitions hiérarchiques, sont parfois plus riches au sens matériel du terme, la spéculation foncière mondiale aidant. Leurs maisons sont plus belles que les appartements ou les villas de transit de leurs supérieurs hiérarchiques[394]. En de multiples sens, ils ont mieux vécu. Certains n'ont pas divorcé à force de changer d'affectation de deux ans en deux ans, leurs compagnes[395] pouvant mener une vie professionnelle normale. Une autre façon de comprendre ce mieux vivre est d'avoir résisté à la course infernale de carrières rétribuées par des primes et des augmentations indiciaires pouvant être regardées comme des aumônes à comparer aux responsabilités exercées et à l'assujettissement aux pouvoirs préfectoraux qu'elles prétendent compenser.

Que sont-ils devenus quant aux options syndicales et politiques ? Que sont devenues les structures militantes ? Un certain nombre payent encore leurs timbres syndicaux tout en cultivant des désaccords sur plus d'un point. En politique, beaucoup ne sont plus le candidat de secours qu'ils étaient fidèlement pour des élections générales. Personne ou presque n'a accroché une carrière politique derrière celle du fonctionnaire. C'est peut être dommage pour le renouvellement des élites politiques. Beaucoup se confinent dans une image de prophète solitaire. Ils se voient toujours militants mais leur militantisme titube. Avec la retraite, ils prennent plus facilement la tenue du jardinier ou du joueur de boule. Les jeunes qui suivent ont d'autres conceptions et n'ont pas envie de copier leur militantisme.

Aucune génération ne reproduit l'expérience antérieure. Chacune apporte ses touches nouvelles. Il en est de même pour l'image de l'inspection militante. Au temps de l'inspecteur confédéré succède celui de l'inspecteur de l'association Villermé, puis de l'association L.611.10. Cela fait sourire des anciens. Une image reste cependant, tandis que se transforment le contexte administratif, les textes à appliquer, le statut. La culture commune du corps intègre les conceptions militantes successives. De même l'idée qu'une motivation spécifique permet de faire un inspecteur heureux. Ce n'est peut-être pas une référence à une appartenance effective mais un apparentement. La grande diversité d'opinions et de sensibilités s'accroît. Le corps de fonctionnaires est libre de penser, peut-être un peu moins de parler. Cette génération-là ne s'en est pas privée. Elle a milité tout son saoul, dans la vie professionnelle et hors d'elle. Ses militants ont légiféré

[394] C'est en tout cas une réflexion que m'a faite l'un des miens.
[395] Il s'agit encore d'une génération essentiellement masculine.

tout ce qu'ils ont pu, par action syndicale et politique interposée, comme leurs premiers devanciers.

Le plus dur a été de voir redescendre la chape de plomb, revenir en force le néolibéralisme. C'est plutôt, en terme de mauvaises nuits, que cette génération a payé cher, se décomposant à force de pessimisme nocturne, méditant les démolitions des systèmes. Il faut y ajouter les troubles cardiaques, neurologiques et psychologiques consécutifs aux triples journées de fonctionnaires, de militants et de bâtisseurs du dimanche. Même si elle a la tête haute, ce qui attriste le plus cette génération c'est l'omerta que l'on veut imposer aujourd'hui encore, au même titre que l'on a imposé la guerre froide aux années 50. On a voulu et l'on veut encore étouffer ce qui reste des systèmes sociaux construits au lendemain de la seconde guerre mondiale, de même que les principes constitutionnels inscrits d'une façon indélébile et qui ne devaient pas être remis en cause : la démocratie économique et sociale passant par la subordination des intérêts particuliers à l'intérêt général, le droit du travail et non seulement le droit de travailler, le droit à l'emploi, la sécurité de l'emploi et non le droit de chercher un emploi, les systèmes de services publics à la française construits pendant tant d'années, la nationalisation des grands moyens de production et d'échange… Tout passe à la broyeuse. La moindre trace des conquêtes de la seconde moitié du siècle doit être étouffée jusque dans le souvenir des gens. Dans cinquante années, il n'en restera peut-être que les traces écrites déposées dans les autobiographies.

Une liberté de pensée a été gardée. Même sévèrement freinée, une liberté syndicale d'expression a permis de dire un certain nombre de vérités. Mais des gâchis immenses demeurent. On a confisqué et brisé une partie de nos capacités d'action en réduisant nos compétences. On a limité les effets de nos décisions. On nous a confinés dans des placards, dans des fonctions et des services périphériques : aux grands du carriérisme, les villes importantes, aux militants, les lentes carrières à Pamiers, Charleville, Saint-Pierre-et-Miquelon, Cayenne. C'est sur le plan de la bataille idéologique que l'on a surtout brisé des ailes. On a caricaturé notre conception du développement social. Il ne fallait pas qu'une autre version que la version libérale paraisse plausible. Il fallait que l'érosion du social soit une évidente fatalité pour les salariés et leur entourage. Il fallait que les accords au rabais, exigés pour accompagner les plans dits sociaux soient la seule issue.

Dans cette situation, on se demandera encore longtemps quelle autre façon de réagir aurait dû être imaginée, pour qu'il en soit autrement. Quelles autres actions auraient pu mener ces militants, quel travail supplémentaire auraient pu accomplir ces inspecteurs et contrôleurs du travail d'une époque si favorable ? Comment le cours des choses aurait-il pu être inversé lors de l'enclenchement de la guerre froide, moins de trois ans après 1945 ou plus tard en 1958, en juin 1968, en mai 1982 ? Dès lors que l'on est sur la défensive ou dès lors que l'adversaire vous a poussé sur la pente, il est beaucoup plus difficile d'inverser l'issue de la lutte. Mais cela ne dépendait pas d'efforts supplémentaires ni de bonnes volontés plus nombreuses. Ceux qui continuaient à détenir les leviers de commande mettaient en œuvre des forces tellement puissantes que des millions d'honnêtes gens avaient toutes les probabilités d'être broyés malgré les moyens « constitutionnels », individuels et collectifs en leurs mains. Au fil des décennies de la seconde moitié du siècle, malgré d'incontestables victoires remportées dans la résistance, tout s'est amplifié pour aboutir au triomphe du néolibéralisme en 1989-1991.

Dans les années précédentes, malgré le mouvement de 68, malgré les révolutions de velours d'Allende, des capitaines Portugais, le Programme commun de 1972, puis la victoire de 81 en France, aucun processus inverseur, aucune force n'ont pu contrebalancer la marche du rouleau compresseur. En géopolitique et à l'échelle du siècle, pour que le monde ne bascule pas de travers et pour que la vague néo-libérale soit résistible, il aurait fallu que des masses économiques et humaines encore plus considérables soient à l'offensive et plus tôt. Il aurait aussi fallu une volonté de les conduire. Même si le mur de Berlin était à démolir, il aurait fallu que la Perestroïka soviétique et les printemps nouveaux du socialisme comme celui de Prague parviennent à inverser bien plus tôt les logiques antérieures de l'avant garde, de la citadelle assiégée, du prolétariat. Ainsi aurait-on peut-être évité les gouffres dans lesquels a plongé le premier socialisme réel, enfant du début du siècle.

En dehors de périodes où des mécanismes politiques enclenchés de longue date se poursuivent avec une force inéluctable, contre laquelle il est impossible de lutter, des moments de l'histoire permettent à des mouvements et des dynamiques inverses de s'enclencher. Cette génération d'inspecteurs en a vu deux[396] en 1968 et 1981. Mais la société française n'a pas eu la chance qu'elle a eue de 1940 à 1945, de faire les pas historiques qui s'imposaient et d'enclencher un processus suffisant de résistance. Une pente ascendante est cependant retrouvée au début des années de crise. Mais deux dates terribles de trahison sont identifiables. En septembre 1977, la télévision nous permet de voir tout basculer à travers le visage blême de Georges Marchais venant d'essuyer le refus de Robert Fabre, président des radicaux de gauche, entériné par François Mitterrand d'une mise à jour du Programme commun. C'est l'arrêt de la dynamique. Ensuite, en mai 1982, après six mois de gouvernement d'union de la gauche, la même tragédie se reproduit quand la CGT sort éconduite de chez Pierre Bérégovoy, ministre de l'Économie et des finances, dans sa protestation contre le plan de rigueur, signifiant l'abandon de la dynamique de 81. De ces deux évènements il résulte que les communistes français ont eu tort d'avoir proposé François Mitterrand à l'élection présidentielle

---

[396] Ce qui est énorme pour une carrière de fonctionnaire.

de 1965, comme candidat commun, qui les enfermerait dans une succession de renoncements[397].

C'était admettre l'impossibilité de résister à la vague néo-libérale anglo-saxonne. C'était refuser d'en appeler aux résistances nombreuses, existant tant sur le vieux continent que dans les pays du Sud. Mais on ne s'en aperçoit que longtemps après. La seconde partie du XXe siècle était riche en libérations de peuples, en avancées démocratiques, en percées sociales. Elle était un terreau général favorable pour davantage de courage et d'intuitions d'avenir. C'est en tout cas la vision que donne dans les années 70 à 80 la réactivité observée par les inspecteurs du travail sur les lieux de grandes manœuvres des conflictualités du travail.

Au lieu d'actes progressistes, le double langage règne alors aux échelons gouvernementaux, dans les différentes phases qui sont traversées, tant de cohabitation que de gouvernement homogène. À partir de là, observant la prolongation et l'aggravation de la crise, nos générations militantes savent comment ce non-engagement et cet anti-militantisme officiel, couronné en haut lieu, nourrit l'absentéisme politique et syndical. L'espace est libre pour l'anti-syndicalisme. L'opprobre est lancé sur le syndicalisme confédéral, notamment CGT. Il est d'ailleurs attaqué à la base dans les entreprises, dans la société et dans l'inspection du travail elle-même.

Autre question non résolue, qu'aurait-il fallu dans la conception et l'organisation d'une administration d'État telle que l'inspection et le ministère du Travail pour que l'organisation des vies professionnelles et des formations corresponde à une inspection militante telle que nous la concevions ? Pour qu'à une hiérarchie assez inerte d'anciens instituteurs, s'étant découvert une vocation sociale par défaut, ne succède une hiérarchie carriériste d'anciens militants désabusés après de passionnants contacts avec un monde ouvrier et un salariat suractivés. Une atonie succède à une autre atonie. Une course hiérarchique en remplace une autre. Quand arrive le temps où l'on organise une formation, l'esprit de continuité préside. La hiérarchie sortante veille jalousement à ce que son absence de contestation reste dans le fond du moule. Dans le même temps les conceptions budgétaires prolongent délibérément la pauvreté des moyens. Les services du travail ont toujours vécu dans l'indigence, le courant néo-libéral ne faisant que l'accroître. Les années Bacon sont des années de stagnation et même de régression. Les années Barre sont les championnes de la précarité. Puis vient le dogme de la machine informatique dispensant de mettre en place des effectifs. Les années socialistes n'apportent aucun renversement de tendance et sont reines de la tergiversation. Même avec l'ère Aubry, l'impression dominante est celle d'une absence d'oreille attentive aux travailleurs, aux agents du service public ou

[397] S'il n'avait pas été choisi dans les circonstances de 1965, il n'aurait pas eu la destinée qui a été la sienne et la possibilité en particulier d'assumer le devenir du Parti socialiste.

proche de leurs organisations syndicales. C'est un facteur déterminant pour la déshérence. Dans une société libérale, il n'y a pas de volonté d'avoir une administration du travail en bon état de marche. Si elle existe tout de même par nécessité, la volonté de la brider l'emporte. Enfin une société libérale ne peut qu'être à la traîne dans la conception d'une administration de l'emploi. Une telle administration autrement dynamisée aurait été cependant indispensable pour répondre au défi le plus grave du siècle. Les gouvernements se sont acharnés à la diviser, la séparer du noyau régalien, la privatiser. Mais nous avons en partie résisté à tout cela. En 2005, à la veille de la célébration du centenaire du ministère, des signes témoignent que la France résistante est toujours debout et que d'autres se lèvent dans la Communauté européenne pour en faire autant.

Avec ce bilan d'un siècle, de ses forces politiques et sociales, avec cette trace laissée par un corps de fonctionnaire et l'une des générations favorisées de ce corps, je préfère rester sur l'image d'un siècle de promesse plutôt que d'échec. Avec leurs avancées et leurs reculs, le droit social et le droit du travail montrent beaucoup d'incohérences, mais tout est possible. Tout peut recommencer. Rien ne permet d'oublier les destructions économiques de bassins et de villes, ni les souffrances individuelles et collectives de millions de salariés licenciés, de destins professionnels étouffés, bloqués, brisés. D'immenses outils de défense et de résistance ont été expérimentés, qu'il reste possible d'utiliser. Bien que ne négligeant pas les visions macroéconomiques formant des équations entre les pertes et les gains, je préfère garder un regard d'inspecteur appréhendant le monde avec les yeux de tous ces points de vue individuels. Enrichis d'aspiration collective, grâce au droit du travail et au droit social, inspecteurs et salariés rêvent toujours de constituer ces communautés de travail accordant la dignité du créateur-producteur au bonheur de vivre.

Ch. 27 Repères pour une histoire du droit du travail et de son inspection

À l'échelle d'une carrière de fonctionnaire, le mouvement de l'histoire est d'une lenteur désespérante. Les évolutions se font attendre des années. Une personnalité motivée attachée à sa mission et à l'avancée des lois, se désespère dans l'attente des transformations sociales. Parfois même, l'histoire recule. Les tendances géopolitiques suivent des itinéraires courbes, faisant perdre les repères, brisant les optimismes les plus solides.

Cependant, un regard sur l'histoire générale et son accélération impose à l'esprit la fantastique explosion de progrès et de révolutions survenus au XXe siècle. L'histoire des empires et des faits de guerre entame son cinquième millénaire mais l'histoire du droit social et du droit du travail n'a qu'un siècle[398]. La génération des inspectrices et inspecteurs des années 1968 et suivantes n'en a pas conscience. Parvenue à l'âge d'écrire ses mémoires, elle a vécu une époque de transition. Dans les années 60, elle voit s'éteindre en Europe une civilisation rurale datant de sept mille ans[399]. Entre 1950 et 1960, les dernières charrues tirées par des bœufs encornés sous des jougs rentrent à la ferme pour la dernière fois. Cette civilisation rurale a mis en place toutes les technologies de base restées maîtres de la sphère de production jusqu'à la fin du XIXe siècle.

Presque simultanément, la génération de 68 voit s'effondrer les deux courts siècles de civilisation industrielle européenne pour laquelle l'inspection du travail a été pensée de 1880 à 1892. Cet effondrement survient en plein apogée. Sous l'aiguillon de cet apogée et de cet effondrement, les champs du droit du travail, connaissent une extraordinaire accélération de la production législative et réglementaire : entre 1892 et 1914, moins d'une loi sociale par an est publiée. Dans les années 1968-2000, cinq à sept textes importants remodèlent, chaque année, plusieurs champs essentiels de ce droit[400]. Observée en diagonale, toute cette formidable histoire semble s'auto-annihiler dans un excès de précautions juridiques, risquant d'atteindre un seuil d'ineffectivité insurmontable. Mais ce n'est qu'en apparence. Il serait regrettable que dix mille fonctionnaires de l'an 2000, succédant aux deux cent cinquante agents et inspecteurs de 1900 se complaisent dans trop d'aveux d'impuissance et qu'avec les salariés ils ne voient plus ce qui a changé.

---

[398] Elle naît à peine comme discipline, une poignée de spécialistes venant de tenir deux ou trois colloques fondateurs pour le quarantième anniversaire de l'Institut régional du travail de Marseille, en septembre 2000, ou le cinquantième anniversaire de l'Institut d'études du travail de Lyon, en juin 2001.

[399] Aux environs de moins cinq mille avant J.C., elle arrive dans le bassin parisien ou les vallées des Alpes, au terme d'un voyage de dix à douze mille ans. C'est le voyage du grain de blé, domestiqué au Moyen Orient, circulant vers l'Est et l'Ouest à la vitesse de trois à quatre kilomètres par an. *Origine et évolution des populations humaines*. O. Dufour, J.J. Hublin, B. Vandermeerxch. éd. CTHS 2005.

[400] Et une ou deux fois par an, il faut ajouter les DDOS, ces lois dites « diverses dispositions d'ordre social » retouchant, trente à soixante dispositions sur des points non négligeables.

Le XXe siècle restera plus que celui qui l'a précédé, et peut-être plus que celui qui lui succèdera, le siècle du droit du travail et des conditions de travail. En Europe, le salariat devient le statut dominant, fait majeur, même si par ailleurs le défi essentiel, celui de la sécurité d'emploi, ne connaît que des échecs. Ce siècle n'est qu'une vaste offensive sociale entre deux seuils d'évolution, symbolisés en France du moins, par la journée des dix heures avec la loi du 30 mars 1900 et par la loi des trente-cinq heures du 19 janvier 2000. Ces seuils correspondent à des transformations sociales et technologiques majeures et à l'apparition de nouveaux univers d'emploi, de formation et de droits. Dans ce cadre général, se situe l'évolution de cette inspection du travail.

Ce n'est que depuis quelques décennies à peine, à partir des années 45-50, que l'État prend les moyens de se donner, en France comme ailleurs, des administrations civiles d'une certaine dimension[401]. Cette maturation civile de l'État n'est encore aujourd'hui le fait que de l'Europe occidentale et d'un tout petit nombre d'États à travers le monde, dont on peut se demander s'ils se comptent sur les doigts d'une ou deux mains.

Au sein de ce nouvel ordre politique, inspectrices et inspecteurs sont les titulaires de l'une des trois carrières emblématiques d'une société civile égalitaire, toujours aussi nécessaires aujourd'hui qu'en 1892. Dans le développement d'un État « civil », émergent le corps des instituteurs, celui de la magistrature et l'inspection du travail. Ces trois carrières ont pour similitude leur double référence à un type d'égalité à promouvoir pour tous les citoyens et à une indépendance fonctionnelle susceptible de soutenir leur action égalitaire. Pour garantir l'égalité des citoyens devant la loi applicable, les juges bénéficient de l'indépendance du troisième pouvoir. Pour assurer l'égalité devant le savoir et l'égalité des chances d'accès aux différentes conditions socioprofessionnelles, les instituteurs enseignent sous la garantie de la liberté intellectuelle de la laïcité. Les inspecteurs du travail bénéficient de l'indépendance du constat social dans l'entreprise, pour promouvoir l'égalité économique et sociale au travail.

La promotion et la garantie de ces trois égalités civiles sont particulièrement attendues d'une citoyenneté en développement et d'une société où pèsent une lourde hiérarchie sociale et une grande différence des statuts sociaux. Quand les affrontements entre les classes sociales étaient à vifs, aujourd'hui encore quand ces affrontements sont voilés, le devenir des individus exige ces fonctions publiques et leur indépendance parce qu'il faut déclencher des processus égalitaires dans le tissu social. L'individu, face à l'État, l'enfant et le

---

[401] À partir de 1947, le nombre des fonctionnaires et personnels assimilés franchit le cap du million. Aux recensements de 1891 et 1906, les personnes recensées comme dépendant des armées sont au nombre de sept cent mille puis six cent mille, tandis que les personnels dépendant des administrations civiles et territoriales se comptent au nombre de trois cent cinquante mille puis cinq cent mille. Les personnes relevant du clergé et des institutions religieuses assurant le fonctionnement des services de Santé, des hôpitaux et des hospices, ayant la charge des orphelins et des vieillards, sont au nombre de plusieurs centaines de milliers.

jeune, face à leur avenir, le salarié dans l'entreprise ou le service public employeurs, sont toujours enrôlés dans des rapports de domination. Même dans des sociétés démocratiques dites « avancées », telles qu'on croit les connaître en Europe occidentale, ces fonctions de protection et de veille demeurent nécessaires, justifiant ces carrières emblématiques animées d'une volonté républicaine militante.

Il n'y a en effet jamais d'égalité entre salariés et employeurs : ayant le pouvoir et la propriété, l'employeur est toujours en situation de supériorité dans l'entreprise. Avec le droit d'embauche et le droit de décision, il choisit entre un grand nombre de salariés dans un grand nombre de situations. Alors que le salarié n'est que rarement en état de changer d'employeur et presque jamais d'en avoir plusieurs simultanément. Personne ne doute que le salarié ait besoin de protection extérieure en de multiples occasions. Il n'en est pas de même pour l'employeur. Si ce dernier avait besoin d'aller chercher un appui externe, il serait bien proche de fermer son entreprise. Pour affirmer son autorité dans son domaine, il dispose de bien d'autres moyens.

Devant l'inspection, c'est d'une égalité d'une autre nature dont les employeurs ont besoin : ils veulent être traités de façon égalitaire entre eux par l'action administrative et par une réglementation unique. La loi crée d'autres outils pour rétablir l'égalité spécifique aux employeurs. Entre employeurs plus puissants et moins puissants, en terme d'effectif et donc de concurrence, elle soumet les plus puissants à des obligations sociales supérieures.

Enfin un troisième type d'égalité relève plutôt d'un droit au parallélisme des procédures. L'inspecteur doit veiller au parallélisme des convocations et des auditions des « deux parties ». Mais il faut se méfier des apparences. Il doit avoir à l'esprit l'inégalité persistante dans l'accès au droit et dans le maniement des rapports avec l'administration elle-même. Les employeurs ont toujours plus de facilités pour contacter cette dernière, pour financer les procédures et les avocats. Ils ont des chambres syndicales puissantes, organisées, financées pour faire du lobbying. Ils puisent dans la caisse de l'entreprise. Les salariés ont parfois la puissance du nombre, mais toujours la faiblesse des divisions, du retour à l'individualisme. Ils ont de grandes difficultés à accomplir les démarches administratives et payer leur défense. Pour eux, les procédures juridiques sont dissuasives par leur coût et leur durée.

Sous les auspices d'une mission égalitaire et d'une indépendance originale, le champ d'action de l'inspection du travail ne cesse de se développer tout au long du siècle. Issue de la libre rédaction du procès-verbal, sous réserve de coller à des faits matériels, cette indépendance tend à s'étendre à des constatations de comportements et à des décisions mettant en jeu certains rapports de travail et l'organisation collective de l'entreprise[402]. En raison des inégalités profondes et de la très grande différenciation entourant la vie des individus, des structures tampon, associations intermédiaires, syndicats, comités, délégués, s'intercalent dans tous les rouages du travail et de la société civile. Au-dessus d'elles, pour les aider à naître ou les empêcher de disparaître, pour soutenir leur marche, l'appareil d'État doit agir avec des dispositifs civils encore une fois protecteurs. Il doit s'engager en leur faveur, même si ses propres intérêts y rencontrent une gêne. La dissymétrie sociale crée une dissymétrie des droits et un impératif juridique. Que ce soit dans la nature du code à appliquer ou à propos de la mission d'inspection, l'exigence foncière d'égalité dans la société civile est le fondement d'une dissymétrie des règles de droit, face à l'inégalité.

En naviguant entre des considérations d'opportunité, de réalisme et de légalisme, inspecteurs et inspectrices sont des développeurs d'égalité. Leur rôle est de tendre vers l'effectivité des droits des faibles dans la relation de travail. C'est une visée générale leur demandant d'aller au fond des rapports sociaux. Depuis 1893, quelles que soient les conditions géographiques et historiques, quelles que soient les circonscriptions et les services dont ils sont chargés, cette sensibilité à l'égalité sociale est une visée et un « flair » communs à toutes les générations. Elle persiste dans les fonctions pluralistes modifiant le visage du métier avec le statut d'août 2000. Quelles que soient les affectations de plus en plus diverses offertes aux inspecteurs, ce métier est celui de l'effectivité égalitaire des droits des salariés.

Aux premières années, pour développer ce « flair » égalitariste, la fonction s'appuyait sur une certaine conception de l'inspecteur militant de la République, laquelle se devait d'apparaître comme une République sociale. Un siècle plus tard, les conceptions républicaines et sociales s'étant diversifiées, une palette de conceptions du fonctionnaire intègre et du fonctionnaire militant rénovent cette vision de la mission et ses justifications théoriques.

Le renversement radical s'efforçant d'appliquer une nouvelle conception juridique des rapports sociaux, et de construire réellement une égalité civile et économique, s'est produit très tardivement, à la fin du XIXe siècle. C'est une seconde raison fondant un regard positif sur l'histoire. Il se réalise en même temps, non sans mal, dans l'école publique émancipatrice, et dans le droit du travail.

Depuis les années 1893-1900, à chaque génération, les inspecteurs ont une conception plus ou moins claire de la notion d'égalité économique et sociale. En fait, le travail de renversement s'avère un effort permanent au sein de l'institution. En effet, des idées d'équilibre, de neutralité, d'arbitrage au-dessus des « parties »,

---

[402] Protection des représentants du personnel, surveillance des règlements intérieurs, contrôle des harcèlements et discriminations de salariés dans les collectivités de travail.

ne cessent de venir parasiter la conception que ses membres peuvent avoir de ce renversement. Les inspecteurs et inspectrices des années 1968 à 1980, en particulier, ont dû guerroyer dur avec les générations antérieures pour faire accepter l'idée d'une mission dissymétrique et d'un droit du travail orienté. Il faut dire que l'explication théorique n'est pas aisée à construire et exposer. L'histoire elle-même conduit les générations de façon obscure. Même encore aujourd'hui, la présentation de ce principe juridique fondamental d'une société qui devrait être égalitaire, alors qu'elle ne l'est pas, n'apparaît qu'avec difficulté.

On a trop longtemps caché les véritables origines du droit du travail. Pendant une très longue première période, allant du Moyen âge aux années 1890, il est un droit essentiellement protecteur des employeurs face à l'instabilité et à l'endettement des salariés. Même après l'impact de la Révolution française et la loi Le Chapelier, cette inversion demeure. Il y a une continuité entre l'Édit de 1349 d'Édouard III d'Angleterre, les lettres patentes des rois de France de janvier 1749 ou septembre 1781 et la loi du 12 avril 1803, puis le décret du 7 mars 1804, promulguant les maigres dispositions du Code civil en matière de louage des domestiques et ouvriers. Pendant ces sept siècles pour lesquels on dispose de repères, les règles du droit du travail sont dominées par l'institution du livret ouvrier, attachant le salarié à son maître jusqu'à la fin de sa tâche et gardant la trace de ses dettes à son égard, le lui attachant encore, une fois la tâche achevée.

La bourgeoisie révolutionnaire et l'industrie du XIXe siècle ne font que reprendre les règles de servitudes des grands domaines. Pour les résumer, les pratiques de rupture du contrat de travail sont implicitement codifiées par ce livret : il n'est rendu à l'ouvrier que lorsque le maître juge la tâche achevée. À cette dépendance dans la durée, s'ajoutent les pratiques d'une rémunération essentiellement fournie sous forme de nourriture et de logement, au sein du domaine ou de l'entreprise. Le solde ou le « gage » ne sont versés qu'à la fin de la tâche, de la saison, de l'année ou lors d'une démission, à l'occasion du mariage pour les « filles » ou à la fin de la vie pour les « garçons ». Attaché dans ces conditions à l'entreprise ou au domaine, le salarié a des besoins inévitables d'argent. Comme il n'en reçoit que peu ou pas dans le cadre habituel du contrat, il est obligé périodiquement de « monter » à la maison du maître, pour en demander : pour des problèmes de santé, les siens ou ceux de ses enfants, pour un achat quelconque ou pour s'absenter quelques semaines. Dans le cadre habituel de son contrat de travail, il est donc perpétuellement endetté. Et c'est envers son maître. C'est l'inverse de la situation actuelle résultant du Code du travail dans laquelle le solde de tout compte est généralement créditeur pour le salarié.

Cette situation de dépendance et de servitude séculaire n'est abrogée qu'au seuil du XXe siècle : la loi du 2 juillet 1890 supprime le livret ouvrier, puis les lois du 7 décembre 1909 et du 25 mars 1910 interdisent les économats patronaux et obligent à régler les salaires en monnaie tous les seize jours au plus.

Le dernier élément de ce renversement radical de la condition de servitude est la laborieuse sortie du mécanisme du temps de travail millénaire. Depuis la plus haute antiquité, la journée de travail s'étend de la nuit à la nuit, sous l'autorité de la toute puissante volonté patronale, y compris durant « les chômages », périodes pendant lesquelles le patron fixe encore la durée réduite du travail.

Ce renversement fondamental est tenté, en France, par la loi du 2 novembre 1892, simultanément à la création d'une inspection du travail d'État. Mais cette loi est immédiatement considérée comme un échec. En effet, l'horaire des dix heures accordé aux enfants ne s'étend pas spontanément aux femmes et aux hommes, comme en Angleterre. Ce renversement essentiel aux rapports sociaux n'est donc accompli que par la loi du 30 mars 1900 fixant la durée du travail des hommes adultes, pour la première fois.

En ajoutant quelques règles de prévention et de réparation des accidents du travail, promulguées dans le même temps, le droit du travail devient un code à peu près exclusivement protecteur des salariés, ses obligations pesant essentiellement sur les employeurs. Son caractère orienté s'inverse. Il est désormais chargé de protéger les salariés des inconstances et des instabilités des employeurs. Toute son évolution au XXe siècle n'a de raison d'être que dans le redressement de cette inégalité structurelle et fondamentale défavorable aux salariés dans tous les rapports sociaux nés du travail.

Fondé sur la mission égalitaire et la dissymétrie de la force du droit, l'ordre public est le second trait définissant l'inspection et le droit du travail, avançant lui aussi à travers les lignes courbes de l'histoire. Dans le monde de la micro-économie, la liberté, le contrat, aujourd'hui ce que l'on appelle les principes libéraux, autorisent une minorité à opprimer le plus grand nombre. Au contraire, la loi libère.

Ce second fondement de la culture d'inspection est remis à l'ordre du jour dans les années 1968-1975. Auparavant et des décennies durant, le critère dominant de l'art d'inspection est de ne jamais paraître s'engager, pour naviguer « entre les parties ». Remontant aux origines, cette notion d'ordre public réapparaît après avoir été enfouie sous d'épaisses stratégies d'étouffement, avant d'être aujourd'hui à nouveau contestée.

Aujourd'hui en effet, beaucoup souhaitent voir reculer l'ordre public. Ses frontières avec l'ordre du négociable ont tendance à bouger avec chaque texte soi-disant réformateur. Il est réduit au nom du droit de négociation ou de la lutte contre le chômage. Beaucoup de mesures prises en faveur du droit « au » travail grignotent les règles du droit « du » travail d'ordre public. Mais l'inspection du travail reste la gardienne de ce champ. C'est sa raison d'être. Pour faire l'économie de l'ordre public et de l'inspection, les institutions représentatives seraient-elles mieux adaptées à la protection rapprochée du salarié ? En leur accordant des prérogatives pourrait-on réduire les interventions et les contrôles de l'inspection ? On peut en douter. Le maillage de la représentation salariale est si restreint, si fragile, si inégal que le contrôle public demeure essentiel. De plus, de nouveaux champs de contrôle public s'ouvrent sans cesse parce que l'intervention contractuelle au sein de l'espace de travail n'est jamais aussi vite efficace et ne peut l'être seule. Un interlocuteur public externe, ayant autorité avec des prérogatives d'État, est un besoin récurrent.

Enfin, l'action pour l'emploi appelle un développement important des administrations du travail et de leurs effectifs. La culture d'inspection reste le fond de cette administration « du travail et de l'emploi ». Il est heureux que ces missions demeurent dans une même maison, mises en œuvre par des carrières et des corps communs, appuyées sur une formation commune. La défense de l'emploi, son soutien, sa création, ne doivent pas produire un monde privé des protections du droit du travail. Les membres des corps de l'inspection affectés à ces tâches ont la charge de maintenir des limites, faisant obstacle à ce qui pourrait aller dans le sens d'un démantèlement des droits.

Ce faisant, la notion d'ordre public est un objet de tension permanente au sein du ministère. L'ordre public est miné par un discours critique constant. Outre les destructions issues d'une série de lois dites de modernisation, le révisionnisme de l'ordre public social s'infiltre à tout instant sous la plume des rédacteurs de nouveaux décrets, celle de rapporteurs de tous ordres.

Cependant, aujourd'hui encore, lorsqu'ils dialoguent avec les inspecteurs, la majorité des directeurs départementaux du travail sont aisément partisans du frein au démantèlement de l'ordre public. Anciens inspecteurs du travail des années 1970 et suivantes, ils s'appuient sur leur culture d'origine. Mais les actes du ministre vont souvent en sens inverse.

Dans les années 60, la dialectique et la pratique hiérarchiques sont inverses. Les textes restent dépendants d'une conception rigide du droit du travail. Les concepteurs de nouveaux textes n'imaginent pas leur mise en cause. Mais tout un système administratif s'est habitué à ne pas les appliquer. C'est l'aboutissement du traumatisme subit en 1944 par l'inspection du travail française, puis de ce qu'il faut appeler l'ère Bacon. Au lendemain des grandes réformes de la Libération, c'est le temps du profil bas pour les services du travail, dans tous les domaines où l'administration pourrait montrer sa fidélité à des traditions d'ordre public, au sein desquelles elle est née et s'est développée.

Entre 1965 et 1975, il est encore presque indécent de déterrer, au fond de quelques placards, les vieux bulletins de l'inspection du travail des années 1893 à 1940, et de mettre en avant le principe fondateur, tranquillement affirmé par l'avocat général Sarrut, lors de la séance de rentrée de la Cour de cassation le 16 octobre 1894. S'appuyant sur ce principe d'ordre public social, sous-jacent aux deux missions essentielles et originelles de protection de l'enfance en atelier et de surveillance de l'intégrité physique de l'ensemble des ouvriers au travail, il prend argument des pouvoirs surprenants de l'inspection dans l'entreprise, droit d'entrée à toute heure et sans réquisition, droit d'exiger la présentation de nombreux documents, pouvoir de verbalisation, et invente les théories du risque et de la responsabilité, assumés exclusivement par le « chef d'industrie », en vertu de la subordination totale de l'ouvrier.

Sous cette impulsion initiale, au fil des années, et tout particulièrement jusqu'à la guerre de 1914, la réalité et la théorie de l'inspection du travail généraliste et de son ordre public à la française se constituent et se stabilisent. La conception de l'ordre public social élargit son champ à tout le domaine de compétence de cette inspection. Sans état d'âme, le droit du travail est un droit jacobin dont les multiples exceptions émergent comme des pitons volcaniques au sein d'un océan de droit libéral. Les patrons eux-mêmes demandent périodiquement à être protégés de la concurrence illicite que leur font de mauvais patrons exploitant abusivement la main-d'œuvre[403].

Chacun sait qu'on ne transige pas lorsque l'intégrité physique du salarié est en jeu, mais aussi au sujet d'un grand nombre de règles formelles sous-tendant les protections du statut salarial. Les fonctions d'éviction des enfants en « sous-âge », l'objectif de réduction de la durée du travail du plus grand nombre, sont les premiers objectifs de 1892. La tendance au formalisme est aujourd'hui décriée mais elle est issue de batailles terribles, aux temps où il fallait sortir de la pratique d'horaires journaliers de douze heures et de l'exploitation facile de l'enfance et du travail féminin. Un volontarisme d'État extraordinaire a été nécessaire pour déclencher de longs processus de réforme.

Par la suite, l'ordre public social continue de se développer en de multiples directions. Dès 1909-1910, l'extension de la palette généraliste vers les salaires est lancée avec de premières missions de contrôle des modalités de leur versement. Dès 1905, les premières règles d'emploi touchant au placement se faufilent également dans le domaine. Dans les années 20, le champ d'intervention de l'administration du travail s'élargit aux questions de main-d'œuvre, de l'immigration, de l'orientation professionnelle et des priorités des victimes de guerre. L'ordre public est enfin évidemment justifié sur le terrain du droit de la représentation des salariés, des libertés individuelles et des discriminations.

Les justifications historiques de l'ordre public social subsistent entièrement. Sans lui il n'y aurait guère d'effectivité et en tout cas aucune généralisation des droits en matière de temps de travail, de congés, de rémunération, ni en tant d'autres domaines. Par ailleurs en ce début du XXIe siècle, une dose importante de volontarisme d'État ne serait-elle pas toujours nécessaire pour enclencher les réformes conduisant par exemple à une véritable sécurité de l'emploi ?

[403] En 1892 et à la Belle Époque, la concurrence s'exacerbe dans des limites hexagonales et celles d'un empire colonial réservé. En France, on se protège par des « tarifs protecteurs », et dans l'empire, par un système de préférence commerciale.

Comme je l'ai évoqué en décrivant la redécouverte de l'inspection militante, ce principe d'ordre public est à la source de beaucoup de comportements, de prérogatives et de règles de service auxquelles la génération des années 68 s'est attachée : le réveil du procès-verbal, l'arrivée sur les lieux sans avertir, le refus des invitations à dîner, le refus des « cadeaux » et leur retour à l'envoyeur. Et le principe de suspicion ? Dans le métier, chacun sait qu'en arrivant sur un chantier ou dans un atelier venant d'être le théâtre d'un accident grave, la première question à se poser est celle-ci : « que me cache-t-on ? Qu'a-t-on trafiqué avant que j'arrive ? Sous prétexte parfois de faciliter les secours ou les autorités de police, quelles preuves a-t-on fait disparaître ? Chacun connaît ces visites où l'on cherche à nous conduire où l'on veut que nous allions, où l'on nous fait asseoir longtemps dans le bureau d'un directeur, quand ce n'est pas celui d'une secrétaire, une salle de conférence, pour réduire le temps de la visite, et celui du contrôle des livres et registres. Le métier est difficile lorsqu'il consiste à chercher des poux dans la tête des gens.

Dans l'histoire de ce métier désormais centenaire, l'ordre public navigue souvent à vue. Les inspecteurs de la génération des années 68 et suivantes sont les auteurs d'une relecture qui en est une étape caractéristique. Ils appartiennent encore à ce que l'on peut appeler l'inspection du décret de 13. Ce décret est conservé dans le code français jusqu'à l'intégration des normes européennes en 1991[404]. L'inspection vit donc sur sa lancée fondatrice pendant cent ans, la mission d'hygiène et de sécurité irrigue fortement de son image le style de l'inspection du travail, et en particulier son caractère d'inspection chargée d'une mission de veille sur ce champ essentiel de l'ordre public. Mais les caractères de l'ordre public éclairent aussi toute la palette des fonctions généralistes de l'inspection à la française, malgré les accrocs de l'histoire.

L'actuelle tentative d'inversion des principes de l'ordre public n'est pas la première en effet. Déjà, au milieu du XXe siècle, la mission protectrice et la dissymétrie de la force de la loi connaissent une curieuse inversion temporaire du système[405]. L'histoire de l'inspection du travail en subit ensuite les plus douloureuses conséquences. En 1939-1945, pendant quatre années, courte parenthèse à l'échelle du siècle, un processus d'inversion des constructions fondamentales de la IIIe République s'instaure, prenant l'allure d'une véritable

---

[404] Le décret du 10 juillet 1913, plusieurs fois modifié, reste en vigueur sous cette appellation jusqu'à la codification de 1973. Après cette date, le texte du code en demeure une transcription fidèle jusqu'aux décrets du 15 juillet 1980. Autant dire qu'il est une trame essentielle. Il impose durablement la logique des lois de 1892 et 1893.

[405] Par son caractère provisoire, cette inversion est semblable à celle qui survient au milieu du XIXe siècle, mais symétriquement inverse. En 1848, pendant trois mois seulement, au sein d'un siècle au cours duquel le droit du travail consacre l'infériorité du salariat et se définit pour l'essentiel par les garanties accordées aux employeurs, une révolution riche en intuitions anticipatrices impose une vague de mesures protectrices des prolétaires. Mais tout est balayé, dès juin et surtout en septembre 1848.

perversion de l'État de droit et des services publics. Le droit du travail est particulièrement touché. Les garanties démocratiques sont suspendues, en particulier les processus électoraux. Les délégués élus dans les entreprises sont destitués. Un acte constitutionnel affiche l'ambition explicite d'abroger les principes à la base de l'ordre juridique antérieur, afin de les remplacer par d'autres fondements. Les salariés privés de leurs précédents droits de défense collective doivent être intégrés de force dans un ordre de coopération sous autorité patronale. Il n'est plus question de les protéger des abus de cette autorité par des conquêtes sociales.

En 1944-1945, au sortir de la guerre, une nouvelle inversion s'impose, faisant cesser ce détournement et cette perversion du droit. De 1944 à 1947, le premier socle du droit du travail et du droit social est profondément rénové par la construction d'un second socle. En application du Programme national de la Résistance. Indépendamment de la révolution constituée par la construction du système de la sécurité sociale généralisée, des allocations familiales et des retraites, le droit du travail se reconstruit alors tout autant que le ministère. Pour la première fois, celui-ci crée durablement, des services territoriaux conséquents et homogènes sur tout le territoire[406]. Les inspecteurs ne seront plus jamais des agents isolés et solitaires, assistés bénévolement pour l'ouverture du courrier et les statistiques par leur épouse ou leur mère. Plus de divisionnaire travaillant avec une personne qu'il paye sur ses frais de bureau et qu'il installe dans un appartement de ville. De vrais services de main-d'œuvre et de vraies sections d'inspection avec des contrôleurs et de vrais secrétariats apparaissent rapidement et définitivement. Le contrôle de l'emploi et celui des licenciements font leur apparition, sans être justifiés par les préparatifs d'une guerre. Dans l'entreprise, les institutions représentatives du personnel sont instituées dans une gamme presque complète, à l'exception de la section syndicale.

Sans l'avoir nullement « mérité » par sa conduite sous l'occupation, l'inspection du travail recueille, presque contre son gré, de nouvelles prérogatives essentielles : le contrôle des licenciements de délégués, les procès-verbaux pour entrave à la désignation et au fonctionnement des institutions représentatives, mais aussi des pouvoirs de décision économique sur l'emploi, en principe sans limite. Salaires, heures supplémentaires et congés payés font l'objet de réformes sollicitant des contrôles étendus avec des possibilités nouvelles de verbalisation, en attendant la création du SMIG en 1950. Enfin l'hygiène et la sécurité voient poindre un développement de la fonction de prévention, avec les premiers décrets relatifs à la vente des machines les plus dangereuses et le développement de CHS désignés démocratiquement.

[406] Les services départementaux sont d'abord constitués de bric et de broc avec des personnels auxiliaires ou contractuels provenant des offices de main-d'œuvre ou des préfectures. Comme à la veille de la seconde guerre mondiale ou sous le régime de Vichy, le flou statutaire règne en maître. Cependant les effectifs et les moyens arrivent en nombre.

En contradiction avec cette moisson de cadeaux, l'inspection du travail se trouve déstabilisée par un véritable maelström. Elle a été comme prise en otage par un formidable coup de balancier historique. L'inspection et les services de l'emploi, embryonnaires avant la guerre, sortent très mal en point des missions reçues du régime de Vichy. Dans l'ombre, ils les ont exercées d'une façon qui s'explique dans le contexte de subordination et de routine administrative. Combien ont eu une conduite de héros ? Bien peu dans la hiérarchie et le corps d'inspection qui voit plusieurs dizaines de ses membres passer en commission d'épuration[407]. Le petit nombre des victimes de la répression en dit beaucoup : deux fusillés, en Rhône Alpes, Pierre Lamy inspecteur de Haute-Savoie et Pierre Bérard, un jeune auxiliaire de vingt-deux ans, employé à l'office du travail de Saint-Étienne. Onze agents de l'office du travail de Seine-et-Oise ne reviennent pas des camps de concentration, une seule en revient[408]. Dans ce même département, David et Joulain, un contrôleur et un inspecteur, sont les seuls agents connus pour être passés à la clandestinité, dans la Résistance[409].

Beaucoup, cependant, surtout dans les sans-grade et les embauchés temporaires, pratiquent ce que l'on peut appeler des actes individuels et ponctuels de résistance. En fonction des opportunités et des demandes, ils font de faux papiers de travail obligatoire, font savoir aux intéressés quand il est nécessaire de disparaître physiquement pour éviter le passage prochain de la gendarmerie venant chercher les réfractaires. Les auteurs de ces actes courageux sont le plus souvent de jeunes employés récemment recrutés pour faire le « sale » travail. Sans être véritablement des résistants, ils ont pu éviter des destins tragiques et permettre des choix décisifs[410].

Pendant ce temps, les inspecteurs reçoivent la consigne de visiter activement les entreprises pour mettre en place les comités sociaux de Vichy, la Charte du travail et les comités d'hygiène et sécurité. Ils doivent s'exécuter. Ils doivent collecter les noms de volontaires désignés par les employeurs pour constituer de nouveaux syndicats. Ceux-ci doivent rompre avec ceux d'avant-guerre et s'inscrire au sein de familles professionnelles rassemblant les salariés et les employeurs. Les responsables de ces nouveaux syndicats sont nommés par arrêté signé du ministre du Travail. Un comble pour une organisation représentative ! Les inspecteurs doivent encore s'exécuter. L'une des tâches

[407] Plusieurs dizaines d'agents sont mutés à titre disciplinaire dans d'autres départements. Au moins deux condamnations à mort sont prononcées, commuées en radiations des cadres sans retraite.

[408] Yves Cariou, Aimé Cherbuy, Albert Debotte, Jean Eynard, Guy Flavien, Adolphe Fontenaille, Jacques Lelay, Marcel Lebrun, Marcel Magot, Bernard Triboulet, Célestine Stiefel, employés de l'Office du travail de Versailles ne reviennent pas de déportation. Seule Andrée Nam, déportée à vingt-trois ans, envoyée à Ravensbrück puis dans une usine de Leipzig, est libérée en avril 1945.

[409] Un autre inspecteur de Moselle, Tribout, est semble-t-il passé à la clandestinité et à la Résistance mais les renseignements manquent sur son parcours.

[410] Près de soixante années après les faits, il est difficile d'en faire un inventaire. On peut citer l'exemple de quelques inspecteurs rendant leur prime de STO, Henriette Rousset, à Lyon, Pierre Lamy à Annecy et Renaudin à Chambéry.

confiées est enfin la constitution d'inventaires de la main-d'œuvre et la réquisition d'une partie de la classe ouvrière française pour la livrer aux usines de l'ennemi. Dans la réalité politique d'alors et dans le contexte du travail obligatoire, c'est la pire trahison que l'on puisse imaginer.

Au niveau de ces visites d'inspection, dans ces nouvelles missions, tout se joue subtilement à la façon dont certains savent traîner les pieds ou au contraire accomplir les consignes sans état d'âme apparent. Certains laissent suffisamment de sous-entendus dans leurs propos et même dans des correspondances, pour qu'ils soient compris par leurs interlocuteurs salariés et parfois patronaux, comme des réserves et des désaccords. Ces fissures permettent aux salariés et aux entreprises de ne pas se précipiter dans le nouveau droit du travail. Les souvenirs retrouvés au sujet de Pierre Lamy montrent comment il est possible de faire sentir une grande connivence avec la Résistance dans une certaine façon d'appliquer les directives sans les appliquer. Ajoutons que la voiture de ce dernier, autorisée à circuler, sert aussi à des transports clandestins et que d'autres ont su porter des valises de la Résistance. Leurs actes sont restés cependant dans l'oubli[411].

À la libération, il y a tant de « cadavres dans les placards » que ce sujet devient tabou. Pendant cinquante ans, le silence reste la règle. En 1992 encore, un jeune inspecteur, faisant diverses recherches sur l'histoire de l'inspection se voit ordonner de biffer certains passages de ses textes prêts à l'édition et conseiller à plusieurs reprises de faire cesser ses allusions aux évènements de cette période. En 1945, après cette période trouble, le service s'enfonce donc dans une situation paradoxale.

Il est investi de missions lui confiant d'énormes responsabilités nouvelles, promises à soutenir des changements profonds dans les entreprises, tant en droit du travail qu'en matière économique. Mais une grande partie du service se confine dans un « profil bas » à contre-courant du contexte politique. Elle anticipe sur un revirement ultérieur de ce contexte, celui qui prévaut à partir de 1947, imposant au droit du travail et aux services une ère de quatorze années de léthargie. La contradiction est flagrante avec les Trente glorieuses que le pays connaît alors tant sur le plan économique que sur le plan des activités sociales et associatives[412].

Quelques exemples : sous l'occupation, le service fait du volontarisme pour soutenir la création des comités sociaux. En 1945, la consigne s'inverse. Lors de la création des comités d'entreprise et des délégués du personnel, il faut laisser libre cours à l'initiative des syndicats et surtout ne pas faire de zèle dans la promotion de l'institution et sa mise en place. Très peu de procès-verbaux sont

[411] Je peux au moins citer trois collègues interviewés pendant la mission du centenaire de 1892, Lyse Forest, Charles Terrasse et Carmen Roland. Ces interviews restent malheureusement inédits.

[412] Cela ressort de différentes interviews que j'ai pu réaliser, notamment ceux de René Person, inspecteur puis directeur du travail, entre 1942 et 1973, et de Jean-Baptiste Desgouttes, inspecteur puis directeur adjoint à Saint-Étienne. Magazine Service public, *100 ans d'inspection du travail*, n° 11, juillet août 1992.

dressés, très peu de décisions de refus de licenciements de délégués sont prononcées. Une délégation d'inspecteurs du travail se rend chez le ministre Ambroise Croizat. Elle s'inquiète de la concurrence que les délégués du personnel pourraient porter à leurs prérogatives dans leurs visites. Ils font des réserves sur l'opportunité de s'en faire accompagner. Le contrôle des licenciements et des embauchages est réduit volontairement à un simple échange de courriers administratifs et un travail de validation automatique. La tâche est confiée à des secrétariats constitués d'agents de main-d'œuvre récemment recrutés, privés de statut pendant des années.

Dans ce contexte, la CGT qui n'a jamais renoncé aux inspecteurs élus dans son programme revendicatif, est désormais réunifiée et majoritaire dans le pays. Elle retrouve sa méfiance à l'égard d'une inspection composée de fonctionnaires. Les inspecteurs de la Libération l'ont cependant tous ralliée, sauf quelques inspectrices demeurant attachées à la CFTC. Par conviction ou par opportunisme, c'est une attitude allant de soi. Le ministre continue lui-même à tenir les premiers rôles syndicaux, puisqu'il est toujours secrétaire général de la Fédération nationale réunifiée de la métallurgie CGT. Certains départements prélèvent les timbres syndicaux à la source, la retenue figurant sur la feuille de paye[413]. Mais peu sensibles à ces signes d'allégeance, les syndicalistes n'ont qu'une aspiration : construire une inspection du travail plus conforme à leurs vœux. Ils ont pour repère l'inspection soviétique, dépendante des structures du syndicat unique.

Mais dans les gouvernements gaullistes, les ministres communistes sont minoritaires, obligés à des compromis. L'idée vient d'aller voir en Alsace-Lorraine l'inspection issue du régime allemand. Elle aurait dû logiquement servir de repoussoir. Mais en profondeur, ils sont encore plus influencés par les images de 1936 et les premiers succès du conventionnalisme et du paritarisme que par le modèle soviétique. Dans ces deux départements aux régimes particuliers, ils découvrent une inspection dépendant des régimes professionnels de protection sociale dirigés par des représentants patronaux et salariés. Comme le régime de Sécurité sociale de 1945 leur donne 75 % des sièges dans les conseils d'administration, la CGT est assurée de maîtriser les caisses régionales et par suite une inspection du travail créée en leur sein. C'est l'origine des services de prévention des caisses[414]. Mais cantonnés aux missions d'hygiène et de sécurité, ceux-ci n'ont pas une mission généraliste au même titre que l'ancienne inspection. Celle-ci reconstitue rapidement sa prééminence, sans perdre ses compétences acquises de longue date en hygiène et sécurité. Dès 1947, les directeurs régionaux du travail et le directeur général du travail rétablissent leur autorité en constituant des structures régionales de coordination. Dans le même

[413] Je détiens une feuille de paye datant de novembre 1946, remise par Jacques Bercovici. Elle témoigne d'un prélèvement à la source d'une cotisation syndicale de soixante francs sur un traitement de 6 053 francs.
[414] Interview de Jacques Lévy, sous-chef de bureau à la direction de la sécurité sociale du ministère en 1945, réalisée le 21 octobre 1992.

temps, les organisations syndicales perdent leurs illusions sur l'autorité qu'elles ont pu avoir sur leur nouvelle inspection. Dans les conseils d'administration les sièges accordés aux salariés passent de 75 à 50 % au profit du patronat. La scission syndicale achève de confier une influence déterminante à ce dernier, lui permettant de surcroît de choisir les syndicalistes de sa préférence pour la direction des caisses.

Surviennent trois autres facteurs qui constituent l'inspection du travail dont la génération des années 68 et suivantes doit gérer l'héritage. Refusant de choisir entre la CGT et Force ouvrière, les inspecteurs optent en 1947 pour un syndicat autonome, dans des conditions bien différentes de ce qui se passe dans l'Éducation nationale. Ceci les conduit à amplifier la culture et les pratiques d'une inspection « au-dessus de la mêlée ». Ils affichent l'ambition de ne prendre partie ni en faveur d'aucun camp syndical, ni en faveur des salariés face au camp patronal. Cette génération prend donc idéologiquement ses distances avec le caractère dissymétrique du droit du travail. Le syndicat autonome, le SNIT comptant parmi ses adhérents la quasi-totalité des membres du corps des inspecteurs, les attitudes corporatistes se développent pour gérer les déroulements de carrière dans un grand consensus avec la hiérarchie ministérielle[415]. En un sens c'est le retour à une situation voisine de celle de l'avant-guerre. Le syndicat d'alors, très lié aux personnes les plus influentes du ministère, gère les carrières avec une haute administration influencée par quelques agents issus de l'inspection et gravissant, non sans compétition sévère, quelques hauts postes créés à la charnière entre le cabinet du ministre et le corps de l'inspection.

Pour comprendre la situation trouvée à son arrivée par la génération des années 68 et suivantes, il faut revenir sur un autre événement ou plutôt un non-événement durable, le règne de Paul Bacon sur le ministère[416]. Il y accède quinze fois et se survit d'ailleurs à lui-même durant les trois premières années de la Ve République puisqu'il n'est remplacé qu'en mai 1962 par la nouvelle génération de ministres gaullistes commençant à faire bouger les choses. Pendant ce long hiver du droit du travail, une fois sortie la loi du 11 février 1950, peu de grandes avancées législatives se réalisent. Cette dernière est en quelque sorte l'achèvement des réformes de la Libération, tout en consacrant son renversement libéral. Elle institue le SMIG, rationalisation durable d'un système d'intervention dirigiste à la française[417]. Mais un compromis est défini sur la question des salaires qui sont protégés sur deux niveaux, l'un négocié dans les conventions et

---

[415] Au sein de la Commission administrative paritaire des inspecteurs, les membres de ce syndicat détiennent à peu près tous les sièges, tant une bonne partie de ceux de la parité administrative, c'est à dire la direction, que ceux de la représentation syndicale.

[416] Avec quelques coupures dont ont bénéficié les ministres Pierre Garet, Eugène Claudius-Petit, Louis Anjoulat et Albert Gazier. Sous la IVe République, tous ces ministres se succèdent de gouvernements en gouvernements pour une durée moyenne de sept mois.

[417] C'est désormais un interventionnisme pérenne alors que le dirigisme des salaires de 1945 (salaires maxima et minima) ne pouvait qu'être transitoire.

accords collectifs, l'autre imposé par la puissance publique. Cette loi renvoie encore davantage les inspecteurs à ce récent idéal de non-interventionnismee mitigé, découvert en 1936-37. Pour eux, l'idéal professionnel et la tâche noble deviennent la présidence des négociations salariales ou conventionnelles, les positionnant à équidistance entre employeurs et salariés.

Pendant cette longue période de gel législatif et de prétendue équidistance « entre les parties », le droit du travail ne s'illustre que par trois petites réformes dans l'air du temps. Son évolution est gelée, à contre temps d'une période où s'emballent les aspirations à développer la vie à pleins poumons au sortir de la guerre, mais aussi à respirer au sortir des dures journées de travail, dans les colonies de vacances, le sport populaire, les théâtres populaires[418]. Pendant ce long hiver, on ne retouche les réformes de 1945 qu'en entrouvrant à peine, d'un tout petit filet, le robinet des innovations. En mars 1956[419], on accorde la 3e semaine de congés payés. Le 27 avril 1956, le principe de non-discrimination syndicale pénètre dans le code comme une caricature[420], afin de casser le monopole d'embauche du « syndicat CGT du livre ». Enfin, le 7 mai 1955, le décret de 1913 bénéficie de la réforme de son article 15 concernant le problème des accidents survenant pendant la marche des machines[421]. Pendant toute cette période d'intense activité économique, les évènements sociaux se situent sur un autre terrain : une multitude de grèves pour les salaires, notamment le conflit des cheminots et des postiers de 1953, celui des ouvriers de Renault obtenant la troisième semaine de congé, avant qu'elle ne soit généralisée par la loi.

Un troisième événement survenu durant cette période de sommeil des évolutions sociales, peut être aussi qualifié de non-événement durable. Alors que les services départementaux sont organisés par deux décrets du 27 avril 1946 et du 20 avril 1948, après la définition des deux statuts de l'inspection, celui des inspecteurs, le 20 octobre 1950, celui des contrôleurs, le 24 décembre 1954, les effectifs extérieurs du travail et de la main-d'œuvre et les recrutements sont bloqués. De nombreux agents de toutes les catégories assurent des fonctions d'un niveau supérieur. Faute de recrutement dans tous les grades, les agents auxiliaires et contractuels se multiplient. Il faut d'importants mouvements syndicaux pour imposer la loi du 3 avril 1950 imposant des titularisations dans la fonction

[418] La croissance de la consommation explose avec le développement des comptes chèques, l'achat du frigidaire, du tourne-disque, des petites quatre chevaux Renault sorties de l'île Seguin à Boulogne Billancourt.

[419] C'est l'œuvre, non pas de Paul Bacon, mais d'un gouvernement Guy Mollet, avec un ministre des affaires sociales Albert Gazier et d'un secrétaire d'État au travail et à la sécurité sociale, Jean Minjoz.

[420] Sous l'égide du même ministère, les employeurs se voient interdire de favoriser l'embauche des salariés appartenant à un syndicat. Les inspecteurs mettent vingt ans à découvrir ce texte pour l'utiliser en rédigeant des procès-verbaux sanctionnant des atteintes à la liberté syndicale, lesquels ne sont d'ailleurs jamais bien nombreux et encore moins nombreux à se conclure par des condamnations.

[421] Interdiction de la réparation des machines en marche et de la « visite » de tout organe mécanique en mouvement. C'est l'un des points majeurs de sécurité, généralisé par les décrets du 15 juillet 1981, au centre de la bataille européenne pour la rédaction des directives machines et respectant les principes d'origine de la sécurité à la française. Il est signé Paul Bacon, ministre du Travail d'un gouvernement Edgar Faure.

publique. Dans les services elle se traduit par un premier examen de titularisation pour la catégorie C, puis par le fameux concours de contrôleurs adjoints du 31 janvier 1953, en titularisant 240.

Les gouvernements successifs de l'ère Bacon se satisfont de cette politique de régression. De ce fait les distorsions se multiplient. De nombreux contrôleurs gèrent des services importants de main-d'œuvre sans accéder jamais à un grade de direction et au statut d'inspecteur. Lorsque les modifications statutaires du 22 septembre 1962[422] viennent apporter quelques fins de carrière améliorées aux inspecteurs ne pouvant accéder à des fonctions de directeur, elles s'appliquent à un corps étroit de privilégiés, sans toucher aux autres catégories des services du travail et de l'emploi.

La génération des années 68 et suivantes arrive dans une situation particulièrement pourrie. Un trop plein d'aspirations égalitaires à satisfaire et de volontés militantes est soumis à rude épreuve tout en étant décuplé par la situation. Compte tenu du climat ayant imprégné les générations antérieures, cette nouvelle génération ne peut avoir aucune estime envers sa hiérarchie. Elle ne peut que se construire contre elle, prenant le maximum de distance avec les compromis occultant les ombres de l'Occupation et de la Libération. Elle ne peut que rejeter le profil bas et la théorie de l'inspection au-dessus de la mêlée, équidistante entre les parties.

Très peu homogène, son énergie combative n'est peut-être jamais à la hauteur des enjeux. Elle réalise cependant plusieurs choses : dans une large mesure, elle fait revivre l'idéal étouffé de l'inspecteur de 1913. Elle tente un certain nombre de percées pour appliquer les réformes de 1945, mises sous le boisseau. Enfin, elle se passionne pour un certain nombre de champs nouveaux résultant du remue-ménage de 68. Ce remue-ménage soulève un sens collectif diffus, cherche à accéder à une dimension représentative dans les services. Bien entendu, il éveille un certain nombre de réactions négatives dans la hiérarchie, mais positives parmi les usagers du service, syndicats et public des demandeurs ordinaires.

Cette génération est affrontée aux défis d'un monde qui a changé entre 1945 et les années 60 et qui continue à changer encore plus vite chaque jour. Il faut ouvrir de nouvelles pistes correspondant aux développements du dernier tiers du siècle : elle revendique l'arrêt des machines par voie de référé ; elle se lance dans les premiers contrôles des libertés et des discriminations au travail. Freinée au maximum par la hiérarchie et limitée dans ses velléités d'expérimentation, elle doit répondre à l'accélération des demandes. Appartenant à une administration du travail généraliste aux compétences immenses, les divisions et les tensions en son

[422] Bacon achève son quinzième passage au ministère quatre mois auparavant, le 16 mai 1962.

sein se muent en un malaise qui va croissant durant les trente dernières années du siècle.

Le principal défi qui ne parvient pas à être assumé de façon satisfaisante est celui des missions d'emploi et de formation professionnelle. Au cours du XXe siècle, de façon répétée, les services sont pris en cette matière, dans des difficultés sans issues. Pendant la Guerre de 14, de nombreux inspecteurs sont accaparés par les tâches de pourvoyeurs de main-d'œuvre des marchands d'obus et de canons. On sait les traces négatives laissées par cette guerre dans les évolutions des forces politiques, les désarrois du patriotisme dans l'opinion, l'impossibilité de se préparer à la guerre suivante ou d'évaluer simplement la situation européenne en cours de transformation. Après la première guerre mondiale, le ministère tente de timides évolutions pour soutenir la fluidité du marché du travail, réguler l'immigration, créer une orientation professionnelle en faveur des apprentis, mais les scandales surgissent menaçant la réputation des services. Des pratiques de pots de vin apparaissent même et sont très vite dénoncées, soutirés aux immigrés demandant un titre de travail. C'est ensuite le dévoiement des services, pendant la seconde guerre mondiale, dans le recrutement d'une main-d'œuvre livrée à l'occupant. L'histoire de la seconde moitié du XXe siècle se résume comme une longue période d'efforts de construction des outils d'une intervention agissant plus en profondeur[423] pour soutenir et défendre l'emploi existant, favoriser sa création, assurer une formation professionnelle tout au long de la vie professionnelle. Le sentiment domine que ces efforts échouent, que la crise s'emballe, que les plans successifs pour l'emploi ne parviennent à aucun résultat. À partir de 1986, les vingt-cinq dernières années du siècle sont celles de la renonciation aux prérogatives et aux ambitions les plus élevées dans le contrôle des licenciements.

À long terme, le bilan de tout l'important dispositif d'action expérimenté sur le marché du travail ne se limite-t-il pas à un accompagnement de la montée numérique du chômage, et à une renonciation de l'État à s'engager effectivement pour l'emploi ? Le refus de poser des bornes au libéralisme et aux règles civilistes et commerciales au cœur de la relation de travail, et dans le financement du processus de production, n'en est-il pas la cause ? Déjà au sortir de la guerre, au lieu d'être intégrée dans un plan de sécurité sociale, comme en Grande Bretagne, la construction d'un système général de chômage est refusée en France. Celui-ci apparaît ensuite tardif, au moment d'être fragilisé par la crise.

---

423 Pour simplifier, il faut citer trois dates, l'ordonnance du 24 mai 1945, la loi du 18 décembre 1963 créant le Fond national de l'emploi, et la loi du 3 janvier 1975 rénovant la procédure de contrôle des licenciements collectifs. Pour évoquer tout ce qui est intervenu ensuite jusqu'à la loi de modernisation sociale du 17 janvier 2002, voir la thèse de Stéphanie Zagni-Sansorny, déjà citée : *Les acteurs du contrôle des licenciements des salariés non protégés, dans les entreprises in bonis, de l'ordonnance du 24 mai 1945 à la loi de modernisation sociale*, Université Jean Moulin, Lyon III, faculté de droit. Juin 2003.

À côté de ce défi non relevé du XXe siècle, il est nécessaire de faire l'inventaire de l'imposante construction sociale de la fin de ce siècle. Malgré leur caractère parfois ambivalent, des garanties essentielles se développent : les percées du droit des conditions de travail, du droit représentatif, du droit de citoyenneté et d'égalité au travail, l'expansion des garanties du contrat. Les trente dernières années du siècle doivent rester pour la postérité celles qui voient fixer tardivement par la loi les règles de préavis, l'indemnisation du licenciement, le droit à la formation permanente, les droits des personnes handicapées, etc..... Ce n'est également que tardivement, à partir des années 80, que l'État se dote de moyens pour peser sur le monde du travail, en construisant des services ayant une réelle dimension d'administration du travail. L'œuvre est immense. L'ambivalence apparaît surtout à partir de l'inversion de tendance en 1986, s'infiltrant déjà insidieusement dès 1982.

Une profonde interrogation sur la nature du métier d'inspection du travail subsiste. Il y a toujours un long décalage temporel entre l'apparition de nouvelles problématiques et la découverte des réponses à apporter en terme de droit et de moyens administratifs. Pour ne prendre qu'un exemple, les aspirations à une importante réduction de la durée du travail apparaissent dès mars 1848. Elles n'obtiennent une réponse d'application générale et durable qu'en mars 1900. La réponse aux aspirations à des congés payés ne reçoit une première réponse qu'en 1936. Il faut ensuite encore près de cinquante ans pour parvenir en 1982 au palier législatif de la cinquième semaine. La représentation du personnel, en germe au Creusot en 1899, n'obtient une formulation indirecte qu'en 1936 et sa consécration en 1945.

Le malaise de l'inspection du travail n'a qu'un quart de siècle d'existence ! L'ancienneté du malaise peut décourager. Après le grand calme connu pendant quarante-cinq années de la IIIe République, la structure continue de vivre sur sa lancée jusque dans les années 1975. De même, un premier décret fait naître le corps des contrôleurs dans les années 1935-36, avec des compétences restrictives. Son existence et son développement sont de pur fait de 1941 aux années 50. Le statut de 1954 consacre une misère, en profond décalage avec l'ampleur des missions exercées. Même après quelques replâtrages, quelques revalorisations et la séparation des B administratifs et des contrôleurs en catégorie B technique, leurs carrières et leurs niveaux de traitement demeurent en ces années 2000 l'exemple le plus flagrant de la misère offerte aux vocations sociales[424]. Le problème est encore pendant en ce début du XXIe siècle ! Pour les contrôleurs c'est une attente non de cinquante mais de quatre-vingts ans.

[424] Pour un travail égalant souvent celui des inspecteurs, dans des situations de difficulté et d'hostilité bien supérieures, dans les petites entreprises. Le meurtre de Sylvie Trémouille, contrôleur du travail et de Daniel Buffière, inspecteur de la Mutualité sociale agricole, le 2 septembre 2004, à Saussignac, l'atteste.

Le corps des inspecteurs se réveille en août 2000 avec un nouveau statut contesté, annulé par le Conseil d'État, revalidé le 20 août 2003. Après un siècle de continuité, vingt-cinq années font apparaître une mutation. Dès les années 70, une partie non négligeable du corps est transférée vers un travail et une vie administrative profondément modifiée. Sous couvert de mutations hiérarchiques, une mutation sociologique et des transformations de compétences et de missions se réalisent. Ceux qui travaillent aujourd'hui, de façon très diversifiée, au contrôle et à la promotion de l'emploi ou de la formation vivent des processus de carrière différents. Avec les mutations que subissent le droit et les techniques administratives, on ne peut plus parler de continuité, si ce n'est d'une continuité de culture, du « sens » commun, des orientations. À l'inverse, durant près de vingt ans, entre les années 1968 et 1986, la génération assurant des fonctions réelles d'inspection vivait une certaine unité entre les missions de l'inspecteur de 1913 et celles de 1945 et de l'après 68. Elle se doit d'en laisser les traces pour que ce droit particulier, protecteur et producteur d'égalité, dissymétrique, d'ordre public, ne soit pas trop vite oublié.

Annexe
Textes significatifs de l'évolution du droit social, de 1968 à 1997

Cette nomenclature est réalisée à partir des tables chronologiques présentées en annexe des codes Dalloz des années 1972, 1979, 1981, 1987, 1994 et 1998.

1968...

Décret du 31 mai, majoration du SMIC et suppression des zones.
Loi du 17 décembre, concernant les règles du licenciement (les préavis de un et deux mois se cumulent avec les indemnités de licenciement).
Loi du 27 décembre, droit syndical dans l'entreprise.
Décret du 30 décembre, relatif au nombre des délégués syndicaux.

1969...

Loi du 16 mai, quatrième semaine de congé payé.
Décret du 30 mai, concernant la médiation des conflits collectifs.
Décret du 14 juin, relatif à l'organisation des SETMO.

1970...

Loi du 2 janvier, création du Salaire minimum de croissance.
Décret du 27 février, pour l'application de la loi relative au salaire minimum de croissance.
Décret du 16 mars, pour l'application de la loi du 18 décembre 1963 (FNE), relatif à la rémunération des stagiaires de la formation professionnelle.
Décret du 11 septembre, paiement de la rémunération en cas de règlement judiciaire et de liquidation de biens.

1971...

Décret du 2 février, coordination de la politique de l'emploi.
Loi du 24 juin, mensualisation des ouvriers (modification des règles du code concernant la périodicité de la paye).
Loi du 12 juillet, règles concernant la diffusion des offres et demandes d'emploi par voie de presse.
Loi du 12 juillet, modifiant les règles relatives aux conventions collectives et à la médiation.
Loi du 16 juillet, concernant la formation professionnelle continue.
Loi du 16 juillet, concernant l'apprentissage.
Loi du 16 juillet, concernant l'enseignement technologique.
Loi du 16 juillet, relative à la prescription des salaires.
Décret du 17 août, relatif aux conditions d'attribution de l'aide publique aux travailleurs privés d'emploi.
Décret du 10 décembre, règles relatives au congé-formation.
Décret du 10 décembre, règles relatives aux fonds d'assurance formation.

Décret du 10 décembre, sur la participation des employeurs au financement de la formation professionnelle.
Décret du 10 décembre, sur les aides et indemnités des stagiaires de la formation professionnelle.
Loi du 24 décembre, durée du travail, plafonds de 50 et 57 heures.

1972..
Loi du 3 janvier, relative au travail temporaire.
Décret du 14 février, application de l'ordonnance du 14 février 67, contraventions applicables en matière de garantie de ressources des travailleurs privés d'emploi.
Loi du 1er juillet, relative à la lutte contre le racisme.
Loi du 23 décembre, garantissant aux salariés une rémunération mensuelle minimale.

1973..
Lois de codification des 2 janvier, 10 juillet et 15 novembre.
Décret du 23 février, mesures d'application concernant la rémunération mensuelle minimale.
Loi du 27 décembre, assurance des créances salariales.
Loi du 27 décembre, amélioration des conditions du travail.

1974..
Décret du 1er avril, réformant les CHS-CT.

1975..
Loi du 3 janvier, relative au contrôle des licenciements économiques.
Décret du 21 avril, Statut particulier de l'inspection du travail.
Décret du 5 mai, mesures d'application concernant le contrôle des licenciements économiques.
Loi du 30 juin, concernant les personnes handicapées.
Loi du 11 juillet, concernant l'égalité des hommes et des femmes au travail.
Loi du 11 juillet, renforçant les droits des travailleurs étrangers (accès aux responsabilités syndicales, éligibilité dans l'entreprise et dans les mines).
Décret du 18 septembre, règles de responsabilité concernant le vendeur de machines homologuées.
Loi du 27 décembre, durée du travail, plafonds de 46 et 48 heures.
Loi du 31 décembre, contrôle du financement de la formation professionnelle.

1976..
Décret du 15 janvier, modifiant l'ordonnance du 2 novembre 1945 concernant le séjour des étrangers.
Décret du 2 avril, sur le contrôle de l'emploi.
Décret du 18 mai, sur le contrôle du financement de la formation professionnelle.
Loi du 10 juillet, renforçant la lutte contre les trafics et l'emploi de la main-d'œuvre étrangère.
Loi du 16 juillet, repos compensateur des heures supplémentaires.
Loi du 16 décembre, développement de la prévention des accidents du travail.

1977...
Décrets du 9 juin et du 11 août, Comités particuliers d'HST du bâtiment, plans de sécurité.
Lois des 5 et 12 juillet, diverses mesures en faveur de l'emploi des jeunes (aides à la mobilité), modification du livre Ier du code sur l'apprentissage.
Loi du 12 juillet, bilan social de l'entreprise.
Décret du 24 août, mise en demeure du DDTE pour les situations dangereuses.
Décret du 7 septembre, prise en charge par l'ANPE de certaines aides à la mobilité.
Décret du 24 novembre, organisation des services extérieurs du travail et de la main-d'œuvre.

1978...
Loi du 2 janvier, concertation avec le personnel d'encadrement dans les entreprises.
Lois des 6 et 12 juillet, mesures en faveur de la maternité et mesures particulières de formation en faveur des femmes.
Loi du 13 juillet, favorisant l'activité inventive et les brevets d'invention.
Loi DDOS du 17 juillet, extension au père du congé parental, interdiction des amendes pour les manquements au règlement intérieur et des sanctions ou avantages discriminatoires en cas de grève.
Décret du 26 décembre, extension des sanctions du Code du travail aux dispositions générales étendues de prévention de la sécurité sociale, et de l'agriculture.

1979...
Loi du 2 janvier, sur le travail temporaire.
Loi du 3 janvier, en faveur des créateurs d'entreprises.
Loi du 3 janvier, sur le contrat à durée déterminée.
Loi du 16 janvier, refondant les dispositions d'aide aux travailleurs privés d'emploi.
Décret du 20 mars, réorganisation des CHS (extension, composition, commissions, compétence, délégué syndical au CHS).
Loi du 10 juillet, concernant les stages de formation professionnelle organisés par les employeurs.
Loi du 13 juillet, sur les fonds communs de placement.

1980...
Loi du 10 janvier, prévention de l'immigration clandestine.
Décret du 23 janvier, modification du Livre III du code et statut de l'ANPE.
Décret du 28 avril, référé prud'homal.
Loi du 12 juillet, formation professionnelle alternée.
Décrets du 15 juillet, règles générales d'hygiène et de sécurité auxquelles doivent satisfaire les machines et appareils mis en vente.

1981...
Loi du 7 janvier, protection des victimes d'accident et de maladie professionnelle contre le licenciement.
Loi du 28 janvier, travail à temps partiel.

Loi du 28 janvier, délégations à la formation professionnelle et coordination de la formation professionnelle rattachée au Secrétariat général du Gouvernement.
Loi des 17 et 29 octobre, modifiant diverses dispositions relatives aux travailleurs étrangers en situation irrégulière et aux conditions d'entrée et de séjour des étrangers en France.

1982...

Ordonnance du 16 janvier, durée du travail et congé payé (39 heures- 5e semaine, horaires individualisés, modulation).
Ordonnance du 5 février, dispositions concernant les contrats à durée déterminée.
Ordonnance du 5 février, dispositions concernant le travail temporaire.
Loi du 4 août, Liberté des travailleurs dans l'entreprise (procédure disciplinaire, droit d'expression).
Loi du 28 octobre, sur le développement des institutions représentatives du personnel.
Loi du 13 novembre, négociation collective et règlement des conflits collectifs, négociation annuelle obligatoire.
Loi du 23 décembre, sur le développement des CHS-CT.

1983...

Nombreux décrets d'application des ordonnances et lois de 1982.
Décret du 30 mai, concernant la formation professionnelle.
Loi du 28 juin, transposant la directive CE du 14 février 1977 concernant l'article L.122.12.
Loi du 5 juillet, modifiant les règles de la garantie de ressources des travailleurs privés d'emploi.
Loi du 13 juillet, modifiant les Codes du travail et pénal au sujet de l'égalité des droits des hommes et des femmes.
Décret du 22 juillet, mesures temporaires de formation professionnelle et de reclassement (allocation de conversion).

1984...

Loi du 3 janvier, congé pour la création d'entreprise et congé sabbatique.
Loi du 24 février, modifiant les dispositions de formation continue.
Loi du 1er mars, prévention et règlement amiable des difficultés des entreprises.
Ordonnance du 21 mars, revenu de remplacement des travailleurs involontairement privés d'emploi.
Décret du 3 mai, convention de chômage partiel pour la prévention des licenciements économiques.
Loi DDOS du 9 juillet, 19 mesures complétant les règles de représentation du personnel et de négociation.
Loi du 17 juillet, titre unique de séjour.
Décret du 16 octobre, application du livre IX aux travaux d'utilité collective.
Loi de finance du 29 décembre, Les OMA (organismes mutualisateurs agréés) et réforme des taxes d'apprentissage et de formation professionnelle.

1985..

Loi DDOS du 3 janvier, 36 articles concernant notamment la négociation collective (dénonciation d'accord par un non-signataire, interdiction des actes unilatéraux pendant les négociations, négociations de site, etc.)

Décret du 23 janvier, règles de déclaration des organismes de formation professionnelle et attributions des inspecteurs de la formation professionnelle, recours.

Décret du 7 juin, entreprises intermédiaires.

Loi DDOS du 25 juillet, 66 dispositions, CDD, intérim, droits du père en cas de maternité, dérogations par accord à certaines règles de décompte des heures supplémentaires, allocations de conversion, sanctions du cumul d'emploi et du travail clandestin, rôle de l'expert comptable au comité d'entreprise, nullité de tout licenciement prononcé en violation au droit de grève, attributions des inspecteurs de l'agriculture, des ingénieurs de prévention et des agents des impôts et des douanes, etc.

Loi du 5 août, congés de conversion.

Décret du 22 août, actions d'urgence du FNE.

Loi du 30 décembre, congé de formation économique et sociale.

1986..

Loi du 3 janvier, droit d'expression pendant le temps de travail, accords pour l'exercice de ce droit, à défaut consultation du CE.

Loi du 28 février, négociation collective de l'aménagement du temps de travail, en dérogation aux décrets de 1936/37.

Loi du 3 juillet, suppression de la procédure d'autorisation de licenciement économique.

Ordonnance du 16 juillet, exonérations pour l'embauche des jeunes de 16 à 25 ans.

Ordonnance du 11 août, modification des règles concernant le CDD et l'intérim.

Loi du 9 septembre, conditions d'entrée et de séjour des étrangers.

Ordonnance du 20 décembre, modification des règles de placement des demandeurs d'emploi (suppression du monopole de l'ANPE).

Loi du 30 décembre, modification des règles de licenciement.

1987..

Loi DDOS du 27 janvier, associations intermédiaires, définition du travail clandestin, présomption de travail clandestin.

Loi du 19 juin, sur l'aménagement du temps de travail, modulation, travail de nuit des femmes.

Loi du 10 juillet, obligations d'emploi des travailleurs handicapés, obligation de résultat. Fonds AGEFIPH.

Loi du 10 juillet, sur le chômage de longue durée.

Décret du 16 octobre, aide publique à la réinsertion des étrangers.

1988..

Loi du 29 janvier, sur l'apprentissage.

Décret du 14 novembre, établissements qui mettent en œuvre des courants électriques.

Loi du 1er décembre, le revenu minimum d'insertion.

1989..

Décret du 14 juin, exonération pour l'embauche d'un premier salarié.

Loi DDOS du 10 juillet, accords relatifs à l'assurance chômage, égalité professionnelle, travailleurs étrangers et travail clandestin, attribution des contrôleurs du travail.

Loi du 2 août, licenciement économique et droit à la conversion (cellules de reclassement, aide au passage à mi-temps, assistance du salarié lors de l'entretien préalable).

Loi du 19 décembre, retour à l'emploi et lutte contre l'exclusion.

1990..

Loi du 2 janvier, temps de travail et congé de conversion dans les entreprises en redressement et en liquidation judiciaire.

Décret du 30 janvier, contrat emploi-solidarité et contrat de retour à l'emploi.

Loi du 4 juillet, crédit formation, qualité et contrôle de la formation professionnelle continue.

Loi du 12 juillet, contrats précaires.

1991..

Loi du 3 janvier, formation dans les entreprises, aide à l'insertion sociale et professionnelle, aménagement du temps de travail.

Loi du 31 décembre, travail clandestin, entrée et séjour des étrangers.

Loi du 31 décembre, formation professionnelle et emploi.

Loi du 31 décembre, prévention des risques professionnels, transposition des directives européennes relatives à la santé et à la sécurité, arrêts de chantier.

1992..

Loi du 3 février, facultés pour les élus locaux d'exercer leur mandat et de recevoir une formation.

Décrets du 31 mars, mesures de sécurité applicables aux lieux de travail, notamment lors de leur construction.

Loi du 17 juillet, diverses dispositions concernant l'apprentissage et la formation professionnelle.

Loi du 22 juillet, réforme du Code pénal, aggravation des peines relatives aux discriminations, peines accessoires.

Loi du 29 juillet, lutte contre la pauvreté et l'exclusion.

3 décrets du 29 juillet, équipements de travail et moyens de protection.

Décret du 2 octobre, bilans de compétence.

Décret du 2 octobre, contrats-emploi-consolidés à l'issue d'un CES.

Loi du 2 novembre, abus d'autorité en matière sexuelle dans les relations de travail.

Loi DDOS du 31 décembre, emploi, travail à temps partiel, assurance chômage.

1993..

2 décrets du 11 janvier, équipements de travail et moyens de protection, mise en conformité.

Loi DDOS du 27 janvier, emploi, contrat de travail, maternité, participation, etc.

Loi du 24 août, maîtrise de l'immigration.

Loi du 20 décembre, loi quinquennale, travail, emploi, formation professionnelle.

Loi du 31 décembre, sécurité des opérations de bâtiment et génie civil.

1994...

Décret du 21 mars, conventions FNE d'aide au passage à temps partiel, allocation de préretraite progressive.

Décret du 5 avril, abattement de cotisations pour emplois à temps partiel.

Décret du 4 mai, protection des travailleurs contre le risque biologique.

Décret du 18 mai, modifications concernant le repos hebdomadaire.

Décret du 18 mai, groupements d'employeurs.

Loi du 10 juin, prévention et traitement des difficultés des entreprises.

Décret du 28 octobre, organismes collecteurs agréés.

1995...

Loi DDOS du 4 février, intérim, durée du travail, temps partiel, emploi, formation professionnelle.

Décrets du 6 mai, application aux travailleurs indépendants des mesures d'hygiène et sécurité du travail dans les chantiers du bâtiment-génie civil.

Loi du 4 août contrat initiative-emploi et mesures d'urgence pour l'emploi et la sécurité sociale.

Décrets du 25 août, réductions des cotisations à la charge des employeurs.

1996...

Loi du 29 janvier, développement des emplois de service aux particuliers.

Arrêté du 18 mars, agrément de l'accord du 6 septembre 1995, développement de l'emploi en contrepartie de la cessation d'activité des salariés âgés.

Décret du 28 mai, emplois de ville pour les jeunes des grands ensembles et quartiers d'habitat dégradé.

Loi du 11 juin, développement de l'emploi par l'aménagement et la réduction conventionnelle du temps de travail (accords De Robien).

Décret du 14 août, conformité des équipements de travail et moyens de protection.

Loi du 14 novembre, pacte de relance pour la ville.

1997...

Loi du 11 mars, lutte contre le travail illégal.

Loi du 24 avril, dispositions relatives à l'immigration (retrait et délivrance de la carte de séjour).

Décret du 31 mai, retrait d'une aide de l'administration suite à la constatation d'une infraction.

Loi du 16 octobre, mesures pour l'emploi des jeunes.

Décret du 6 mars, congé de solidarité internationale non rémunéré.

Index des noms cités

Bibliographie

Robert Castel, *Les métamorphoses de la question sociale, une chronique du salariat,* Fayard, 1996.

Robert Castel, *L'insécurité sociale, qu'est-ce qu'être protégé,* le Seuil, 2003.

Eric J. Hobsbawm, *L'ère des empires, 1875-1914,* Pluriel, Fayard, 2000.

Eric J. Hobsbawm, *L'ère du capital, 1848-1875,* Pluriel, Fayard, 2002.

Eric J. Hobsbawm, *L'âge des extrêmes, histoire du court XXe siècle, 1914-1991,* Éd. complexe, 1999.

Œuvre collective dirigée par Paul Boccara, *Traité marxiste d'économie politique, le capitalisme monopoliste d'État,* Éd. Sociales, 1971.

Jean André Tournerie, *Le ministère du Travail, origines et premiers développements,* Cujas, 1971.

Vincent Viet, *Les voltigeurs de la République : l'inspection du travail en France jusqu'en 1914,* CNRS, 1994.

Michel Étiévent, *Ambroise Croizat ou l'invention sociale,* Éd. GAP, 1998.

Olivier Marchand et Claude Thélot, *Le travail en France, 1800-2000*, Nathan éd., 1997.

O. Dufour, J.J. Hublin, B. Vandermeersch, *Origine et évolution des populations humaines,* Éd. CTHS, 2005.

Georges Soria, *Grande histoire de la Révolution française,* éditions Bordas, 1998

Michel Clévenot, *Les hommes de la fraternité, XVIe siècle, un siècle qui veut croire*, Éd. Retz, 1988.

Marcel Piquemal, *Le fonctionnaire, droits et garanties,* Berger-Levrault, 1973.

Jacques Le Goff, *Du silence à la parole, une histoire du droit du travail des années 1830 à nos jours,* Presses universitaires de Rennes, 2004.

Bulletins de l'inspection du travail des années 1893 à 1940, Berger-Levrault

Sommaires des bulletins de l'inspection du travail, CHATEFP, ministère de l'Emploi et de la Solidarité, 1999.

Index alphabétique des bulletins de l'Office du travail, 1894-1912, CHATEFP, 1999.

Jean Courdouan et Normand Lécuyer, *Les nouvelles administrations du travail : des acteurs du développement*, Bureau international du travail, 2000.

100 ans d'inspection du travail, Spécial service public, juillet 1992

Claude Chetcuti, *Réflexions sur l'inspection du travail*, Droit social n° 2, février 1976.

Denis Troupenat, *Vers une dénaturation de la mission de l'inspection du travail*, Droit ouvrier, septembre 1987.

1892-1992, pour lancer le débat, supplément au Service public Magazine n° 8, octobre 1991, Roger Montcharmont, *Mon travail est une mission, un inspecteur du travail témoigne*, Françoise Brocard, *Je me souviens.*

Cahiers d'histoire sociale n° 41, septembre 1997, Institut CGT d'histoire sociale Rhône Alpes, Louis Bois, *« On a tout revendiqué ».*

René Marc-Rosèle, *Quand chargent les béliers*, Éd. La pensée universelle, 3bis, quai aux Fleurs, Paris 4e, 1973.

Gérard Filoche, *68-98, histoire sans fin*, Flammarion, 1998.

Gérard Filoche, *Carnets d'un inspecteur du travail*, Éd. Ramsay, 2004.

C. Baillat, J.-J. Guéant, D. Guyot, P. Largesse, B. Laurençon, M. Petit, M. de Rabaudy, J. Rabouël, Y. Roupsard, *Pierre Hamp, inspecteur du travail et écrivain humaniste, 1876-1962*, L'Harmattan, 2005.
B. Guérard, *1892-1913, l'inspection du travail française et le travail des enfants,* supplément aux cahiers du Comité, CHATEFP, 1999.
Saint Loup, *Marius Berliet, l'inflexible,* Presses de la cité, 1963.
Marcel Caille, *Les truands du patronat*, Éd. sociales, 1977.
Marcel Caille, *L'assassin était chez Citroën,* Éd. sociales, 1978.
Philippe Brunet-Lecomte, *La folle aventure du patron élu, le seul PDG noté par ses salariés,* Filipacchi, 1988.
Yves Lequin, *Les ouvriers de la région lyonnaise,* Presses universitaires de Lyon, 1977.
F.Ralle-Andreoli, V. Lemire, S. Samson, E. Commins, J. Confavreux, *Attaches*, film documentaire, ENS-Lyon, 2000.
Deux regards sur trente ans d'évolutions sociales, 1968-1998, Henri Krasucki, André Bergeron, film, CHATEFP, 1999.
Bernadette Angleraud, Catherine Pellissier, *Les dynasties lyonnaises, de Morin Pons aux Mérieux, du XIXe siècle à nos jours,* Perrin, 2003.
Maurice Corbel, *Vénissieux, du village à la cité industrielle,* Messidor Temps actuels, 1983.
George Leprince, *Le monde du poids lourd, les travailleurs Berliet-RVI Vénissieux, 1915-1991,* Messidor, 1991.
Stéphanie Zagni-Sansorny, *Les acteurs du contrôle des licenciements des salariés non protégés, dans les entreprises in bonis, de l'ordonnance du 24 mai 1945 à la loi de modernisation sociale*, thèse de l'Université Jean Moulin, Lyon 3, faculté de droit, 2003.
Ludovic Lucot, *La direction départementale du travail et de la main-d'œuvre du Puy-de-Dôme entre 1945 et 1975*, mémoire de maîtrise d'histoire, prix Pierre Lamy 2001, Université Blaise Pascal, Clermont 2.
Claire Bila, *L'inspection du travail en Isère de 1874 à 1905*, mémoire de DEA, Université de Grenoble, 1997.
Béatrice Marzin, *l'inspection du travail dans les Côtes-du-Nord de 1892 à 1939 : l'action d'une administration à vocation sociale*, mémoire de maîtrise, Université de Rennes 2, 2000.
Sophie Lagnier, *La carrière des inspectrices du travail, 1930-1950*, mémoire de DEA, Université Lyon 2, 2000.
Élodie Bonnichon, *La section d'inspection du travail de Montluçon, 1945-1973*, Mémoire de maîtrise, Université Blaise Pascal, Clermont 2, 2001
Robert Carvais, *La Chambre royale des bâtiments et le droit de la construction à Paris sous l'Ancien Régime*, thèse de l'Université Panthéon-Assas, Paris 2, 2001.
Robert Carvais, *L'ébauche d'un droit du travail dans le secteur du bâtiment. La pratique de la juridiction de la maçonnerie à Paris aux XVIIe et XVIIIe siècles*, 127e congrès de Nancy 2002, CTHS.
Donald Reid, *Les jeunes inspecteurs, idéologie et activisme en France après 1968*, AEHIT, 1997.
Vincent Viet, *Naissance d'un esprit de corps dans l'inspection du travail*, AEHIT, 1998.
Donald Reid, *Mise en application des réformes sociales par l'inspection du travail, 1892-1914,* AEHIT Échange Travail, 1990.

Michel Cointepas, *Eugène Chaillé inspecteur du travail*, AEHIT Échange Travail, 1990.
Ouvrage collectif, *Pierre Lamy inspecteur du travail et martyr de la Résistance*, AEHIT Échange Travail, 1994.
Michel Cointepas, *Pierre Pouillot, premier inspecteur général honoraire du travail*, AEHIT, 2003.
Jean Pierre Agaësse, Vincent Tiano, Vincent Viet, *L'inspection du travail, voltigeurs, shérifs ou urgentistes, 1848-1990*, CHATEFP d'Île de France, 2005

En préparation,
Bruno Guérard, *La loi des dix heures, première réduction du temps de travail et la pensée économique et sociale des inspecteurs du travail de la Belle Époque*,
L'inspection du travail sous la IIIe République, un regard sur ses statistiques, 1893-1937.

SOMMAIRE

Achevé d'imprimer sur les presses de PUBLIC'IMPRIM
12, rue Pierre Timbaud - B.P. 553 - 69637 Vénissieux cedex
Dépôt légal : 2e trimestre 2006
Imprimé en France